普通高等教育通识类课程“十三五”规划教材

大学体育（含涉海类）

主　编　刘　洋　吴爱民

副主编　侯文志　王平洋　李明基　秦红兵

王孟义　马凤强　殷伟星　毕永辉

中国水利水电出版社

www.waterpub.com.cn

·北京·

内 容 提 要

本书是根据《全国普通高等学校体育课程教学指导纲要》，结合交通院校教学体系设计的，集理论与实践于一体，针对普通高校公共体育课程的现状和教学的需要编写而成的。

本书全面地阐述了体育的本质、体育运动的生理运行机制、部分体育项目的具体内容以及运动与健康的基本理论知识，全面地介绍了各个运动项目的技能，使学生在了解基本体育运动理论的基础上，科学地进行体育锻炼，提高自身运动素质与自我运动能力，掌握常见运动损伤的预防与处理方法，为学生树立终身体育锻炼的理念作出努力。

通过对本书的学习与实践，学生将了解体育锻炼过程中的相关问题及解决方法，掌握测试和评价体质健康状况的基本知识。其可以帮助学生改善参与体育活动的心理状态，克服心理障碍，掌握运动中相关不良生理现象的解决方法与手段，使学生在锻炼中体验运动的乐趣和成功的喜悦。本书在编写过程中从教学实际出发，力图做到内容新颖、简单易学、图文并茂。编者既考虑了教材的深度，又照顾到教材的广度，使之不仅可以作为高校公共体育课程的教学用书，而且适合广大体育工作人员及体育爱好者阅读。

图书在版编目（CIP）数据

大学体育 ：含涉海类 / 刘洋，吴爱民主编. -- 北京 ：中国水利水电出版社，2019.6
普通高等教育通识类课程“十三五”规划教材
ISBN 978-7-5170-7689-6

Ⅰ. ①大… Ⅱ. ①刘… ②吴… Ⅲ. ①体育－高等学校－教材 Ⅳ. ①G807.4

中国版本图书馆CIP数据核字(2019)第092903号

策划编辑：杜　威　　责任编辑：张玉玲　　加工编辑：武兴华　　封面设计：梁　燕

书　　名	普通高等教育通识类课程“十三五”规划教材 大学体育（含涉海类） DAXUE TIYU（HAN SHEHAILEI）
作　　者	主　编　刘　洋　吴爱民 副主编　侯文志　王平洋　李明基　秦红兵 王孟义　马凤强　殷伟星　毕永辉
出版发行	中国水利水电出版社 （北京市海淀区玉渊潭南路 1 号 D 座　100038） 网址：www.waterpub.com.cn E-mail：mchannel@263.net（万水） sales@waterpub.com.cn 电话：（010）68367658（营销中心）、82562819（万水）
经　　售	全国各地新华书店和相关出版物销售网点
排　　版	北京万水电子信息有限公司
印　　刷	三河市铭浩彩色印装有限公司
规　　格	184mm×260mm　16 开本　19.5 印张　476 千字
版　　次	2019 年 6 月第 1 版　2019 年 6 月第 1 次印刷
印　　数	0001—3000 册
定　　价	45.00 元

前　言

本书是根据《全国普通高等学校体育课程教学指导纲要》，结合交通院校教学体系设计的，集理论与实践于一体，针对普通高校公共体育课程的现状和教学的需要编写而成的。

大学体育课程是高校课程体系中的一个重要组成部分，编者根据《全国普通高等学校体育课程教学指导纲要》的要求，结合交通类院校的职业发展需要，根据独立学院的实际情况，牢牢将素质教育、健康第一、以人为本作为本教材编写的指导思想，目的在于通过《大学体育》一书，向广大学生介绍体育学科中的相应知识和练习方法，增强学生的参与意识，提升学生的身体素质，培养学生优良的意志品质，形成终身锻炼的习惯。

本书全面地阐述了体育运动与健康的基本理论知识，并对一些基本的体育技能作了详尽的描述，使学生能在了解基本理论的基础上，科学地进行体育锻炼，提高自己的运动能力，掌握常见运动创伤的处理方法。

本书在编写过程中，注重理论联系实际，内容图文并茂，力求符合教学要求，便于指导学生锻炼。本书由刘洋、吴爱民任主编，侯文志、王平洋、李明基、秦红兵、王孟义、马凤强、殷伟星任副主编。其中刘洋负责全书的策划和统稿工作，吴爱民负责编写第一章、第二章和第五章，侯文志负责编写第三章、第四章和第六章，王平洋负责编写第七章、第八章，李明基负责第十章与第十八章，秦红兵负责编写第十九章，王孟义负责编写第十三章、第十四章、第十七章，马凤强负责编写第九章、第十一章和第十二章，殷伟星负责编写第十五章与第十六章。

在此向给予我们帮助的各位专家、兄弟院校的同行、出版社的领导和编辑表示最衷心的感谢！同时，编者也由衷地希望广大师生和专家能对本教材提出宝贵意见，指出缺憾与不足，以便今后能对教材进行修订，并逐步加以完善。

编　者

2019 年 2 月

目　录

第一章　体育概述

本章学习目标：

- 了解现代体育的组成
- 认识体育的功能
- 树立健康意识

第一节　体育概念和组成

一、体育概念

体育（Physical Education）一词，于19世纪60年代由西方传入，按其英文译意是以身体活动为其特殊形式和内容的教育行为，也指一种同维持和发展身体的各种活动有关联的教育过程。

（一）体育内涵和本质

体育性质是由体育内涵反映出来的。因此只有充分了解体育的内涵，发掘体育对人的价值和作用，才能真正认识体育的本质。

体育的本质是指体育自身固有的根本属性。作为人类一种特殊的社会现象，体育的本质属性具有一定的层次性。体育的本质是以人为核心要素，培育人的身体，以发展和完善人类身体为目标的活动。其实质是人类遵循适应与变化的自然规律，有目的、有意识地以自身动作为基本手段，通过活动主体与客体之间的能动而实现的双向对象化过程，增强体质，完善身体，促进人的身心全面健康发展，达到人类个体身体的理想模式，以满足社会发展需要的活动。

（二）体育定义

根据我国体育发展的特点和规律，考虑到民族传统习惯，经过多次体育学术讨论，目前对于体育比较统一的解释如下：体育是一种特殊的社会现象，在人类社会发展中，体育是以发展身体、增强体质为基本特征的教育过程和社会文化活动，其实质包括体育教育、竞技运动和身体锻炼三个方面的内容，体育是社会总文化的一部分，它的发展既受一定社会的政治和经济影响制约，也为一定社会的政治和经济服务。

上述体育的概念，阐明了以下几点：

其一，体育是以各种身体运动为基本手段，在身体运动过程中必须遵循人体适应性和变化性的自然规律，必须结合自然力因素和卫生保健措施，以达到增强体质，促进人的身心全面健康发展，完善人的身体为根本目的而进行的有意识的运动。

其二，体育作为一种特殊的社会现象，是社会总文化的一部分，在与社会的同步发展中，不仅仅只是满足简单的生理需要，还必须根据社会的需要，以其特殊形式和内容体系成为丰富社会文化生活与以促进精神文明为目的的一种有组织的教育过程及社会文化行为。“体育”在我国是一个总概念，但需要指出的是，体育的概念并非一成不变，其内涵是随着社会的不断发展和人们对体育认识的进一步深化而不断拓宽和开发的。

二、体育的组成

现代体育由学校体育、竞技体育和社会体育三个方面的内容所组成。

（一）学校体育

学校体育亦称体育教育，是学校教育的重要组成部分，也是全民体育、全民健身的基础。学校体育作为教育和体育的交叉点和结合点，又是国家体育事业发展的战略重点，为了实现学校体育教育的目标，不同层次的学校体育应按不同教育阶段目标和学生年龄特征，面向全体学生，通过学校体育课程教学、课余体育运动训练、体育运动竞赛和课外体育锻炼等基本组织形式，运用各种体育内容与方法，来锻炼身体，增强体质，增进健康，传授体育知识、技术和技能，提高体育文化素养和终身体育能力，培养思想道德素质及意志品质，全面实现学校体育教育的各项目标。

（二）竞技体育

竞技体育亦称竞技运动（Sport）。目前竞技体育在现代奥林匹克运动会的推动下，已有50多项被列为国际体育比赛的运动项目，并设有与此相应的国际体育组织和体育单项运动协会。同时，随着社会经济的繁荣和人们生活水平的不断提高，由不同层次水平和对象参加的群众性体育竞赛活动（健身、自娱等以取胜为目的）日趋丰富，并逐渐形成竞技体育特点，从而使竞技体育领域得以不断扩展。

（三）社会体育

社会体育亦称群众体育，是指以健身、健美、休闲、娱乐、医疗和康复为目的的群众性体育活动。目前国内外经常开展的娱乐体育、余暇体育、养生体育或医疗体育均属于此范畴。

第二节　体育功能

体育的功能是指体育系统所具有的作用、行为、能力和功效等。体育功能的存在与发挥取决于其本身的特点和社会需要的激励。

一、健身功能

健身是体育最主要的本质功能。由于体育是通过身体运动的方式进行的，所以人体直接参与活动，而这也是体育最本质的特点。通过体育锻炼过程给予人体各器官系统以一定运动强度和量的刺激，从而使人体的形态结构、生理机能和生物化学等方面在其作用下发生一系列适应性反应，获得促进人体健康和增强体质的良好综合效应。

（一）促进健康

随着当今社会的发展和科技的进步，人们对健康的概念也有了新的认识。世界卫生组织对于健康给出明确而全面的定义："健康指在身体、心理和社会各方面都完美的状态，而不仅是没有疾病和虚弱。"这种健康概念的含义和评价，不仅基于医学、生物学的范畴，而且扩充到心理学和社会学的领域，标志着人只有在身体和心理上保持健康，并具有对社会环境变化产生既迅速又完全的适应性，才能称为人的真正的健康。因此，健康应包括身体、心理和社会三个方面的内容，具体可以从身体、情绪、智力、精神和社交五个方面（健康五要素）做出健康

（完美状态）的评价。

身体健康是指良好的生长发育，正常的生理机能及承受负荷后的适宜反应。人体健康与生物学、心理学和社会学的因素紧密相连。现代科学证明，人体这种自然和社会环境适应能力的获得与体育锻炼密切相关。

精神健康是一种维持身体健康的能力，也是身体的重要支柱。良好的心理调节能力和讲究精神卫生是判断精神健康的基础。

（二）增强体质

健康是评价体质状况的最基本因素之一，而体质则是健康的物质基础。强身健体是体育最主要的本质功能，科学的体育锻炼对增强体质所起的作用是至关重要的。

二、教育功能

教育功能是体育最基本的社会功能。就作用的广泛性而言，它对社会所产生的影响是巨大的，各种社会现象都孕育着教育的因素。

（一）学校体育教育

学校体育教育是学校完整的教育过程和体系中不可缺少的组成部分。体育处在学校这个特定领域里，对培养和促进人才全面发展所起的重要作用是显而易见的。学校体育教育采取体育课、课外体育活动、运动训练和体育比赛等各种组织形式，以其本身的动态特征，充分发挥教育作用空间，利用身心共同参与体育过程的有利条件，对受教育者进行思想政治、意志品德和道德情操的教育，进行体育素质教育，以实现促进个体生长发育、增进健康、增强体质、提高身体素质和提高身体基本活动能力的体育教育目标。同时，学校体育教育与德育、智育紧密配合并促进教育的发展，使学生通过学校教育成为新一代全面发展、能满足未来社会工作和生活需要的人才。

（二）社会教育

就社会教育意义而言，体育运动由于具有活动性、群聚性、国际性、技艺性、竞争性和礼仪性等独特特点，使它成为一种理想的传播体育价值观的载体，在激发人们的爱国热情，振奋民族精神，以及培养社会公德和教育人们应与社会保持一致等方面具有非常重要的意义。运动竞赛场上的竞赛礼仪形式、激烈竞争与拼搏的气氛、高超的技艺、比赛胜负结果和赛场内外产生的极其复杂的感情交流等因素，往往能培养人们的荣誉感、责任心、集体观念、民族意识和奋发向上的进取精神，使人们受到极大的教育和鼓舞，由此被诱发的社会情感教育因素，使体育的社会影响变得更加深刻，产生不可估量的社会教育作用。

三、娱乐功能

体育的娱乐功能是因人们精神文化生活的需求而客观存在的，娱乐身心，充分享受生活乐趣一直是人的心理需要，所以体育的娱乐功能也是较早被人类挖掘和利用的社会功能。

四、政治功能

体育作为一种特殊的社会现象，既有不属于上层建筑范畴的部分（如运动技术、战术，教学训练的原则、方法、器材、场地设施等），也有相当一部分属于上层建筑范畴的东西（如体育的目的和任务、政策法令、制度等）。因此，从整体来看，体育与政治始终相互联系，其受着政治的影响、指导和制约，服从政治的需要，同时也对政治产生巨大的影响。体育本身的特点使其具有体现政治方面的灵活性，它既可作为正义的政治宣传手段，又可被某种政治欺骗目的所利用。

综观体育史的长河，古希腊城邦交战的奥林匹克“先神圣休战”公约，开创了体育为和平政治服务的先河。第十一届奥林匹克运动会（以下简称奥运会）被笼罩在纳粹法西斯主义的不祥气氛之中，为法西斯分子提供了难得的反动政治宣传机遇。第十四届奥运会被称为“炮火轰燃式”的点火，美国以取火种为名，公然利用体育侵犯别国领土。又如，体育在宣传民族自强及爱国主义精神方面的政治作用更加微妙。在1984年的洛杉矶奥运会开幕式上，美国在绿色草坪上用人组成的美国地图和飞机在蓝天撒出的USA字样，充分渲染了自己的爱国热情。在我国举办第十一届亚运会和争办2008年奥运会的各种宣传与参与活动中，同样表现出全国人民热爱祖国的高度政治热情。再如，体育在维护国家主权和民族尊严方面的政治立场比较鲜明。1956年我国断然宣布不参加第十六届奥运会是为抗议制造两个中国的政治阴谋；非洲国家体育组织曾抵制1976年蒙特利尔奥运会是为抗议民族歧视；中国“乒乓外交”促使中美关系正常化；为苏伊士运河争端寻求外交同情，埃及和部分阿拉伯国家在第十六届奥运会上曾拒绝与美国、法国及以色列运动员比赛。像这样为提高国际地位和达到某种政治目的而利用体育为本国外交政策服务不乏其例。

由此可见，体育的政治功能主要表现为以下几点：

第一，体育是一种超越语言和社会障碍的“国际语言”，通过国际体育交往，可以增进世界各国人民之间的友谊和团结，加强国际间的文化交流，为外交政策服务。

第二，利用国际比赛为国争光，提高民族威望和国际地位，振奋民族精神。

第三，通过国内体育竞赛活动，特别是全国性大型运动会，能加强各民族间的联系，增进友谊与团结，激发爱国热情。

五、经济功能

体育与经济之间的相互促进作用决定着体育经济功能的存在，体育的经济功能是近期才被认识和开发的社会功能。国民经济制约着体育发展，发展体育又有力地直接促进着社会经济的发展。体育与经济的相互促进作用，构成了体育经济功能的内涵。经济学家认为，生产力的提高是社会经济发展的重要标志，所以在对生产力进行价值评价时，人的素质（身体素质、文化素质、道德素质）是最主要的衡量标准。而身体素质作为人诸多素质的物质基础，显得至关重要。因此，体育对发展劳动者体力的作用被世界各国格外重视，以期降低发病率，达到促进社会生产力提高的目的。体育能促进社会经济效益的发展，其经济功能最初是由体育健身作用所决定的，通过提高国民身体素质，从而再转化为劳动生产力。因此，重视体力方面的投资与科研，将有力地促进社会经济的发展。

在高度发达的商品经济社会中，群众性体育活动正由行政型向社会型转变，事业型向经营型转变，福利型向消费型转变，体育的发展对国民经济的直接促进作用更加明显。体育作为第三产业以劳务形式向社会提供服务消费，其所产生的经济价值和体育的普及程度必然刺激体育产业的迅速发展，使之在国民经济中逐渐形成一个庞大的体育产业。当前一些经济发达国家都非常注重发挥体育的经济功能，使体育表现出鲜明的商业化倾向。

第三节　现代体育发展

现代经济社会高新科技的迅速发展导致人们社会劳动方式和生活方式发生深刻变化，使体育的社会性进一步拓宽，与其他社会活动之间的关系变得越加紧密，使之成为促进人们社会文明、科学进步和健康生活的重要手段。同时，当今社会又为现代体育的发展创造了有利的物质条件和技术条件，从而推进了人类体育的科学化进程，使之进入一个崭新的、空前的、高度发展的现代体育时期。

一、现代体育发展的重要标志

一个国家现代体育的全面发展水平，应根据以下诸多方面所共同构成的现代体育发展标志体系来评定：

（1）体育的普及程度（包括人们的体育素质，群众参加体育活动的广泛性和经常性，国家体育人口等）。

（2）人民的体质和健康水平，与体育发展水平密切相关的国家与民族的体质调查，体能测定工作情况，以及国家人口平均寿命等。

（3）体育运动技术水平和所建立的运动训练体制。

（4）体育教育水平，学校体育教学大纲的科学体系，以及体育宣传教育与出版事业的发展状况。

（5）体育科学的研究成果和水平。

（6）体育人才的配备和培训质量。

（7）体育的设施状况（包括体育的场馆和各种运动器材设备条件等）。

（8）体育的行政机构与社会体育团体的组织领导系统和科学管理水平，以及体育措施等情况。

（9）体育的国际交往情况等。

二、现代体育科学体系构成

体育科学是研究体育现象，运用科学的理论与方法去揭示其内部和外部规律的一个较为完善的、系统的科学群。体育现象包括一切体育活动过程，体育教育、竞技体育和社会体育都属于体育科学的研究范畴。体育科学在研究体育现象和过程的同时，还要揭示体育内部和外部的规律。体育内部规律是指体育运动本身的规律，如通过身体活动增强体质的规律，提高运动技术水平的规律，在体育活动中进行德育教育的规律等，并相应有运动医学、身体锻炼学、运动训练学、体育伦理学等学科。体育外部规律是指体育与其他社会现象，乃至整个社会的关系的规律，如体育社会学等。目前，体育科学已经发展成为一门综合性科学，其分布领域广泛，拥有众多的学科，形成了一个较为庞大的科学群，并逐渐发展成为独立有序的体系。从体育科学内部结构和关系来看（图 1-1），它是以哲学为指导思想，广泛运用基础科学的基本原理、知识体系和科研成果来研究体育的特殊规律，其主体部分主要包括自然科学类、社会科学类、人文科学类和管理科学类的体育应用科学部分。

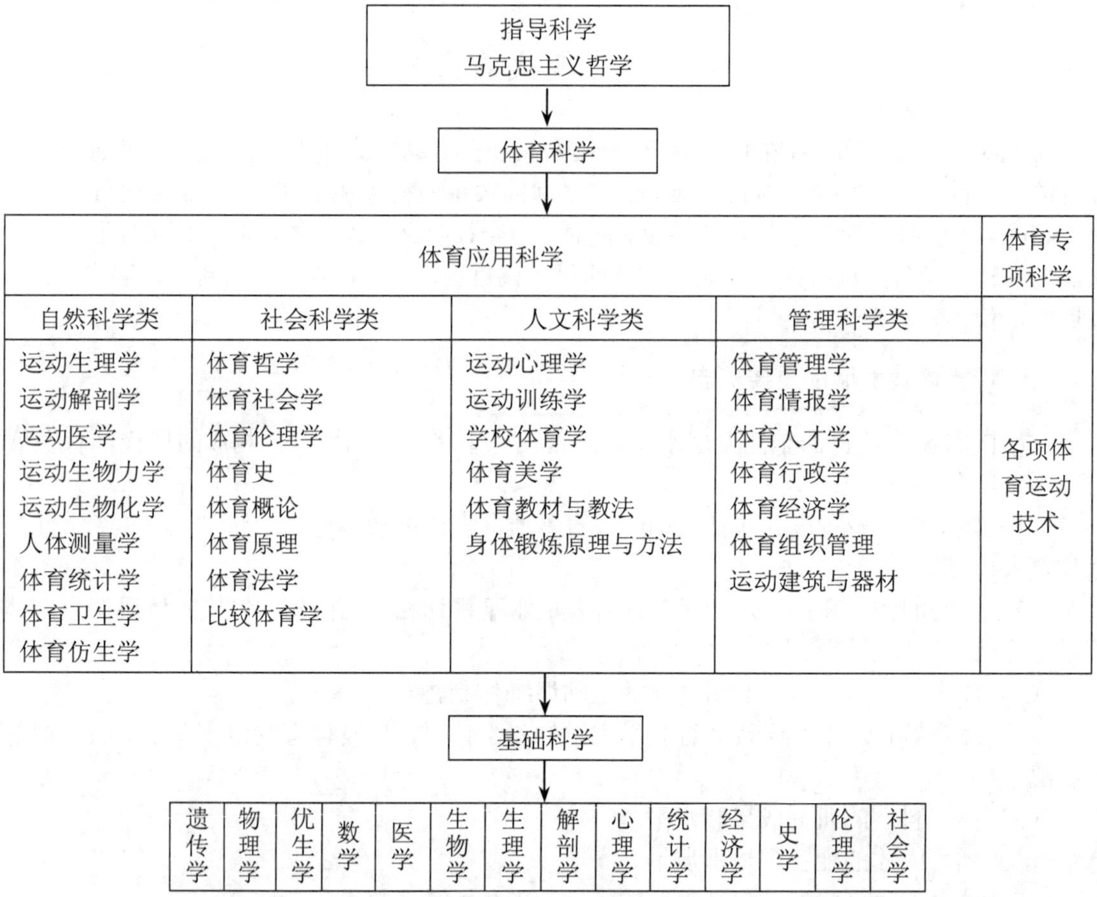

图 1-1 体育科学内部结构和关系

三、竞技体育向高水平发展

由于竞技体育是一项以夺取优胜为目标而进行的人的体力、智力和运动才能的高水平竞争，并能充分发挥其在国家物质文明和精神文明建设中的特殊作用，因此在国际体育竞赛中产生着广泛的影响。世界各国不惜花费巨大的人力、财力和物力，采取各种措施来提高本国的运动成绩，从而促进世界运动技术水平的不断提高，以达到相当的高度。没有先进的科学训练方法和手段，对健康人体进行生物学和心理学的改造，进而最大限度地挖掘人的竞技运动潜力，是不可能赢得激烈的国际专业化、职业化体育赛场竞争的。竞技体育的发展将取决于它的价值，体育竞技表演技艺高超、竞争性强，具有很高的观赏、娱乐、精神激励等功能，因而深受人们青睐，这也是促使竞技运动向更高水平发展的重要原因。另外，现代高新科技研究成果被广泛应用于体育运动实践也是促进现代竞技体育发展的重要因素，如电子计算技术、光电技术、遥控遥测等。教练可用电子计算机制订科学的训练计划，包括每天最佳训练量和强度，还可根据各种数据预测运动员在未来竞赛中可能达到的成绩；使用激光可测量出跳远、三级跳远项目的跳跃远度和标枪、铅球项目的投掷距离；录像、摄影等设备可用来分析运动员的技术动作和战术配合；心率、心电、肌电的遥测，对于了解运动员在训练过程中的心理变化，掌握适宜的运动量，具有十分重要的作用。空间技术在体育上的应用将大大丰富人们娱乐休闲体育的内容；

在场地器材方面，如塑胶全天候跑道、人工草皮、碳素纤维杆、皮质游泳衣等的应用，对运动技术水平的提高都有着明显的促进作用。事实证明，竞技运动已由单纯的体力、体能的较量转化为以运动员的天赋、专项素质、精湛技艺和高新科技为基础的激烈竞争。

四、加速实现学校体育教育目标

马克思主义关于教育的经典论述，一直都将体育视为学校教育不可或缺的组成部分，认为“生产劳动同智育和体育相结合，不仅是一种提高社会生产的方式，而且是造就全面发展人才的唯一方法”，这阐明体育在学校这个特定领域对培养全面发展人才方面始终起着特殊的重要作用。因此，应充分利用身心共同参与体育教育过程的有利条件，努力实现学生在今后社会生活和工作所必备的体育素质培养目标，而这也是体育在学校发挥教育作用的主要使命。

五、社会体育兴起与发展

随着人们物质生活水平的提高和体育健身自娱意识的增强，社会体育开展的广泛性和社会化程度日趋明显，并不断得以提高和发展。由于社会体育也称为大众体育，其活动内容最为广泛，表现形式最为新颖，有着很强的趣味性，加之参与者大多是一般民众，因此社会体育活动领域遍及整个社会。社会体育在我国也正在蓬勃发展，特别是自《全民健身计划纲要》实施以来，全民体育意识不断得以增强，不少人逐渐改变体育观念，加入全民健身行列之中，开始加大体育健身方面的投资，健身器械引入家庭，并涉足台球、保龄球、网球、高尔夫球等消费较高的体育项目活动，同时各种健身、娱乐、康复等社会性活动中心也都在竞相开办，由此吸引着广大的体育消费者，这表明社会体育在我国已有比较广泛的群众基础，并已步入一个新的历史发展阶段。

第四节 中国体育发展

一、中国传统体育的形成与发展

体育是人类社会发展到一定阶段的产物。人类为了生存和生活的需要，产生了体育观念并创造和发展了体育。我国古代并没有“体育”这个词，但在我国古代盛行并最具有代表性的养生术（中华气功）和武术（中华武艺）等精华都有着体育的意味，其锻炼理论上也有不少科学论述。中国传统体育正是由这些历代相传，并对当今社会发展与人类生活产生积极影响的民间、民族健体养身之精华所组成的，是祖国文化宝库中的一颗明珠。

传统体育形式和手段的形成，是中国古人长期实践经验的总结，也是古代人对祛病强身、延年益寿、娱乐身心的精神寄托与追求的集中反映。周代学校教育实行文武结合，以“礼、乐、射、御、书、数”六艺为教育的主要内容，其中射、御及乐中的舞均含有体育的因素。战国时期，奴隶制崩溃，封建制确立，因兼并战争兴起的尚武，经济文化进步而引发的健身思想和民间体育的活跃开展，为中国古代体育的发展创造了良好的条件，并出现有意识地用呼吸运动与徒手操作结合的“导引”方法来锻炼身体和养护生命。到明、清两代，中国古代体育、民族体育通过其数千年的衍生和发展，终于在相互补充和渗透中为中国传统体育练武、养生及娱乐等形式和手段的形成与发展奠定了坚实的基础。

中国传统体育是在人的意识、精神主导下有目的的形体活动，其内容所包含的导引、气功，以及后来发展创编的五禽戏、太极拳、八段锦等，注重神形合一，使人身心兼修，强身祛病、延年益寿。传统体育在其长期的发展过程中，经我国古代许多思想家、政治家、教育家、养生家、医学家和军事家等从不同角度通过对体育实践与理论研究，不断认识运动对发展和完善人的身体及在社会各个领域中的重要作用，逐渐形成“体育”这个独立的概念。但直到清朝末年我国才采用西方国家使用的“体育”这一概括性名词。

二、中国现代体育的发展

中国现代体育大致始于1919年的“五四”运动。在国民党政府统治期间，由于经济落后，民心日益涣散，加之并未真正重视和支持国家体育的发展，致使学校体育教育作用难以发挥，其收效甚微，社会体育和竞技体育发展极为缓慢，各种民间体育组织活动难有作为，虽勉强参加了1932年以后的第十届、第十一届、第十四届奥运会，但因运动成绩低下，被外人辱为“东亚病夫”。

1949年新中国成立，为国家体育事业的发展开辟了广阔的崭新天地，体育的社会地位日益提高。在党和国家的大力支持下，以“发展体育运动，增强人民体质”为目标，把改善人民健康状况放在首位，将体育作为建设社会主义精神文明和物质文明的重要手段。通过对体育机构和制度建立健全，体制上多层次、多形式的发展，实施过程的因时、因地、因人制宜等，使学校体育、社会体育、竞技体育得以同步发展。特别是党的十一届三中全会以后的30年，是我国现代体育发展最快的时期。由于我国新宪法中载入了有关体育的条款，国家《体育法》的颁布，以及此后相应建立的一整套体育法规体系，为实行“以法治体”奠定了坚实的基础。学校体育已成为社会体育的基础和战略重点，通过《学校体育工作条例》的实施，使学校体育进入法制化、正规化、科学化的管理轨道。社会体育发展较为迅速，由于人们健身意识的增强，现代社会生产方式和生活方式的改变，参加体育活动的人数越来越多，主动进行健康投资和参与体育消费的热情日益高涨。《全民健身计划纲要》的实施已取得阶段性的成果，人民体质和健康水平较之以前产生了质的飞跃。目前，我国社会体育正由行政型、事业型、福利型逐步向社会型、经营型、消费型转变。中国现代体育发展的另一重要标志是竞技体育水平的突飞猛进。另外，“科技兴体”已被提到议事日程，在体育人才培养、体育科学研究、体育宣传出版、体育运动场馆建设等方面也取得较大的发展。

作业与思考：

1．体育的概念是什么？
2．什么是健康？
3．体育对健康的作用有哪些？

第二章　高等学校体育教育

本章学习目标：

- 了解体育在高等院校中的地位
- 认识体育教育对人体的作用
- 认识自己身体健康状况

第一节　高等学校体育教育的地位

体育教育是高等学校教育的重要组成部分，也是我国全面推进高校素质教育的基本内容和重要手段。高等学校体育教育负有为现代社会培养全面发展的高层次人才的历史使命，同时又是实现人们社会体育、终身体育的基础体育教育。因此，高校体育的社会地位在不断提高，这主要表现在以下三个方面。

一、体育与高校全面教育的关系

高校体育在高等教育中的地位和作用，是由高校体育的结构和功能及社会发展对其教育的要求所决定的。它既是高校教育的重要内容，也是高校教育的重要手段。《中国教育改革和发展纲要》明确提出“教育必须为社会主义现代化建设服务，必须与生产劳动相结合，培养德、智、体全面发展的建设者和接班人”。实践证明，随着现代体育的多功能特征被社会所确认，以提高人的体力、智力和能力为宗旨的体育教育，已在健全发展劳动者体格、体能、心理与提高民族素质，促进社会生产力，发展社会经济等方面充分体现了它的价值和地位。

二、体育与身心健康教育的关系

学校体育教育是全民体育的基础，重视高校体育教育不仅是学校全面教育的需要，更是增进大学生身心健康的需要。高校体育教育是学校后期的身体教育，从大学生生长发育规律及人体发展全过程来看，其身心发展已进入一个较为成熟的阶段，并在不断发展与完善之中。大学生经过青春发育期后，同化与异化作用基本达到平衡，人体生长发育渐趋稳定，有机体各器官系统的机能和适应能力均已发展到较高水平，性发育也已成熟，此时正处于人体生命力最旺盛时期。因此，高等学校体育教育应抓住这个良好的契机，在体育教育过程中将增进学生身心健康放在首位，利用体育教育对大学生的体格、体能、心理和智力等方面进行加工改造，以促进大学生身心健康发展与自我完善，这对全民族身体素质的提高和全民健身战略的实施都具有深远的意义。对于大学生本人来说，应牢牢树立健康的意识，养成良好的体育习惯，努力提高自身体育素质，获得良好的体能，形成良好的生活方式，这对祛病健体、增进健康和促进生活幸福等都具有深远的影响。

三、体育与校园文化生活的关系

随着社会物质文化生活水平的提高，人们对体育文化生活的需求日趋强烈，体育日益成为人类现代文明生活中的重要内容。大学生在校期间，更需要文明、健康、娱乐、享受、人际交往、合作等和谐的课余文化空间和丰富的校园文化生活，以促使身心健全发展和满足精神需求。大学校园体育活动以其丰富多彩、形式多样的内容与手段来吸引广大学生的参与和观赏，既能使大学生获得享受体育文化的能力，又能从直接参与健身娱乐的体育实践中调节生活内容、丰富课余文化生活、改变生活方式、享受精神乐趣。

作为社会主义精神文明建设的重要手段，体育是文化建设的一项重要内容和思想建设的重要手段。因此，重视校园体育活动的开展，通过丰富多彩、形式多样的体育内容，扩大校园体育教育空间，对引导学生文明健康生活，抵制精神污染，防止和纠正不良行为具有十分重要的意义。

由此可见，体育在高校教育中的地位十分重要，它不仅关系到我国社会未来高层次人才素质的全面发展，而且关系到我国学校和社会的物质文明建设和精神文明建设。

第二节　高等学校体育教育作用

体育作为一种特殊的社会现象，在与社会的同步发展中既要满足人们生理的需要，又要根据社会需要而服务于人体生物潜能的挖掘、精神文化生活的开展和身体的全面发展。遵循教育学观点，学校体育教育对大学生的影响则更为深远，其主要表现在服务于育人方面，既育体又育心，为培养和造就国家需要的高层次合格人才发挥着特殊的作用。

一、增进健康、增强体质，全面发展身体

（一）促进身体形态生长发育

身体形态主要指身高、体重和胸围。生长是指细胞的繁殖和细胞间质的增加所造成的形体上的变化，是人体量变的过程。而发育则是指在成长过程中各器官系统、结构的逐渐完善，机能逐渐成熟的质变过程。量变和质变过程都受遗传变异、营养条件和自然生长的影响，体育锻炼能够加速、完善这个过程。

体型改善和正确身体姿态的形成，可以促进人体外形更加完美。健壮的体格、完美的体型、优美的体态，反映着一个民族的精神面貌，是精神文明的标志之一。健壮的体格是发展体能的物质基础。

（二）提高生理机能水平

生理机能是指人体在新陈代谢的作用下，各器官系统的工作能力。通常以脉搏、血压、肺活量等指标衡量。具有一定水平的生理机能是提高身体素质、掌握完善动作技能的必要条件。

（三）全面发展体能

体能是指人体各器官系统的机能在肌肉活动中表现出来的能力，也称之为体适能(Physical Fitness)，包括身体素质（力量、速度、灵敏、柔韧、耐力等）、人体基本活动能力（走、跑、跳、投、攀登、爬越、悬垂和支撑等各种基本能力）和运动能力（基本活动能力、身体素质和

运动技能相结合所表现出来的一种综合能力)。体能的发展基本与提高生理机能水平的过程相一致，如发展耐力素质，人体的心血管系统、呼吸系统和肌肉的工作持久性也都会得到相应的发展。因此，全面发展体能是促进有机体形态和生理机能协调发展的一个重要因素。体能是掌握和完善运动技能的必要条件。

良好的体能主要是通过体育锻炼获得的，同时与饮食、口腔卫生、休息时间和情绪状态等方面也有关。体能又可分为与健康有关的体能和与动作技能有关的体能两类。与健康有关的体能包括心肺耐力、柔韧性、肌肉力量、肌肉耐力和身体成分等；与动作技能有关的体能是指从事运动所需要的速度、力量、灵敏性、协调性、平衡和反应等。一般而言，每个人所需体能水平不尽相同，个体对体能的要求与其活动目的有关。

（四）提高适应能力

适应能力是指人体在适应外界环境时所表现出来的机能。它包括对环境条件的适应能力、应激能力和对病菌的抵抗、免疫能力。经常在各种气候和环境条件下进行体育锻炼，能改善有机体体温调节功能，从而提高对外界环境变化的敏感度，应对各种复杂多变的环境。同时，由于运动能促进血液循环，加速新陈代谢，提高造血机能，增强各种免疫力，因而能提高对各种疾病的抗御能力。

由于大学生各器官系统的机能和代谢水平不断提高，并逐步进入人生最佳状态，整个机体充满朝气，因此高校体育教育应充分利用这一年龄段，有效促进大学生的身体健康，提高其对外界环境的适应能力和对疾病的抵御能力，塑造健美的体态，全面发展体能，使体格更加强健，精力更加充沛，为从事长时间和较大负荷的脑力劳动和体力劳动奠定良好的身体基础。

二、掌握体育知识和技能，培养体育能力

体育知识是运动实践中认识和经验的总和。体育知识是学习掌握运动技术、技能，并且有效地运用技术、技能的先决条件和进行思考与判断的基础。高校体育教育在系统传授体育知识、技能和培养体育能力的过程中，应充分利用大学生抽象思维能力和综合分析能力较强、求知欲望强烈、接受和理解知识较为深刻的有利条件，使大学生对体育的概念、功能、作用和价值等有更为深刻的理解，掌握运动项目特征，加速体育技能的形成，掌握科学的锻炼方法，在体育实践中不断提高运用体育知识能力和自身体育运动能力，提升体育文化素养和体育审美能力，培养良好的锻炼习惯，并能更有效地做出自我体质评价与自我调节，学会健康地生活，使其终身受益。

在高校的体育教育中，第一，应充分发挥体育的教育功能，把传授体育知识、技能，培养体育能力和提高体育素质与陶冶情操、锻炼意志、培养开拓性精神相结合，并与促进学生个性发展、身心和谐发展相统一。第二，应根据大学生自我意识不断增强，个性特征逐渐明显，意志品质发展尚不稳定，性格尚欠成熟等特点，通过体育动态环境中的和谐人际交往、竞争拼搏、情感跌宕以及耐超负荷身体活动等，有效地帮助学生稳定心理状态，进行自我调节，提高自控能力。第三，应重视学生的体育兴趣和健身自娱需求，促进个性发展，达到身心的和谐与统一。第四，还应利用高校体育教育氛围和优越的体育物质条件，对部分有竞技运动才能的学生进行系统的科学训练，提高其运动竞技水平，为国家培养优秀的运动后备人才。

三、体育在德育发展中的作用

体育是促进高校德育的重要手段。由于体育本身就具有教育性，加之自身的特点，所以体育活动更有助于人的思想品德和道德行为的形成，为进行德育（政治态度、世界观、价值观、道德品质等）提供了可能性。因此，高校体育教育应以培养高层次合格人才为中心，不仅要用科学的方法和手段来增强学生的体质，使之掌握体育基本知识、技能和科学锻炼身体的方法，提高其体育文化素养，还应把德育始终贯彻到高校体育教育的全过程中。

体育教育中的德育内容极其丰富，因此对人的教育作用是多方面的，它不仅影响着人的有机体，还影响着人的思想品德和精神。寓德育于体育教育之中，正充分体现出体育对促进德育发展所起的积极作用：

第一，激烈的体育活动过程，人际行为关系变化频繁，互动作用强烈，情感流露真实，是进行有针对性的教育的最佳时机。同时，参与体育实践的过程也是一个自我调节、自我控制、自我发展完善的过程。

第二，运动中的许多项目需在特定的器械上或环境中进行，这要求练习者须克服种种生理上和心理上的障碍，因此有利于培养人的勇敢、顽强、果断、坚毅和勇于克服困难的优良心理品质。

第三，体育的一个显著特点是竞争性强，在公正的条件下，它既是技术、战术的竞赛，又是体育道德风尚的竞赛。各种体育竞赛活动的开展，有利于培养学生遵守规则、竞争拼搏、胜不骄败不馁、尊重裁判、尊重对方、与同伴协作等优良品质和作风。

第四，通过介绍我国现代体育的发展史，学习体育健儿以为国争光的爱国主义思想为核心的运动员精神，并从优秀运动员参加国际体育比赛的丰富生动的具体事例中受到感染，从而得到启发，获得教育。

四、体育在智育发展中的作用

智力是在掌握人类知识经验和从事时间运动中发展起来的，它是先天素质、社会历史遗产、教育影响及个人努力等因素互相作用的产物。体育是智力增长和发展不可或缺的重要因素。体育是身体的实践活动，如缺乏或没有这种活动，智力发展就会受到阻碍。运动可促使大脑功能增强，脑的潜在智力得以更好地开发，这对大学生来说，是非常重要的。提高人的思维能力和创造性地解决问题的能力，是体育对智力开发的核心。体育为智力的开发提供了有利条件，同时它也是对智力要求很高的身体活动。运动技术的高难度性、战术配合的默契性和造型的艺术性，正是逻辑思维和创造思维的具体体现，是人类智慧的结晶。敏捷性、自主独立性和控制性思维品质也同时体现在体育活动中。这些都是体育运动中体力与智力同步发展结合的表现形式。

五、体育在美育发展中的作用

美育发展的目标在于完善人的审美心理结构，通过审美的感知力、想象力、理解力及审美趣味和审美理想进行心灵的雕塑。人的体质结构是审美心理结构的物质基础，体质结构的改善将直接影响审美心理的健全与发展。因此，体育对美育发展起着独特的促进作用。它以丰富的、美的内容和寓美于教的独特教育形式来影响学生的社会主义审美观的形成。许多体育项目就是其与艺术、自然科学和美学的结合，它的各种技术动作能使人体美得到充分的展示，技能水平越高则越能表现出运动美的力度，给人以健、力、美的享受。这些生动、鲜明、具体和优美的形象同时富有很强的感染力，使人们在知觉意识上不断产生连锁反应，即欣赏羡慕一向往思维一自觉实践，这种情绪心理起着激发作用，更为有效地促进着美育的发展。全面的体育锻炼，不仅会使人体各部分骨骼和肌肉都得到均衡协调的发展，获得健美的身体形态，精神饱满、精力充沛的整体形象，还使人们懂得动作、仪表美和行为、心灵美是和谐统一的，提高人感受美、鉴赏美、表现和创造美的能力。

第三节　高等学校体育教育目标

高校体育教育目标是指在大学阶段，通过体育实践和理论知识传授所应达到的预期的体育教育效果。高校体育教育目标的确定，必须根据现代社会发展对高层次人才的要求和大学生身心的发展特点，须把实现教育目标和终身教育联系起来，以满足社会需要和学生主体的需要。

一、高校体育教育的目标体系

（一）高校体育教育的总体目标

以“育人”为宗旨，培养大学生的体育意识和促使其建立正确的体育观念，提高其体育能力，增强体质，促进身心全面发展，使之成为我国社会主义现代化建设所需要的身体健康的高层次合格人才。高校体育教育的总体目标，从根本上反映了体育的本质特征，并制约和影响着高校体育的全过程，同时也体现了我国社会教育和体育发展的基本要求，以及大学生主体的需要。

（二）高校体育教育的具体效果目标

根据总体目标的要求，为了便于检测和评价，并逐步付诸实践，可以通过下列具体效果目标来反映高校体育教育的结果：

（1）能较为系统地掌握体育锻炼中的保健、卫生及与健康生活有关的基本知识，正确认识体育对人类及当代社会的重要意义和作用，增强体育意识，提高体育文化素养，学会科学锻炼身体的技术、技能和方法，获得从事体育的基本能力，养成终身锻炼的兴趣和习惯，为自身的全面发展奠定良好的基础。

（2）有效增强体质，促进身心健康发展，达到《学生体质健康标准》和在体育教学过程中规定的指标和规格要求。

（3）通过各种形式的体育培养活动，对学生进行政治思想、社会道德行为准则和体育审美的教育，培养服从组织、遵纪守法、团结合作、热爱集体、勇敢顽强、拼搏进取、敢于竞争及开拓创新等优良品质，加强对学生健康心理品质的培养，促进个体社会化进程，以促成学生文明、健康、科学生活方式的形成。

（4）通过课余运动训练和体育竞赛，满足学生对运动竞技的需求，推进校园体育活动和促进全面健身运动的开展，有条件的高校可组建高水平的运动队和运动俱乐部，对竞技体育才能较高的和有培养前途的学生进行系统的运动训练，提高专项运动技术水平，为国家竞技运动输送人才，在国内外体育比赛中发挥应有的作用。

二、大学生体育规格

体育规格是对学生体育教育的规定和要求，是国家教育方针、高校培养目标在身体教育方面规范化的具体体现。高校体育规格的建立，有助于加强学校体育的规范化、科学化管理，有利于发展学生身体和促使其德、智、体和谐统一地发展。

（一）体育思想规格

（1）具有终身体育锻炼思想和正确的体育理念。

（2）明确高校体育教育的地位、作用和教育目标。

（3）能正确处理德、智、体三者间的关系，并能用于指导日常学习和工作实践。

（二）体质规格

（1）身体形态发育水平：体格健壮，身体发育匀称，姿态端正（包括正确的站、立、走姿势），用维尔维克指数评定，达到《学生体质健康标准》。

（2）身体机能：神经系统有较高的兴奋性和灵活性，思维敏捷；心血管功能较强，肺活量指数达到《学生体质健康标准》。

（3）身体素质：一般身体素质要达到《学生体质健康标准》，耐久力较强，视力达到视力等级正常标准（≥1.0）；精神状态良好。

（三）体育知识规格

体育知识规格是学校体育教育所传授的、学生均应具备的体育基本理论知识和体育卫生保健知识的内容与要求。

（四）体育能力规格

体育能力规格包括运动能力、终身体育锻炼能力、体育组织与管理能力、体育环境和条件的创造能力以及适应能力等。

综上所述，大学生体育规格是一个完整的统一体，具体规格之间是相互联系且不可分割的。其内容体系是根据体育的特点建立起来的，以育人为宗旨，定性与定量相结合，具有一定的客观性、科学性和可操作性。

第四节　高等学校体育的组织形式

高等学校体育组织形式包括体育课程教学、课外体育活动、课余运动训练、运动竞赛及教育实践等。这几种形式的有机组合，是实现高校体育教育总目标的基本途径。随着高校教育的不断改革和发展，学校体育组织形式也在不断革新和完善。

一、体育课程教学

体育课程是大学生以身体锻炼为主要手段，通过合理的体育教育和科学的体育锻炼，以实现增强体质、增进健康和提高体育素养为主要目标的公共必修课程，是高等学校体育最主要的组织形式，是高等学校工作的中心环节，是按照教育计划和体育教学大纲而组织的专门教育过程。

体育课程是学生必修课程之一。1983 年教育部 001 号文件指出：“公共体育课为必修课，补考后不及格者，不准毕业，作为结业处理。”1990 年经国务院批准颁发的《学校体育工作条例》中规定普通高等学校的一年级、二年级必须开设体育课，普通高等学校对三年级以上学生开设体育选修课。体育课是学生毕业升学考试科目。为进一步提高体育在学校中的地位，《中华人民共和国体育法》又把“学校必须开设体育课，并将体育课列为考核学生学业成绩的科目”作为法规条文，要求教育行政部门和学校必须认真执行。

体育课程分为理论课与实践课两种。理论课依据体育理论教材，由教师在室内讲授体育基本理论知识，主要解决体育教学中的理论问题，是学校体育教育实践的总结。体育理论课教学能有效地提高学生对体育的认识，使之理解并掌握有关体育实践部分的内容和规律，按《大学生体育合格标准》提出的要求，为了进一步加深大学生对体育知识与文化内涵的理解，可以适当增加理论课的学时，并作为体育课考核内容的一部分。实践课则是以身体练习为基本锻炼手段，根据体育教学大纲和教学进度在体育馆（房）、运动场所进行的以教师为主导、学生为主体的专门教学过程。由于教育对象在教学过程中要承受一定的运动负荷，因而体力和智力的相互联系与作用，使实践课教学在遵循一般教学普遍法则的基础上，还必须遵循运动技能形成的规律、人体机能活动规律和人体能力变化规律。因此，体育实践课是学生掌握体育基本知识与技能以及锻炼身体的方法，提升身体素质，提高基本活动能力，实现学校体育教育目标的主要途径。当前，为了适应现代体育教育的发展趋势，根据终身教育所强调的关于个人接受教育方式不应与自身相冲突的观点，重视培养学生体育锻炼的兴趣、习惯与能力，并根据个性发展的统一性、全面性和连续性原则，把高校体育课程分为普通体育课、体育选项课、体育保健课等几种主要形式。

（一）普通体育课

普通体育课是专为一年级学生所开设的必修体育课。其教学内容具有基础性，教育要求具有普遍性，主要是完成体育教学大纲中的基本任务。凡身体健康且无残疾的学生都必须按体育教学规定，通过考核。必修体育课有其严格的学时规定及学籍管理制度。

（二）体育选项课

体育选项课是普通高等学校对两年以上大学生所开设的选项体育课程。选项课是在完成普通体育课要求的基础上，根据学生运动兴趣爱好和体育特长，让学生在所规定的一些运动项目中去选择某一运动项目，在教师统一指导下进行专门训练，掌握该项目的科学锻炼基本原理和方法，以不断提高专项技术水平和能力。目前正按照教育部《全国普通高等学校体育课程教学指导纲要》的通知，围绕教学大纲、教材体系、教学俱乐部等重要问题，利用“课内外一体化”这一新概念，加强体育理论课和教学俱乐部制等改革，并已对高校体育课程建设产生了一定的积极影响。

（三）体育保健课

体育保健课是专为患有慢性疾病或有残疾的学生所开设的体育医疗康复课程。开设保健课的目的在于增进学生体力，帮助恢复健康，调节生理功能和矫正某些身体缺陷，使部分大学生身体逐步接近或达到健康标准。根据教育部《全国普通高等学校体育课程教学指导纲要》的有关规定，要求参加保健课锻炼的学生必须持县级以上医院证明，经体育教研室同意方可加入保健班的学习。体育保健教学内容的选择具有一定的保健性，具体要求可以适当放宽。但近几年来社会变革导致人们的生活节奏加快，思想观念也发生改变，针对青少年心理健康的教育日益引起重视，为了适应这种教育的需要，促使体育保健课与健康教育接轨，协同解决心理健康、卫生保健的问题，已成为体育保健课必须研究的新课题。

二、课外体育活动

课外体育活动是高校体育的重要形式和课余校园文化生活的重要内容。其主要形式有早操、课间操、课后体育锻炼、全校性的运动会和体育节及有组织的体育旅游等。与体育课程教学相比，其虽没有统一规定的实施内容、严格的组织形式和考核标准，但根据教育部《全国普通高等学校体育课程教学指导纲要》中的有关规定，课外体育活动是综合评定学生体育成绩的一个方面，按早操、课间操和课外体育活动的出勤表现评分。课外体育活动的开展是体育课程知识技能学习的继续和延伸，能使对体育学习内容的掌握得以进一步的深化、巩固与提高，使学生自身体育职业知识技能得以细化和拓宽，并且对师范类高校学生体育教学能力的培养和学校体育教育的实习演练，以及体育教学经验的积累等具有十分重要的作用。开展课外体育活动，应当从实际出发，因地制宜。要求学校除安排有体育课、劳动课的当天外，每天应当组织学生开展各种课外体育活动。应通过体育锻炼小组、体育俱乐部、各单项体育协会开展多种形式的体育活动。其主要目的是培养学生的锻炼能力、增强体质、调节身心、消除脑力劳动引起的疲劳，为提高学习和工作效率服务。

三、课余运动训练

课余运动训练是一种利用课余时间，对部分有体育运动专长的学生进行系统训练的专门教育过程，是学生课外体育活动的重要组成部分。由于课余运动训练的目的是提高竞技运动水平，培养高校优秀体育人才及推进学校群众性体育活动的开展，故其又是高校体育贯彻普及与提高相结合方针的重要措施。

鉴于运动训练是一种对运动员机体进行科学而复杂的改造教育的过程，因此为了提高机能水平及运动成绩，必须根据大学生年龄特征、运动基础、生理和心理特点制订专门的训练计划。在实施训练的过程中，还必须遵循运动训练的基础原则，运用科学的训练方法，并严格要求，强调安全。

高校运动训练的项目设置，应因人、因地、因校制宜，在学校普及体育活动的基础上，根据教师、体育场地（馆）、器材、学校传统项目等具体条件而定。特别自我国在高校试行《建立高水平运动队》之后，又赋予高校课余运动训练，培养优秀体育人才以新的含义，目前各院校结合本校实际情况正致力于对高水平运动员招生、学制及训练等管理体系的探索与创新。

四、课余体育竞赛

体育竞赛是高校体育的重要组织形式，是检查体育教学、体育锻炼及运动训练效果的一种重要手段。由于体育竞赛具有竞争性和特殊性的教育功能，因此通过开展体育竞赛，可以活跃高校课余体育文化生活，振奋人心，激发激情，发展个性，促进交往。高校体育竞赛应以育人为宗旨，注意学生的广泛参与性和经常性，并且遵循小型多样、单项分散、基层为主的原则。另外还可通过开展各种形式的校级体育竞赛活动，以拓宽学生视野和提高社会交际能力。根据《大学生体育合格标准》中的有关规定，参加学生体育比赛获得优秀成绩者或获等级运动员称号者，均可在体育成绩中获奖励学分 3～5 分。

第五节 高等学校体育行政法规

高校体育行政法规是我国普通高等学校体育工作的纲领，也是各级教育行政机构和体育部门督促与检查学校体育工作的主要依据。高校体育行政法规充分体现出国家对学校的体育工作，对广大青少年身心健康全面发展的高度重视和关心，同时也对实现高校体育工作的法制化、科学化和规范化管理具有十分重要的作用。

一、《学校体育工作条例》

《学校体育工作条例》（以下简称《条例》）是由原国家教委 1990 年颁发的。《条例》是指导我国各级各类学校体育工作的法规性文件，它共分 9 章，31 条。总则中明确提出学校体育工作是指体育课程教学、课外体育活动、课余体育训练和体育竞赛。学校体育工作要为学生的身心健康，为增强体质，为实现四个现代化做出积极贡献。《条例》中规定的各项任务、内容及要求是指导学校体育工作的重要依据，是全面加强学校体育教育的有力措施，也是各级政府和有关职能部门检查、督促和评估学校体育工作的依据和准则。因此，各校都要认真学习领会《条例》的精神实质，并积极贯彻。

二、《国家学生体质健康标准》

《国家学生体质健康标准》是国务院颁布的一项体育制度，也是国家对大学生增强体质的基本要求。通过激励学生自觉地参加体育锻炼，促进其全面发展，提高运动技术水平，更好地为社会主义现代化建设服务。目前《国家学生体质健康标准》测试的目的是贯彻落实第三次全国教育工作会议提出的“学校教育要树立‘健康第一’的指导思想”的精神，促使学生积极地参加体育锻炼，增强学生体质和提高学生健康水平，培养德、智、体、美全面发展的高素质人才。《国家学生体质健康标准》自 2002 年试行以来，教育部、国家体育总局在认真总结试行工作的基础上，根据新的形势对《国家学生体质健康标准》进行了修改与完善，并于 2007 年正式下发《国家学生体质健康标准》实施办法。

根据《国家学生体质健康标准》的要求，大学组测试项目均为五类，身高和体重、肺活量为必测项目，其他三类测试项目选测一项，选测项目原则上每年不得重复。学校每学年对学生进行一次《国家学生体质健康标准》测试，《国家学生体质健康标准》各评价指标的得分之和为《国家学生体质健康标准》的最后得分，满分 100 分。根据最后得分评定等级：90 分及以上为优秀，75～89 分为良好，60～74 分为及格，59 分及以下为不及格。学生体质健康标准成绩每学年评定一次，按评定等级记入“国家学生体质健康标准登记卡”。学生毕业时体质健康标准的成绩和等级，按毕业当年得分和其他学年平均得分各占 50%之和进行评定。因病或残疾免予执行《国家学生体质健康标准》的学生，填写《免予执行〈国家学生体质健康标准〉申请表》。

《国家学生体质健康标准》评价指标与分值见表 2-1。

表 2-1 《国家学生体质健康标准》评价指标与分值

组别	评价指标（测试项目）	分值	备注
大学各年级	身高标准体重	10	必测
	肺活量体重指数	20	必测
	1000 米跑（男）、800 米跑（女）、台阶试验	30	选测一项
	坐位体前屈、掷实心球、仰卧起坐（女）、引体向上（男）、握力体重指数	20	选测一项
	50 米跑、立定跳远、跳绳、篮球运球、足球运球、排球垫球	20	选测一项

三、《全民健身计划纲要》

《全民健身计划纲要》（以下简称《纲要》）由国务院于 1995 年颁布，它是一个由国家领导、社会支持、动员全民积极参与的体育健身计划。《全民健身计划纲要》从提高民族素质的战略高度出发，对 21 世纪初我国全民健身目标、任务、措施提出明确要求。全民健身计划的实施对于建设中国特色社会主义伟大事业有着十分重要的意义。

全民健身计划以全国人民为实施对象，以青少年和儿童为重点。其目标如下：努力实现体育与国民经济和社会事业的协调发展，全面提高中华民族的体质和健康水平。在第一期工程的成效基础上，第二期工程自 2001～2010 年基本建成具有中国特色的全民健身体系。鉴于全民健身计划的目标和任务，实施对象和重点，高校体育将在我国完成全民健身计划实施工作中起着关键作用。作为大学生更应学习领会《纲要》精神，加入到全民健身行列之中，为终身体育打下基础。

《国家学生体质健康标准》评分表见表 2-2 至表 2-5。

表 2-2 大学男生身高标准体重（体重单位：千克）

身高段/厘米	营养不良	较低体重	正常体重	超重	肥胖
	50 分	60 分	100 分	60 分	50 分
144.0～144.9	<41.5	41.5～46.3	46.4～51.9	52.0～53.7	≥53.8
145.0～145.9	<41.8	41.8～46.7	46.8～52.6	52.7～54.5	≥54.6
146.0～146.9	<42.1	42.1～47.1	47.2～53.1	53.2～55.1	≥55.2
147.0～147.9	<42.4	42.4～47.5	47.6～53.7	53.8～55.7	≥55.8
148.0～148.9	<42.6	42.6～47.9	48.0～54.2	54.3～56.3	≥56.4
149.0～149.9	<42.9	42.9～48.3	48.4～54.8	54.9～56.6	≥56.7
150.0～150.9	<43.2	43.2～48.8	48.9～55.4	55.5～57.6	≥57.7
151.0～151.9	<43.5	43.5～49.2	49.3～56.0	56.1～58.2	≥58.3
152.0～152.9	<43.9	43.9～49.7	49.8～56.5	56.6～58.7	≥58.8
153.0～153.9	<44.2	44.2～50.1	50.2～57.0	57.1～59.3	≥59.4
154.0～154.9	<44.7	44.7～50.6	50.7～57.5	57.6～59.8	≥59.9
155.0～155.9	<45.2	45.2～51.1	51.2～58.0	58.1～60.7	≥60.8
156.0～156.9	<45.6	45.6～51.6	51.7～58.7	58.8～61.0	≥61.1
157.0～157.9	<46.1	46.1～52.1	52.2～59.2	59.3～61.5	≥61.6

续表

身高段/厘米	营养不良	较低体重	正常体重	超重	肥胖
	50 分	60 分	100 分	60 分	50 分
158.0～158.9	<46.6	46.6～52.6	52.7～59.8	59.9～62.2	≥62.3
159.0～159.9	<46.9	46.9～53.1	53.2～60.3	60.4～62.7	≥62.8
160.0～160.9	<47.4	47.4～53.6	53.7～60.9	61.0～63.4	≥63.5
161.0～161.9	<48.1	48.1～54.3	54.4～61.6	61.7～64.1	≥64.2
162.0～162.9	<48.5	48.5～54.8	54.9～62.2	62.3～64.8	≥64.9
163.0～163.9	<49.0	49.0～55.3	55.4～62.8	62.9～65.3	≥65.4
164.0～164.9	<49.5	49.5～55.9	56.0～63.4	63.5～65.9	≥66.0
165.0～165.9	<49.9	49.9～56.4	56.5～64.1	64.2～66.6	≥66.7
166.0～166.9	<50.4	50.4～56.9	57.0～64.6	64.7～67.0	≥67.1
167.0～167.9	<50.8	50.8～57.3	57.4～65.0	65.1～67.5	≥67.6
168.0～168.9	<51.1	51.1～57.7	57.8～65.5	65.6～68.1	≥68.2
169.0～169.9	<51.6	51.6～58.2	58.3～66.0	66.1～68.6	≥68.7
170.0～170.9	<52.1	52.1～58.7	58.8～66.5	66.6～69.1	≥69.2
171.0～171.9	<52.5	52.5～59.2	59.3～67.2	67.3～69.8	≥69.9
172.0～172.9	<53.0	53.0～59.8	59.9～67.8	67.9～70.4	≥70.5
173.0～173.9	<53.5	53.5～60.3	60.4～68.4	68.5～71.1	≥71.2
174.0～174.9	<53.8	53.8～61.0	61.1～69.3	69.47～2.0	≥72.1
175.0～175.9	<54.5	54.5～61.5	61.6～69.9	70.0～72.7	≥72.8
176.0～176.9	<55.3	55.3～62.2	62.3～70.9	71.0～73.8	≥73.9
177.0～177.9	<55.8	55.8～62.7	62.8～71.6	71.7～74.5	≥74.6
178.0～178.9	<56.2	56.2～63.3	63.4～72.3	72.4～75.3	≥75.4
179.0～179.9	<56.7	56.7～63.8	63.9～72.8	72.9～75.8	≥75.9
180.0～180.9	<57.1	57.1～64.3	64.4～73.5	73.6～76.5	≥76.6
181.0～181.9	<57.7	57.7～64.9	65.0～74.2	74.3～77.3	≥77.4
182.0～182.9	<58.2	58.2～65.6	65.7～74.9	75.0～77.8	≥77.9
183.0～183.9	<58.8	58.8～66.2	66.3～75.7	75.8～78.8	≥78.9
184.0～184.9	<59.3	59.3～66.8	66.9～76.3	76.4～79.4	≥79.5
185.0～185.9	<59.9	59.9～67.4	67.5～77.0	77.1～80.2	≥80.3
186.0～186.9	<60.4	60.4～68.1	68.2～77.8	77.9～81.1	≥81.2
187.0～187.9	<60.9	60.9～68.7	68.8～78.6	78.7～81.9	≥82.0
188.0～188.9	<61.4	61.4～69.2	69.3～79.3	79.4～82.6	≥82.7
189.0～189.9	<61.8	61.8～69.8	69.9～79.9	80.0～83.2	≥83.3
190.0～190.9	<62.4	62.4～70.4	70.5～80.5	80.6～83.6	≥83.7

注：身高低于表中所列出的最低身高段的下限时，身高每低 1 厘米，实测体重需加上 0.5 千克，实测身高需加上 1 厘米，再查表确定分值。身高高于表中所列出的最高身高段时，身高每高 1 厘米，其实测体重需减去 1 厘米，再查表确定分值。

表 2-3　大学女生身高标准体重（体重单位：千克）

身高段/厘米	营养不良	较低体重	正常体重	超重	肥胖
	50 分	60 分	100 分	60 分	50 分
140.0～140.9	<36.5	36.5～42.4	42.5～50.6	50.7～53.3	≥53.4
141.0～141.9	<36.6	36.6～42.9	43.0～51.3	51.4～54.1	≥54.2
142.0～142.9	<36.8	36.8～43.2	43.3～51.9	52.0～54.7	≥54.8
143.0～143.9	<37.0	37.0～43.5	43.6～52.3	52.4～55.2	≥55.3
144.0～144.9	<37.2	37.2～43.7	43.8～52.7	52.8～55.6	≥55.7
145.0～145.9	<37.5	37.5～44.0	44.1～53.1	53.2～56.1	≥56.2
146.0～146.9	<37.9	37.9～44.4	44.5～53.7	53.8～56.7	≥56.8
147.0～147.9	<38.5	38.5～45.0	45.1～54.3	54.4～57.3	≥57.4
148.0～148.9	<39.1	39.1～45.7	45.8～55.0	55.1～58.0	≥58.1
149.0～149.9	<39.5	39.5～46.2	46.3～55.6	55.7～58.7	≥58.8
150.0～150.9	<39.9	39.94～6.6	46.7～56.2	56.3～59.3	≥59.4
151.0～151.9	<40.3	40.3～47.1	47.2～56.7	56.8～59.8	≥59.9
152.0～152.9	<40.8	40.8～47.6	47.7～57.4	57.5～60.5	≥60.6
153.0～153.9	<41.4	41.4～48.2	48.3～57.9	58.0～61.1	≥61.2
154.0～154.9	<41.9	41.9～48.8	48.9～58.6	58.7～61.9	≥62.0
155.0～155.9	<42.3	42.3～49.1	49.2～59.1	59.2～62.4	≥62.5
156.0～156.9	<42.9	42.9～49.7	49.8～59.7	59.8～63.0	≥63.1
157.0～157.9	<43.5	43.5～50.3	50.4～60.4	60.5～63.6	≥63.7
158.0～158.9	<44.0	44.0～50.8	50.9～61.2	61.3～64.5	≥64.6
159.0～159.9	<44.5	44.5～51.4	51.5～61.7	61.8～65.1	≥65.2
160.0～160.9	<45.0	45.0～52.1	52.2～62.3	62.4～65.6	≥65.7
161.0～161.9	<45.4	45.4～52.5	52.6～62.8	62.9～66.2	≥66.3
162.0～162.9	<45.9	45.9～53.1	53.2～63.4	63.5～66.8	≥66.9
163.0～163.9	<46.4	46.4～53.6	53.7～63.9	64.0～67.3	≥67.4
164.0～164.9	<46.8	46.8～54.2	54.3～64.5	64.6～67.9	≥68.0
165.0～165.9	<47.4	47.4～54.8	54.9～65.0	65.1～68.3	≥68.4
166.0～166.9	<48.0	48.0～55.4	55.5～65.5	65.6～68.9	≥69.0
167.0～167.9	<48.5	48.5～56.0	56.1～66.2	66.3～69.5	≥69.6
168.0～168.9	<49.0	49.0～56.4	56.5～66.7	66.8～70.1	≥70.2
169.0～169.9	<49.4	49.4～56.8	56.9～67.3	67.4～70.7	≥70.8
170.0～170.9	<49.9	49.9～57.3	57.4～67.9	68.0～71.4	≥71.5
171.0～171.9	<50.2	50.2～57.8	57.9～68.5	68.6～72.1	≥72.2
172.0～172.9	<50.7	50.7～58.4	58.5～69.1	69.2～72.7	≥72.8

续表

身高段/厘米	营养不良	较低体重	正常体重	超重	肥胖
	50 分	60 分	100 分	60 分	50 分
173.0～173.9	<51.0	51.0～58.8	58.9～69.6	69.7～73.1	≥73.2
174.0～174.9	<51.3	51.3～59.3	59.4～70.2	70.3～73.6	≥73.7
175.0～175.9	<51.9	51.9～59.9	60.0～70.8	70.9～74.4	≥74.5
176.0～176.9	<52.4	52.4～60.4	60.5～71.5	71.6～75.1	≥75.2
177.0～177.9	<52.8	52.8～61.0	61.1～72.1	72.2～75.7	≥75.8
178.0～178.9	<53.2	53.2～61.5	61.6～72.6	72.7～76.2	≥76.3
179.0～179.9	<53.6	53.6～62.0	62.1～73.2	73.3～76.7	≥76.8
180.0～180.9	<54.1	54.1～62.5	62.6～73.7	73.8～77.0	≥77.1
181.0～181.9	<54.5	54.5～63.1	63.2～74.3	74.4～77.8	≥77.9
182.0～182.9	<55.1	55.1～63.8	63.9～75.0	75.1～79.4	≥79.5
183.0～183.9	<55.6	55.6～64.5	64.6～75.7	75.8～80.4	≥80.5
184.0～184.9	<56.1	56.1～65.3	65.4～76.6	76.7～81.2	≥81.3
185.0～185.9	<56.8	56.8～66.1	66.2～77.5	77.6～82.4	≥82.5
186.0～186.9	<57.3	57.3～66.9	67.0～78.6	78.7～83.3	≥83.4

注：身高低于表中所列出的最低身高段的下限时，身高每低 1 厘米，实测体重需加上 0.5 千克，实测身高需加上 1 厘米，再查表确定分值。身高高于表中所列出的最高身高段时，身高每高 1 厘米，其实测体重需减去 1 厘米，再查表确定分值。

表 2-4 全国普通高校体质健康测试评分表（男生）

年级	等级	单项得分	1000 米跑 20%	50 米跑 20%	立定跳远 10%	引体向上 10%	体前屈 10%	肺活量 15%	身高/体重得分 15%	体重指数/（千克/米²）（BMI）
大一、大二年级	优秀	100	3'17"	6.7	273	19	24.9	5040	100 正常	17.9～23.9
		95	3'22"	6.8	268	18	23.1	4920		
		90	3'27"	6.9	263	17	21.3	4800		
	良好	85	3'34"	7.0	256	16	19.5	4550		
		80	3'42"	7.1	248	15	17.7	4300	80 超低	≤17.8
	及格	78	3'47"	7.3	244		16.3	4180		
		76	3'52"	7.5	240	14	14.9	4060		
		74	3'57"	7.7	236		13.5	3940		
		72	4'02"	7.9	232	13	12.1	3820		
		70	4'07"	8.1	228		10.7	3700	80 超重	24.0～27.9
		68	4'12"	8.3	224	12	9.3	3580		
		66	4'17"	8.5	220		7.9	3460		
		64	4'22"	8.7	216	11	6.5	3340		

续表

年级	等级	单项得分	1000 米跑 20%	50 米跑 20%	立定跳远 10%	引体向上 10%	体前屈 10%	肺活量 15%	身高/体重得分 15%	体重指数 /（千克/米^2）（BMI）
大一、大二年级	及格	62	4'27"	8.9	212		5.1	3220		
		60	4'32"	9.1	208	10	3.7	3100	60 肥胖	≥28.0
	不及格	50	4'52"	9.3	203	9	2.7	2940		
		40	5'12"	9.5	198	8	1.7	2780		
		30	5'32"	9.7	193	7	0.7	2620		
		20	5'52"	9.9	188	6	-0.3	2460		
		10	6'12"	10.1	183	5	-1.3	2300		
大三、大四年级	优秀	100	3'15"	6.6	275	20	25.1	5140	100 正常	17.9～23.9
		95	3'20"	6.7	270	19	23.3	5020		
		90	3'25"	6.8	265	18	21.5	4900		
	良好	85	3'32"	6.9	258	17	19.9	4650	80 超低	≤17.8
		80	3'40"	7.0	250	16	18.2	4400		
	及格	78	3'45"	7.2	246		16.8	4280		
		76	3'50"	7.4	242	15	15.4	4160		
		74	3'55"	7.6	238		14.0	4040		
		72	4'00"	7.8	234	14	12.6	3920		
		70	4'05"	8.0	230		11.2	3800	80 超重	24.0～27.9
		68	4'10"	8.2	226	13	9.8	3680		
		66	4'15"	8.4	222		8.4	3560		
		64	4'20"	8.6	218	12	7.0	3440		
		62	4'25"	8.8	214		5.6	3320		
		60	4'30"	9.0	210	11	4.2	3200	60 肥胖	≥28.0
	不及格	50	4'50"	9.2	205	10	3.2	3030		
		40	5'10"	9.4	200	9	2.2	2860		
		30	5'30"	9.6	195	8	1.2	2690		
		20	5'50"	9.8	190	7	0.2	2520		
		10	6'10"	10.0	185	6	-0.8	2350		

加分分值	1	2	3	4	5	6	7	8	9	10	备注：学生成绩超出单项 100 分后，超出部分对应的分数进行加分
1000 米跑	-4"	-8"	-12"	-16"	-20"	-23"	-26"	-29"	-32"	-35"	
引体向上	1	2	3	4	5	6	7	8	9	10	

体重指数（BMI）=体重（千克）/身高^2（米^2）

表 2-5　全国普通高校体质健康测试评分表（女生）

年级	等级	单项得分	1000 米跑 20%	50 米跑 20%	立定跳远 10%	引体向上 10%	体前屈 10%	肺活量 15%	身高/体重得分 15%	体重指数/（千克/米^2）（BMI）
大一、大二年级	优秀	100	3'18"	7.5	207	56	25.8	3400	100 正常	17.9～23.9
		95	3'24"	7.6	201	54	24.0	3350		
		90	3'30"	7.7	195	52	22.2	3300		
	良好	85	3'37"	8.0	188	49	20.6	3150		
		80	3'44"	8.3	181	46	19.0	3000	80 超低	≤17.8
	及格	78	3'49"	8.5	178	44	17.7	2900		
		76	3'54"	8.7	175	42	16.4	2800		
		74	3'59"	8.9	172	40	15.1	2700		
		72	4'04"	9.1	169	38	13.8	2600		
		70	4'09"	9.3	166	36	12.5	2500	80 超重	24.0～27.9
		68	4'14"	9.5	163	34	11.2	2400		
		66	4'19"	9.7	160	32	9.9	2300		
		64	4'24"	9.9	157	30	8.6	2200		
		62	4'29"	10.1	154	28	7.3	2100		
		60	4'34"	10.3	151	26	6.0	2000	60 肥胖	≥28.0
	不及格	50	4'44"	10.5	146	24	5.2	1960		
		40	4'54"	10.7	141	22	4.4	1920		
		30	5'04"	10.9	136	20	3.6	1880		
		20	5'14"	11.1	131	18	2.8	1840		
		10	5'24"	11.3	126	16	2.0	1800		
大三、大四年级	优秀	100	3'18"	7.5	207	56	25.8	3400	100 正常	17.9～23.9
		95	3'24"	7.6	201	54	24.0	3350		
		90	3'30"	7.7	195	52	22.2	3300		
	良好	85	3'37"	8.0	188	49	20.6	3150	80 超低	≤17.8
		80	3'44"	8.3	181	46	19.0	3000		
	及格	78	3'49"	8.5	178	44	17.7	2900		
		76	3'54"	8.7	175	42	16.4	2800		
		74	3'59"	8.9	172	40	15.1	2700		
		72	4'04"	9.1	169	38	13.8	2600		

续表

	等级	单项得分	1000 米跑 20%	50 米跑 20%	立定跳远 10%	引体向上 10%	体前屈 10%	肺活量 15%	身高/体重得分 15%	体重指数/（千克/米^2）（BMI）
大三、大四年级	及格	70	4'09"	9.3	166	36	12.5	2500	80 超重	24.0～27.9
		68	4'14"	9.5	163	34	11.2	2400		
		66	4'19"	9.7	160	32	9.9	2300		
		64	4'24"	9.9	157	30	8.6	2200		
		62	4'29"	10.1	154	28	7.3	2100		
		60	4'34"	10.3	151	26	6.0	2000	60 肥胖	≥28.0
	不及格	50	4'44"	10.5	146	24	5.2	1960		
		40	4'54"	10.7	141	22	4.4	1920		
		30	5'04"	10.9	136	20	3.6	1880		
		20	5'14"	11.1	131	18	2.8	1840		
		10	5'24"	11.3	126	16	2.0	1800		

加分分值	1	2	3	4	5	6	7	8	9	10	备注：学生成绩超出单项 100 分后，超出部分对应的分数进行加分
1000 米跑	-4"	-8"	-12"	-16"	-20"	-23"	-26"	-29"	-32"	-35"	
引体向上	1	2	3	4	5	6	7	8	9	10	
体重指数（BMI）=体重（千克）/身高^2（米^2）											

作业与思考：

1．体育教育对人体的作用有哪些？

2．运用《国家学生体质健康标准》评分表评价自己的身体健康状况，制订以后的体育锻炼方案。

第三章　身体锻炼科学总则

本章学习目标：

- 了解体质增强的机理
- 认识体育锻炼的三大原则
- 掌握增强身体素质的方法
- 掌握制订锻炼计划的方法

锻炼身体的科学性是按照人体生理的基本规律，个人具体情况（年龄、性别、体质、锻炼基础），以及客观条件和需要，从实际出发，选择适合的运动项目，合理安排运动量，根据全面锻炼、坚持不懈、循序渐进三项基本原则，有计划地进行锻炼，达到增强体质，提高运动技术水平的目的。

第一节　锻炼身体基本原则

体育锻炼能够促进身体生长发育，改善器官系统的机能，提高身体素质，提高人体基本活动能力和运动技术水平，提高人体对自然环境的适应能力，但必须遵循客观规律，否则不仅无法促进身体全面发展，反而可能发生运动损伤或引起运动性疾患，损害健康。因此，参加体育锻炼应该遵循以下三个基本原则。

一、全面锻炼原则

全面锻炼是指参加体育锻炼时，不仅有四肢、躯干等不同部位的活动，更重要的是应包括各种不同性质的活动，使身体生长匀称，全面发展。

（一）全面提高身体机能水平

人体是一个有机的整体，各器官系统之间是相互联系、相互制约的。人体内各器官系统的功能，是随时受到体内其他器官功能和外界环境的影响而发生变化的。这是因为人体具有复杂的调节机能，须维持各种正常的生命活动，如在体育运动中，肌肉进行活动时，其他器官系统也发生相应变化，并且只有在其他器官都发生相应变化时，肌肉工作才能顺利地完成。这种协同关系也同样表现在各器官系统机能水平的提高方面。任何局部功能的提高和改善，都必然会影响机体其他部位机能的发展。如果没有各器官系统机能水平的普遍改善，就不可能有某个器官系统机能的大幅度提高。

（二）全面提高身体素质

体育锻炼提高身体素质，对提高人体基本活动能力和运动技术水平，有着特别重要的意义。不同锻炼方式对青年学生发育的影响见表 3-1。

表 3-1　不同锻炼方式对青年学生发育的影响（增加数）

组别	锻炼时间	体重/千克	身高/厘米	肺活量/毫升	握力/千克	背力/千克
全面锻炼者	10 个月	3.5～4.5	1.5～2.5	300～500	4～6	8～10
单项锻炼者	10 个月	1.5～2.5	1.0～1.5	150～250	2～3	4～6

在身体活动中，无论何种身体素质都不是以孤立的或以某种单纯的形式出现的。体育运动都必须以一定的力量、速度和耐力作为基础，如跑步时，肌肉收缩产生力量引起跑的动作，而动作的快慢就表现为速度，持续了多少时间就表现为耐力。身体素质这种相辅相成的关系，决定了任何项目的锻炼，都在不同程度上影响着身体素质的发展。这在开始参加锻炼时，表现得较为明显，如参加短跑锻炼，不仅会提升速度及速度耐力素质，同时对一般耐力素质也有所促进。参加长跑锻炼，除了会提升耐力素质外，还会在一定程度上促进力量、速度等素质得到发展。这是由于人体是统一的整体，各种身体素质的发展所引起的各器官、系统结构和机能及生化等方面的变化，都有着多方面的作用，所以各种身体素质之间能相互影响、相互促进。

只有通过全面锻炼，才能使各种素质相互促进，全面发展，也只有在身体素质全面发展的基础上，才能更好地发展某种专项素质，以利于人体基本活动能力和运动技术水平的提高。

（三）掌握多种动作技能

人体机能的全面提高，身体素质的全面发展，都是通过反复进行各种性质不同的运动而实现的，因此全面锻炼身体的过程，也就是学习掌握多种动作技能的过程。

动作技能的本质是一种条件反射，但它又有别于一般条件反射的形成，因为参与形成条件的中枢不是一两个，而是多个，既有运动中枢，又有视、听、皮肤感觉和内脏活动等中枢参与活动。这种反射活动是复杂的。如挺身式跳远，从助跑、踏跳、腾空、挺身到收腹举腿和落地等一连串的动作，一个接一个，前一个动作的结束就是后一个动作的开始，彼此连锁。在形成条件反射的过程中，肌肉活动的本身，起着重要的作用——本体感受器的传入冲动起着强化作用，否则动作技能就不能形成。由此可见，运动技能的形成，乃是建立复杂的、连锁的、本体感受性的运动条件反射的过程，在掌握动作技能以后，运动中枢的兴奋和抑制就有顺序地、有规律地、有严格时间间隔地交替发生，使肌肉的收缩与放松，也是有顺序的、有规律的、有严格时间间隔的进行，并符合动作所要求的规格。

动作技能与身体素质之间是相互联系、相互制约的。虽然良好的身体素质是提高人体基本活动能力和运动技术水平的基础，但如果没有熟练、协调、完善的动作技能，人体基本活动能力和运动技术水平也是不可能提高的。所以，只有把提高身体素质与掌握动作技能结合起来进行锻炼，才能获得良好的效果。

二、坚持不懈原则

只有坚持不懈地参加体育锻炼，持之以恒，体质才能增强，人体基本活动能力和运动技术水平才能不断提高。

学习任何一个技术动作，都要经过多次练习才能初步掌握，反复练习，才能逐步熟练和完善。如果练习几次，间隔较长一段时间再练时，便会感到生疏。进行体育锻炼时，人体结构和机能的改变，身体素质的提高等，都是通过肌肉活动进行反复多次强化来实现的。因此，人体在体育运动的作用下发生的各种适应性变化，只靠一两次锻炼是不可能的。如果断断续续地进行锻炼，会导致前一次的作用痕迹消失，这样后一次锻炼的累积性影响就小了，也就不可能取得明显的锻炼效果。只有坚持不懈地锻炼，人体的结构和机能、身体素质和动作技能才能日趋完善，基本动作能力和运动技术水平才能不断提高。

已经掌握的动作，如果长时间没有练习，再进行练习时便会感到生疏，特别是些难度较大、较复杂的动作，甚至很难完成。这是因为动作技能形成后，还必须经常强化，否则便会消退。通过体育锻炼，人体结构与机能、身体素质等各方面的改善，也是符合“用进废退”的规律的，而不是一劳永逸的。

在消退过程中，首先消退的是一些分化精细的联系，如一些难度较大、较复杂的动作。尤其是内脏器官功能消退后，就更不容易恢复。在中断一段时间的锻炼后，动作技能通过几次练习得以恢复，而内脏器官功能的恢复就需要很长的时间。如经常练习中长跑的人，中断锻炼一段时间，再跑起来就不如以前轻松，经过一段时间锻炼后，虽然跑的技能恢复了，但成绩却远远不如以前，其原因就是内脏器官的功能还停留在较低的水平。

三、循序渐进原则

循序渐进是人体适应外界环境的基本规律。

人体对内、外环境变化的适应，是一个缓慢的由量变到质变的过程。进行体育锻炼时，肌肉活动对机体提出的要求，各器官、系统的结构与机能是逐步适应，逐步与它取得平衡的。因此，参加体育锻炼必须循序渐进，不能急于求成。只有这样，才能取得良好效果，避免运动损伤和运动性疾患的发生。

（一）学习动作应由易到难

学习动作时，要由易到难，由简单到复杂，逐步学习和掌握。如练习推铅球时，要由原地正面推铅球到侧向推铅球，由蹬摆短程推铅球到全程推铅球，逐步加大练习的难度和复杂程度。只有把已形成的运动条件反射作为基础，逐渐地提出补充环节来建立较复杂的新的运动条件反射，才能更快、更好地掌握动作技能，运动器官也才能逐步适应动作的要求。因此，在学习一些难度较大的动作（如器械体操）时，应特别注意其系统性，以免发生伤害事故。

（二）运动量应逐步加大

在进行体育锻炼过程中，运动量的安排应随着锻炼水平的提高，由小到大，逐步增加。

运动量是由运动负荷的强度（以脉搏频率作指标）、密度（密度=练习实际时间/一次锻炼的总时间）、时间、数量和项目特点等5个因素决定的。强度和密度是决定运动量大小的两个重要因素。

从生理学上刺激与反应的关系来分析，在一定范围内，刺激强度越大，引起的反应也越大。运动量是施加于人体的一种综合运动刺激。因此，在一定范周内，运动量越大，人体的机能反应也就越大。运动量大小不同，引起人体机能反应程度不同，主要表现在以下三个方面。

1. 运动量的大小影响着能源物质的“超量恢复”

肌肉活动的能量来源于能源物质的分解。在神经系统营养性机能的影响下，能源物质的消耗与恢复是不可分离的两个环节。进行肌肉活动时，能源物质的消耗是引起其恢复的刺激物，在一定范围内，能量消耗越强烈，恢复过程也就越明显。

运动时，身体能源物质的消耗（分解）和恢复（再合成）过程同时存在。运动停止后，消耗过程逐渐减弱，恢复过程就占了优势。在恢复过程中，能源物质不仅能恢复到原有水平，而且在一段时间内还能超过原有水平。这种现象叫作“超量恢复”。超量恢复的大小及其持续时间，取决于能源物质的消耗程度：在一定的范围内体内能源物质有明显的消耗，随后出现的超量恢复就更明显。消耗与恢复的这种良好的关系，只是在一定范围内才能得到保证。如果消耗过大，不仅不能使恢复过程提高，反而会使其削弱。

从如表 3-2 所示的实验结果可以看出，随着工作强度的增加，糖元的消耗也增多，在一定范围内，消耗越多，则恢复也越快，超量恢复也越明显：以每分钟收缩 104 次，工作 9 分钟，其消耗要比每分钟收缩 60 次，工作 15 分钟明显得多，而前者工作后 4 小时恢复的量比后者多，24 小时后的超量恢复也更为明显；以每分钟收缩 30 次，工作 30 分钟，糖元消耗较少，超量恢复也较少；以每分钟收缩 200 次，工作 4 分 30 秒，由于强度过大，糖元消耗过多，以至于 24 小时以后，还不能恢复到原有水平。

表 3-2 进行不同速率活动时肌肉中糖元的消耗及其在休息时的恢复

测定时间	以 30 次/分速率收缩 30 分钟	以 60 次/分速率收缩 15 分钟	以 104 次/分速率收缩 9 分钟	以 200 次/分速率收缩 4 分 30 秒
活动停止后	-140	-381	-519	-785
活动后 4 小时	-30	-194	-82	-175
活动后 24 小时	+16	+18	+45	-40

各类物质的超量恢复与训练性质有关，如力量性练习，主要促使蛋白质的超量恢复，使肌纤维增粗；速度性练习，主要促使肌肉中磷酸肌酸超量恢复；耐力性练习，主要使肝糖元超量恢复。各类物质的恢复时间也不同，以肌肉磷酸肌酸出现最快，糖元次之，蛋白质最晚。

2. 运动量大小影响着各器官、系统的改善

能源物质超量恢复的这种变化，在各器官工作能力的恢复上，也有类似的表现，即在恢复过程中，工作能力可以超过原有的水平；超过的程度与工作量有关，也是在一定范围内，工作量越大，超过原有水平的程度也越明显。

器官的结构和机能是相互适应、相互制约的。器官的机能由于超量恢复的机制获得提高时，必然要促进结构由量变到质变的转化；结构的改变又有利于促进机能进一步改善。

3. 运动量大小影响着神经系统调节功能的改善

人体各器官、系统之间，局部和整体之间的对立统一关系，是靠中枢神经系统及内分泌系统进行调节的。这种调节机能的水平，在人体活动中有着重要的意义：在复杂的环境及激烈的体育运动中，没有完善的调节机能，不可能表现出较高的工作能力和运动技术水平。

身体在运动时，由于运动量的大小不同，肌肉及内脏器官所产生的传入冲动在数量和强度方面就不一样，因而对中枢神经系统兴奋和抑制过程的强度、均衡性和灵活性等方面的影响就不相同。

由上述可知，运动量小的锻炼，只能使机体发生较小的变化；在适宜的范围内，运动量大的，能引起机体一系列的强烈反应，促使机体在能源物质的储备，各器官、系统的结构和机能及神经系统调节机能的改善等方面，都能获得较为显著的效果。

机体对运动量给予的作用，受个体适应规律所制约，存在着一个缓慢的适应过程。因此，尽管适宜的大运动量锻炼效果较为显著，但运动量还是应该由小到大，逐步增加。开始参加锻

炼时，强度应小，时间要短些，待机体各方面都适应后再逐步加大运动量。如果长期将运动量停留在同一水平上，机体的反应就会越来越小，工作能力也就只能保持在这一水平上。然而，运动量也不能突然加大，过急地加大运动量，会对机体提出过高的要求，导致超出机体的负担能力，便会降低机能水平，甚至引起运动性疾患。运动量的加大，不能是直线上升，应该按照“提高－适应－再提高－再适应”的规律有节奏地上升，不断地提高对机体的要求，从而使人体机能和能源物质的储备达到更高的水平。

病后或中断锻炼后，再参加体育锻炼，尤应注意循序渐进，以免发生意外。

（三）每次锻炼也要循序渐进

在每次锻炼的过程中，机体工作能力的发展大体可分为上升（工作适应过程）、稳定和下降（产生疲劳）三个阶段。

人体从相对安静状态进入剧烈运动时，不可能一开始就发挥机体的最高工作能力。在开始一段时间里，工作能力是逐步上升的。如篮球比赛中的投篮命中率，以开始比赛后十分钟左右为最高。由活动开始到发挥最高工作能力的这个过程，称为工作适应过程。

工作适应过程是人体基本活动规律之一，不仅在体育活动中是这样，在生产劳动和脑力劳动中也是如此。

工作适应过程的长短取决于工作的性质和个人的特点。一般来说，肌肉活动越复杂，所需要的适应时间就越长；训练水平高的比训练水平低的需要更长的适应时间。另外，工作（活动）时的环境（如场地、气候）也影响着工作适应过程的长短。

人体运动时是有惰性的，分为生理惰性和物理惰性两种，其中生理惰性是影响体育锻炼的主要因素。

生理惰性是人体进行体育活动时，必然伴以相应的物质能量代谢，呼吸系统和心脏血管系统等一系列的机能变化。而植物性机能（主要指内脏器官）的生理惰性要比运动性机能（主要指肌肉）大得多。因比，当人体开始运动时，运动器官在很短时间内即能发挥最大的工作能力，而内脏器官机能发挥到最高水平，则需要 3～5 分钟。这种差别的存在，导致人体开始运动时，并不能立即发挥最高的工作能力。

因此，在进行体育训练与教学时，强度大、动作复杂的练习，不宜放在开始阶段。另外，由于结束前机体工作能力下降，出现疲劳现象，因此也不宜安排这类练习。

总之，体育运动中的全面锻炼、坚持不懈和循序渐进的原则是相互联系、相互制约的。在身体锻炼中，如果片面地执行这些原则，就不可能获得良好的效果。只有把三者紧密联系起来，贯彻到锻炼身体的整个过程中，才能促使身体正常生长发育，改善各器官、系统的机能，提升身体素质，提高基本活动能力和运动技术水平，获得全面发展的良好效果。

第二节　锻炼身体方法概述

一、提高身体素质方法

身体素质发展得越充分，机体就越能发挥和表现出更大的活动能力。在体育运动中，就越能表现出高度运动技能。

身体素质包括力量、速度、耐力、灵敏和柔韧。其中，力量、速度、耐力是三项基本素质，下面就这三项基本素质的锻炼方法作简要介绍。

（一）力量素质

1. 影响力量的主要因素

（1）肌肉的生理横断面：肌肉收缩力与肌肉横断面成正比。横断面越大，肌肉收缩的力量也就越大。在劳动过程中由于生理超量恢复规律的作用，肌纤维内的蛋白质含量和其他生化物质的增加，使肌纤维逐渐变粗，肌肉的生理横断面增大，肌肉收缩时产生的力量也随之增大。

（2）肌肉收缩前的初长度：肌肉收缩时的力量大小，与肌肉收缩前的初长度有关。在一定范围内，肌肉收缩前的初长度越长，收缩力也就越大，体育运动中，投掷前的引臂、跳跃前的预蹲，都是为了调节工作肌初长度的动作，以发挥更大的力量。

（3）肌体的物质储备与供能条件：肌肉中毛细血管网的分布，三磷酸腺苷酶、肌激酶的活性、肌糖元的储备与供应、肌贮氧能力等，直接影响肌肉力量的发挥。肌肉活动时，这些物质条件的保证，主要靠心血管系统与呼吸系统的功能输送供给。因此，心血管系统与呼吸系统机能的提高，对肌肉力量的发挥非常重要。

（4）神经系统调节作用：肌肉收缩时，运动神经中枢对主动肌发放强而集中的兴奋作用的同时，还必须调节主动肌的对抗肌充分放松，并调节协同肌的放松与收缩，使之密切配合主动肌的活动，这样肌肉才能发挥最大的收缩力量。

（5）其他：年龄、性别、体型、力量机械因素等。

2. 发展力量素质的方法

由于肌肉有等张和等长两种收缩形式，因此，肌肉力量可分为两大类：等张力，即动力性力量；等长力，即静力性力量。肌肉力量是在加大阻力的条件下增加的，练习肌肉的抗阻能力，就是肌肉收缩时给予负荷以增强肌肉力量，如较重的体力劳动，抵抗外部阻力的运动，克服本身体重的运动，对抗性运动等。由于力量素质的性质不同，练习方法也分为等张力练习法、等长力练习法与等动力练习法三类。

（1）等张力练习法。用负重练习发展等张力，是主要锻炼手段，具体方法如下：

1）用接近个人极限负荷重量，即接近最大重量，重复 4～8 次二组和三组的练习，对增加一般性等张力效果较好。

2）用个人最大负荷 60%～70%的重量（即中等强度负荷，基础好的人可用 70%～80%的重量），尽量多次重复，动作快速的练习，对发展速度力量比较有效。

3）用比较轻的重量，以最快速度，作最多重复次数的练习，发展爆发力效果较好。但是这种练习必须与上述两种练习结合进行，才能收到良好效果。因为没有一般性力量作基础，爆发力的发展会受到一定限制。

（2）等长力练习法。肌肉等长收缩的练习，能够较快地增加肌肉力量，具体的练习法如下：

1）身体处于特定位置，立或仰卧举腿，推或蹬住固定重物或器械，用肌肉最大的收缩力量，坚持 8～10 秒钟，初练者坚持 4～5 秒钟，做一定次数，对增加肌肉力量，效果较为显著。

2）肌肉力量得到增长，应再换一个不同位置练几次，如果一个动作一开始就需要爆发力，那么设计力量练习时就必须与该动作相适应。

3）为了迅速增加肌肉力量，需每天练习一两次。但隔日练习，逐步获得的力量较能持久。

4）等长力练习的呼吸方法十分重要，一般在肌肉开始用力收缩前，先深吸一口气，然后屏息，在用力的后一段时间开始缓缓呼气。

（3）等动力练习法。所谓等动力的力量练习，就是在做力量练习的整个过程中，使肌肉收缩所受到的阻力固定不变，负荷量与肌肉收缩力量始终相适应，致使整个动作过程中，用力的大小不变，或者说接近不变。例如，在教学中采用双人力量性对抗练习，一人俯卧，另一人跪骑，用身体对俯卧者施加压力，要求所加压力正好使俯卧者能撑起为度，这就要求加压力时，要随着俯卧者撑起时由于角度改变产生不同的抗力而改变所施加的压力，使俯卧者在整个撑起过程中，身体受到的压力始终相等，这就是等动力力量练习的原则。不同力量性训练结果比较见表 3-3。

表 3-3　不同力量性训练结果比较表

组别	总工作能力的提高	最显著提高
等动力组	+35.4%	+47.2%
等张力组	+27.5%	+28.6%
等长力组	+9.2%	+13.1%
等对照组	－9.4%	－6.0%

从表 3-3 可以看出，等动力量练习法对增加一般力量，效果是显著的，也有材料证明，对游泳运动员所需的力量，训练效果非常明显。

注意事项：

（1）不论用何种方法，肌肉力量增长后，都必须随之加大负荷量，以继续提高极限负荷能力，从而继续提高肌肉的收缩力量。

（2）练习时间的安排，即两次练习的间隔时间，有人做了实验，把参加实验的人分成两组，一组隔日训练，另一组每天训练，内容与方法相同，两组力量增长比较如下：隔日训练组增长率为 77.6%，每日训练组增长率只有 47%。这主要是由于大负荷力量练习，使每日训练组的疲劳没有充分消除，影响了训练效果，特别是对初练者来说更宜采用间隔练习方式。

（3）重视肌肉随意放松能力的培养，肌肉放松能力的提高，不仅有助于肌肉力量的发挥和增长，同时也能防止肌肉出现僵硬现象。

（4）等张力练习呼吸方法的配合，不同负荷量与动作速度，应有不同的呼吸方法，并应结合个人的呼吸习惯。做轻量负荷快速开立跳练习时，呼吸应有节奏地与动作配合，每做 3～5 次开立跳，呼吸一次，以呼气为主，换气要求快而深。这样可避免和减轻胸压，有利于身体健康。

3. 常用发展身体各部力量素质的辅助练习

（1）发展上肢肌肉力量练习：杠铃快速挺举或推举；仰卧推举杠铃、哑铃、壶铃；推实心球、掷沙袋；拉弹簧拉力器、牵拉橡皮筋；爬绳、爬杆、拉绳上升；俯卧撑、俯卧推跳、倒立；单杠引体向上、双杠臂屈伸等。

（2）发展下肢肌肉力量练习：负重蹲起、半蹲起、半蹲跳；持哑铃或壶铃蹲跳起；肩负杠铃提踵；腿负重高抬腿跑多上坡跑；抗阻屈膝、抗阻伸膝；跳台阶；单足跳、蛙跳、立定跳远、多级跳；站桩、一腿平提单足连续蹿起等。

（3）发展躯干肌肉力量练习：负重体前屈和侧屈；连续仰卧起坐、抗阻仰卧起坐；抗阻俯卧起立、俯卧弓身、前后甩腰；悬垂举腿等。

（二）速度素质

1. 影响速度的主要因素

（1）机体能量供应的特点：速度（包括速度耐力）练习的最大特点是时间短、运动强度大、单位时间内能量消耗大。实验证明，机体从相对的安静状态，转入剧烈的运动状态，肌肉中物质代谢量在短时间内，将增加千倍以上，所以机体内氧负荷量很大，肌肉主要处在无氧代谢状态中进行工作。能量主要依靠三磷酸腺苷、磷酸肌酸的无氧代谢供给，故速度素质要求神经和肌肉有较强的无氧代谢适应能力。

（2）肌肉本身的特点：肌纤维大体可以分为不同特性的两大类型，其中一类被称为快速纤维，纤维中肌红蛋白含量较少，呈白色，也称白肌纤维，适于快速用力，但易疲劳。另一类被称为慢速纤维，纤维中含肌红蛋白较多，呈红色，也称红肌纤维。快速纤维占优势，是良好速度素质的一个物质基础。

（3）神经系统的调节作用：速度主要决定于神经系统的灵活性，传导的准确协调作用和同步程度，以及对酸性刺激物的耐受能力。以跑步为例，步频有赖于大脑皮层运动中枢兴奋与抑制的转换能力。爆发性后蹬力量，有赖于神经具有较高的同步性。跑途中维持高频率和强而集中的神经冲动，则有赖于中枢神经系统对酸性产物（乳酸）刺激的耐受能力。因此，在进行速度素质练习时要注意改善神经中枢的灵活性、协调性和同步性，以及提高神经、肌肉的耐酸能力。

（4）肌肉收缩的力量与柔韧性：运动中任何一个动作，都是由几部肌群或数块肌肉的协调配合共同来完成的。主动肌的收缩，对抗肌的放松，协同肌的配合，以及在动作过程中相互间的转换作用，主要依赖神经系统的灵活性和协调作用。但是肌肉的伸展能力、关节的正常活动范围，与身体的柔韧性也直接有关，不能忽视。

（5）其他：年龄、性别、体型、温度等。

2. 发展速度素质的方法

不同类型的速度素质，其练习方法也不同。如采用各种突发信号的练习提升反应速度，利用缩短时间、距离，降低器械重量条件下提高动作速度等，通常说的速度是指周期性运动的位移速度，现以短跑为例作简要介绍。

短跑速度取决于步频、步幅及保持步频的能力。因此，练短跑速度应以提高步频，增强腿部爆发性、后蹬力，改善神经、肌肉无氧代谢承受能力为主要环节。

已有较多的材料证明，提高步频、爆发性力量和无氧代谢能力，适宜采用重复训练法。具体方法如下：按计划进行全力运动，达到或至少接近个人极限强度，然后休息，休息的时间、方式根据内容与训练基础而定，原则上以基本消除疲劳为宜。当然，这并非唯一方法，实际训练中，还需要采用其他相应的方法。

（1）发展短跑频率练习。用高频率练习发展频率，是提高步频的主要方法，如快速高抬腿跑、听信号快速跑等，但必须在一定的强度和运动量的条件下，只有进行系的练习才能奏效。因为速度素质的任何一种表现形式，它的生理基础都是肌肉强力收缩和按条件反射机制所形成的植物性机能活动的某种协调，而以神经活动的高度灵活性为保证。因此，不通过一定量次的系统训练，就不可能完成这个任务。训练方法以快速高抬腿跑为例，以最快速度的高抬腿跑练习8～10秒为1次，练习3～5次；然后休息至基本消除疲劳。如此重复数次，最好以几个人竞赛性游戏形式进行。

进行速度素质训练时，应注意在身体疲劳的情况下，由于大脑皮层的保护性抑制作用，神经过程的灵活性与强度相应降低，这时进行步频练习不能受益。因此，速度素质的练习应放在训练的前半时进行。

（2）进行短跑爆发性力量训练。提高爆发力通常采用3种办法：①在不降低速度的条件下加大力量（负荷量）；②在不减小力量的条件下加快速度；③在加大力量的同时加快速度。实验证明，第一种训练方法效果较好。发展腿部爆发性力量的主要手段有徒手及负重的各种跳跃练习、负重蹲起练习等。负重练习的负荷量，要轻重结合，因为轻负荷快速蹲起、蹲跳等练习的主要作用是提升主动肌收缩速度。重负荷蹲起、蹲跳等练习的主要作用是提高肌肉收缩强度。对于力量较弱的初学者来说，开始时应用中等强度负荷练习，用以发展一般力量。有了一定基础后，负重的次数和重量可逐渐增加。锻炼时可采用重复训练法，并按计划进行。

（3）提高无氧代谢能力练习。

3. 常用发展短跑速度的辅助性练习

原地快跑（每组6～10秒）；原地高抬腿跑（每组8～10秒）；高速小步跑（20～30米）；加速跑（40～60～80米）；行进间跑（40～60米）；反复跑（60～100～150米）；下坡跑；顺风跑；跨步跑（短、长距离相结合，短距离大于长距离）；快速摆臂；快速反应游戏等。

（三）耐力素质

1. 影响耐力的主要因素

（1）心脏血管系统和呼吸系统的功能。耐力运动的最大特点是，持续时间长，运动强度较小，单位时间内能量消耗不多，总消耗量大，运动过程中所需能量大多由有氧代谢供应。因此心血管系统和呼吸系统能否源源不断地运输氧与能源物质供应机体较高水平的氧化过程和能否及时运走代谢尾产物，不断保持机体酸碱平衡，保证有氧代谢顺利进行，这是耐力素质的基础。人的心脏工作量十分惊人，如成年人心率75次/分钟，以每搏输血量50～75毫升计，24小时总脉搏约为10万次，输血总量在5～7吨，在剧烈的耐力跑情况下，工作量将增大10倍左右，每分钟输血量从安静时3～4.5公升增加到25～35公升，正常成人呼吸频率为14～18次/分钟，深度为500毫升左右，肺通气量为4～7公升，剧烈运动时呼吸频率为40～50次/分钟，呼吸深度为2500毫升左右，肺通气量可达140公升，而在整个耐力练习过程中，心血管系统和呼吸系统的机能必须稳定地维持在这样高的水平上。因此，心血管系统和呼吸系统的提高，是发展耐力素质的重要条件。

（2）大脑皮层运动中枢机能的稳定性。特别是周期性运动耐力练习，因长时间单调的本体传入冲动，会导致皮层兴奋性降低，大脑皮层对单调刺激的耐受性，即大脑皮层运动中枢的机能稳定性，在一定程度上是决定一般耐力的重要因素。此外，皮层运动中枢兴奋与抑制的集中和准确性，也与一般耐力素质有关，而耐力练习可使运动中枢的兴奋和抑制更加集中和准确。因而，肌肉就更加省力，能量消耗出现“节省化”，使运动中枢神经元及肌纤维有交替休息的机会，从而能推迟疲劳的出现，提高耐力。

（3）肌肉本身的解剖生理特点。肌肉组织中慢速纤维（亦称红肌纤维）的数量多，耐疲劳性能强，是发挥耐力素质的重要条件。

（4）肌肉中能源物质的储备量的多少，与耐力素质有一定的关系，特别是肌糖元的含量。

（5）其他：力量、步频、年龄、性别、体型、肺活量、温度等。

2. 一般耐力素质练习

“渐进的极限负荷”原则，同样是耐力素质练习的主要依据。所谓极限负荷，应理解为使肌体的负担超过其原来能负担的耐力水平，这是运动量的客观依据。同时在耐力练习时采用适宜的运动强度，也十分重要。因为强度过大，机体无氧代谢比重增大，不利于发展一般耐力；强度太小，不能引起机体应有的生理变化，更不适宜。理想的标准应该是既使心血管系统和呼吸系统达到或接近个人机能极限，又能使能量供应的无氧代谢减小到最低限度，通常为个人最大强度的70%～85%，具体通过心率测定进行调节，每分钟心率在140～160次。

心血管系统的机能与耐力素质关系极为密切。对于耐力的提高，应着眼于心脏血管系统机能的提高，比较系统的练习方法有马拉松训练（持续训练）、间歇训练和循环训练等，这些方法的主要目的在于提高机体有氧代谢水平，从而提高耐力素质。现有材料证明，提高耐力水平最好的方法是间歇训练，它包括一系列的重复练习，各次重复之间有一个短暂的间歇。研究发现，一个只能持续九分钟工作的负荷，采用间歇训练时，可维持一小时之久。具体方法如下：按计划先以一定强度和一定负荷量做比较剧烈的运动至出现明显的氧债水平后，随即按计划短暂休息，一般为1～3分钟，不超过5分钟，最好用积极性休息形式，如此反复几次。运动量、运动强度、反复次数、休息时间应根据个人基础和条件而定。但是间歇时间应等于或短于负荷时间。有人提出，心率应高于150次/分钟（基础较好的人），同时要保持5分钟以上的时间，才能得到提高耐力的效益，为使间歇训练继续收效，当获得一定的耐力后，就必须增加运动负荷量，就是说，提高了耐力水平，负荷也必须随之提高，使“渐进的极限负荷”原则不断起作用。提高间歇训练负荷的方式有4种：①增加重复次数；②增加每次重复的时间；③提高每次重复的强度；④缩短间歇时间。后两种方式，对提高速度耐力更为有利。

循环训练，即把重复训练、负重训练、间歇训练等合为一体，循环应用的综合方法，可作为提高耐力和其他素质的手段。

3. 常用的发展一般耐力的主要手段

持续慢跑（心率接近150次/分钟）、越野跑、慢间歇跑、重复跑、变速跑；定时（定距）跑、野外综合跑（在自然环境中进行，各种跑法相混合，结合游戏方式进行）等。

二、有氧训练与无氧训练

运动时机体的能量供应，可分为有氧氧化供能与无氧氧化供能两种。运动过程中，机体以何种方式供能，决定于运动时的需氧量与氧吸收量两者相互间的关系。当吸氧量能够满足需氧量时，机体就以有氧代谢供能；氧吸收量不能满足需氧量时，不足部分，机体就靠无氧代谢供能，而运动过程中，单位时间内需氧量取决于运动强度。强度小，需氧量也小，有氧代谢的比重就大；反之，强度大，需氧量相应增大，无氧代谢供能的比重也就越大。

各项体育运动的强度，持续时间差别很大。强度小，而主要依靠有氧代谢供能的项目，应主要采用有氧训练。强度大，而主要靠无氧代谢供能的项目，主要采用无氧训练。但是两种供能方式，不可截然分开，任何一项运动，其供能总是包含有氧与无氧两种方式，只是比例有所差别。因此，实际应用时，必须根据具体条件和需要合理地配合。

（一）有氧训练

1. 有氧训练的任务及生理基础

有氧训练的主要任务在于提高机体有氧氧化供能的能力，有氧氧化能力取决于以下几方面：

（1）人体最大吸氧量的大小，是有氧氧化能力即有氧代谢能力的标志。最大吸氧量主要由下列因素决定：肺的通气功能、气体的交换率、血液的载氧能力和心脏的输血量。其中最主要的因素是心脏的输血量。因此在训练时，采取有效措施加强心血管系统的功能，是有氧训练的首要任务。

（2）机体能量物质，特别是糖元的储备量，是有氧代谢的物质基础。剧烈运动时，随着肌糖元被消耗，机体随即动员肝糖元分解成葡萄糖供肌肉利用，并且随着运动时间的持续而增加。当肝糖元储备不能满足负荷的需要的，血液中就可能出现“低血糖”现象，从而引起神经系统的机能障碍，使活动能力降低。

（3）最大吸氧量与最大吸氧量的利用能力。耐力项目，如 5000 米以上的长距离跑、1500 米以上的游泳等项目，运动成绩与人体最大吸氧量的水平密切相关。最大吸氧量与耐力水平成正比，但人体的耐力水平，不仅取决于最大吸氧量的绝对值，还取决于机体在剧烈运动时能否持久地利用最大吸氧量的能力。人体的最大吸氧量与对最大吸氧量的利用能力，直接影响有氧代谢能力。

2. 有氧训练法

常用的提高有氧代谢能力的训练方法有马拉松训练（即持续训练）、间歇训练、重复训练和“穴形”疾跑等。实践证明，这些方法，特别是间歇训练法，对改善循环系统的机能，增加机体糖元能量储备，提高最大吸氧量与利用能力，均有良好效果。

（1）马拉松训练法。根据个人训练水平，以中等强度、较均匀的速度，不间断地跑较长的距离。跑时速度决定于距离和身体条件，并争取保持稳定状态，可用自我测定心率进行控制。经过一个时期的训练后，如果速度不变而心率降低，则表明有氧氧化能力得到提高，这时就应进一步提升速度或加大距离，以进一步提高有氧训练水平。据研究证明，长时间持续跑，不仅能较快地改善呼吸系统和心血管系统的机能，增大心脏容积，增强心肌收缩力量，降低心率，而且对神经系统也有好处，同时，由于跑速均匀，机体供能处在稳定状态，代谢产物积聚较少，所以运动后身体各系统能较快地消除疲劳。持续跑时心率应控制在 140～160 次/分钟。

（2）间歇训练法。间歇跑有多种形式，如慢间歇跑、快间歇跑、间歇疾跑等，有氧训练应采用慢间歇跑。其方法在以 60%～80%的强度几次快跑一段短距离，两次之间以较长距离慢跑作间歇，心率最高可接近 180 次/分钟。近年有人在间歇训练的基础上创造了“负分段训练法”，即每段距离依次缩短。在分段间歇练习时，每段距离的后半程快于前半程，后一段快于前一段，前半程用中、中下速度，以不急喘气为原则，后半程稍快。这样在整个运动周期氧债形成缓慢，间歇期乳酸消除快，同时又有疲劳的积累，在短暂间歇阶段，仍维持着最大吸氧量及较高的血压水平。这些因素的综合，引起心搏量增加和心脏容积增大，能有效地增强心脏功能，提高有氧训练水平。

（3）重复训练法。发展有氧代谢能力，采用重复跑练习，跑段距离比较长，强度比较低。

（4）“穴形”疾跑。“穴形”疾跑即两个短距离疾跑之间，被一个“穴形”恢复期相连接，如 60 米疾跑－60 米慢跑－60 米疾跑－60 米走重复。

不论采用何种方法，发展有氧代谢能力，适宜的强度是重要因素，一般应控制在本人最大强度的70%～85%之间。

（二）无氧训练

无氧训练的主要任务在于提高机体无氧代谢能力。无氧氧化能力取决于以下几方面：

（1）机体氧债能力的大小，无氧代谢供能是在无氧或氧供应不足的情况下，由高能磷化物，即三磷酸腺苷、磷酸肌酸的分解供能（非乳酸能）和糖元的无氧酵解供能（乳酸能）。机体氧债能力是无氧代谢的标志。

（2）肌肉中高能磷化物的含量。肌肉运动开始时，所需的能量，均由高能磷化物分解即非乳酸能供给。但非乳酸能只能持续几秒至十几秒钟，其是速度素质的物质基础。非乳酸能供能能力，主要取决于肌肉中三磷酸腺苷、磷酸肌酸的含量。研究证明，短距离跑等极限强度的运动项目，可以提高人体肌肉中磷酸肌酸的含量。因而运动员的非乳酸能供能能力比一般人强。但要注意，为了发展速度素质，跑的距离不宜太长。因为进行极限强度运动时，非乳酸能供能仅能维持几秒钟，超出了非乳酸能供能，乳酸就成比例增加，这样就会侧重于发展速度耐力。

（3）机体对酸性产物的缓冲能力。糖元无氧酵解（乳酸能）是速度耐力的物质基础，无氧分解产生的乳酸聚集过多，会使血液酸性浓度增加，从而使机体工作能力降低，并引起肌肉酸痛等感觉。影响糖元分解的主要因素有人体内对酸性产物的缓冲能力，组织细胞特别是神经细胞对酸的耐受能力，而运动可以提高人体对酸性的缓冲能力，组织细胞的耐酸能力与糖元的含量。

（4）无氧训练法。无氧训练的方法通常有快间歇跑、重复跑、速度性游戏、计时跑、变速跑等。

1）快间歇跑。快间歇跑能有效地改善心脏血管系统的机能，增加血碱储量和肌肉毛细管数量。用快慢间歇跑发展速度，快跑段一般只采用30～60米或20～30米的起跑训练。发展速度耐力，一般用100米、200米、300米、400米或更长距离，以个人最大强度的80%～90%跑完全程。重复次数根据个人条件和训练水平来定，能力提高后，以增加次数、提高速度、减少慢跑间歇时间等方式进行调整，心率在160～180次/分钟，慢跑时心率恢复到100～120次/分钟。

2）重复跑。快速跑段的距离通常比间歇跑的距离要长，两次快跑之间不是慢跑而是休息，如果跑距太短，如10～15秒的剧烈运动不能使乳酸水平升高到显著程度，对提高无氧能力效果不显著。跑的时间应持续1分钟左右，并尽可能超过竞赛强度（中距离跑），而休息时间如果采用逐渐缩短的安排，如100米×4重复跑，第一次跑后休息7～8秒，第二次跑后休息5～6秒，第三次跑后休息2～3秒，这样可使血乳酸值增大，提高机体耐酸能力。

3）速度性游戏（法特列克）。与间歇跑相比，它的特点是不拘形式地进行快慢交替跑。重点在快跑，可在自己喜爱的环境中进行，将快慢间歇跑、重复跑、走、持续跑相混合，以游戏形式进行，这对改善神经系统兴奋性，调节机体的代谢能力，消除疲劳，有明显效果。

三、利用自然条件锻炼身体的方法

1. 利用自然条件锻炼身体

日光、空气等自然条件，对保持身体健康有重要作用。自然界包含着许多对人体健康十分有益的因素，如日光，其对机体的作用是多方面的，其中紫外线具有杀菌、抗佝偻病等作用，又能提高皮肤抵抗力和关节的活动性。红外线能起温热作用，提高新陈代谢等。又如气温、湿度、气流对皮肤的刺激，特别是低温的刺激，通过神经的反射作用，改善体温调节，促进血液循环。特别是空气中的阴离子，对人体神经系统、血液循环、呼吸及内分泌活动等，都能产生良好的刺激作用。因为机体对外界环境具有良好的适应性，变化的环境条件作用于机体，大脑皮层立刻进行调节，使机体适应变化的外界环境，保持机体与环境在新的条件下的平衡。同样的刺激经过反复多次的作用，皮层就形成了新的条件反射，使肌体充分适应这样的环境，从而提高机体的适应能力。

日光、空气在我们生活中接触机会很多。由于城市空气中阳离子含量多，阴离子含量少，加之“三废”的污染，不利于人体健康，因此应多组织一些野外活动。利用自然条件锻炼身体的方法很多，下面着重介绍水浴，特别是冷水浴的锻炼方法。

水浴，主要是利用水的温度、机械力和化学作用来锻炼身体。水的导热性及热容量比空气大得多，对体温调节作用也就比较大。水浴可分为冷水浴、温水浴和热水浴几种。温水浴能起到降低神经的兴奋性、减弱肌肉张力、扩张皮层血管等作用，能加速消除疲劳，尤其是热水浴效果会更加明显。冷水浴对健康最为有益，特别对增强心脏血管系统和呼吸系统效果显著，能促进消化系统的功能和体温的调节作用。冷水浴不仅能提高新陈代谢机能、洁净皮肤、增强体质，而且能提高抵抗疾病的能力，增强锻炼意志，为适应低温严寒的自然环境，创造十分有利的条件。

2. 冷水浴锻炼法

采用冷水浴锻炼法，必须根据个人条件严格根据循序渐进的原则进行。浴前作好准备活动，浴后擦身保暖。在进行冷水浴时，一般会出现三个阶段的生理反应：

寒冷期。当皮肤接触冷水时，由于强烈的冷刺激，在神经的保护性反射作用下，会引起体表血管紧缩，血液驱入深部及内脏，而感到骤冷，即为寒冷期。寒冷期的持续时间和程度与进行冷水锻炼的时间成反比，经过长期锻炼的人，寒冷期短而寒冷感弱。

温暖期。机体为了适应寒冷的强刺激，在皮层的调节支配下，机体相应的组织、器官，特别是体温调节机构积极活动，代谢机能大大提高，体表血管舒张，血液循环加快，体温上升而出现温暖期。温暖期是对寒冷刺激的反应阶段，时间长短与锻炼水平成正比，久经锻炼的人温暖期就长。

寒颤期。寒颤是体温消失过多的信号，出现寒颤后应立即采取保暖措施，冷水浴应在寒颤期出现前结束。

冷水浴锻炼应从夏秋开始，坚持不懈，每周至少练两次以上，时间以早晨最好。有慢性病的患者进行冷水浴锻炼，必须征得医生的同意。冷水浴锻炼方法如下：

（1）冷水洗脸与洗足。初练冷水浴时，可从冷水洗脸与冷水洗脚开始，进行时应直接浸泡洗部。特别是洗脚，应泡在冷水中一至数分钟，用以提高对冷刺激的适应能力，每天最好晨起洗脸，睡前洗脚，洗后擦干。

（2）冷水擦身。冷水擦身伴有按摩作用，对初练者更为适宜，在洗擦过程中，要不断地把毛巾在冷水中浸泡拧干再擦，擦浴可作淋浴、浸浴、冬泳的过渡，亦可结合进行，也可单练擦浴，每天最好在睡前进行。

（3）淋浴与冲洗。淋浴冲洗的水温，开始不可过低，可在锻炼过程中逐步降低，最后用冷水冲淋。冲淋前先用冷水拍打胸部，再淋上肢，然后从头向全身冲淋，时间不宜超过一分钟。经过一段时间后，再逐步延长时间，每天早晚均可进行。浴后用干毛巾遍擦全身。

（4）浸浴。浸浴在室内外均可进行，也是从夏秋开始，浸浴前先用冷水拍胸，浸水后用毛巾不断擦摩全身，特别是胸腹部。浸泡时间根据个人情况而定，以不出现寒颤为度。浴后用干毛巾用力擦腰、肩、膝关节部位，擦红发热为止。

（5）冬泳。冬泳在天然水域进行，是日光、空气、水的综合利用，也是冷水浴锻炼的最好形式。下水后不能停止活动，可进行一定强度的游泳活动，然后再在水中擦摩全身。冬泳的时间根据个人锻炼基础而定，以不出现寒颤为标准。由于冬泳能量消耗大，每天进行时间不宜过长，并适当控制运动量。出水后应迅速擦干擦热全身，立即穿衣，遇到有风天气更应注意。

3. 冷水浴注意事项

（1）浴前要做好准备活动，使身体发热，浴后要适当做整理活动，以使尽快恢复温暖感觉。

（2）各种形式的冷水浴，都应从温暖季节开始，一经开始就要坚持，以免效果减弱。淋浴、浸浴、冬泳如因故中断，重新开始时，最好经过一个时期的擦浴后再继续进行。

（3）饭前饭后一小时内，不宜进行冷水浴，否则会影响消化。

（4）剧烈运动和劳动后，体温较高，不宜立刻进行冷水浴，要休息片刻再进行。

（5）冷水浴虽然对某些慢性疾病有治疗作用，但是必须征求医生的意见，如出现发热、急性或亚急性疾病、严重心脏病、严重肺结核等病症时，不宜进行冷水浴。

第三节　制订锻炼计划

一、锻炼计划意义

我们做任何工作都须制订计划，这样才能把工作做好，从事体育锻炼也同样如此。由于体育项目繁多，对人体的影响也各不相同。因此要想有效地增强体质，掌握运动技能和提高运动成绩，就必须在调查研究的基础上制订符合实际、切实可行的锻炼计划。只有这样，才能克服片面性、盲目性，做到心中有数，有的放矢，使体育锻炼有目的、有计划、有组织地进行。通过计划的制订和执行，还有利于检查锻炼实施情况，总结经验，改进方法，提高效果。

二、制订锻炼计划注意事项

（1）遵循锻炼身体基本原则制订计划，首先要考虑全面锻炼原则和循序渐进的原则。身体的全面锻炼，能够促进人体得到全面发展，尤其对于学生来说其正处于长身体的时期，全面锻炼身体更为重要。因此，在制订计划时，选择项目应多样化，使上、下肢和躯干都能得到锻炼，并使内脏器官的功能也得到相应提高。在提高身体素质方面，也应使力量、速度、耐力、灵敏、柔韧等都得到发展。整个计划的内容安排应遵循由简到繁、由易到难的循序渐进原则，有系统地进行练习。运动量的安排应由小到大，逐渐增加。对初参加锻炼的人或在开学初，不要安排复杂的、难度较大的练习，运动量要小些，以免出现伤害事故。此外，还要考虑区别对待，因人制宜。体质好的学生可以对自己要求高一些，体质差的学生可减少练习次数和运动量，个别体弱有病的学生，可以参加一些适宜的活动，如打太极拳、羽毛球、乒乓球等。

（2）少而精，求实效，使身体得到充分的锻炼。体育活动内容十分丰富，但对于个人来说，并不需要全部掌握，也不可能全部掌握。只能根据个人的实际需要与具体条件，选择其中适合自己的内容进行练习，并坚持不懈。

少而精，才能求实效。因为少，才可以集中时间和精力去反复练习，起到增强体质的实际作用，如果项目多而杂，练习起来会流于形式，不仅起不了实际作用，还会给锻炼带来许多困难。少还要精，精就是抓住最本质、关键的东西，也就是抓住最能达到锻炼目的的内容与手段，而不是主次不分，贪多求全，花样多，实效少。

全面锻炼身体，并不排斥在全面发展的基础上加强某一项目的活动，两者是互相促进的，它与少而精的要求并不矛盾，应当有机地结合起来。

（3）从实际出发。在制订计划时，应注意场地、器材设备等条件及个人的体质和技术基础。

客观实际是制订计划的基础，实践是检验计划的标准，因此计划必须从实践中来，再到实践中去，通过反复实践，不断进行修改和完善。

三、制订锻炼计划的方法

对于一般学校的学生而言，在制订锻炼计划时，主要根据学校的作息制度和具体条件，安排锻炼时间和周期，一般以一学期为一周期比较恰当。可根据季节气候条件，把一学期按月分成几个阶段，并明确各个阶段的具体任务和指标要求，这个指标要求不能过高也不能过低，应当是一般学生经过努力就能达到的。在身体素质方面同样可以提出不同要求。

（一）阶段计划

在制订阶段锻炼计划时，首先要确定每周的锻炼次数和时间，然后根据每周的锻炼次数、运动项目的难易程度和个人水平来安排各项锻炼计划。

每次锻炼重点项目确定后，可以配合身体素质练习，并要拟定练习的具体动作和方法，以及练习的时间和次数等，具体视个人情况而定。

在安排每次锻炼内容时，一般先安排重点项目，就身体素质而言，一般速度、灵巧性的练习放在前面。就运动量而言，运动量小的练习放在前面。就技术难易程度而言，也要由简到繁。就项目性质而言，要把学习新的项目放在前面。就对身体活动部位而言，一般应上下肢搭配安排，如遇类似的内容，应间隔开来。总之，项目的安排应有利于促进身体的全面发展，有利于更好地学习和掌握运动技能及技术，也有利于提高运动成绩。

（二）每次锻炼计划

每次锻炼时，都应当很好地安排练习的内容、时间及重复的数量（如距离、次数、重量、高度等）。一般可按下面几个部分进行。

1. 准备部分

准备部分的主要任务是使身体各器官系统迅速进入工作状态，为基本部分的练习作好充分准备。同时，准备部分还要完成一般身体发展的任务。

准备活动按性质和任务可分为一般准备活动和专门准备活动两种。一般准备活动主要是促进身体的全面发展，应尽量使身体各主要关节、韧带、肌肉群都得到活动，同时，还应特别注意发展较差的肌肉群的练习。专门准备活动主要是在进行基本部分前，使机体为参加基本部分中有关项目的练习作好充分准备，其动作性质要与基本部分的项目相适应。

2. 基本部分

准备活动结束即转入基本部分，这是最主要的部分，时间最长，分量最重。总的练习时间如果是一小时的话，这部分则约占45分钟。但是这部分练习内容不宜过多，一般须安排一个主项和一个副项，如果项目过多，容易流于形式，影响锻炼效果。

3. 整理活动

整理活动时间约为 5 分钟，一般可采用走步、慢跑、轻快的体操、放松活动、按摩，以及较平静的活动性游戏等，使身体肌肉得到放松，运动强度逐渐降低，身体各部分恢复接近正常状态。

（三）学校课外体育活动计划

学校课外体育活动，一般是以班级为单位进行的。开展好班级体育锻炼活动，是搞好课外体育活动的基本环节。下面介绍班级小组体育锻炼的相关内容。

（1）班级小组体育锻炼的组织形式；可按班级或学习小组进行，也可根据学生的年龄、性别、健康状况、技术水平等组成锻炼小组。锻炼小组一般以10人左右为宜。由一或两名小组长负责组织锻炼。锻炼小组应制订锻炼计划和必要的制度，以保证锻炼有目的、有计划、有组织地进行。通过《国家学生体质健康标准》后，切不可放松要求，中断锻炼，应根据自己的特长和爱好参加专项提高组，并拟定提高的指标要求，继续坚持锻炼，以达到进一步增强体质的目的。

班级体育锻炼，一般采用锻炼小组和专项提高组两种基本形式。锻炼小组的任务是进行全面的身体锻炼，准备通过《国家学生体质健康标准》。专项提高组的任务是在全面锻炼的基础上，学习和提高某一项运动技术，准备达到等级运动员标准。

（2）班级或小组体育锻炼的内容，应考虑以下几个方面：

1）《国家学生体质健康标准》应作为班级或小组体育锻炼的重要内容。

2）复习、巩固和提高体育课所学的内容。

3）根据季节气候条件，积极安全地开展游泳、长跑、滑冰等活动。

4）从本校开展的传统项目和专业特点出发，开展多种多样的体育活动。

班级体育锻炼的内容应根据全面发展和少而精的原则，把一些代表性强、效果较好的项目列入锻炼计划。例如发展下肢力量、速度的奔跑练习和发展上肢力量和灵敏性的体操练习及发展综合能力的球类练习等。对提高身体素质的练习也要安排进锻炼计划中。

（3）班级小组体育锻炼的时间和运动量。每天安排一定的时间进行体育活动，能够促进身体健康和提高学习、工作效率。

要想有效地获得体育锻炼效果，则必须使运动内容、运动时间和运动量安排得合理和适当。如早晨的锻炼，能很快地振奋起精神，精力充沛地开始一天的学习生活。在早晨锻炼时，应根据个人的具体情况进行，运动量不宜太大，时间不宜太长，一般以20分钟左右为宜。早晨锻炼的内容要多样化，但要简单易行，除了做广播操外，还可采用跑步、武术、跳绳等形式。课间做一两套广播操，锻炼身体的效果很好。课间10～15分钟活动时间，做一些轻松的活动，能够迅速消除疲劳，提高学习效率。在早晨和课间操不要进行剧烈的活动，以免过分消耗体力，造成疲劳，影响学习。放学后，有组织地参加体育锻炼，经过一天紧张的学习，大脑产生了疲劳，参加体育锻炼能促进身体新陈代谢，改善和提高身体各个部分的机能，既有助于消除疲劳，又能增强体质。安排运动量时，要从实际出发，锻炼时间、练习的数量和强度等都要根据学生的年龄、健康状况、身体训练水平和季节气候等因素来确定。在增加运动量时一定要循序渐进，从小到大逐渐增加。所谓运动量包含着数量、时间、强度、密度等几个方面的因素，它们之间是相互联系的，如果单纯追求时间、数量，而忽视强度，练习效果不明显。相反，如果只重视强度，忽视数量、密度，没有一定时间作保证也同样达不到锻炼的目的。

作业与思考：

1．力量素质的练习方法有哪些？
2．速度素质的练习方法有哪些？
3．耐力素质的练习方法有哪些？

第四章　身体活动

本节学习目标：

- 懂得运动素质与发展体能的基本含义
- 了解身体各部位的活动方法

一、头、肩练习

头、肩练习的动作要领是根据鲜明欢快的音乐节奏，做头、颈前后左右屈和肩部提沉左右转。

1. 头颈前后屈

两脚开立约与肩宽，两手叉腰身体直立，两腿稍下蹲，头颈前屈、还原，后屈、还原，身体保持正直。

2. 头颈左右侧屈

两脚并立，两臂自由下垂，左脚向左侧跨步，双腿稍下蹲，左臂向左侧平举，掌心向下；右臂垂于体侧，头颈向左侧屈，还原。方向相反，做右侧屈。

3. 双肩提沉

两脚开立，两臂垂于体侧，两腿稍下蹲，肩部下沉，两腿蹬直，重心移向左腿，两肩上提。方向相反，重复进行。

4. 左右转肩

两脚开立，两臂侧平举，五指张开，掌心向上，左肩下沉，右肩向前翻转。右臂随之转动，同时向左顶髋，右膝稍屈内扣。方向相反，重复进行。

5. 肩部绕动

两脚开立，两臂下垂，重心移向左腿，左肩下沉向前、向上、向后绕动一周，右肩放松下沉。方向相反，重复进行一次，再两肩同时下沉后，向后、向上、向前绕动一周。

二、上肢练习

上肢练习的动作要领，是随着音乐节奏做手臂伸、摆、屈的动作，然后做胸部合展、侧移的动作。伸臂：两脚开立，两手握拳屈肘于体侧，拳心向前肘下垂，左肩下沉，右臂向上伸直，五指张开，掌心向前，同时向左顶髋，右膝关节内扣，方向相反，重复进行。

1. 摆臂屈肘

两脚开立，两手握拳垂于体侧，两腿屈伸一次，两臂前摆至水平部位时屈肘，拳心转向后，大臂保持水平部位，两腿屈伸一次，两臂伸直下落经体侧，向侧举至水平部位屈肘，大臂保持水平部位，拳心相对。

2. 举臂合胸

两脚开立，两臂下垂，两腿稍屈下蹲，两臂由下经体侧举至水平，向前合并（手臂向前）

至手腕相靠，低头合胸。

3. 开臂展胸

两肩尽量向前运动，两腿伸直，两手手心向上，两臂向侧水平打开尽量向后运动，胸部向前挺出。

4. 侧移胸部

两脚开立，两臂下垂，左臂向侧平举，五指张开，掌心向前，胸部尽量向侧移动，腿髋固定。还原，方向相反，重复进行。

5. 最佳的上腹部锻炼姿势

仰面平躺，屈膝，小腿水平放置在椅背上。大腿应垂直，臀部紧贴椅子。慢慢屈身，与地面成30°，保持姿势，慢慢躺下。为取得更佳效果，可伸直双腿。

6. 最佳的下腹部锻炼姿势

仰面平躺，手掌向下，放置大腿两侧。蜷身，举大腿与地面垂直，弯小腿与地面水平，然后慢慢收紧腹部肌肉，上提起臀部2～5厘米，保持这个姿势（上体和手臂放松），然后缓慢下降臀部。

7. 腰部前后、侧屈

腰部前后屈时，两脚开立宽于肩，两臂下垂，上体前屈，两臂后举，然后上体抬起并向后屈，右手在身后下伸触及右腿后侧，左臂上举。手的动作相反，重复进行。腰部侧屈时，两脚开立，两臂侧平举，掌心向下，两腿稍下蹲，左臂落下至腹前，保持弧形，掌心向上。右臂上举至头上，掌心向左，腰向左侧屈。还原。方向相反，重复进行。

8. 背部朝上面朝下平躺挺胸，抬腿

面朝下平躺，臀部和骨盆放平。双手置于下颌下（或成支撑姿势，在必要时予以辅助），收紧背部下半部的肌肉，挺起胸部，与地面成30°～35°。保持姿势，然后缓慢下降。

9. 髋部顶提

顶髋时，两脚开立，两手叉腰，向左顶髋，左脚直立，右膝弯曲内扣。动作相反，重复进行。提髋时，两脚并立，两手叉腰，1拍左脚向左前方伸出，脚尖内扣，同时向前上提髋，腿伸直。2拍左脚收回，前掌落于右脚内侧点地，膝稍屈，同时髋部放松收回，自然右摆。3拍左脚向左侧伸出，脚尖内扣，向左侧提髋，腿伸直。4拍动作同2拍。5拍左脚向左后方向伸出，脚尖内扣，向后上方顶髋，腿伸直。6拍动作同2拍。7拍动作同3拍。8拍还原。第三个八拍换右脚做1～8拍的动作。

三、下肢练习

1. 脚步滚动和屈伸

进行滚动步时，两脚并立，两手叉腰，1拍左脚踵提起，膝关节稍屈并内扣，重心移到右腿上。2拍左脚踵放下，同时右脚踵提起，膝关节稍屈并内扣，重心移到左腿上。进行屈伸步时，两脚并立，两手叉腰。1拍左腿屈膝抬起，同时右腿稍下蹲。当左脚向前伸直前掌触地时，右腿同时伸直。2拍左腿抬起稍屈膝收回，全脚落地与右脚并立，与此同时右腿屈伸一次。3拍和4拍动作同1拍和2拍，换右脚前伸练习。5拍和6拍左脚向左侧做屈伸步。7拍和8拍右脚向右侧做屈伸步。第二个八拍做向后和向侧的屈伸步。

2. 跑跳、跳踢腿

两脚并立，两手叉腰。跑跳时，1 拍右脚原地小跳一次，同时左腿屈膝抬起，随即落地。2 拍左脚原地小跳一次，同时右腿屈膝抬起，随即落地。然后做向前、向后、向侧的跑跳练习。跳踢腿时，1 拍右腿原地小跳一次，左腿直膝向前大踢腿（脚超过肩高）。2 拍右脚原地小跳一次，左腿落下，前掌于右脚内侧着地。3 拍、4 拍重复 1 拍、2 拍动作。5～8 拍动作同 1～4 拍，但换踢右腿。

3. 最佳的臀部锻炼姿势

单足站立，抓住脚踝。这种伸展姿势在塑造臀部的曲线的同时，不会在某种程度上抵消腹部的练习效果。具体做法是，站立，右侧身体靠椅或墙以保持平衡。抬左脚，用左手抓住脚踝。身体保持平衡的情况下，提左臀，再恢复双膝并拢，保持 30 秒。每条腿重复两次。

大幅度的伸展动作，包括力度与速度变化，无不对提高神经调节能力、关节灵活性、心肺功能、身体柔韧性、肌肉力量与弹性有利，还有利于陶冶情操，表现自我，享受欢悦，调节精神，把人带入美的情境之中，培养良好的心境。良好的身体状态可以使人精神振奋，并有助于保证机体各器官、系统正常运行。不仅有利于头、颈、背部姿态健美，以及站、坐、行等举止风度的优雅，而且可以通过许多胸、腰、胯的拉伸，关节的扭转动作，塑造体态。

四、健美提示

（一）肩不够宽

若肩宽不够，即使其他部位都很发达，体型也不具美感。

坚持长期锻炼的人一般斜方肌、上背部已经发达起来，但由于肩不够宽，这些肌肉便有一种拥挤之感，形成所谓“抱肩”，上体不舒展。只有肩膀宽阔才能构成 V 形身材，形体才有气度和力度。这就是健美明星一再强调要拥有一副“仓库大门”似的肩膀的原因所在。

肩不够宽问题的解决办法如下：

（1）进行较大重量的直立哑铃或杠铃推举。

（2）多练直立哑铃侧平举。

（3）多练宽握距单杠引体向上。

（二）缺乏“厚度”概念

上体厚度不够，身材就显得单薄，就谈不上“壮实”。因此，要有意识地进行增大上体厚度的训练。

（1）在注重大重量卧推的同时，加强背阔肌训练。最有效的办法是练完卧推就练背肌，如进行杠铃、哑铃划船和单杠引体向上练习。

（2）练硬拉，它对发展上体厚度和全面强大的体格具有不可替代的作用。

（3）负重下蹲（大腿与地面平行即可）。此练习对增加全身各部围度和提高力量素质均有很大作用。

（三）热衷已发达部位，忽视小肌群

不少健美爱好者训练安排失衡，表现是越发达的部位越练，不发达或较难发达部位少练，甚至不练，以致体格发展不匀称。其具体解决办法如下。

颈部：

（1）负重做低抬头练习，每组 10～12 次，做 3 组。

（2）头手相抗转头练习，每组 10～12 次，做 3 组。

小臂：

（1）双手背后握杠铃卷腕练习，做20～25次。

（2）坐姿杠铃卷腕练习，做20～25次。

（3）跪蹲姿交替哑铃卷腕练习，做20～25次。

（4）握木棒卷重物练习，做20～25次。

上述4种方法可任选2种，每种方法练3组，但每组必须做20～25次。休息时间要短，一般甩甩手臂即可进行下一组练习，以使小臂肌充分充血膨胀。

小腿：

（1）站在台阶或10厘米厚的木块上做负重踮脚练习，12～15次，3组。

（2）一手持大重量哑铃，一手扶墙，在台阶上做单腿提踵练习，两腿交替进行。

（3）弯腰弓背，双手扶凳，请训练伙伴坐在背上做“骑人提踵”练习。小腿肌纤维密度大，吃重，故宜采用较大负荷，否则效果差，甚至无效。同样应选上述练习方法的任意2种，每种至少做3组，每组12次以上。

只要认真对待，刻苦训练，薄弱部位就会消失，体型就会变得匀称完美。

作业与思考：

1．通过对本节的学习，你掌握了几种上肢力量的锻炼方法？

2．你能否科学地指导其他同学锻炼身体？请制订简单的训练计划。

第五章　涉海体育

本章学习目标：

- 了解和掌握涉海体育运动的基本技术
- 学习滚轮、浪木、旋梯及操艇、使帆救生的方法
- 掌握涉海安全卫生知识与救护方法

第一节　滚轮、浪木和旋梯

一、滚轮、浪木和旋梯运动的意义

从事航海业的人都知道，海上工作是一项艰苦工作，特别是海上航行要消耗大量的体力和精力，如果没有强健的体魄、良好的身体素质以及坚定的毅力，就很难适应海上工作的需要。同时，从事海上工作还会遇到陆地上不可能遇到的特殊情况，因此对船员的身体和体质就提出了更高的要求。针对船员在船上工作时出现的头晕眼花、四肢无力、行走艰难、晕船呕吐等情况，应采取有针对性的训练，使之更好地担当海上运输的工作重任。实践证明，滚轮、浪木、旋梯的训练，可以提高人体前庭器官的调节能力，避免出现晕船现象，其也是涉海专业学生上船工作前的一项必不可少的训练项目。因此，涉海类专业学生应学会、掌握和经常参加滚轮、浪木、旋梯的训练，磨炼战胜晕船的顽强毅力，提高对工作时船体摇晃的适应能力。

二、滚轮、浪木和旋梯运动的特点

（1）滚轮、浪木和旋梯的练习是在回环、翻腾、旋转、晃动、倒立等体位动作下进行的。人在陆地上生活或劳动时，一般都成直立姿势，而进行滚轮、浪木和旋梯的练习时，就改变了人体空间定向的正常感觉，直接影响了前庭器官的稳定性，身体处于不平衡的状态。所以进行滚轮、浪木和旋梯的练习时，平衡感觉所受到的刺激强于运动感觉和机体感觉。

（2）初次进行滚轮、浪木和旋梯练习时，存在一个适应人所不习惯的特定器械的心理，即害怕的心理，需要渐渐地熟悉器械。

（3）滚轮、浪木和旋梯是锻炼人体平衡器官的器械，是在回环、滚动、旋转和晃动中进行的运动，因此在练习中存在着一些不安全因素。在做滚轮、浪木和旋梯练习时，必须注意和加强安全保护及自我保护，以防止造成伤害事故。

三、滚轮、浪木和旋梯运动的生理特点

涉海类专业学生毕业后主要的去向是在船工作，由于海上自然环境及工作状况特殊，所以对船员的体质提出了特殊的要求。根据船舶工作性质和特点，采取一些特制的器械进行锻炼，以提高在船工作和生活的适应能力，特别是前庭器官的机能调节能力。

滚轮、浪木和旋梯运动包含很多回环、翻转、旋转、摆荡动作，对机体产生某种程度加速度、离心力和重力作用的影响。这些物理因素通过各种感受器的作用，引起人体产生许多生理反应。在进行滚轮、旋梯的快速旋转动作后，身体会出现一系列不适的反应，最明显的是旋转之后晕头转向。也就是说，定向能力下降或者遭到破坏，不能沿直线走向指定的目标，也不能很快奔往听到呼叫的方向，视觉、触觉失常。如果原来是向右旋转的，会产生向左旋转的感觉，时而又感到向右旋转。因此，脉搏会加快或减慢；血压会上升或下降；呼吸显著加快，气喘吁吁；消化道活动受到抑制，出现恶心甚至呕吐等反应。出现这种现象的原因，是旋转速度超过了前庭分析器的适应限度。人类的前庭分析器包括内耳中接受位觉的感受器。前庭分析器在进化过程中虽然能感受到加速旋转时身体的位置，但对加速大小的适应是有一定限度的。超过了一定限度，感受器就会频繁地通过位觉刺激传导路把位觉刺激传导到有关的中枢中，然后由中枢中发出冲动，通过专门的传导路引起躯干和四肢肌肉的张力失调。另外，位觉刺激又经小脑传到大脑皮层，再由大脑皮层支配植物神经做出必要的反应。因此，旋转时与旋转方向相同的肌肉紧张度提高，出现身体偏向旋转，眼球震颤，植物神经机能紊乱，头晕转向等不良反应。

在进行滚轮、浪木和旋梯快速旋转、前后运动、转身的练习后，出现不良反应的程度因人而异。一般来说，经常进行滚轮、浪木和旋梯练习的人反应轻微，这是因为前者的前庭分析器经受了锻炼，比后者稳定的缘故。

滚轮、浪木和旋梯运动对心血管功能的变化有如下主要特点：血液在血管内的调配量在一定程度上受离心力或重力的影响。例如在做滚轮、旋梯的回环动作时，离心力的作用方向是从头向脚的，因此血液向下肢聚集。初次练习者做这个动作时，有时会眼花，或有些头晕，这是由于脑部血液供应不足，而在回环呈倒立动作时，由于受重力影响，血液会冲向头部，导致出现面部充血、颈静脉舒张等现象及眩晕等感觉。

通过长期的滚轮、旋梯锻炼，人体在这些物理因素影响下就会提高对心脏血管系统活动的调节机能。当物理因素作用于人体使血液聚集在身体的某一部位时，血压会发生变化，通过腔静脉、主动脉弓、颈动脉窦等处的压力反射来改变血管的紧张度。在这些非条件反射基础上形成条件反射，就能产生心脏血管系统的迅速调节反应。例如，当练习者产生回环动作的概念时，人体就会条件反射性地调节腹腔及下肢血管。因此，进行回环动作时，血液就不致因离心力的作用而向腹腔和下肢血管聚集。进行滚轮、旋梯锻炼时间越长，这种调节机能越完善。

提高腹腔肌肉的张力，对消除加速对体内血液移动的不良影响也有一定的作用。腹腔肌肉迅速地反射性收缩，可以防止血液过多流向腹腔。滚轮、旋梯锻炼能有效地提高腹壁肌的张力。这说明滚轮、旋梯锻炼有利于提高人们适应加速度的能力。

经常参加滚轮、旋梯的锻炼，对增强身体健康是有帮助的。人随着滚轮、旋梯反复转动作圆周运动，这时身体时仰时俯，带动各种肌肉时紧时松，从而促使肌肉协调发展，使本体感觉敏锐，有利于提高肌肉的控制能力。这种能力对航海专业人员来说是特别需要的。

四、滚轮、浪木和旋梯运动的安全与保护

在进行滚轮、浪木和旋梯练习时，安全与保护工作很重要。练习前，一定要检查练习器械是否牢固，保护垫子的放置是否妥当，穿着是否合适，在练习中，遇到意外情况懂得该如何进行自我保护。为防止伤害事故的发生，在练习中应做到以下几点：

（1）进行滚轮、浪木和旋梯的练习时，应根据每人掌握运动技能的情况，本着从易到难、循序渐进的原则，以免发生伤害事故。

（2）在练习时，保护者应站在适当的位置，根据器械旋转或摆动的速度快慢，认真观察练习者动作。若发现可能会引发事故就应果断地停止练习和及时进行保护。

（3）在练习时，应检查练习器械是否牢固，有无腰、脚保护带等装置，保护垫子的放置是否合适，沙坑是否松软。初次进行滚轮、浪木和旋梯的练习时，必须有安全保护措施，以免发生伤害事故。

（4）练习时，练习者必须等器械完全停止运动后，才能从器械上下来，以免造成伤害事故。

（5）在疲劳、病后、长期中断练习、保护条件不好等情况下，不可进行滚轮、浪木和旋梯的练习及复杂的高难动作的练习，以免发生伤害事故。

五、固定滚轮基本技术与练习法

（一）侧转

（1）预备姿势。双脚踏进横踏板脚套内。两手正握两小环或轮柱。头稍向转动方向，微收腹，腿稍屈，如图 5-1①所示。

（2）右侧转。预备姿势后，臂部向右移，蹬右脚，右、左臂依次用力支撑，向右移动。经倒立部位后右手拉环，蹬左脚，臂部移向转动方向，连续动作，如图 5-1②所示。

（3）左侧转。动作要领同右侧转，方向相反，如图 5-1③所示。

图 5-1　侧转姿势

（4）制动。使滚轮停止转动时，头朝下面，臀部移向转动的相反方向。

（二）前后转

（1）预备姿势。双脚踏进纵踏板脚套内。两手分握轮栓或前后正握大环，如图 5-2①所示。

（2）前转。预备姿势后，两臂向前压，身体前移开始向前转动。当仰身成水平面后，向前挺身，至身体立正后，按以上动作要领连续向前转动，如图 5-2②所示。

（3）后转。两臂后拉，臂部后移开始向后转动。头向下后，稍挺身。接着两臂用力推，收腹，臂部后移，连续向后转动，如图 5-2③所示。

图 5-2　前后转姿势

（4）制动。使滚轮停止转动时，使身体正立后，臂部迅速移向相反方向。

（三）前后坐转

（1）预备姿势。坐在纵踏板上，用保护带绑住髋部，两手分握轮柱。一脚踏轮柱下段，另一脚蹬地面，如图 5-3①所示。

（2）起动。蹬地脚向前下方用力蹬地，使轮向后上方摆动，蹬地脚蹬地后，迅速踏上轮柱下端。轮由后上方回落时，上体后仰。由前上方回落时，上体前倾。反复进行，加大摆动。

（3）前转。轮由后上方回落时，上体顺势前屈，低头，屈肘向里合。转至后上方时，两臂伸直，抬头，肩向前移，向前转动，如图 5-3②所示。

（4）后转。轮由后上方回落时，上体顺势后仰；转至前上方时，上体向前屈，低头，屈肘向里合，向后转动，如图 5-3③所示。

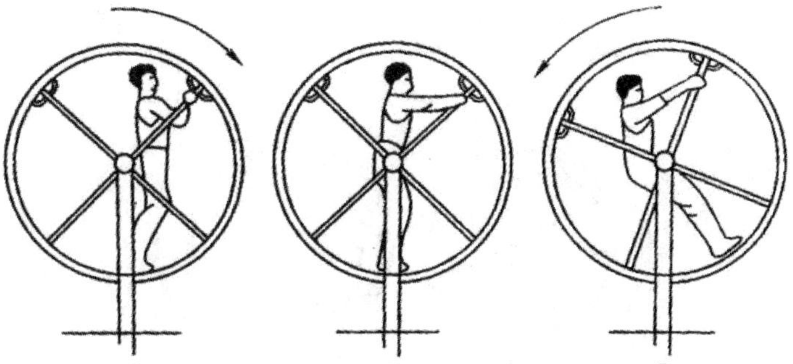

图 5-3　前后坐转姿势

（5）制动。轮由前上方回落至垂直部位时，上体迅速后仰，由后上方回落至垂直部位时，身体迅速前屈。

（四）前后卧转

（1）预备姿势。坐在轮柱交叉点上。一脚踏进纵踏板脚套内，一脚蹬地。两臂伸直上举。两手分握轮柱，背靠轮，如图 5-4①所示。

（2）起动。蹬地脚向前下方蹬地，使轮向后上方摆动，蹬地脚蹬地后，迅速踏上纵踏板。轮由后上方回摆时上体后仰，使轮向前上方摆动。由前上方回摆过垂直部位后，两臂伸直，两腿稍屈，上体前移挺腹，使轮向后上方摆动，如图 5-4②③所示。

图 5-4　前后卧转预备起动姿势

（3）前转。逐渐加大摆动。当轮由前上方回摆过垂直部位后，两臂伸直，两腿稍屈，上体前移，挺腹，使身体重心移向圆心。过水平部位后，低头收腹，使背靠轮前转，如图 5-5①②所示。

（4）后转。向前转动至后上方时，上体后移，稍收腹制动。当轮由后上方回摆时，两臂伸直，臀部后移，上体后仰背靠轮。转至前上方时稍挺腹，使身体重心移向圆心，两手推柱，两脚蹬杠。转至上方后，随即收腹，背靠轮向后转动，如图 5-5③④⑤所示。

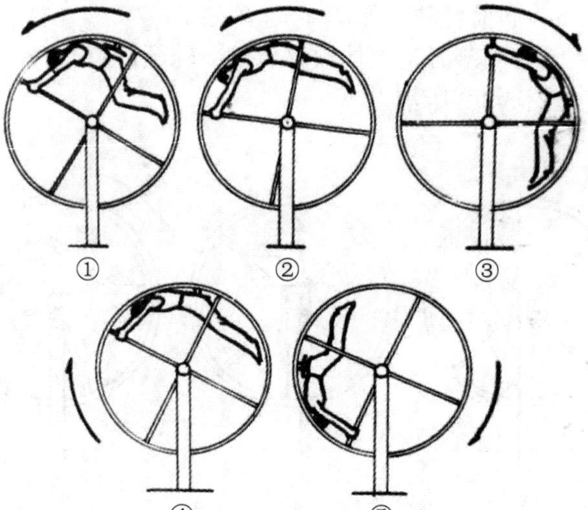

图 5-5　前后卧转姿势

六、固定滚轮练习方法

（一）陆上练习

（1）在垫上做连续前、后滚翻动作的练习。

（2）在垫上做倒立和侧手翻的动作练习。

（3）初学者将保护带系于腰部，然后进行由慢到快的练习。

（4）一人协助转动滚轮，旋转速度由慢到快。

（二）固定滚轮练习中常见错误动作

（1）有害怕心理，胆小，不敢在滚轮上旋转。

（2）没有掌握动作要领，动作不正确或无法完成动作。

（3）由于平衡能力及反应能力差，当滚轮转到身体成倒立位置和与地面平行时，容易滑脚跌落。

（三）纠正方法

（1）加强安全保护措施，克服害怕心理，培养勇敢顽强精神。

（2）加强滚轮基本动作的练习，正确掌握滚轮旋转时的动作要领。体会身体在各种角度状态的支撑用力程度。

（3）初次进行滚轮练习时，滚轮的周期转动应在 0.45 秒左右。滚轮旋转速度太快或太慢，都不利于初学者掌握动作要领。

（四）固定滚轮练习时的安全与保护

（1）保护者站在滚轮的一侧，协助起动、制动。当发现可能发生事故时，应立即对滚轮进行制动。

（2）初学者应用安全保护带绑住腰部，以防止发生意外伤害事故。

七、浪木基本技术与练习法

（一）浪木基本技术

1. 起动

站立在静止平衡的浪木一端（一人或二人各站浪木的一端相对），两手扶活动杆，做大约 30° 的前后摆动练习。

2. 后摆上浪木与立定漂浪

站立在浪木中间位置地下与前摆动的浪木成 90°。右脚第一步向上向前跳上，左脚同时跨上站立在右脚尖前距离 10 厘米位置上。这时上身保持正直，稍收腹，两手自然向左右伸出，两腿膝关节稍微屈，并保持腿部肌肉紧张，身体重心随浪木前后摆动而移动。在浪木前后摆动中，逐步熟悉与掌握身体平衡，如图 5-6 所示。

图 5-6　后摆上浪木

3. 前进三步

前进是利用浪木后摆结束之际，第一步为右脚迈出，右脚掌底应与浪木平行，迈出不大于 50 厘米的步距后，紧接第二步左脚以同样姿势及距离向前迈出。此时利用浪木后摆至结束前，右脚迅速向前走至离左脚跟 10 厘米左右的位置上（即 2 秒内，右脚前进两步，左脚前进一步），如图 5-7 所示。

图 5-7 后摆上浪木前进三步

4. 后退三步

后退是利用浪木前摆，背向行走，是较为复杂的动作。由于视力观察受限，后退用力点及重心难以掌握，容易造成跌下，因此身体重心应尽量下压，使小腿与浪木不小于 70°。这时膝关节微屈，两手自然前后摆动。第一步应以左脚掌尖的蹬撑力，支撑身体大部分重心，右脚迅速向后跨一小步（鞋底尽可能贴于浪木）。

当右脚接触浪木后左脚迅速以同样姿势及距离向后迈出第二步。第三步为右脚以同样姿势缩小步距，用最快速度回到后退前两脚姿势的站法上，如图 5-8 所示。

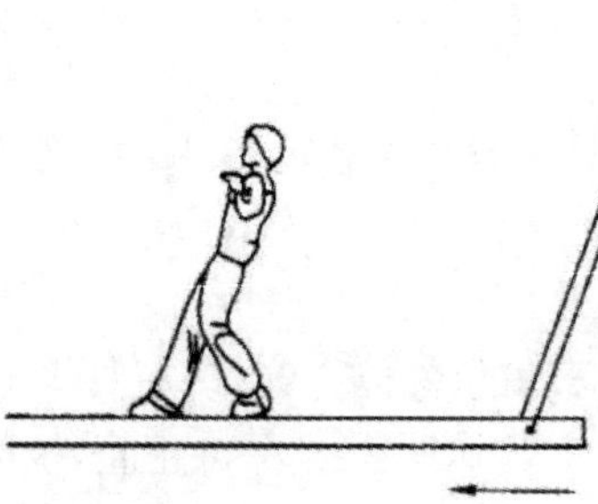

图 5-8 后摆上浪木后退三步

5. 180° 转体

向后转体必须在浪木向后摆动时进行，利用最短时间完成 180° 转体。上身向下用力（不能跳起）两腿前后分开（左腿在前），自然弯屈，上体稍前倾，如图 5-9①所示。

浪木后摆接近终点时，以两脚前脚掌为轴向右转体 180°，随即趁浪木回摆之势前进，如图 5-9②所示。

①　②

图 5-9 后摆上浪木 180° 转体

6. 跳下

后摆跳，挥臂挺身跳。初学者必须在掌握“后摆跳”动作的基础上，才能进行“挥臂挺身跳”的动作练习。

浪木向后摆至终点时，按先左脚后右脚的顺序向左前方跳下，双脚落地站稳，如图 5-10 所示。

图 5-10　后摆上浪木跳下（一）

浪木向前摆至最高点时，身体保持同地面垂直。利用浪木后摆惯性，两手迅速向上摆动。两腿膝关节弯屈，并同时利用右脚支撑力，左脚迅速提起，使身体重心移向侧上方，两脚及时并拢，挥臂挺身跳下。身体离开浪木垂直面后，双脚落地站稳，如图 5-11 所示。

图 5-11　后摆上浪木跳下（二）

7. 摆动中坐下与起立

浪木向前摆接近终点时，迅速屈膝下蹲，手扶浪木板坐下（必须在浪木后摆前完成），两腿前伸，如图 5-12①所示。当浪木再向前摆接近终点时，迅速屈膝，两臂用力支撑浪木板，同时上体稍前倾起立，趁浪木回摆之势前进，如图 5-12②所示。

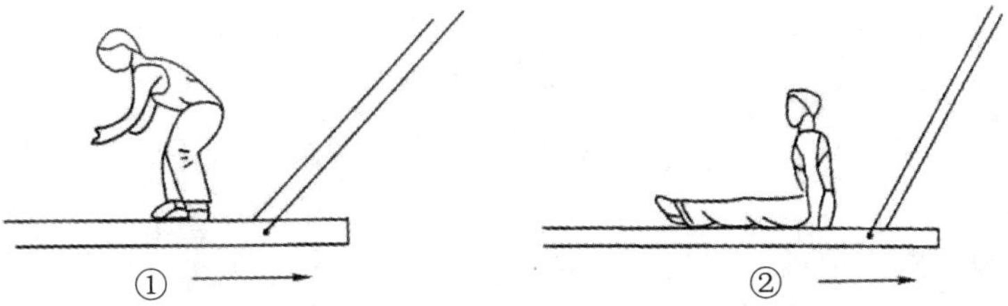

图 5-12　摆动中坐下与起立

8. 摆动中跳跃

浪木前摆结束时，两臂向侧上摆，两腿迅速向上跳起；落下时，两腿弯曲有弹性地着于浪木上，上体稍前倾，趁浪木回摆之势前进，如图 5-13 所示。练习时，一般应在浪木靠后部位进行。

图 5-13　摆动中跳跃

（二）浪木练习法

1. 陆上模仿练习

（1）站立在静止的浪木一端，两手握住浪木活动杆，做起动和制动的练习，如图 5-14 所示。

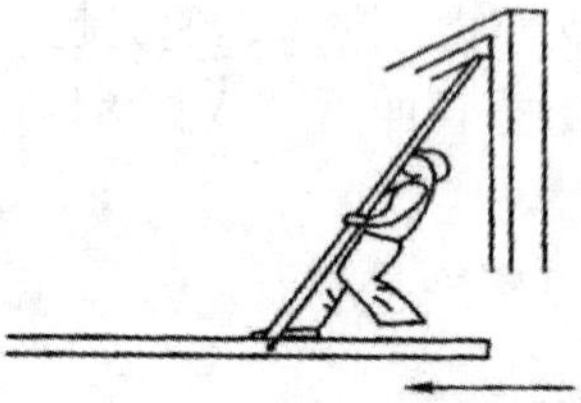

图 5-14　陆上模仿

（2）在练习起动的基础上（动作同上），做原地漂浪练习。

（3）在体操凳上或静止的浪木上，做跳上与跳下的模仿练习，如图 5-15 所示。

图 5-15　原地漂浪

（4）浪木的练习应本着从易到难的原则。练习的顺序如下：开始原地起跳、制动、跳上与跳下、前进与后退……

2. 浪木练习时的安全与保护

（1）练习中，保护者应站在浪木中央位置，做好跳上、跳下、行进及转体失落的安全防护。

（2）随练习者一侧，根据前后移动进行保护。

（3）浪木下面和两侧应放好垫子，位置要适宜，以便对练习者进行保护。

八、旋梯基本技术与练习法

（一）基本技术

1. 上法

（1）两手拉梯柱。一脚蹬底杠，另一脚蹬地。起动后，蹬地腿挂于下杠，两手由外向内握上杠。脚尖蹬住梯柱或底杠，如图 5-16①②③所示。也可以用助跑起跳的方法起动。

（2）摆动。由前上方回摆时，屈腿。摆过垂直部位后，臀部后移逐渐伸直两腿。由后上方回摆时，屈腿，抬起上体，如图 5-16④⑤⑥⑦所示。

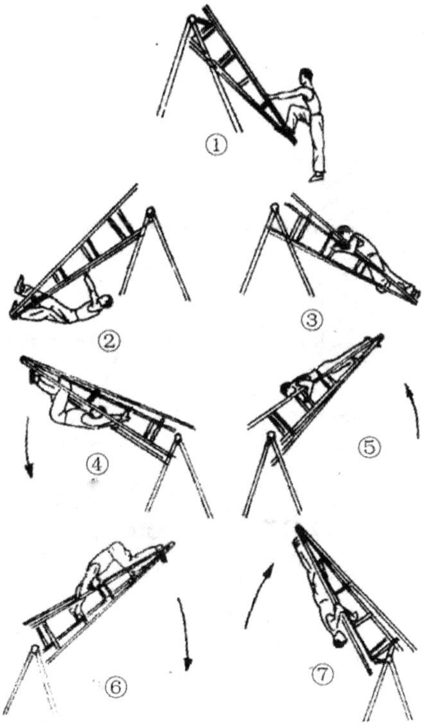

图 5-16　旋梯基本技术（一）

（3）前回环。逐渐加大摆动。后摆至后上方时，抬头挺胸（如握梯柱时，两臂伸直），肩向前移，向前回环，如图 5-17①所示。

（4）后回环。逐渐加大摆动。前摆至前上方时，抬头挺胸（握梯柱时，两臂伸直），腹部靠近横杠，向后回环，如图 5-17②所示。

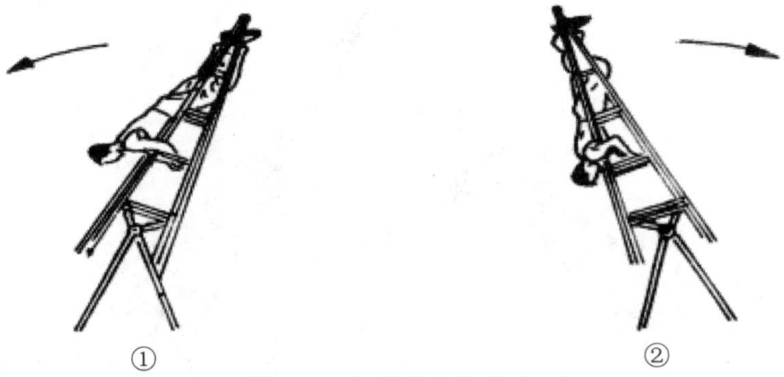

图 5-17　旋梯基本技术（二）

（5）制动。摆至下方垂直部位时，迅速下蹲。接近终点时，逐渐伸直身体。

2. 下法

（1）前摆接近终点时，两手握中杠、下杠之间的后梯柱，两脚蹬杠底。后摆时，一脚蹬底杠，另一脚擦地面，待旋梯稳定再下梯，如图 5-18①所示。

（2）后摆接近终点时，两脚蹬底杠，两手顺梯柱后滑跳下，如图 5-18②所示。

（3）后摆接近终点时，两手握中杠与下杠之间的后梯柱。两脚蹬底杠，伸展身体，松手挺身跳下，如图 5-18③所示。

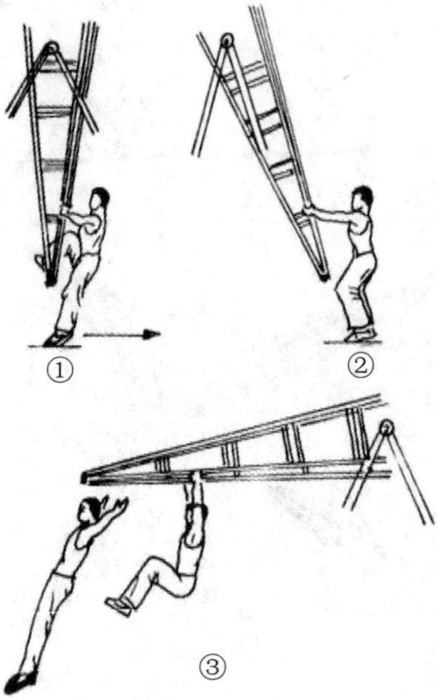

图 5-18　下法

3. 坐杠后回环

加大摆动，向后摆过垂直部位后，踏杠脚跨入下杠成坐姿，两脚勾住梯柱。由后上方前摆时，两腿并拢伸直，收腹，大腿用力压杠。至上前方时，伸直髋关节，抬头挺身向后环。过上方垂直部位后，两臂伸直，收腹屈体，连续向后回环，如图 5-19 所示。

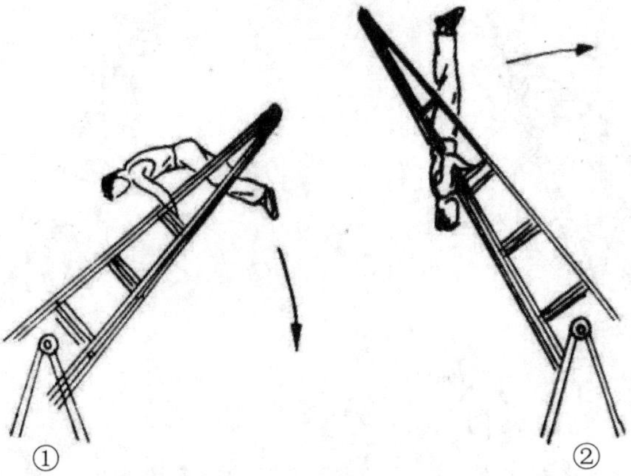

图 5-19　坐杠后回环

（二）旋梯练习法

1. 陆上练习

（1）在垫上做连续前、后滚翻动作的练习。

（2）在垫上做倒立和侧手翻的动作练习。

（3）将保护带系于腰部，然后进行由慢到快的练习。

2. 旋梯练习的安全与保护

（1）保护者站立在旋梯的一侧，协助起动和制动。当发现可能发生事故时，应立即对旋梯进行制动，以免发生意外伤害事故。

（2）保护者站立在旋梯的一侧。当练习者从旋梯跳下时，扶其腰部以防止跌倒，同时扶旋梯，防止继续转动，以免发生碰伤事故。

（3）练习时，要学会自我保护。当出现头朝下身体下坠情况时，两腿应分开靠紧梯柱。回环速度慢时，用脚夹住梯柱或底杠。

练习时，精力要高度集中，以免造成不应有的伤害事故。

第二节　爬绳、爬杆与爬绳梯技能

一、爬绳、爬杆和爬绳梯运动的意义

爬绳、爬杆和爬绳梯是航海专业学生必须学习的一门实用技能课。通过爬绳、爬杆和爬绳梯的学习和锻炼，可以学到攀登的基本知识和技能，增强臂力、握力及腹部的肌肉及力量，促使关节、韧带和内脏器官功能的发展，提高力量和柔韧度，还可以培养勇敢、顽强、果断、坚毅和克服困难的优良品质，以满足船上工作的需要。

二、爬绳、爬杆和爬绳梯运动的特点

绳、杆和绳梯是锻炼攀登能力的典型器械。爬绳、爬杆和爬绳梯是一项以发展上肢力量为主的动力性练习。其最大特点是对抗肌交替收缩和放松，使身体在空间上发生位移。

船员在船上工作中经常需要攀登爬高，如船体保养、舷外作业时的爬绳梯，桅杆上工作中的爬绳梯等，所以爬绳、爬杆和爬绳梯对航海专业学生具有很高的实用价值。为了适应这一特点，要求学生必须学会爬绳、爬杆和爬绳梯的攀登技术和方法。

三、爬绳、爬杆和爬绳梯运动的生理特点

爬绳、爬杆运动是一项发展上肢力量和全身协调用力的辅助活动，也是锻炼身体、发展力量素质，提高攀爬能力的主要项目之一。

吊绳悬于高架，根据与地面所成的角度，形成垂直、斜向和水平三种。练习方法通常采用手脚并用或只用手作引体上升。爬至一定高度时下降，还可将绳绕在腿上，做不同形式的静止动作。

做爬绳、爬杆动作时，它是由直臂悬垂开始的，通过弯曲两臂把身体引向支点。用一般速度练习时，由直臂悬垂到引体向上的时间为大约 1 秒，固定在屈臂悬垂的姿势大约需要 0.3 秒。

爬绳、爬杆运动，主要发展力量素质，坚持锻炼可使大脑皮层神经活动的强度得到提高，使运动中枢内神经元的同步作用提高，能更协调、更有力地动员更多的运动单位进行活动。经常坚持爬绳、爬杆锻炼，还能使肌肉的蛋白质增多，肌肉纤维增粗，肌肉的收缩力增强。爬绳、爬杆是锻炼人的灵活性和协调能力的较好手段，能培养勇敢、顽强和克服困难的优良品质，在航海作业和日常生活中都有一定的实用价值。

绳梯也称“软梯”“云梯”，是一种提高身体素质的辅助器械。绳索用白麻或尼龙丝绞成，梯级的横杆选用坚韧的圆柏、栗木等。梯高 3～5 米，宽 50～60 厘米，每格距离 40～60 厘米，绳和横杆的直径为 4～5 厘米。绳梯可装置在横梁上或悬挂在高架上，是一种摇摆不定的软梯，进行练习时近似在摇晃的船舶上走扶梯和爬高等作业。日常在船舶两舷工作时所挂的踏板，也类似于这种情况。

经常进行爬绳梯练习能够使海员适应舷外工作，以及引航员、公务人员登离船舶的需要。因此，爬绳梯运动是航海专业必不可少的一项实用技能。经常参加爬绳梯运动，能够增强上肢、肩部、胸背等肌肉的力量和耐力，提高内脏器官的功能，以及船舶摇晃时的各种工作能力，以便在比较复杂的情况下，也能完成自己的工作任务。

四、爬绳、爬杆和爬绳梯运动的安全与保护

爬绳、爬杆和爬绳梯运动具有一定的危险性。因此在爬绳、爬杆和爬绳梯的练习中，应做好安全与保护工作。

（1）练习前，要检查器械，做好准备活动。

（2）要放好保护垫子，安排好保护人员。

（3）练习后，应做上肢和肩部的放松练习。

五、爬绳基本技术与练习法

（一）爬绳的基本技术

1. 手脚并用的爬绳

（1）预备姿势。身体面向爬绳，两臂上举，用两手握住绳子，并用腿、脚夹住绳子成悬垂姿势。

（2）开始往上爬时，收腹用一脚的脚背处和另一脚跟夹住绳，脚用力蹬绳。手臂用力拉绳，使身体向上。爬到一定的高度时，以慢速滑下，如图 5-20①所示。

（3）开始两臂向上举，用手握住绳子，然后两腿尽量弯屈往上收，使用脚内侧和脚心夹住绳了。往上爬时，两腿用力蹬直，两手用力拉绳，使身体向上移动。接着两腿再往上收，两手再交替往上伸直握绳，并继续住上爬。爬到一定的高度时，以慢速滑下，如图 5-20②所示。

2. 只用手的爬绳

（1）预备姿势。开始时，两手一上一下，握住绳子直臂悬垂。

（2）开始爬时，两手用力拉绳，使手臂弯屈，身体向上。在拉绳的同时，两手轮换交替向上握绳。两手往上倒换时，动作要连贯，要借助身体向上的力量倒换两手。身体要直，使绳子靠近身体。两腿不要摆动，也不应借蹬腿的力量来爬，如图 5-21 所示。爬到一定的高度时，以慢速滑下。

① ②

图 5-20 手脚并用爬绳

图 5-21 徒手爬绳

3. 手脚并用爬横绳

手脚并用爬横绳的基本方法有“挂膝法”和“挂踵法”两种。

（1）挂膝法。两手握绳，同时，前面手异侧腿的膝窝钩在横绳上，另一腿自然放下。向前爬绳时，以右膝挂绳。以左手在前，右手在后为例，将右手换握到左手的前边，同时挂左膝，右腿放下。以后依次换握，挂膝前进，如图 5-22 所示。

（2）挂踵法。动作要点同挂膝法。但因为臀部和身体离横绳较远，所以对上肢力量的要求也更高。

4. 手脚并用爬斜绳

动作要点同手脚并用爬横绳。但因为斜绳有一定的角度，所以屈臂引体的力量较大。角度越大，引体的力量也越大，如图 5-23 所示。

图 5-22 手脚并用爬横绳

图 5-23 手脚并用爬斜绳

5. 只用手爬横绳或斜绳

只用手爬横绳或斜绳的动作方法同只用手爬垂直绳基本相同。因为横绳与地面平行，爬的时候是身体水平地移动，所以比爬斜绳或垂直绳用的力量小。只用手爬横绳可以背对前进方向，面对前进方向，侧对前进方向，也可以“转体前进”。只用手爬斜绳一般背对前进方向。

6. 蹬墙爬绳

双手上下握吊绳。双腿分开，双足蹬在约与腰同高的墙上。绳放在身体侧面或双腿之间。双手沿绳依次向上握换。双足同时依次蹬墙，向上攀登。双足蹬墙力量不宜过猛；单足离墙的时间不能过长，如图 5-24 所示。

图 5-24 蹬墙爬绳

（二）爬绳练习法

（1）加强上肢力量的练习，如单杠引体向上、双杠双臂屈伸、俯卧等项目的练习。

（2）初次练习，动作要由慢到快，由易到难，循序渐进。

（三）爬绳练习的安全与保护

（1）绳下要放置保护垫子，其位置要妥当。保护者站在垫子旁边，两眼随着练习者的动作上下移动。落地时，扶其腰部帮助其站稳。

（2）当从绳的高处下降时，因手臂无力握绳，应两足夹住绳子，同时两手轻握绳子慢慢滑下。

六、爬杆基本技术与练习法

（一）爬杆的基本技术

1. 手脚并用爬杆

（1）预备姿势：两臂高举，用拳式握法，上下握住杆并引体，身体成悬垂姿势，同时屈双膝，用右脚的脚背外侧靠近外踝处跟膝关节内侧稍上的大腿夹住杆，左脚搭在右脚上并用左脚背外踝后跟和左大腿内侧夹紧杆。

（2）向上攀爬：向上爬时，收腹然后蹬腿并蹬直，脚用力蹬杆。同时手臂用力拉杆，使身体向上。这样就完成了一次向上攀爬的动作。随后两腿尽量弯曲往上收，再按照预备姿势的动作要领和攀爬要领，依次轮臂并反复交换继续做同样的动作向上攀爬。

（3）下杆落地：当爬到一定高度时，大腿和小腿充分伸展开，然后双臂往下轮换，用跟向上攀爬相反的动作往下滑落，快与地面接触时，腿分开，然后双脚落地松手站稳。

2. 只用手臂爬杆

（1）预备姿势：开始时，两手一上一下，紧握竖立的杆成直臂悬垂。

（2）向上攀爬：向上爬时，两手用力拉杆，使手臂弯曲，身体向上。在拉杆的同时，两手轮换交替向上握杆。两手向上轮换倒手时，动作要连贯，要借助身体向上的力量倒换双手。身体要直，尽量靠近杆。两腿不要摆动，也不要借助蹬腿的力量往上爬。

（3）下杆落地：当爬到一定高度时，双手紧握杆成直臂悬垂，然后两手向下轮换双手，用跟向上攀爬相反的动作往下滑落，快与地面接触时，腿分开然后双脚落地站稳。

（二）爬杆练习法

（1）加强上肢力量的练习，如单杠引体向上，双杠双臂屈伸，俯卧等项目的练习。

（2）初次练习，动作要由慢到快，由易到难，循序渐进。

（三）爬杆练习的安全与保护

（1）杆下要放置保护垫子，位置要妥当。保护者站在垫子旁边，两眼随着练习者的动作上下移动。落地时，扶其腰部帮助其站稳。

（2）当从杆的高处下降时，因手臂无力握杆，应两足夹住杆子，同时两手轻握杆子慢慢滑下。

七、爬绳梯基本技术与练习法

（一）爬绳梯的基本技术

1. 侧面爬绳梯

（1）预备姿势：开始时，身体面向绳梯的一侧，双手一上一下地抓紧绳梯的侧绳，一脚在上，呈内扣八字形或脚外展呈外八字形踏在绳梯横杆远端的末端上，另一脚在下踩地，腿伸直，呈向上爬的姿势。

（2）爬绳梯：上面的手用力做向下拉引动作，使身体向上，下面的手向上换握，同时下面的脚也向上一格绳梯横杆做踏杆移动的动作。如此两手不断依次向上换握引体攀爬，两脚也不断依次向上踏杆攀登。

2. 正面爬绳梯

（1）预备姿势：开始时，身体面向绳梯，双手分上、下握住绳梯的横杆，一脚在上踏横杆，腿弯曲，小腿尽量靠近大腿，另一脚在下踩地，腿伸直，成向上爬的姿势，如图 5-25 所示。

（2）爬绳梯：上手用力向下做拉引动作，同时异侧脚用力蹬绳梯横杆，使身体向上，异侧手往上抓横杆，异侧脚往上蹬，两手不断依次向上换握，两脚不断依次向上攀登，如图 5-25 所示。

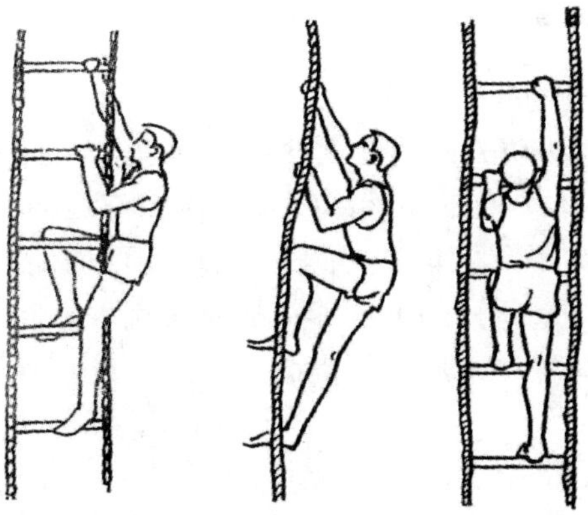

图 5-25　正面爬绳梯

（二）爬绳梯练习法

（1）加强上肢和下肢力量的专门练习。

（2）初次练习时，动作要由慢到快，由易到难，循序渐进。

（三）爬绳梯练习的安全与保护

（1）练习时，落地点要放置保护垫子，其位置要妥当。保护者站在落地点下面合适的保护位置，两眼随着练习者的动作上下移动。落地时扶其腰部帮助其站稳。

（2）从绳梯高处往下时，不能往下跳，应该控制好绳梯的摆动，一格一格地往下着地，以免受伤。

第三节　操艇与驶帆技能

一、操艇与驶帆运动的意义

操艇是海员必须具备的基本技能，是海员的三大基本功（游泳、操艇和攀登）之一，同时也是一种涉水体育运动和竞赛项目。按国际、国内的相关规定，各种艇船必须配备一定数量的舢板，也称救生艇。舢板是以人力荡桨或风力驶帆作为动力推进的木质、铝质、铁质或玻璃钢质的小船。由于舢板结构简单，操作灵活轻便，因此可用来进行艇船之间或艇船与陆地之间短距离的联络、人员物品的输送、船体保养、舷外作业、测量水深等各种作业。经常参加操艇运动，可以全面地增强人体内脏器官的功能，同时能使肌肉发达，力量、灵敏、耐力、速度等身体素质也会有明显提高。为了适应水上作业需要，作为海员必须学会和掌握操艇与驶帆的基本知识和技能。

二、操艇与驶帆运动的特点

操艇是通过人力荡桨或借助风力驶帆使舢板在水面上移动的操作技能，是一项具有很强实用价值的运动，也是船员必须具备的基本技能。舢板既可作为水上交通工具，又可以锻炼身体。

从运动性质而言，荡桨是由桨叶入水、划水、出水和回桨四个连贯动作组成的使艇前进的周期性运动。驶帆是由舢板（救生艇）的桅帆借助风力，通过操舵使艇前进的运动。

三、操艇与驶帆运动的生理特点

舢板荡桨运动的动作比较简单，主要是上肢周而复始地沿着桨划水路线作圆周运动。但在进行快速荡桨时，上肢肌肉活动的协调性就变得复杂起来，上肢频率的转换速度不低于周期性练习中的任何项目。荡桨时，全身的肌肉组织都积极参与运动，从第一桨开始，两腿、腹背、肩带、两臂、胸肌都紧张地参加了运动。这样紧张的运动可以促进各肌肉群增长，同时也加强了肌肉的新陈代谢过程，使大量新鲜的饱含养料的血液流入肌肉，保证了运动时的能量供应。经常参加操艇锻炼，可使身体各项素质得到提高。

1. 感觉器官的变化

舢板荡桨的船速为每秒 0.6～1.58 米。特别是在风浪大、流速快的情况下行驶时，要求人体有较好的平衡能力和精细位觉感，稍有失误就可能造成偏航、碰撞等情况。在有风浪的练习中，船体的摇摆对位觉感受器是一个极强烈的刺激，因此位觉感受器的稳定性能得到提高。

2. 呼吸器官技能的变化

在舢板荡桨运动的锻炼过程中，肌肉运动需要消耗大量的养料和氧气，以供给活动所必需的能量，同时产生大量二氧化碳。在这种情况下，呼吸器官就必须加倍工作，从而使它的功能得到改变。荡桨运动时，呼吸器官活动中的若干特点体现在气体交换量随着船在水中的行进速率不同。船行速率为每秒 0.6～1.58 米时，荡桨运动期间的吸氧量每分钟为 500～2300 平方厘米。船行进速率越高，则每米距离的吸氧量也就越大。

经常从事操艇运动能够促使呼吸发达和呼吸动作的幅度得到扩展。平常人的呼吸差（尽量吸气时与尽量呼气时胸围差别）只有 5～8 厘米，而经常从事舢舨荡桨运动的人呼吸差可以增加到 9～16 厘米，这样肺脏内就可以容纳较多的空气，提高人体肺活量。平常人的肺活量，一般只有 3500 毫升左右，经常参加荡桨运动人的肺活量可以达到 4500 毫升。

呼吸器官功能提高，可使肺内气体交换（氧气由肺入血，二氧化碳由血入肺）进行得更加充分，血液含量增多，从而促使新陈代谢，即能量物质的氧化过程进行得更加完善，保证了运动时的能量供应。因此，经常从事舢板荡桨运动对提高呼吸器官的功能是有益处的。

3. 心血管系统技能的变化

经常从事荡桨运动，能提高心血管系统的机能，使心脏变得肥厚，心搏徐缓和血压降低。心脏肌肉也将逐渐发达而粗壮有力。在 X 线透视下，可以看到这种心脏肥厚的现象，人们称为“心脏运动性增大”。一个健康人安静时，心脏每收缩一次所搏出的血量（每搏输出量）为 50～70 毫升，而经常从事荡桨运动锻炼的人的心脏每次可以排出更多的血量。在安静状态下，每分钟心脏搏出 4.5 升血液就足够全身代谢需要。如果一个健康的人每搏输出量为 60 毫升，则心脏每分钟要搏动 75 次。如果一名桨手，每搏输出量为 90 毫升，则心脏每分钟搏动 50 次即可。这样就大大减少了心脏的工作量。在经常从事荡桨运动影响下出现的心跳缓慢而有力的现象（每分钟低于 60 次以下），被称为心搏徐缓现象。

在荡桨运动影响下，中枢神经系统对心血管系统的调节机能会得到改善，迷走神经的紧张性增强，动脉血压会逐渐降低，达到(11～14)千帕（85～105 毫米水银柱）/(5～8)千帕（40～60 毫米水银柱），出现低血压状态。

心脏血管系统机能提高，心肌肥厚有力，心搏徐缓，心脏的休息时间增多，因而工作可以更加持久。这样就为人的生命历程提供了雄厚的机能潜力，并能在极其激烈的荡桨运动中，充分发挥出较高的机能水平。因此，经常从事荡桨运动的人，他们运动后的脉搏、血压恢复较快，只需两三分钟，所以他们更能胜任水上运输工作。

4. 排泄系统机能的变化

进行荡桨运动时，由于大量泌汗，练习后桨手的尿比重增大，呈酸性反应，有 40%的人有蛋白尿（含量在 0.1%以下）。

在练习结束后，桨手汗液内的氯化物含量显著增加，同时，尿内氯化物含量则相应地减少。初学荡桨的人的尿内氯化物含量的变化比熟练桨手的变化大。经过一段时间的练习后，初学荡桨的人也和熟练桨手一样减少了尿内氯化物含量。熟练桨手汗液内氯化物的含量在练习过程中增加至两倍以上，初学荡桨的人的汗液内的氯化物含量不定，时增时减。初学荡桨的人血液内氯化物含量比熟练桨手的氯化物含量变化更大。练习过程中，血液内氧化物含量略有降低的倾向。以氯离子为其阴离子的氯化物盐类在机体内起着很重要的作用。氯化物保证着水盐平衡。溶解在血液中的氯化物把水分保持在血液内，帮助保持正常的循环血液量。

熟练桨手的水盐代谢作用性质比较稳定，这和他们经常系统地进行练习有关系。初学荡桨的人的活动量性质不同。由于没有正常系统地进行练习，负担量的不平衡在荡桨练习者的体重上也有所反映。熟练桨手的体重是有规律地逐渐减轻的，而初学荡桨的人的体重则增减不定。水盐代谢作用的变化在一定程度上也可以说明有机体对生理负担的适应性。

在荡桨练习的影响下体重减轻了。在活动量比较大的情况下，体重减轻 1.5～2.5 千克是很普遍的现象，而初学荡桨的人体重减轻就没有这样的规律性。

荡桨运动后的体重减轻，只是暂时的现象，一般经过休息，通过饮水补充运动时丧失的水分，体重就会恢复。

四、操艇与驶帆运动的安全与保护

（1）做好前期准备工作，检查舢板是否漏水，桨叶是否损坏。

（2）登艇人员，必须穿着救生衣及防滑鞋。

（3）登离艇时，检查艇是否系好，并安排人员在登离艇位置进行保护。

（4）大风大浪天气，不进行操艇、驶帆练习，以免发生伤害事故。

五、登艇

（一）桨手座位的分配

为了迅速执行救生任务，对各桨手座位必须进行确切、合理的分配。其分配方式一般依据桨手的技术和体力而定。为使艇首不发生偏转或左右摇摆现象，应首选技术较好、体力较强者担任领桨（尾桨），其次确定头桨人选。划桨过程中要求左、右舷桨手的动作频率与头桨保持一致，用力要均匀，否则不利于操舵并会影响艇速。在离、靠码头时，所有桨手必须默契配合，才能安全迅速地离、靠。

尾桨手和头桨手在升降救生艇和离、靠码头及舷梯时担负的任务比较繁重，因此必须配备技术较熟练的桨手充任。中间桨手可根据技术和力量情况来进行左右分配，除领桨外，中间桨手用力最大。艇上桨手的位置分配从艇尾起算，以十二桨艇为例，右舷为单号数 1、3、5、7、9、11，左舷为双号数 2、4、6、8、10、12。其中 1、2 位置是领桨（尾桨），11、12 位置是头桨，如图 5-26 所示。

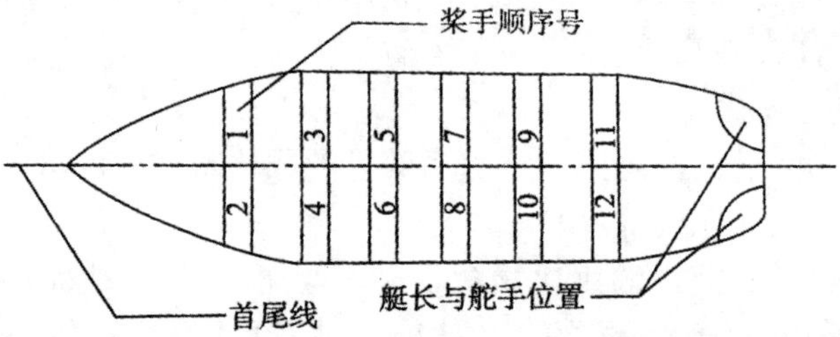

图 5-26　桨手座位分配示意图

（二）桨手登、离艇顺序

为安全、迅速、有效地执行任务和实施应急方案，培养桨手的组织纪律观念，维护良好的登、离艇秩序，防止意外事故发生，登、离艇的顺序要根据该艇所处的方位由艇长决定。从艇首登艇时，舵手先上，桨手按号码顺序进入，从艇尾登艇时则相反。离、艇的顺序根据艇所处的方位由艇长决定。

（1）救生艇系泊时，若艇尾靠舷梯（或码头），头桨先登艇，其他桨手按号码的反顺序登艇。离艇时，艇长和尾桨先离艇，其他桨手按号码顺序离艇。

（2）若艇首靠舷梯（或码头），艇长和尾桨先登艇，其他各桨手按号码顺序登艇，头桨最后登艇。离艇时则按桨手号码的反顺序离艇，艇长和尾桨最后离艇。

（3）救生艇若与某甲板平齐（如暂时停在吊艇架上，或艇缘全部靠码头时），右舷桨手按号码的反顺序从艇尾登艇，左舷桨手则按号码的顺序从艇首登艇，艇长最后登艇。同样情况离艇时，按上述相反的顺序进行。

（三）桨手登、离艇注意事项

（1）桨手登、离艇时，脚不可踏在艇缘、桨、座板等上面，更不允许用蹦跳动作登、离艇。

（2）桨手坐在座板上时，面向艇尾，上体姿势保持正直，两腿自然弯曲，两脚中心蹬在脚踏板上，两臂弯曲，手放在膝盖上，如图 5-27 所示。手、肘或上体都不能放在艇缘上或伸到舷外，更不允许躺卧或坐在艇缘上。

图 5-27　桨手登、离艇示意图

（3）桨手在艇上要保持肃静，注意听艇长的命令，并执行艇长或舵手的命令，且动作要迅速、准确。

（四）救生艇（舢板）主要装备

（1）舵。如图 5-28①所示，位于艇尾部，供操纵艇的行驶方向使用。

（2）舵柄。如图 5-28②所示，位于舵柱上端，有一方形小孔处，用于操舵，分为直舵柄和弯舵树两种。

（3）桨叉。如图 5-28③所示，一般用铜制成，也有用铁或铝合金制成的。划桨时桨叉插入艇缘上面的桨叉孔里，以支持桨杆的转动。每个桨叉均应有适当的安放装置以免落入水中。

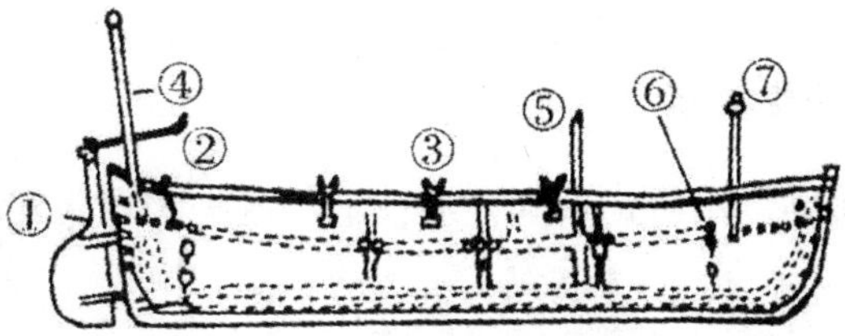

图 5-28　救生艇（舢板）结构示意图

（4）桨。桨一般分为角柄桨与圆柄桨两种。角柄桨的桨柄呈六角形或八角形；圆柄桨的桨柄呈圆形，如图 5-29①②所示。

桨的表面要求光滑平直，不能有弯曲，桨中间部分呈圆柱形，叫作桨杆，桨杆的一端是桨柄，另一端是一面平滑，一面棱形的桨叶（也有两面均为棱形或平滑的桨叶），是桨的划水部分。

（5）旗杆。如图 5-28④所示，艇尾的悬旗杆用来在航行时悬挂国旗。

（6）挽篙。如图 5-29④所示，是装有金属钩的圆木杆，其长度不小于 2.4 米，直径不小于 38 毫米，当艇靠、离舷梯或码头时用来撑开或钩挂岸壁、船艇。

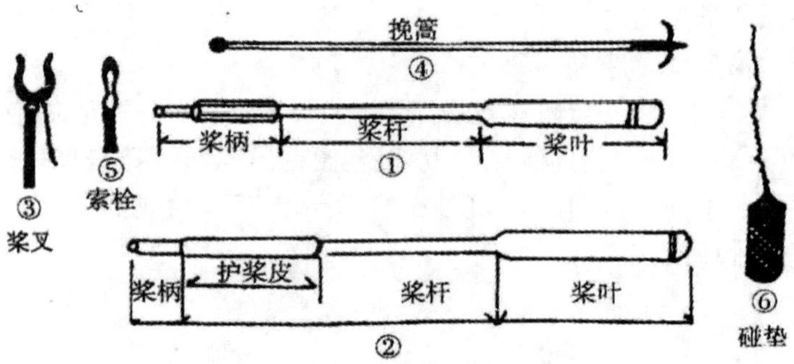

图 5-29　艇首绳和艇尾绳示意图

（7）艇首绳和艇尾绳。系艇用的较粗的绳索，艇首、艇尾各备有一根。

（五）救生艇属具放置的规定

（1）桨的编号和分配。桨的编号与桨手编号相同，右舷是单号数，在桨柄上用绿漆写上号码；左舷是双号数，在桨柄上用红漆写上号码。最短的桨应分配给头桨手，较短的桨应分配给尾桨手（领桨手），长桨分配给中间桨手。

（2）桨的放置。为了出桨操作方便，桨叶朝向艇首与龙骨平行放置在座板上，按出桨顺序，头桨放在靠艇舷的最里面，其余的桨按顺序放置，桨叶靠搭一致，桨柄应与领桨座板平齐。

（3）舵桨放置一舷靠舷边，舵桨叶朝向艇尾。

（4）挽篙放在艇中与龙骨平行钩头朝向艇首。

（5）艇首、艇尾缆不用时，分别盘在艇首、艇尾的花板上。

（6）锚和锚缆分别放在艇首花板下，左右舷、锚缆应放置有条理，不应互相压叠。

第四节　划桨

一、划桨前的准备与动作要领

（1）就位。桨手上体姿势保持正直坐在座板上，两脚踏在底花板上，两腿自然弯曲，对正前面桨手。

（2）报数。桨手按自己坐的位置号依序报数。

（3）撑开。头桨手用挽篙顶在大船舷或码头上，用力将艇首迅速撑开一定距离以便划桨，其余桨手收进碰垫，放在艇内，但不应放在桨上，以免妨碍出桨。

（4）上桨叉。各桨手用外舷手拿桨叉插入桨叉孔中并转正。

二、划桨的口令与动作要领

（1）预备桨（拿桨）。从艇尾开始按座位顺序依次拿桨。各桨手上体带半面转向舷外，以内桨舷手握住桨柄末端向下压，外舷手肘部向上托起桨柄，把桨放在靠近自己的桨叉（桨门）的舷缘上。同时用外舷手帮助后面桨手传递、迅速出桨。

（2）放桨（平桨）。各桨手一起把桨托起，将桨杆护皮部分放在桨叉上。身体转正后，坐在座板上约三分之一宽处，两脚掌中心自然踏在脚蹬上，两膝微屈，并向领桨手看齐。两手握桨距离约与肩同宽，拇指与其他四指分开握桨，两手掌心向下，或一手掌心向上，另一手掌心向下。桨成水平状态，桨手应坐正，两眼注视桨叶。

（3）桨向前。这是划桨前的最后一个准备动作，各桨手听到“桨向前”的口令后，上体尽量前倾，双臂把桨柄推向艇尾方向，使桨叶移向艇首方向，桨叶与水面成 45°～60°，桨叶端与水面距离约 20 厘米，有浪时应适当提高，如图 5-30 所示。

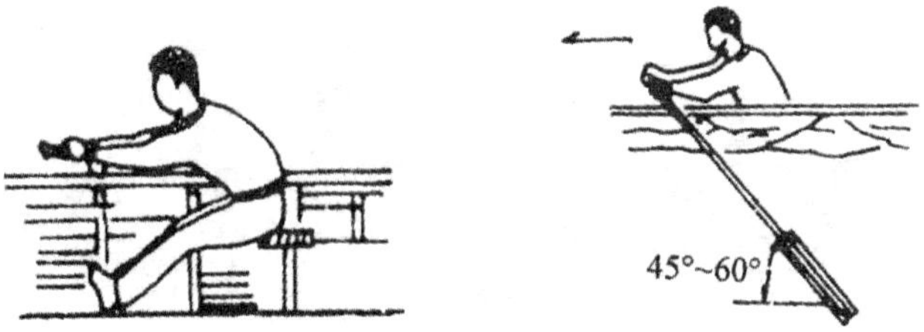

图 5-30　桨向前示意图

（4）一齐划。这是使艇前进的主要动作。初学这个基本动作时，可用几个分解动作来练习。

1）各桨手向领桨看齐，同时注视自己的桨叶，上体迅速前倾，两臂伸直，随上体前倾的同时两手腕将桨柄内转，使桨叶与水面成 45°～60°，如图 5-31①所示。

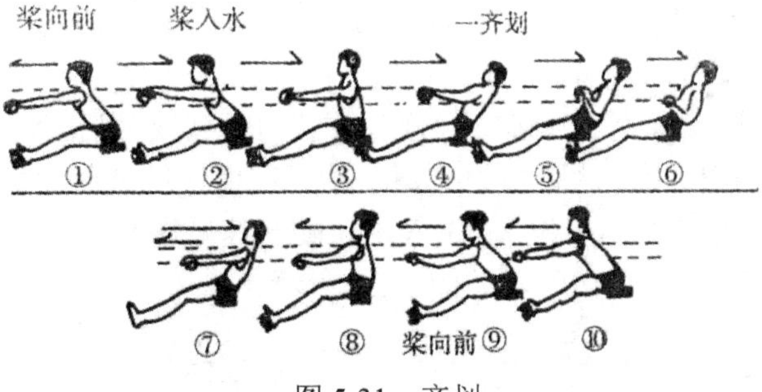

图 5-31　齐划

2）稍提桨柄使桨叶的 1/2～2/3 插入水中，同时用上体后倒带动双臂拉桨，两脚蹬在脚踏板上，桨柄与艇缘垂直时，上体后倒至最大限度。

3）两肘迅速屈臂收腹使桨叶给水以鞭打力，同时使上体起至正直，将桨柄压在胸前，如图 5-31②～⑥所示。

4）当上体起至正直时，开始做桨向前动作，双臂推桨柄向艇尾方向，上体前倾，并向内转动桨柄，使桨叶与水面成 45°～60°，桨叶端距水面约 20 厘米，即桨向前的动作姿势，如图

5-31⑦～⑩所示。

按照上述动作要领，可在分解动作练习的基础上进行连续动作的训练。练习时应注意以下几点：

1）划水时，桨叶与水面要垂直，桨叶划水轨迹应与水面成平行的直线。

2）桨叶划水时应保持一定的弧度，该弧度为 80°～90°，前半弧为 50°～55°，后半弧为 30°～35°。

3）回桨时，桨叶的轨迹应贴近水面并与水面平行，桨叶与水面成 150°，这样桨叶所走的路程短，空气阻力小，可节省体力。顶风时，桨叶与水面应保持平行，以减少阻力。

在划水接近结束时，两臂应突然用力，收腹，下压桨柄使桨叶利落出水，进入回桨阶段。

（5）一齐退。使艇向后退的划桨动作，可用两个分解动作来练习。

1）外舷腿退出脚踏板，蹬在底花板上，上体稍向后仰，把桨柄靠在胸前，外舷肘顶住桨柄，桨叶与前进入水角度，离水角度相同，如图 5-32 所示。

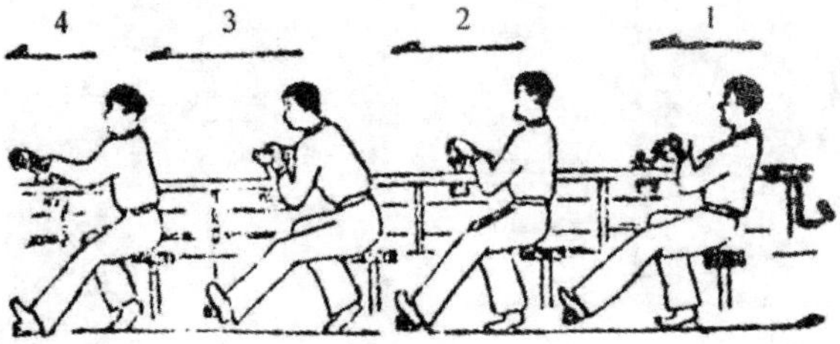

图 5-32　齐退

2）两臂向上使桨 1/3 入水，外舷腿用力支撑，推臂收腹使桨柄用力推向艇尾，下压桨柄使桨叶出水。

（6）左进右退（或右进左退）。在需要使艇迅速向右转弯时，舵手下达此口令。这时左舷桨手用“一齐划”的动作，右舷桨手用“一齐退”的动作（“右进左退”时与此相反）。

（7）桨挡水。这个动作主要用于减速，当艇靠近大船舷梯或码头，以及接近水上其他浮动物体、艇速太快或偏离方向时可以舷桨挡水。

各桨手听到口令，应立即停止划桨的动作，同时将桨叶移到正横位置，外舷腿退出脚踏板，蹬在座板下方的底花板上，两腿用力支撑，两臂弯曲，舷外肘、臂靠近桨柄，同时收腹。上体前倾并使桨叶与水面成 45°，桨叶 1/3 入水。随艇速减慢桨叶由 45°逐渐与水面成 90°，桨柄随之离开胸部准备做下一个动作，如图 5-33 所示。

图 5-33　桨挡水

（8）顺桨。艇在前进中时为了避免桨叶碰撞附近物体，如浮筒、堤岸或船舶等，以及通过狭窄水道时，下达此口令。桨手身体应后仰，同时外舷手抓住桨柄，拉向胸前由内向外推靠于艇缘，外舷手压住桨柄，同时上体坐起，这样桨叶垂直水面并紧靠艇缘，桨不易落入水中。艇则顺着惯性前进。在宽水面上顺桨时，桨手可借此稍事休息。

（9）平桨。一般用于减速，或纠正桨手不正确的动作、短暂休息，以及变换动作、要结束正进行着的划桨动作时。平桨即上体保持正坐姿势，两手握住桨柄末端，桨叶与水面平行。

（10）立桨。用于通过狭窄水道或避让船舶和其他阻碍物。立桨可表示敬礼或划桨竞赛已到达终点。桨手听到“立桨”口令后，内舷桨手用力握桨柄，外舷桨手立即扶起桨杆，使桨直立，桨柄放在两脚之间的艇底垫板上，桨叶与艇首、尾线平行，向桨杆看齐。内舷手握住桨杆，手与肩同高，外舷手握住桨杆与腰同高，身体坐正，面向艇尾。

（11）收桨。将要靠近码头或停泊处，结束划桨，不再用桨时下达的口令。由艇首开始收桨，各桨手用外舷肘托桨杆，内底手压桨柄，将桨托出桨叉，其他桨手用外舷手接桨帮助摆好。

第五节　靠、离码头

（1）救生艇在靠、离码头时，要选择有利的靠泊位置，便于靠、离操作和桨手上、下艇，还可避免风浪等影响。

（2）一般采用顶风流靠，以便于操纵控制艇位置和保持舵效。如风流不一致时，估计谁作用力大以确定顶风靠或顶流靠。

（3）摆好艇与靠泊点的交角。一般与泊位成 30°～40°，沿此方向前进，接近靠泊点。此时若受风浪影响，应适当调整角度。一般受吹开风（风从靠泊点垂直吹向艇方向）影响时，其角度可减少 10°左右；若受吹靠风（风吹艇靠近靠泊点方向）影响时，其角度可增大 10°左右；若风浪大时，为防止艇与码头猛烈碰撞，与码头的靠拢角度则要更大些。

（4）控制好艇的余速，可用外舷桨“桨挡水”配合减速。若艇速太慢，则用“桨向前”来使艇加速，直至平稳停靠泊位。

（5）当艇接近泊位时，头桨备好挽篙和缆绳，且艇长应在艇距离泊位 3 倍左右艇长时下达“平桨”口令，在接近泊位约 2 倍艇长时，下达内舷桨手“收桨”或“立桨”口令。观察艇靠泊位时的速度，若速度较快时，外舷手应以“桨挡水”使艇速下降，这时“桨挡水”的动作使艇首转向外舷侧，艇便能平稳地靠在泊位上。

当艇靠上泊位后，桨手迅速带好缆绳，系缆绳时应注意潮汐的变化，需留有足够长度的缆绳并系牢。有风浪或涌浪时，应在内舷侧放置防碰垫来保护艇舷。

（6）离泊位时，全部船员到齐准备好，头桨准备好钩篙，等解开缆绳后，用挽篙将艇撑开，其余桨手收好防碰垫放在艇内。等艇离开泊位约一桨距离时，迅速平桨，然后利用两舷桨作用和舵使艇离开泊位。

第六节　划桨常见错误动作及纠正方法

（1）鳖桨和漂桨。桨叶入水角度过大，划桨时过早转动桨，形成切水动作，使桨叶越划越深，造成鳖桨的结果。桨叶入水角度过小，入水时压水，紧接着划水面，形成划空桨，即漂桨。

鳖桨和漂桨的纠正方法：讲解产生错误动作的原因，要求桨手必须集中注意力，眼盯桨叶，严格控制桨的入水角度。另外，在桨杆护皮上涂上黄油，以避免因桨叉发涩影响桨柄转动而造成鳖桨、漂桨的错误动作。

（2）曲臂划桨。桨手单凭手臂划桨，不会利用脚和腰腹的力量而造成屈臂划桨。

纠正方法：讲解动作要领，多做示范并加以矫正。

（3）直臂回桨和回桨过猛。桨手开始就伸直手臂，既容易碰撞前面桨手的背部，又形成回桨过猛的结果，容易消耗体力。

纠正方法：讲解回桨的正确动作，要求前半段屈臂用胸部顶推桨柄，使手臂肌肉放松，同时可采用分解动作的方法进行练习。

（4）回桨过高。因桨手回桨时怕桨叶打水，内舷手下压桨柄过大而造成回桨过高。这样不仅加长了回桨路线，增加回桨阻力，也会消耗桨手更多的体力，还破坏动作的整齐性。

纠正方法：要求转桨使桨叶出水时，握桨柄的两手用力一致，使桨叶转成水平回桨。

（5）划桨身体后仰太小或起身太早。桨手划水弧度太小或怕后仰太大身体起不来，而不敢后仰，或仰到不等屈臂划桨完成，立即起身。

纠正方法：可采用分解动作的练习，后仰不喊口令不准起身的方法进行矫正，同时通过加强腰腹肌肉的练习来克服身体后仰太小和起身太早的错误动作。

（6）桨叶入水拍溅水花。桨叶入水时，不是顺着桨叶入水角切入水中，或是桨未转好就划水。

纠正方法：可采用“四动”分解练习法，桨叶入水、划水、桨叶出水、停住不动，回桨至桨叶入水前姿势，加以矫正。

（7）出水桨叶挑水。桨叶出水时，不是将桨叶顺出水仰角抽出，而是用力上挑。

纠正方法：通过讲解和示范，反复练习并加以矫正。

（8）桨与桨碰撞。这是因为同舷桨手划桨动作不整齐，有快有慢。

纠正方法：要求桨手思想集中，按口令统一行动，艇首桨手要按顺序逐一跟随前面桨手的划桨动作，不得抢先入水、划水、出水或回桨太快。

（9）两舷划桨动作不一致。这是因为两个领桨手划桨动作不一致。

纠正方法：强调左领桨手必须随时观察和跟随 1 号桨手（右舷领桨手），保持动作协调一致，进行划桨动作。

第七节　驶帆

驶帆就是利用救生艇的桅帆，以风为动力，帆受风力，通过驶帆和操舵使艇前进。它对在海上生活及生产有一定的实用意义。

一、驶帆设备、索具名称与作用

（一）桅

救生艇驶帆时，用来挂帆，位于艇中骨的叫主桅，前部叫前桅，如图 5-34 所示。

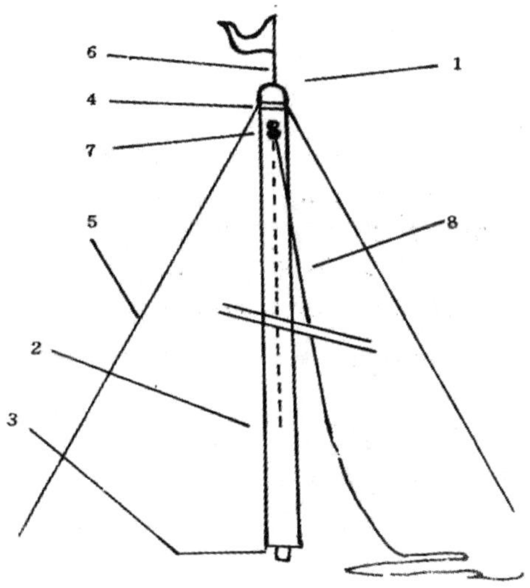

图 5-34 驶帆设备、索具名称示意图

1．桅顶：桅的顶部，成半圆形，用以保护桅的上梢。

2．桅根：桅下端的方形部分，在座板下，桅基之上，用铜皮包覆，用以增加桅的强度。

3．桅基：桅根下端的长方形凸出部分，用以插入桅座内。

4．桅座：艇内龙骨上的凹形槽，用于固定桅基，以保证桅的稳定。

5．桅支索：使桅维持在桅杆固定位置的绳索，有左、右、前支索。大型艇用钢丝绳，小艇用纤维绳。

6．起帆索（辘绳）：通过桅顶部张帆滑轮用于张帆的绳索。

7．滑轮：在桅上箍下面设有一个滑轮，起帆用。

8．风标：插在桅顶上的小旗，导示风向用。

9．桅上箍：固定在桅顶的铁箍，箍上有个固定眼环，用来连接桅支索。

10．夹桅环：设在横座板边缘的用以固定桅杆的环。

11．插销（索柱）：用以固定夹桅环和系缚张帆索用，如图 5-35 所示。

注：9、10、11 在船体上，图 5-34 中未标注。

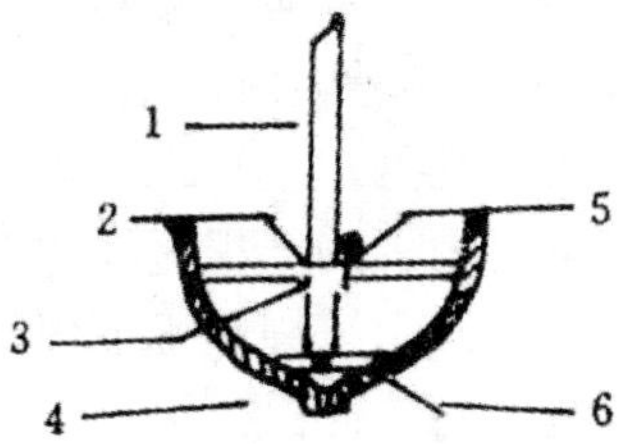

图 5-35 插销

（二）帆

艇帆一般用帆布或尼龙布制成，按其形状可分为三角帆和梯形帆两种，按其张挂形式可分为切断帆和横杆帆两种。两面大小不同的帆装在同一根横杆上，称为切断帆，前面面积较小的称为前帆，后面面积较大的称为后帆。

一根横杆上装一面帆，称为横帆。挂在主桅上的称为主帆。长度大于 7 米的救生艇，在主帆前面艇首设有一面三角帆，如图 5-36 所示。

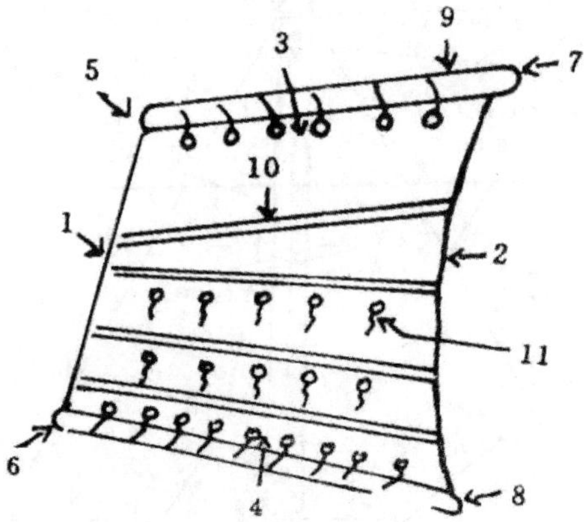

图 5-36 帆

1．帆根：帆的前边。
2．帆梢：帆的后边。
3．帆头：帆的上边。
4．帆脚：帆的下边。
5．帆上根：帆的前上角，即帆头和帆根所成的角。
6．帆下根：帆的前下角，即帆根和帆脚所成的角。
7．帆上稍：帆的后上角，即帆头和帆梢所成的角。
8．帆下稍：帆的后下角，即帆梢和帆脚所成的角。
9．帆杆：用来张开帆面的圆木长杆，有上杆、下杆之分。
10．帆肋：支撑帆面的杆。
11．缩帆绳：固定在帆下部帆面上，缩帆时用以捆帆。

（三）桅、帆属具

桅、帆属具如图 5-37 所示。

（1）缭绳：维持帆位的动索，用于前帆的称前缭，用于主帆的称主缭。前缭是连接在帆下梢的较长绳索，驶帆时用来操纵前帆，使它张向左舷或右舷。主缭是连接在主帆下梢的较长绳索，另一端通过导向滑车，由艇员牵引，驶帆时用来操纵主帆，使主帆张向左舷或右舷。

（2）前帆前角索：连接在前帆帆下梢的一根短绳，驶帆时另一端固定于艇首。

（3）主帆前角索：连接在主帆帆下梢上的一根短绳。驶帆时另一端固定于桅杆下部。

（4）底根绳：是一根较短的纤维绳，用来固定帆下梢。

（5）卧杠：是一根圆长杆，自艇尾向后伸出，根端固定在卧杆支圈内，在杆的顶端设有滑车，主缭绳经过这个滑车拉向艇首，以便将帆充分张开。

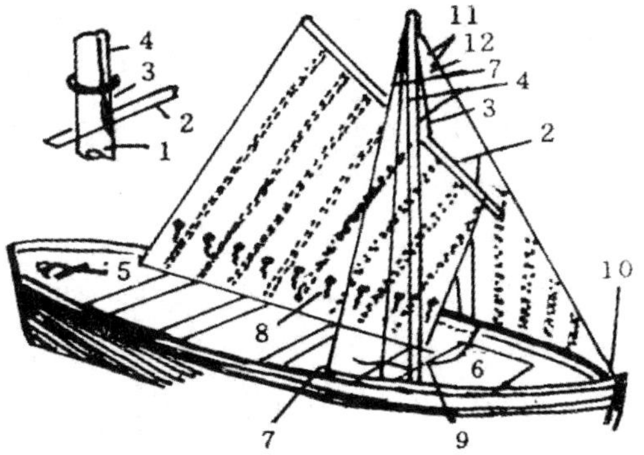

图 5-37　桅、帆属具

1-桅；2-帆杆；3-挂帆钩；4-主帆起帆索；5-主缭；6-左舷桅支索；8-缩帆带；9-主帆前角索；10-帆前角索；11-三角帆起帆索；12-左舷桅支索

二、桅、帆整理

（1）主桅和前桅并排放在艇的中部，主桅在左，前桅在右，桅根部朝向艇首。

（2）帆：将帆套开口的一端朝艇尾，主帆放在左，前帆放在右。

（3）卧杆：有滑车的一端朝艇尾，放在右舷后部。

（4）桨：每舷放二层桨，用小绳缚住，挽篙放在上边，以便随时取用。

三、驶帆基本原理

驶帆的行进动力就是风吹过帆面时所产生的压力，该压力在艇首尾方向的分力，即为推动艇前进的动力，如图 5-38 所示。

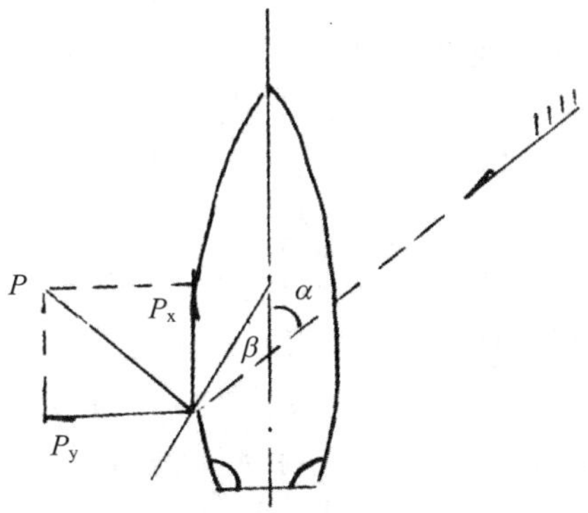

图 5-38　驶帆受力

当帆受风时，帆面即形成弧形，流过帆背面的风速超过帆受风面的风速。因此，帆正反两面间形成压力差，垂直于帆面的 P 力，即为该压力差。P 分为 P_x 和 P_y，分别为沿首尾方向的分力和垂直于首尾线的分力。P_x 即为推艇前进的动力，P_y 为推艇横移的分力。

P 力的大小与风力的大小以及风与帆之间的夹角有关，风速越大，P 力越大。P_x 和 P_y 的大小比例与帆位角 β 有关。当风舷角 α 不变而帆位角增大时，P_x 也增大，P_y 减小。帆位角 β 减小时，情况与上述相反。由于艇的横移阻力较大，而纵向移动阻力较小，因此即使在小帆位角

β，P_x 小于 P_y 的情况下，艇的前进速度仍大于横移速度。这就是风舷角α不大时，艇也能驶帆前进的原理。

一般来说，风从艇首左、右 40°以上吹来时，艇便可驶帆前进。风舷角α越大，行进速度也就越快。

（一）最佳帆位角

帆位角β的大小、风舷角α的大小与艇的前进速度有关，如能采取最适当的角度，就可以取得最好的效果。一般情况下，将帆位放在风向和艇首尾线夹角的中间，才能得到较好的推进效果。如帆位角β偏大，推力就无法很好地加以利用；反之帆位角β过小则使艇速降低，如图 5-39 所示。

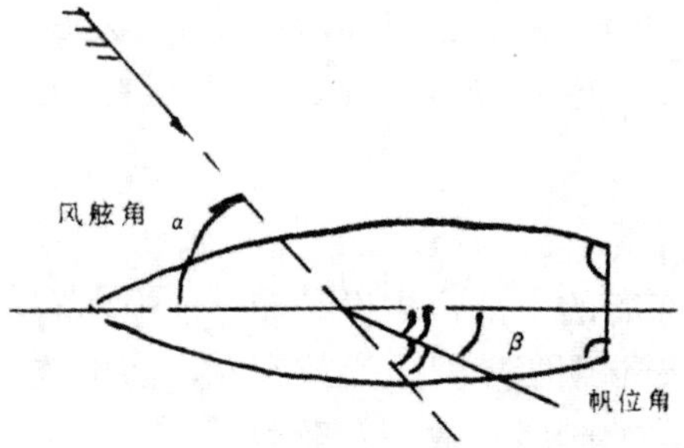

图 5-39　最佳帆位角

（二）驶帆口令

1. 立桅升帆

（1）准备驶帆：各桨手把桨和桨叉放好，绑妥，协同一起将帆套脱掉，折好放于艇首平台下面。

（2）准备立桅：以 12 号桨手为例，12 号桨手打开艇首花板，立于左舷边。前半段桨手（7、8、9、10、11、12 号）将前桅根移到前桅座附近。5、11 号桨手打开前、后夹桅环后扶桅根。其他桨手将前、后桅举起。6、12 号桨手扶桅基对准桅座，然后向艇长报告前、后桅备妥。

（3）立桅：前后桨手将前后桅竖起，5、11 号桨手关上夹桅环，插上插销后，报告前后桅立妥。3、4、9、10 号桨手解开前、后桅支索并加以固定。

（4）准备升帆：将前、后帆放在中间进行解帆，并将升帆索系结在上帆杆前端 1/3 处。如帆杆无眼环则应打扬帆结系牢。1 号桨手安装卧杆（无需要可以不装）。2、8 号桨手系穿好前后缭绳握在手中。5、6、11、12 号桨手拉住起帆索，准备听令升帆。

（5）升帆（张帆）：5、6、11、12 号桨手拉起帆索将帆升起，并将起帆索系固于系索柱上。3、4、9、10 号桨手将前、后帆的前角收紧后，系固在桅座旁的座板上。1、2、7、8 号桨手在上风舷侧控制缭绳。各项工作做好后，各艇员应坐在艇底花格板上，面向帆。舵手在艇尾，轮流瞭望。

2. 落帆下桅

（1）准备落帆：6、12 号桨手将升帆索解开，留一道系在索柱上，握在手中。其他桨手准备收进帆。

（2）落帆：6、12 号桨手缓慢松下起帆索。其他艇员将缭绳及帆收进艇内。

（3）收帆：各桨手按立桅升帆分配的工作职责，分别解开帆杆上的帆索及前后帆的角索，取下卧杆，将帆捆好，放回原处，待下桅后与桅一起放在艇中间。

（4）下桅：解开桅立索，连同起帆索围绕在桅杆上整理好。最后，11 号桨手打开夹桅环。6、12 号桨手拔出桅基。其他艇员协同一起将桅放好。

3. 驶帆术语

（1）上风：向风侧。

（2）下风：背风侧。

（3）左舷受风：左舷在上风侧。

（4）右舷受风：右舷在上风侧。

（5）顺风行驶：升（张）帆行驶，而风来自正横后方。

（6）迎风掉樯：在艇首顶风中变更受风舷侧。

（7）顺风掉樯：在艇尾顺风中变更受风舷侧。

（8）松帆角索：解开帆角索。

（9）向后拉平：用力拉进帆角索。

（10）上风舵：将舵柄转向上风，即使舵偏向下风。

（11）下风舵：将舵柄转向下风，即使舵偏向上风。

（12）转向下风：操艇使艇首偏离风向。

（13）转向上风：操艇使艇首接近风向。

（14）逆风行驶：艇首尽量靠近上风行驶。

（15）顺航拨舵转帆：改变航向，使艇尾由一侧受风，变为另一侧受风。

（16）缩帆：系结缩帆索，以减小帆的受风面积。

（17）风压差：帆艇受风影响而被推移至下风侧的力量大小，通常以角度表示。

（18）风舷角：风向与首尾线的夹角，从首向左、右 0°～60°。

（19）帆位角：帆与首尾线夹角。

（20）帆位：风帆的位置。

4. 风向专用名词

风向专用名词如图 5-40 所示。

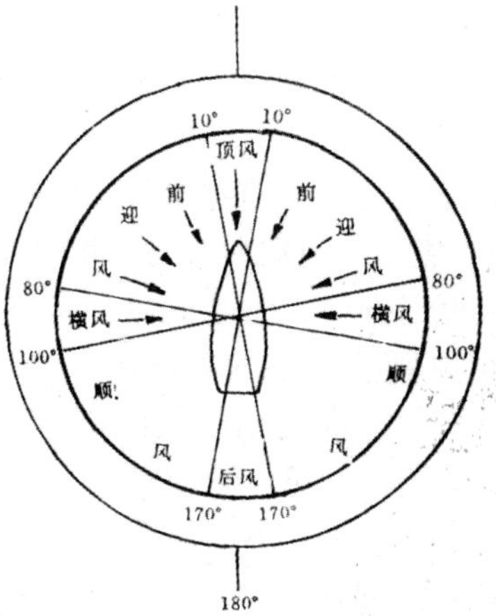

图 5-40 风向示意图

（1）顶风：从艇首左、右 0°～10°范围内吹来的风。这种风难以驶帆。

（2）迎风（逆风）：从艇首左、右 10°～80°范围内吹来的风。在这种风下驶帆，行进速度较慢。

（3）横风：从艇首左、右 80°～100°范围内吹来的风。驶帆速度较快，但艇的横移最大，艇的倾斜度也较大。

（4）偏顺风：从艇首左、右 100°～170°范围内吹来的风。此风向驶帆速度很快，横移少，较安全，容易操纵。

（5）顺风：从艇首左、右 170°～180°范围内吹来的风。顺风驶帆比较安全，速度也最快。

四、驶帆航行操作方法

（一）顶风曲折航行

若欲到达上风某地，但艇不能顶风驶帆时，可采取顶风曲折航行的方法逐渐接近目的地。其即采用 60°左右的风舷角行驶，行驶一段后，经过掉樯改为另一舷与风成 60°左右行驶。再行驶一段落后，经过掉樯改为另一舷与风成 60°左右行驶。这样来回若干次掉樯后，可抵达目的地。这种航行操作方法称为逆风航行，“之”字形航行或“S”形航行。顶风曲折航行时，要掌握其要领，否则难以抵达目的地，其操作要领如下。

（1）要选择有利的风舷角。如果风舷角过小，航程虽短，但航速很慢；反之，风舷角过大，航速虽快，但航程加远，实际效果也不理想。因此，要根据当时的风速、流向、流速及艇的性能等情况而定，一般以 50°～70°较好。

（2）要把两帆的帆位角调整到最佳位置。如果帆位角偏大，推力就没有充分利用；反之，帆位角过小，横移力增加，使艇速降低。一般帆位角应调至风舷角的一半。

（3）正确选定掉樯的位置和时机。掉樯时，艇速会减慢，故过多的掉樯是不利的。每段的航程不宜过短。掉樯操作要熟练，相互动作要配合协调。

（4）可充分利用水流。逆风逆流是不能驶帆的。当处于顺流时，风舷角可小些；反之则大些。

（5）航向要把定。偏航时，用舵要及时，而舵角要适当。集中精力操舵，反应要快。

（二）逆风掉樯口令与动作

（1）准备逆风掉樯：各艇员按分工做好前、后帆的掉樯准备工作，如图 5-41①所示。

（2）上风满舵：舵手把舵柄慢推向上风 35°，使艇首转向下风，以增加艇速，如图 5-41②所示。

（3）松前缭，紧后缭：操前缭的艇员把前缭松开，使前帆不受风力。操后缭的艇员把后缭逐渐收紧，保持后帆一直受风，使产生的横向推力帮助转向，如图 5-41③所示。

（4）推向帆：当艇首转至接近风向时，下达此令。操前缭的艇员将前帆推向下风艇首方向。为了增加前帆受风面积，也可用挽篙将三角帆撑出。前帆受风后，如艇仍有前进的余速，舵可不动。如余速消失，则取中舵。如艇已后退，则施反舵，如图 5-41④所示。

（5）松后缭：当艇首越过风向后，即下此令。放松后缭绳，以使后帆不妨碍艇首向下风转动，如图 5-41⑤所示。

（6）过前帆，紧前缭：当艇首转过风向 20°左右时，下此令。将前帆从上风舷转到下风舷侧，收紧前缭，利用前帆协助艇继续向下风转动，如图 5-41⑥所示。

（7）紧后缭，松前缭，正舵：当艇转到与风向约成 60°时，调整航向与帆位，恢复逆风航行，如图 5-41⑦所示。

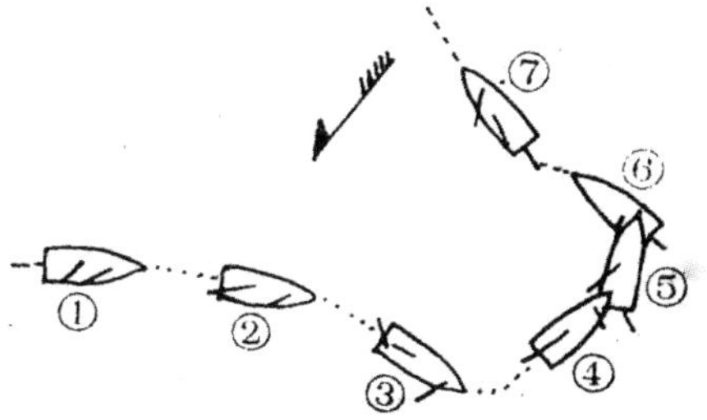

图 5-41 紧后缭、松前缭、正舵示意图

在迎风掉樯中，常因指挥或操作不当，或因风流不利等影响，使掉樯困难，以致失败。此时应迅速恢复原航向行驶，待具有一定航速后，再进行掉樯。

（三）顺风掉樯口令与动作

航行中顺风掉樯将艇首向下风转动，使艇尾越过风向，而改变受风舷。

（1）顺风掉樯准备：各艇员做好操作准备，如图 5-42①所示。

（2）上风满舵，松后缭：将舵柄操至上风舷 35°左右。持后缭艇员松开后缭绳（如风较大，不要全部松掉，仅松到风舷角为 60°左右，以防发生危险），使艇首向下风舷旋转加速，如图 5-42②所示。

（3）紧前缭：将前帆位紧到与风向成垂直的位置。当旋转加速后，随着艇的旋转，应逐渐松前缭，使帆始终保持受风，如图 5-42③所示。

（4）过前帆：当艇尾接近风向时，将前帆转过另一舷，以利于艇的旋转，如图 5-42④所示。

（5）紧后缭，过后帆：操纵后帆的桨手迅速将后帆收到艇首尾线附近之后，将后帆越过艇首尾线，然后逐渐松后缭，如图 5-42⑤所示。

（6）松前缭，紧后缭：松前缭后，因舵和后帆受力，使艇更快地转向上风，如图 5-42⑥所示。

（7）把定：当艇转至风舷角为 60°左右时，把定，并调整后帆，使之处于逆风航行，如图 5-42⑦所示。

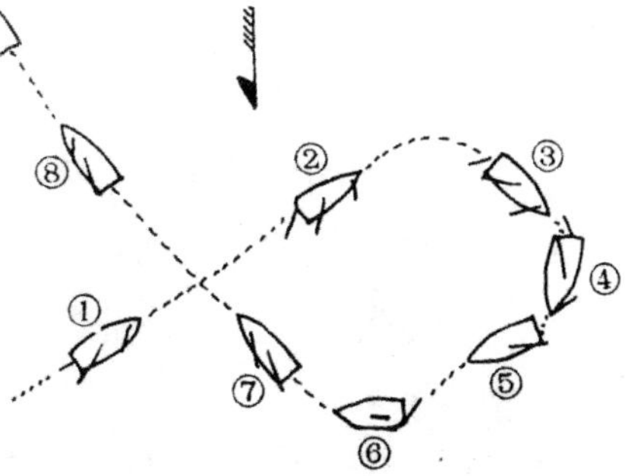

图 5-42 顺风掉樯路线图

顺风掉樯的操纵比迎风掉樯容易，但旋回所占水域较大，在掉樯前，下风处要有足够水域，而且艇两次受横风，易产生较大横倾，比较危险。在风浪大时，不宜作顺风掉樯。如必须顺风掉樯时，应先落帆或缩帆再掉樯。

（四）各种事故的处理和应急措施

（1）若双桅中主桅折断，可将前桅移作后桅。损坏的主桅稍加修理后若能使用，可移作前桅。

（2）若单桅艇的桅中部折断，可用两三把桨和绳索将折断部分固定绑牢。驶帆时，适当缩小帆面，缭绳应松些，以减轻受力。

（3）卧杆折断时，可将后缭绳直接通过艇尾领圈用力控制。

（4）舵损坏时，可用桨代替，采取调整两帆风舷角来代替舵。

（5）桅座板破裂时，先使艇首迎风，再用绳索与桅箍上缚结，系固在前后座板上加固。

（6）支索、缭绳在驶帆时破断，应立即使艇迎风，接好后继续航行。

（7）若起帆索破断，使艇首迎风，下桅，连接好后立桅再航行。

（8）上或下帆杆折断时，可用挽篙或其他木材用绳索在折断处绑扎牢固。

（9）发生搁浅时，应迅速将帆落下，检查有无漏水或其他损坏。如艇有漏水，应用木楔等物堵漏，及时排水，并采用相应的脱浅措施。

（10）驶帆中，若风力大，艇横倾过大，有危险时，可迅速将帆降下一部分，用缩帆索系结妥后，再升帆继续航行。如风力太大，缩帆后仍有危险，可适当减小风舷角，艇横倾情况将会有改善。若遇大风浪，不能张帆航行，应落帆下桅，抛海锚，艇首迎风顶浪漂流。艇员适当移坐艇尾，以保安全。

第六章　游泳

本章学习目标：

- 了解和掌握游泳的基本技术
- 学习蛙泳、仰泳、自由泳及水上实用救生方法
- 掌握游泳安全卫生知识与救护方法
- 选择自己喜欢的泳姿进行锻炼，以促进身心健康

一、游泳运动的竞赛与发展

现代游泳竞赛的历史是与奥运会的发展紧密联系在一起的。在1896年的第一届奥运会上，游泳就被列为正式的竞赛项目，当时就只有自由泳这一种泳姿。但随着游泳运动突飞猛进的演变和发展，又相继出现了仰泳、蝶泳、蛙泳和接力（4×50米）等项目。1908年在英国举行的第四届奥运会时成立了国际业余游泳联合会，审定了各项游泳世界纪录，并制定了国际游泳比赛规则。在第十六届奥运会上，国际游泳规则把蛙泳和蝶泳分为两个单项比赛，自此，蝶泳作为一个正式比赛项目出现于世界竞赛中。被排挤了已久的蛙泳技术也得到了恢复和发展。但运动员为了寻求快速度，逐渐将蛙泳技术演变成潜水蛙泳，直到第十六届的墨尔本奥运会以后，国际泳联决定禁止采用潜水蛙泳技术，潜水蛙泳技术自此被弃用，取而代之的是现在的蛙泳技术。自此，竞技游泳发展成4种泳姿，即爬泳（又称自由泳）、仰泳、蛙泳和蝶泳，本章仅对蛙泳、爬泳进行介绍。

二、蛙泳

（一）身体姿势

蛙泳在游进之中，身体不是固定在一个位置上的，而是随着手、腿的动作在不断变化。当一个动作周期结束后，身体应展胸、稍收腹、微塌腰，两腿并拢，两臂尽量伸直，颈部稍紧张，头置于两臂之间，眼睛注视前下方。整个身体应以身体的横轴为轴做上下起伏的动作，如图6-1所示。

（二）腿部动作

1. 收腿

收腿是为了翻脚、蹬水创造有利的位置，同时既要减少阻力，又要考虑到手腿配合因素的需要。开始收腿时，两腿随着吸气的动作，自然放下，同时两膝自然逐渐分开，小腿向前回收，回收时两脚放松，脚跟向臀部靠拢，边收边分。收腿时力量要小，两脚和小腿回收时要收在大腿的投影截面内，以减少回收时的阻力，如图6-2所示。

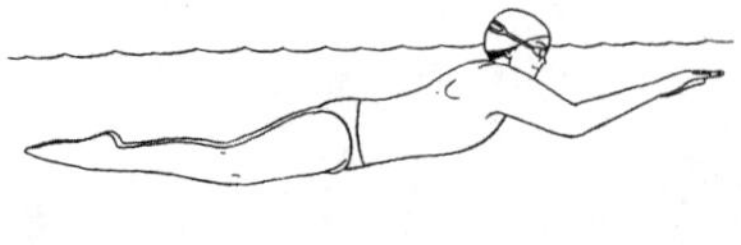

图 6-1 蛙泳

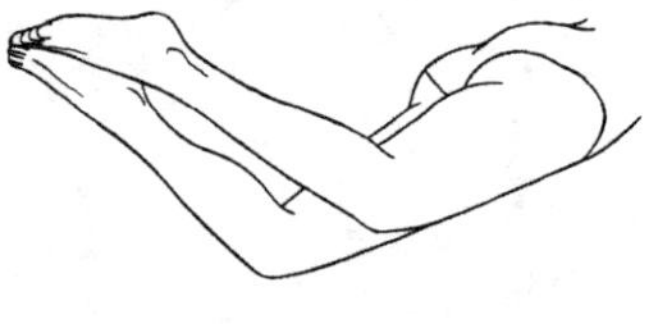

图 6-2 收腿

收腿结束后，大腿与躯干成 120°～140°，如图 6-3 所示，两膝内侧大约与髋关节同宽。大腿与小腿之间的角度为 40°～45°，并使小腿尽量成垂直姿势，这样能为翻脚、蹬水做好有利的准备。

2. 翻脚

在蛙泳收腿的技术中，翻脚动作很重要，它直接影响到蹬水的效果。收腿即将结束时，脚仍向臀部靠近，这时膝关节向内扣，同时两脚向外侧翻开，脚和小腿内侧对好蹬水方向，使蹬水面加大，并为大腿发挥更大力量做好积极准备。收腿与翻脚、蹬水是一个连续的完整动作过程。正确的翻脚动作是在收腿未结束前就已开始，蹬水开始完成。如果翻脚后，腿稍有停滞，则会破坏动作的连贯性并增大阻力，如图 6-4 所示。

图 6-3 大腿与躯干成 120°～140°

图 6-4 翻脚

3. 蹬夹水

蛙泳腿部动作效果的好坏，完全取决于蹬夹水技术的正确与否。蹬水应由大腿发力，先伸髋关节，这样使小腿保持尽量垂直对水的有利部位，向后做蹬夹水的动作，其次是伸膝关节和踝关节，如图 6-5 所示。

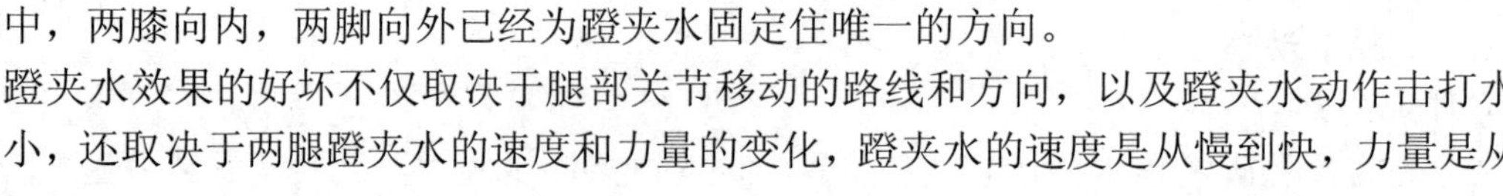

图 6-5 蹬夹水

蹬夹水的动作实际是一个连续的完整动作，只是蹬水在先，夹水在后。实际上在翻脚的动作中，两膝向内，两脚向外已经为蹬夹水固定住唯一的方向。

蹬夹水效果的好坏不仅取决于腿部关节移动的路线和方向，以及蹬夹水动作击打水面积的大小，还取决于两腿蹬夹水的速度和力量的变化，蹬夹水的速度是从慢到快，力量是从小到大的。

4. 滑行

蹬夹水结束后，脚处于水平面的最低点，这是身体随着蹬水的动力向前滑行，腰部下压，双脚接近水面，准备做下一个循环动作，如图 6-6 所示。

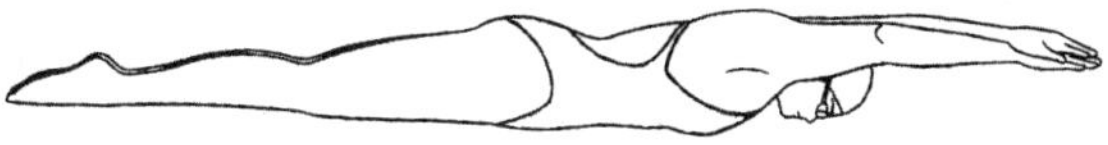

图 6-6 滑行

（三）手臂动作

蛙泳手臂划水动作可以产生很大的推动力，掌握合理的手臂划水技术，并且使之与腿和呼吸动作协调配合，能有效地提高游进速度。它的主要动作可分为开始姿势、滑下（也可叫作“抱水”或“抓水”）、划水、收手和向前伸臂几个阶段。这几个阶段也是紧密相连的完整动作。

1. 开始姿势

当蹬水动作结束时，两臂应保持一定的紧张，自然向前伸直，并与水面平行，掌心向下，手指自然并拢，使身体成一条直线，形成较好的流线型，如图 6-7 所示。

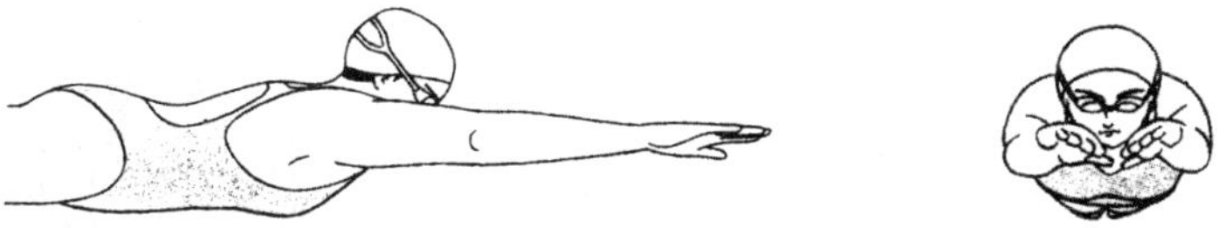

图 6-7 开始姿势

2. 滑下（抓水）

从开始姿势起，手臂先前伸，并使重心向前，同时肩关节略内旋，两手掌心略转向外斜下方，并稍屈手腕，两手分开向侧斜下方压水，当手掌和前臂感到有压力时，就开始划水。

抓水动作一方面能给划水创造有利条件，另一方面还能造成身体上浮和前进的作用。抓水的速度，根据个人的水平不同而不同，水平较高者抓水较快，反之则慢，如图 6-8 所示。

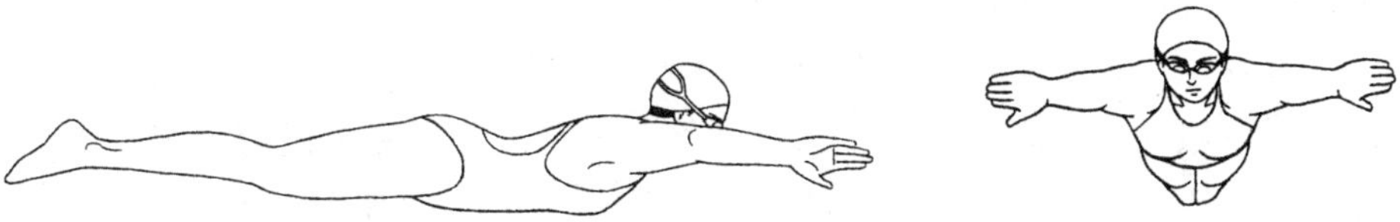

图 6-8 滑下

3. 划水

当两手做好抓水动作时成 40°～45°时，手腕开始逐渐弯曲，这时两臂两手逐渐积极地做向侧、下、后方的屈臂划水动作。

划水时，手的运动应该分为两个部分。前一部分：手向外－向下－向后运动，水流从拇指流向小指一边。后一部分：手向内－向下－向后运动，水流从小指流向拇指一边。

在划水中，前臂和上臂弯曲的角度是在不断变化的，以能发挥出最大的力量为准则。在整个划水过程中肘关节的位置都比手高。手运动的路线，不应到肩的后下方，而应在肩的前下方。其速度是从慢到快，至收手时应达到最快速度，如图 6-9 所示。

图 6-9 划水

4. 收手

收手是划水阶段的继续。收手时，收的运动方向为向内、向上、向前。手的迎角大约为45°。由于前臂外旋，掌心逐渐转向内。收手动作应有利于做快速向前的伸手动作，并且肘关节要有意识地做向内夹的动作。当手收至头前下方时，两手掌心是由后转向内－向上的姿势，这时大臂不应超过两肩的横向延长线。在整个收手动作过程中，手的动作应积极、快速、圆滑，收手结束时，肘关节应低于手，大、小臂的角度小于 90°，如图 6-10 所示。

图 6-10 收手

5. 向前伸臂

向前伸臂是由伸直肘关节、肩关节来完成的，掌心由开始的向上逐渐转向内，双掌合在一起向前伸出，在最后结束前逐渐转向下方。

蛙泳整个臂部的动作路线不论是俯视还是仰视都是椭圆形的，并且是一个连贯的力量从小到大，速度从慢到快的完整过程。

（四）呼吸及完整配合技术

蛙泳的呼吸一般在一次动作周期中吸一次气。臂、腿、呼吸的配合多采用 1:1:1 的比例。

蛙泳呼吸采用抬头吸气，相对于划水来说，有早吸气和晚吸气两种配合方式。早吸气是指手臂刚开始划水时抬头吸气，吸气时间相对较长，收手和移臂时低头呼气。这种配合易于掌握，可以利用划水时的下压产生升力，有助于上身浮起，抬头吸气；晚吸气是指划水结束收手时吸气，吸气时间较短，移臂时低头呼气。这种技术有一定难度，但由于抬头时间短，身体重心和浮心失去平衡的时间短，因而阻力小，一般被高水平运动员采用，如图 6-11 所示。

图 6-11 呼吸

蛙泳臂腿配合技术较为复杂。为了保持游进速度的均匀性，臂腿的配合应尽量使游进过程中每个动作周期内的每个阶段都有推进力产生。正确的配合技术是手臂划水时，腿自然放松伸直；收手时腿自然屈膝；开始移臂时收腿，并快速蹬腿，如图 6-12 所示。

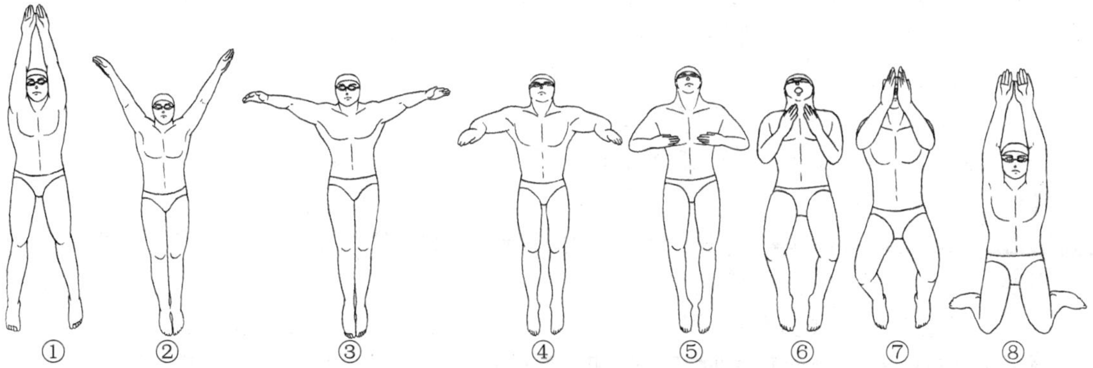

图 6-12 蛙泳臂腿配合

（五）蛙泳的练习方法

1. 学习腿部动作

（1）坐在地上或凳上，躯干后仰，双手撑地（凳）。双腿并拢伸直，稍抬起双腿，深吸一口气，屏息。将双腿慢慢收回，膝关节同时外分，收腿开始时脚掌稍外翻。屈髋、屈膝，双腿收紧靠近臀部，接着不停顿地向后方蹬腿、并拢，同时口、鼻呼气，蹬水时用力点落在分开的双脚脚掌上。蹬水前半部脚掌与身体纵轴垂直，结束时两脚掌像鞭打一样快速伸直，双腿伸直后间歇一下，呼气要快，动作要连续。

（2）入水、水深齐腰，深吸一口气，俯卧于水中，脸入水，臂前伸。收腿同时两膝分开与肩同宽，脚掌沿水面回收。接着双脚应对称有力地向后下方做半圆形的加速蹬水至动作结束，两腿并拢。做这个动作时，脚掌和脚内侧向后蹬夹水，蹬水结束后，双腿动作稍停，身体靠加速度在水面滑行。

（3）俯卧在长凳上，中速和慢速模仿蛙泳腿部动作。

（4）抬头出水学习腿部动作。蹬池壁或池底滑行，双臂前伸，抬头使口露出水面，做蛙泳腿部动作。注意双臂前伸不要过深，腿部动作除并拢时外，要做得平稳。

（5）池边抓扶手或扶同伴做蛙泳腿动作。

（6）双臂前伸扶板做腿部练习。

2. 学习臂部动作

（1）陆上站立，体前屈，双脚分开与肩同宽，抬头，双臂前伸。两臂对称外分，稍向下划水，手掌外转，手腕微屈，这便于手掌更早入水。双臂一开始划水，头顺势抬出水面。深吸气。抬头动作不要过猛，划臂动作不要超过肩线。屈肘，双手做一圆形经胸下前伸，呈预备姿势，伸手同时用口、鼻做深呼气。

（2）站立在齐腰深的水中，俯卧，臂前伸。吸气后屏气。稍屈腕，手掌向外、向下用力划水，应对水有支撑感。屈肘继续划水，双臂划至胸前逐渐接近，手掌转向躯干，然后双臂前伸，呈划水开始姿势。注意划水过程中双臂不应露出水面。

（3）头在水面上学习臂部动作。蹬边滑行，屏息抬头前视。连续做几次划臂动作，注意不要屈腿。

（4）蹬边滑行，进一步改进臂部动作。

3. 学习蛙泳臂腿与呼吸的配合

（1）水中臂腿配合动作。蹬边滑行，脸入水，屏息，臂划水，开始划水时收腿，然后双臂前伸、并拢、脚蹬水。臂、腿伸直后在水面滑行 3～4 秒后再重复上述动作。做 2～3 次后，休息片刻，继续练习。

（2）重复上一练习，但头要抬出水面。

（3）重复上一练习，要交替做抬头、低头动作。划水时头抬出水面，收手、蹬腿时头入水。

（4）臂的动作与呼吸配合。双臂前伸滑行，头略抬出水面。臂前伸时脸入水，口、鼻均匀、用力吐气，之后慢抬头，开始划臂，利用划臂产生的作用力抬头，大张嘴，快吸气。注意吸气不要太晚，在划臂阶段完成吸气。

（5）蛙泳完整动作配合游。滑行，双腿伸直，双臂前伸，呼气入水之后开始向后下方划水，抬头快吸气，双臂接近肩线时开始收腿。臂前伸，蹬水时屏息，双臂结束前伸，腿并拢时呼气入水。连续练习，尽量远游。

三、爬泳

爬泳，俗称自由泳。游爬泳时，人在水中成俯卧姿势，两腿交替上下打水，两臂轮流划水，动作很像爬行，所以人们称之为“爬泳”。

（一）身体姿势

游爬泳时，身体要尽量保持俯卧的水平姿势。但是为了取得更好的动作效果，头部应自然稍抬，两眼注视前下方，头的 1/3 露出水面，水平面接近发际，双腿处于最低点，身体纵轴与水平面成 3°～5°的仰角，如图 6-13 所示。

图 6-13　身体姿势

爬泳游进中，身体可以围绕身体纵轴做有节奏的转动，转动的角度一般在 35°～45°之间，如图 6-14 所示。如果速度加快，角度就会相对减少。

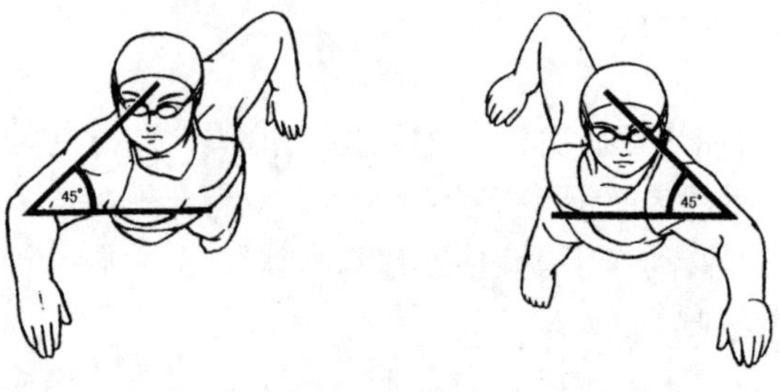

图 6-14　转动

（二）腿部动作

爬泳腿部动作虽有一定的推进力，但主要起平衡作用，保持身体的稳定和协调，双臂做有力地划水。要求两腿自然并拢，脚稍内旋，踝关节关松，以髋关节为轴，由大腿带动小腿和脚掌，两腿交替做鞭打动作，两脚尖上下最大幅度为 30～40 厘米，膝关节最大屈度约为 160°，如图 6-15 所示。

图 6-15　腿部动作

（三）臂部动作

爬泳中臂部动作是推动身体前进的主要动力。一个周期分为入水、抱水、划水、出水和空中移臂 5 个不可分割的阶段。

1. 入水

完成空中移臂后，手在控制下自然放松入水。手的入水点一般在身体纵轴和肩关节的前后延长线之间。入水时手指自然伸直并拢，两臂内旋使肘关节抬高处于最高点，手掌斜向外下方，使手指首先触水，然后是小臂，最后是大臂自然插入水中，如图 6-16 所示。

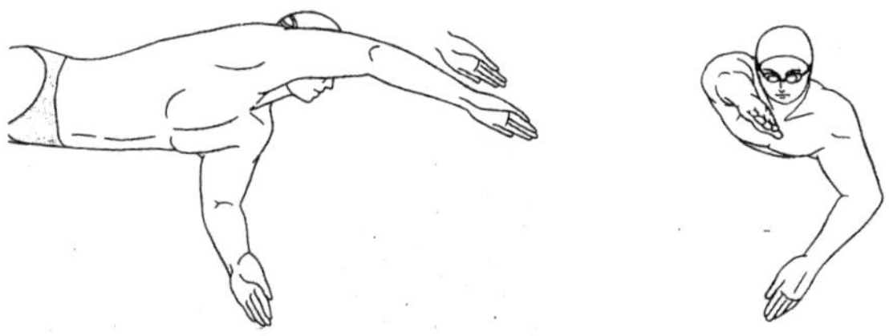
图 6-16　入水

2. 抱水

臂入水后，在积极向下方插入的过程中，手掌从向斜外下方转向斜内后方并开始屈腕、屈肘，肘高于手，以便能迅速过渡到较好的划水位置。抱水结束，手掌已经接近于水，肘关节屈至 150°左右，整个手臂像抱着一个大圆球似的为划水做准备，如图 6-17 所示。

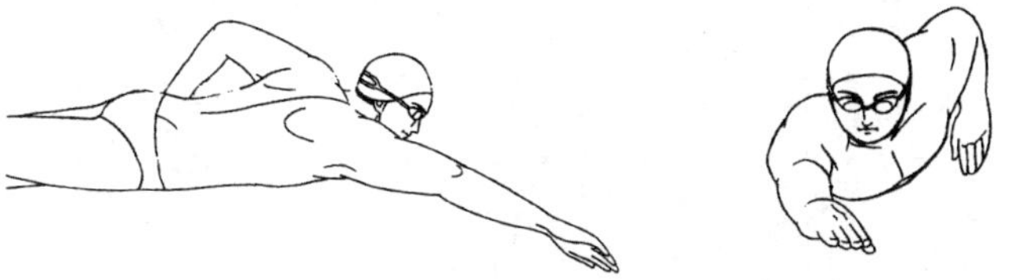
图 6-17　抱水

3. 划水

划水是发挥最大推进作用的主要阶段，其动作过程可分为拉水和推水两个部分。紧接抱水阶段进入拉水，这时要保持抬肘，并使大臂内旋。同时继续屈肘，使手的动作迅速赶上身体的前进速度，使手的动作形成合理的动作方向和路线，同时，也使主要肌肉群在良好的工作条件下进入推水动作，拉水至肩的垂直平面，如图 6-18 所示，即进入推水部分，这时肘的屈度约为 100°。大臂再保持内旋姿势，带动小臂，用力向后推水。同时，使肩部后移，以加长有效的划水路线。向后推水有一个从屈臂到伸臂的加速过程，手掌从内向上，从下向上的动作路线加速划至大腿旁，如图 6-19 所示。整个划水动作，手的轨迹始于肩前，继而到腹下，最后到大腿旁，呈 s 形，如图 6-20 所示。

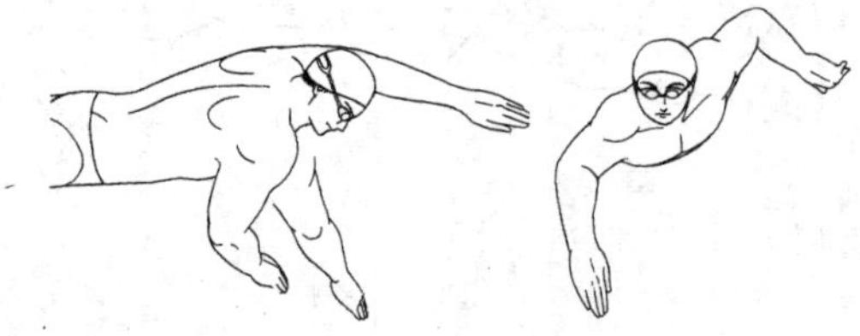

图 6-18　划水（一）

图 6-19　划水（二）

4. 出水

划水结束时，掌心转向大腿，出水时小指向上，手臂放松，微屈肘。由上臂带动，肘部向外上方提拉带前臂和手出水面，掌心转向后上方。出水动作必须迅速而不停顿，同时应该柔和、放松，如图 6-21 所示。

图 6-20　手的轨迹

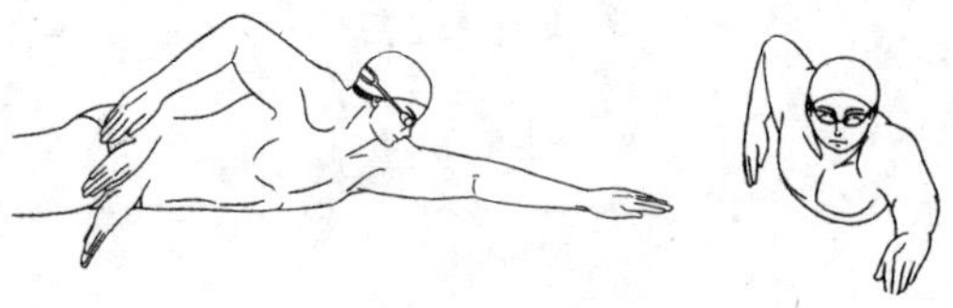

图 6-21　出水

5. 空中移臂

紧接出水，不停顿地进入空中并移臂，移臂时，肘高于手，如图 6-22 所示。

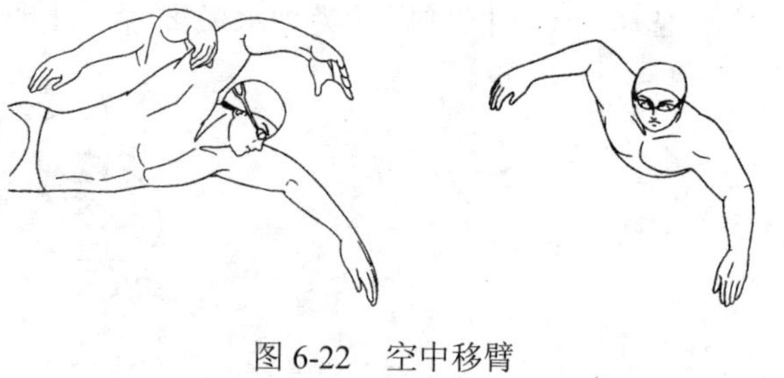

图 6-22　空中移臂

6. 两臂配合

爬泳时两臂划水发生的交叉位置有前交叉、中交叉和后交叉三种类型。前交叉是指一臂入水时，另一臂已前摆至肩前方与平面成 30° 左右。前交叉有利于初学者掌握爬泳动作和呼吸方式。中交叉是指一臂入水时，另一臂处在向内划水阶段与水平面成 90°。后交叉是指一臂入水时，另一臂划至腹下，手与水平面成 150° 左右，如图 6-23 所示。

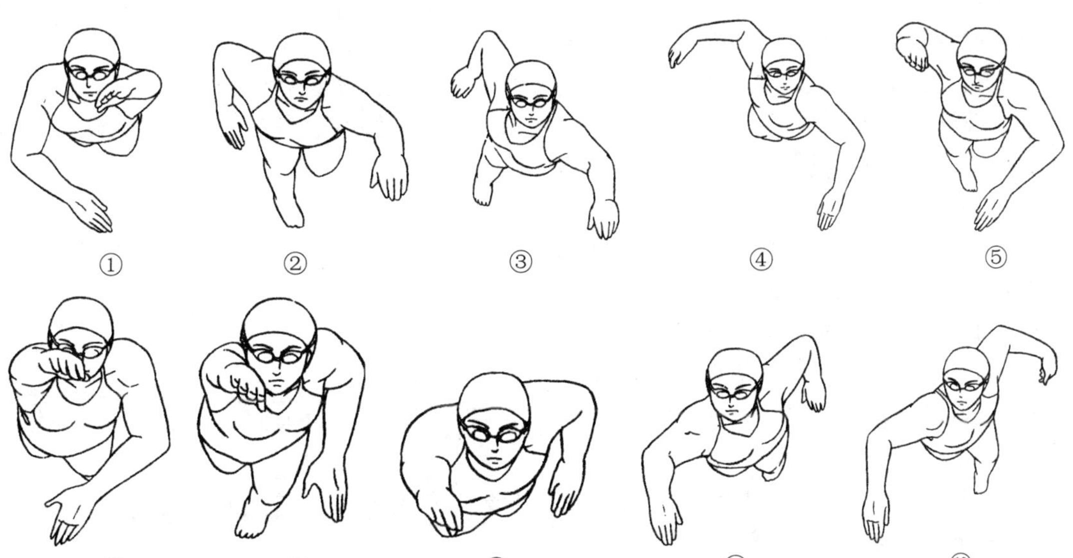

①②③④⑤⑥⑦⑧⑨⑩

图 6-23 两臂配合

（四）臂、腿与呼吸的配合技术

爬泳时，一般是在两臂各划水一次的过程中进行一次呼吸。以向右边吸气为例，右手入水后，嘴和鼻开始慢慢呼气。右臂划水至肩下，开始向右侧转头和增大呼气量。右臂推水即将结束，则用力呼气。右臂出水时，张嘴吸气，至空中移臂的前半部为止，并开始转头还原。然后，直至臂入水结束，有一个短暂的闭气过程，脸部转向前下。头部稳定时，右臂入水，再开始下一慢慢呼气的过程，如图 6-24 所示。

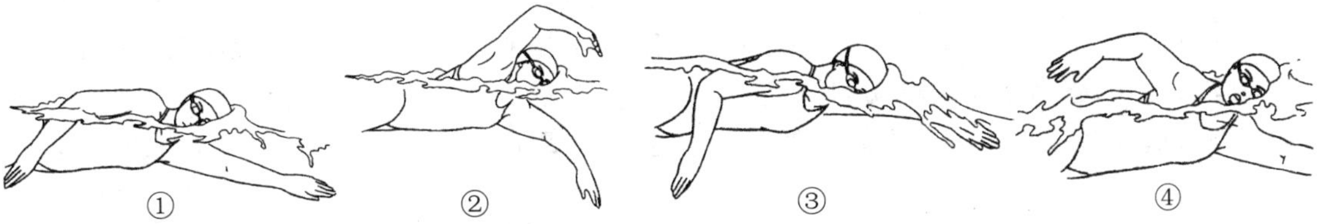

①②③④

图 6-24 臂、腿与呼吸的配合

爬泳的呼吸与臂、腿配合，初学者一般宜采用 6:2:1 的方法，即呼吸一次、臂划两次、腿打六次，这种配合方法易保持平衡和协调掌握爬泳技术。

（五）爬泳的练习方法

1. 学习腿部动作

（1）陆上模仿。

1）俯卧在池台（或其他地方），两腿伸直，脚尖稍内旋，做直腿上下打的练习。

2）俯卧在池边，腿放在水中做以上练习。

3）膝关节和小腿放松，大腿用力带小腿，做屈腿下打、直腿上抬的“鞭状”打水动作。

（2）水上练习。

1）手扶池（岸）边或浅水底，身体成水平姿势，两腿上下交替打水。注意两腿上下的幅度不宜过大。

2）同上练习，配合低头和转头吸气的动作。

3）滑行打水，由蹬边或蹬水底开始，重复憋一口气的距离进行练习。

4）扶板打水，两手扶住扶板的近端进行打水练习，并逐渐配合低头呼气、转头吸气的技术。

2. 学习臂的动作及臂与呼吸的配合技术

（1）陆上模仿。

1）单臂模仿，上体前倾，两腿前后成弓步，同侧臂扶住膝关节，另一臂做直臂的划水练习。重点注意空中移臂的技术。

2）同上练习，要求注意划水路线。

3）同时练习，配合转头呼吸的动作。

4）双臂模仿，两脚开立，上体前倾，先做分解动作，即一臂前伸，一臂做划水动作。逐渐缩短两臂之间的停留时间。

5）双臂与呼吸的配合，同侧臂开始划水时呼气，移臂的前半部转头吸气。

（2）水上练习。

1）站在浅水中，模仿陆上的练习。

2）在水中一边走动，一边模仿陆上的练习。

3. 学习完整的配合技术

（1）由滑行打腿开始，等身体平稳后做一臂划水的动作，另一臂前伸。无须注意屈臂和曲线划水，以推水为重点，不配合转头吸气。做一次或两次以上的划水动作，中间滑行打腿的时间较长。

（2）重复以上练习。注意屈臂和曲线划水，缩短中间滑行打腿的时间，增加划臂的次数。

（3）重复以上练习。双臂配合用“前交叉”的技术进行分解练习。

（4）重复以上练习。配合呼吸进行练习，可采用一次划臂一次呼吸的练习方式，如果不习惯两边转头，也可采用两次划臂一次呼吸的技术。注意为了能顺利地完成呼吸动作，在转头吸气时，身体可适当地加大转动的幅度。

（5）重复以上练习。由“前交叉”技术逐渐过渡到“中前交叉”的技术，反复练习，直至动作熟练。

注意挺髋与手臂和呼吸的配合。

四、游泳卫生知识与急救

（一）游泳的卫生知识

1. 游泳前的准备

下水游泳前，要做好充分的热身准备。要使机体适应水的温度，使关节、肌肉得到充分的预热，最好在教练的带领下进行系统的准备活动。大部分泳池都有喷淋设备，下水前，身体要用水淋湿。或者可以用手轻轻向身上撩水，双脚也要浸入水中，在适应水温后再下水。切忌以向同伴身上撩水来开玩笑，因为在没有准备的情况下，突然受到冷水刺激，轻的可能由于避闪而滑倒、摔伤，严重时也许会引起瞬时间的休克和过敏，这都是会导致进一步危害扩大的急性症状。因此，不能在游泳时开玩笑。

2. 入水后的准备

入水后，要从熟悉水性开始，即便是经常游泳者初入水时也必须循序渐进地进行活动。

水中行走是每次入水后的练习科目，其对于脚部细小关节的活动极为有益，可以减少抽筋等现象的发生。初学者在水中行走的过程中，要了解水温，体会水感，熟悉水性。

3. 运动量的控制

游泳的运动量与陆上运动有很大差别。首先，陆上运动可以凭出汗量判断疲劳状态，水中看不出出汗情况；其次，水的压力就可以造成游泳者较深地喘气，这和陆上运动的喘气有本质的差别；最后，陆上运动出现休克外在表现明显，也容易及时救助，而水中出现休克时，由于有水的折射现象的干扰，容易延误救助时机，造成危险扩大化。

游泳运动量的自我控制最好以每分钟脉搏为标准，及时经常地测量，发现超出合理范围时，就要立即减小运动量，或上岸休息。标准游泳场所都有大型时钟供人们计时，可以对照计量脉搏。计量脉搏时，最简单的方法是，在岸边手摸触桡动脉或颈动脉，以 10 秒钟至半分钟为宜，换算为一分钟的值。大学生一般锻炼的脉搏值不超过(200–年龄)×(65%～85%)，在此范围内锻炼效果较为明显。

4. 出水后的放松与清洁

游泳锻炼结束后，应该同陆上运动一样做好放松活动，这是一般游泳者容易忽略的环节。放松活动一般包括：四肢的主动抖动、大肌肉群的被动抖动和放松体操等。然后再用清洁水冲洗，用浴液洗净。特别是头发，一定要洗干净，并做一些养护，防止毁损发质。耳朵是清洁的重点部位，要倒尽耳朵中的水，必要时用干棉签沾干余水，再滴些滴耳油，保护耳道和内耳。眼睛虽然有泳镜的保护，但也要注意清洁，用清水洗净，必要时滴一些眼药水，保护眼睛不被细菌感染。最后不要忘记鞋要穿好，鞋带要系好，因为游泳后，腿脚特别疲乏，感觉也迟钝，装束好再离开，走得也会轻松。

（二）游泳救援

游泳救援最重要的一点就是不要使自己处于危险之中。原则是除非绝对必要，不下水，即使必要也不应与出事者接触。

1. 岸边救援

一开始要使出事者意识到救援者的存在，吸引他的注意力。尽快选择将树枝、竹竿或皮带等伸向出事者。趴在岸边，双腿稍微分开，以防被拖进水。扔给出事者能漂浮的东西，如救生圈、球或木板，使他保持镇静。

2. 涉水救援

必须脱掉鞋和笨重衣物，使自己灵活。将浮板或衣物抛给他，在他身边游侧泳，拖着他走。记住始终保持适当距离。不断给他鼓励，告诉他要踢腿，以帮助他前进。

3. 苏醒急救

首先须保持镇定，判断被救者是否停止呼吸，脸和嘴唇变紫是明显的缺氧迹象。使他仰卧，抬下巴和头，用手指除去其嘴里的堵塞物，用手指捏住其鼻子，嘴对嘴做四五次呼吸，然后观察胸部的自然起伏，直到呼吸重新开始为止。

作业与思考：

1. 游泳时，你的腿、臂动作与呼吸动作是否协调？
2. 怎样解除脚趾和小腿抽筋？
3. 试述水上直接救护的基本方法。

第七章　田赛

本章学习目标：

- 学习田赛项目的技能和方法
- 发展下肢力量和弹跳力
- 培养勇敢、顽强、坚韧、果断的优良品质

一、跳高

（一）跳高运动的发展概况

跳高作为一项竞技运动项目，至今仅一百多年的历史。随着跳高运动的不断发展，其动作也在发生着更新和变化。跳高经历了跨越式、剪式、滚式、俯卧式等一系列动作的演变，应运而生了4种过杆动作。实践和研究证实，背越式跳高提供了从速度上挖掘运动能力的可能性。从此，各国运动员竞相学习和掌握这种跳高技术，使运动水平不断有新的突破。我国著名跳高运动员朱建华，连破三次世界纪录，把世界纪录从2.37米提高到2.39米。目前，男、女跳高世界纪录分别为2.45米和2.09米。

背越式作为现代最先进的跳高技术已经得到世界的公认。当今，人们一致认为，背越式跳高技术尚处于稳定发展时期，从趋势上看，人们将更广泛地从各个领域挖掘人体的极限运动能力。

（二）背越式跳高技术

背越式跳高技术的优越性在于能够利用助跑速度提高跳跃的效果。背越式跳高技术快速地完成了起跳和过杆动作，使背越式成为一种结构独特的跳高技术。

“以速度为中心”必须贯穿于跳高技术教学的全过程，使跳高技术教学与现代跳高技术发展特点相适应。

跳高技术是由助跑、起跳、过杆和落垫等技术环节所组成的。

（1）助跑。背越式跳高采用弧线或前段直线后段弧线助跑。一般跑8～12步，起跑点与起跳点的连线与横杆投影线的夹角为70°～80°，弧形半径为5米左右，用远离横杆的腿起跳。助跑的开始几步与一般加速跑相似，但最后4步的弧线助跑不需要像直线助跑那样在起跳前做专门降低重心的动作，如图7-1所示。

丈量助跑弧线的方法很多，这里只介绍走步丈量法。确定起跳点后，从起跳点向助跑一侧平行横杆的方向自然走4步，然后向助跑起点方向（与横杆垂直）自然走6步做一标记，此点是直、弧段交界处；再继续向前走7步做一标志即是起跑点。助跑时起跳脚踩上起跑点跑4步，起跳脚踩上标志点（直、弧段交界处），再跑4步踏在起跳点上，如图7-2所示。

图 7-1　跳高

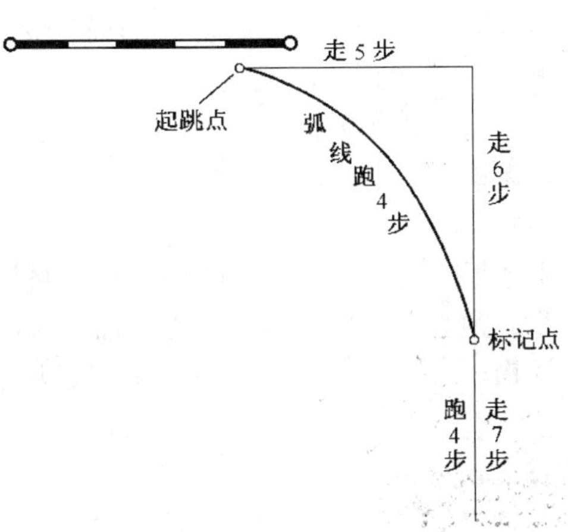

图 7-2　走步丈量法

（2）起跳。起跳点距离横杆的投影面为60～100厘米。起跳脚踏上起跳点时，一般与横杆投影面成10°～150°的夹角，即与助跑弧线的切线方向一致。起跳脚沿弧线切线方向向前迈出，用脚跟外侧先着地，并迅速向前滚动转为全脚掌着地，同时身体内倾斜转为垂直，摆动腿以髋带动大腿，迅速前摆。起跳腿在脚着地后，伸肌进行退让工作，同时摆动腿继续上摆，把同侧髋带出，带动骨盆扭转，同时蹬伸起跳腿，两臂配合腿的动作向上提肩摆臂，及时开始做引肩动作，为身体腾起后转为水平姿势过杆做好准备。

（3）过杆和落地。在腾空过程中，身体逐渐转为背对横杆姿势，摆动腿的膝关节放松，起跳腿蹬伸离地后自然下垂。这时要保持身体的上升趋势，不要急于做杆上动作，当肩和背高于横杆时两肩积极后引，抬臀挺髋，小腿放松自然弯曲，身体成背弓形，背部与横杆成交叉状态仰卧在横杆上。挺髋动作一直延续到臀部移过横杆，然后收腹。当膝部靠近横杆时，两小腿积极向上甩起成两腿伸直状态，整个身体构成“L”状下落，最后下颌内收，以肩背领先落垫。

（三）背越式跳高练习方法

1. 过杆落地技术练习

（1）背对搭放垫子的跳马站立，然后提脚跟，挺髋，并向后引肩，做越式过杆动作，接着举腿并沿垫子向后落下，如图7-3所示。

（2）背对海绵包站立，双腿屈膝半蹲，然后用力蹬伸向上起跳，同时两臂配合上摆，向后引肩、抬臀、挺髋成背越式姿势，肩背着垫，如图7-4所示。

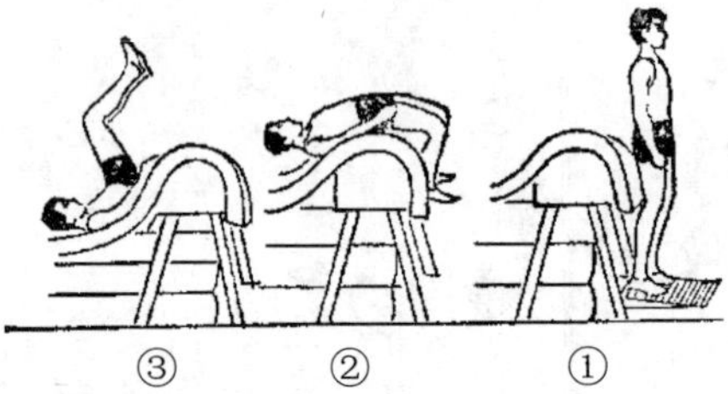

图7-3 过杆落地技术练习（一）

图7-4 过杆落地技术练习（二）

2. 起跳技术练习

（1）起跳腿向前迈步放脚时，身体稍向起跳腿一侧倾斜，随着屈腿向前摆动，上体由倾斜转为垂直，同时提肩、提腰、摆臂并蹬伸起跳腿。

（2）上一步做起跳练习。要求摆动腿蹬地后快速起摆，在摆动腿和摆臂带动下，起跳腿快速蹬伸跳起。自然跑2～4步起跳做背越式过杆动作。

3. 助跑与起跳结合技术练习

沿直径为10～15米的圆圈快跑，要求体会身体向内倾斜的感觉；从直道进入弯道跑练习；沿圆圈做四步助跑起跳；弧线助跑起跳后，摆动腿同侧手触悬高物，要求掌握助跑节奏，做快速起跳，手臂尽量上举触高悬物。结合起跳过杆，由四步弧线助跑，背越式过低杆练习逐渐转为全程助跑的背越式过杆。

（四）常见错误及其纠正方法

常见错误及其纠正方法见表7-1。

表 7-1　背越式跳高练习中常见错误及其纠正方法

常见错误	产生原因	纠正方法
摆动腿只向前上方摆	摆动腿未内扣，膝未摆向侧肩	做原地摆腿练习，体会摆腿内扣和向异侧肩的摆动
起跳时的坐臀	摆动时未能带出同侧髋，起跳腿未完全蹬直	做摆腿练习，做两步助跑起跳练习
助跑向起跳过渡时减速	身体内倾控制不好，影响倒数第二步完成过渡动作	多练习两步起跳动作。练习圆圈跑，体会身体内倾，并沿圈做跑和起跳练习
起跳时身体向前甩出	身体内倾控制不好，从助跑向起跳过渡时，身体过早竖直。起跳腿蹬伸速度慢	做圆圈助跑和沿圆圈做助跑起跳练习。做 4～6 步助跑起跳后，做上高器械的练习
助跑与起跳无法结合	1．助跑步点不准确 2．缺乏节奏感和距离感	1．调整助跑步点，按画好的标记助跑 2．利用跳跃成组的栏架（栏间跑 4、6、8 步）培养节奏感和自测距离的能力
“坐”着过杆，臀部及大腿碰落横杆	起跳时身体重心没跟上，腾空高度不够，挺髋太差，收腹举腿过早	1. 利用弹跳板或低跳箱，做立定背越式跳高，注意延长挺的时间 2．立定背越式跳高，要求背部落在高垫上 3．过杆练习中，要求用腹部触及悬空的高物
起跳后转体不够，使身体斜着交叉过杆	1．绕纵轴转体不够 2. 摆动腿内扣向异侧肩方向用力摆的动作做得不到位	1．多练习摆腿的模样练习并结合摆臂动作 2．弧线助跑起跳触高后转体 90° 3．调整助跑弧线，反复做大弧线的助跑练习

（五）注意事项

1．跳高练习要与提高身体素质相结合。

2．领会动作要领，反复做分解动作练习，要与完整技术结合，发现错误并及时纠正。

二、跳远

（一）跳远运动的发展概况

首先越过 8 米的运动员是美国人欧文斯（8.13 米）和皮科尔（8.03 米）。欧文斯 1935 年创造的世界纪录曾经保持 25 年之久。1991 年，美国运动员米 • 鲍威尔把原有的世界纪录改写为 8.95 米，这个成绩一直保持到今天。现今女子跳远世界纪录保持者是著名运动员契斯佳柯娃，成绩为 7.52 米，这个成绩是她在 1988 年创造的，至今无人打破。

跳远成绩的不断提高与跳远技术的发展有着密切的关系。蹲踞式跳远能保持稳定的姿势和有利的落地，19 世纪末出现了走步式技术。还有部分运动员采用挺身式和走步式相结合的技术。这种跳法，为落地时前伸双腿创造了有利条件。

（二）跳远技术

跳远的完整技术是由助跑、起跳、空中动作和落地 4 个部分组成的。正确完成跳远技术的各部分动作，以及实现各部分动作的有机结合是完善跳远技术的关键。跳远的助跑速度与跳远成绩密切相关。

1. 助跑

助跑的任务是获得可控制的最大的水平速度，并为踏板和起跳做好准备。个人的助跑距离应视发挥速度的快慢而定，一般男子为18～24步，女子为16～20步。

助跑的开始姿势有“站立式”“半蹲式”以及行进中走或慢跑开始等方式。应从中选择一种适宜的固定姿势，以利于发挥助跑速度和稳定步长，准确踏板起跑。

助跑距离的确定方法有两种：一是将起跳板作为起点，向助跑反方向跑，按需要的加速方式和步数来确定；二是在跑道上或助跑道上试跑，确定自己的助跑距离。

助跑通常采用两个标记：第一标记是助跑开始的起点处；第二标记是在离起跳板后6～8步的地方。助跑时要用起跳脚踏上第二标记。这样可以保证最后几步的助跑节奏和准确上板起跳。

助跑时应使步子轻松自然，富有弹性，使身体重心平稳地沿直线向前运动。最后一步由于积极加快起跳腿的放腿动作，步长比倒数第二步略短，身体重心略有降低，从而保证了有力的起跳。

2. 起跳

起跳是为了改变身体重心向前运动的方向，使它按适宜的角度向空中腾起。起跳的作用是在尽可能保持水平速度的同时获得垂直速度。

起跳动作是从最后一步开始的。起跳时，大腿积极快速下压，小腿迅速前伸，用全脚掌立即转至前脚掌着板。当身体重心接近起跳腿的支撑点时，起跳腿迅速用力蹬伸，同时摆动腿以膝领先，积极向前上方摆至水平位置，两臂也配合腿部动作用力上摆。此时，起跳腿髋、膝、踝三关节充分伸直，上体正直，眼视正前方，完成起跳动作，如图7-5所示。快速助跑与起跳的结合是跳远技术的关键。着板时，合理的放脚位置和快速的放脚动作使助跑和起跳动作紧密衔接，既能较好地减少水平速度损耗，又能合理地升高身体重心位置，获得较大的垂直速度。上板时，脚伸得过远或过近都将影响起跳的效果，起跳时的地角为70°～80°。

3. 腾空

起跳离板后，即进入腾空阶段，运动员身体各部分的动作只是为了维持平衡和为落地创造有利条件。这时上体应正直，切忌收腹含胸，摆动腿屈膝前摆；大腿高抬保持水平，起跳腿自然放松地留在后面，形成跨步飞跃的腾空步姿势，如图7-6所示，此时应保持身体的正确姿势和维持好身体的平衡，以便为落地时前两腿尽量前伸做准备。腾空步以后动作，按身体姿势的不同分蹲踞式、挺身式和走步式三种。这里只详细介绍前两种姿势。

图7-5 起跳

图7-6 腾空

（1）蹲踞式。起跳腾空后，保持腾空步姿势；当身体达到最高点时，摆动腿大腿高抬，两臂摆向体前，留在身后的起跳腿屈膝向前上方提位与摆动腿靠拢，形成“蹲踞”姿势；然后两大腿继续上收，上体前倾，小腿向前远伸，两臂自前向下，向后摆动，准备落地，如图 7-7 所示。“蹲踞式”动作稳定性较差，容易影响落地的远度。因此，要适当延长腾空步的时间，防止过早团身，以便取得较好的落地效果。

图 7-7 蹲踞式

（2）挺身式。起跳腾空后，摆动腿大腿积极自然下放，膝关节放松，小腿以足跟领先向前、下、后摆动，髋关节充分伸展，两臂向下、后、上方摆动；留在身后的起跳腿与后摆的摆动腿迅速靠拢，臂部前移，胸腰稍向前挺，形成展体挺身的姿势。落地前，两臂自后上方向前、下、体后方摆动，两髋前抬，收腹举腿，小腿前伸，上体前倾，准备落地，如图 7-8 所示。

图 7-8 挺身式

“挺身式”跳远的挺身姿势，使体前肌拉长，有利于收腹、举腿，完成落地动作，效果较蹲踞式好。

（3）走步式。走步式跳远的空中动作有两步半的走步和三步半的走步两种。优秀男性运动员大多采用三步半的走步空中动作，如图 7-9 所示。

图 7-9 三步半的走步空中动作

4. 落地

正确的落地技术有利于跳远成绩的提高，而且能防止伤害事故的发生。落地前，膝关节伸直，脚尖勾起，两臂后摆。脚触沙面时，两腿迅速屈膝，髋部前移，两臂屈肘积极前摆，借助惯性成全蹲姿势，向前或向侧倾倒落地，使身体尽快移过支点，避免后坐，如图 7-10 所示，成全蹲姿势，向前或向侧倒。

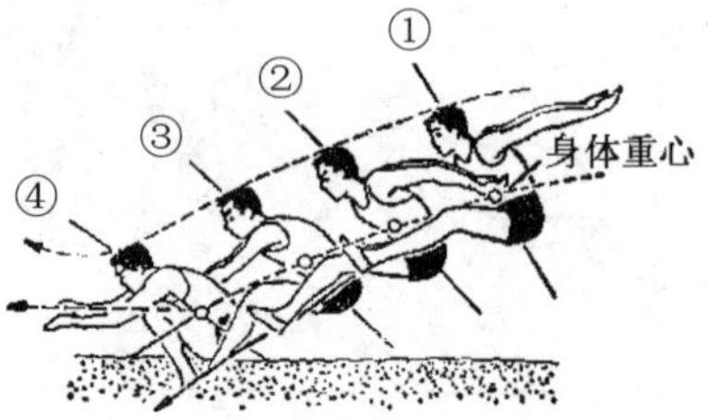

图 7-10　落地

（三）练习方法

（1）原地做起跳模仿练习。两脚前后开立，摆动腿在前，稍屈膝。然后摆动腿蹬地，起跳腿由后向前迈步，以髋带动前摆后积极下压，做“扒地”动作，同时摆动腿和两臂积极配合，完成起跳动作。

（2）连续做 3～5 步的助跑与起跳相结合的练习。

（3）3～5 步助跑起跳头顶高悬物做腾空步练习。

（4）中程助跑起跳做腾空步练习。跳过放在沙坑边的低横杆，摆动腿落入沙坑后，继续向前跑出。

（5）全程助跑起跳做腾空步练习，体会快速助跑和起跳相结合的技术。

（6）原地纵跳，空中两手抱膝。要求大腿尽量靠近胸部，落下时前脚掌着地，体会落地动作。

（7）原地或站在低跳箱上，做立定跳远练习，落在沙坑或草垫上，同时向侧、向前倒体，体会落地动作。

（8）原地做挺身式跳远模仿练习。起跳腿支撑，摆动腿屈膝抬起后即放下并向后摆，伸髋，两臂配合做向下、向侧后绕摆，体会挺身式跳远起跳腾空后的放腿和伸髋展体动作。

（9）悬挂在单杠或支撑在双杠上，模仿挺身式摆动腿、抬腿和下放腿的练习。

（10）中、全程助跑的完整技术练习，改进和提高起跳技术。

（四）跳远练习中常见错误及纠正方法

（1）助跑练习中常见错误及纠正方法见表 7-2。

表 7-2　助跑练习中常见错误及纠正方法

常见错误	产生错误	纠正方法
步点不准确	1. 助跑开始姿势不固定或标志不清楚 2. 助跑节奏和步长不稳定 3. 怕犯规和踏不上板	1. 固定助跑开始姿势，要求助跑平稳自然，准确的踏上标记线 2. 反复助跑，体会节奏 3. 果断沉着，提高心理素质

（2）挺身式练习中常见错误及纠正方法见表 7-3。

表 7-3 挺身式练习中常见错误及纠正方法

常见错误	产生原因	纠正方法
挺身过早	1. 起跳动作未完成就急于做挺身运动 2. 起跳不充分，腾空时间较差	1. 在腾空 1/2 处放一吊球，踏跳后，头触球时再挺身 2. 利用助跳板做起跳练习，增加腾空高度和时间
挺身动作无法完成	1. 没有送髋动作 2. 上体过分前倾，起跳高度不够	1. 利用踏跳板踏跳，体会放下摆动腿与挺胸送髋动作 2. 多做模仿练习
以挺腹代替挺胸	起跳成腾空步后，头部后仰，上体过于紧张，摆动腿下压不积极	1. 支撑器械上做挺身式模仿练习 2. 短程助跑起跳后，要求头和上体正直，摆动腿下压后摆与挺身送髋动作同时进行，胸自然挺出，髋前送成挺身姿势

（3）走步式练习中常见错误及纠正方法见表 7-4。

表 7-4 走步式练习中常见错误及纠正方法

常见错误	产生原因	纠正方法
两腿换步时幅度小	1. 换步时只摆小腿，没有以髋为轴大腿带动小腿摆动 2. 腾空时间短，来不及大幅度换步	1. 多做支撑或悬垂于器械上的模仿练习，体会换步的动作过程 2. 4～6 步助跑，借助弹跳板起跳，增加腾空时间，做换步练习
腾空时上下肢配合不协调	动作紧张，直腿换步，肩、髋关节的灵活性差	原地或骑在鞍马上做上下肢协调练习，同时发展肩、髋两关节的灵活性

（五）跳远练习注意事项

（1）练习前做好充分的准备活动，尤其是髋、膝、踝关节等部位要活动充分。

（2）跳远时应先平整练习场地、沙坑、助跳道。

（3）负重练习应加强保护，尤其是负较重杠铃做深蹲练习时，要两头站人进行保护。

（4）不要在硬地上做过多的跳跃练习，以防损伤关节。

（5）练习中应把身体素质和专项技术紧密结合起来，注意身体素质的全面发展。

三、三级跳远

（一）跳远运动的发展概况

三级跳远起源于爱尔兰，当时的跳法是两次单足跳加一次跳跃。现代三级跳远运动的发展，是随着现代奥林匹克运动的兴起、发展而兴盛起来的。在近 100 年的历史过程中，三级跳远的运动形式没有发生变化，但是不论是技术的演变，还是成绩的提高以及训练方法的完善等方面都发生了深刻的变化。

（二）三级跳远技术

三级跳远的运动员经过助跑，沿直线连续进行三次水平跳跃的田径项目。它是田径运动中技术比较复杂的项目之一。要求运动员必须具备良好的运动素质和较高的技术水平。

三级跳远技术的实质，在于运动员能够充分合理地运用自己的运动素质连续跳越最远的水平距离。合理的助跑节奏，积极地加速上板，快速有力的起跳，支撑阶段富有弹性的缓冲，腾空阶段自然平稳的交换腿动作，以及最后落地时双腿高抬向前远伸，这些动作构成了三级跳远技术整体结构，如图 7-11 所示。

图 7-11　三级跳远

1. 助跑

良好的助跑技术表现在运动员能够在一定助跑距离内获得更快的速度和准确地踏上起跳板，并使身体处于起跳前的合理姿势。高水平运动员一般跑 16～24 步，距离在 35～45 米。助跑的加速方式取决于运动员的专项身体训练水平。助跑的精确度取决于最后几步助跑节奏的稳定性、对外界环境变化的调整能力，以及自信心和稳定的情绪。

2. 第一跳（单足跳）

单足跳的起跳是从助跑的最后一步摆动腿蹬离地面，起跳腿快速积极地踏板开始的。整个过程包括起跳腿着地、身体重心移过垂直支撑点和蹬离起跳板。正确的技术动作应该是，助跑最后一步时，摆动腿积极有力地蹬地，起跳腿以积极、自然的动作踏向起跳板，落地前大腿抬得比平跑时稍低些，下落要快速积极，但着地要柔和。脚落地时，要有明显的“扒地”动作。此时，上体保持垂直式适度前倾，起跳脚的着地点应距身体重心投影点较近。起跳腿着地后，因力的作用，迫使膝关节弯曲，随着身体的前移，踝关节背屈加大。上体和骨盆应快速向前移动，同时摆动腿积极前摆，大、小腿折叠，脚跟靠臀部，整个身体像一个压紧的弹簧，处于蹬伸前的最有利状态，如图 7-12 所示。

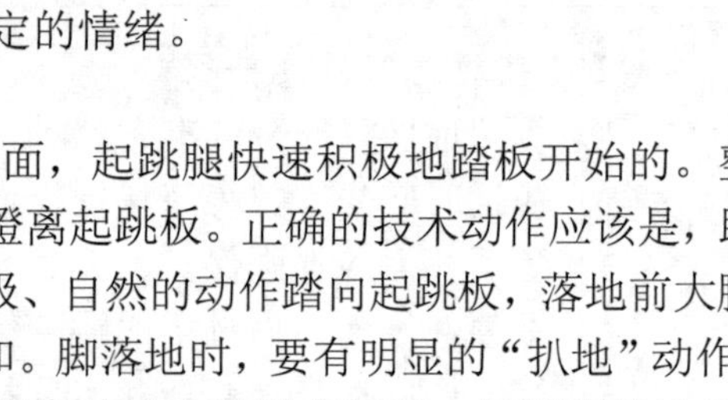
图 7-12　第一跳

3. 第二跳（跨步跳）

第二跳的起跳，是从第一跳的着地动作开始的。在第一跳腾空过程的后三分之一段，身体开始下降。此时起跳腿继续高抬，摆动腿充分后摆，以加大两大腿间的夹角。同时两臂拉到身体侧后方，为起跳做好准备。由于身体从高处下落着地，重心的落差大而产生很大的冲击力，这就给第二跳的起跳增大了难度。正确的动作应该是，起跳腿积极下压，做有力的“扒地”动作，同时摆动腿和两臂，要有力地向前摆动。为了避免冲击急剧而造成过分的缓冲，着地时腿不能完全放松，膝部、踝部和大小腿的后群肌肉都要保持适度的紧张，使身体重心保持在较高的位置上。为了便于向上跳，上体应保持正直，如图7-11⑦～⑫所示。

4. 第三跳（跳跃）

经过前两次跳跃后，水平速度已有明显下降。因此，第三跳要充分利用剩余的水平速度，尽可能提高垂直速度，以获得一个较高的、较远的腾空轨迹，取得第三跳的最大远度，如图7-11⑬～⑱所示。

由于第三跳的落地动作是双脚同时落入沙坑，所以它的空中动作和落地动作与跳远基本相同。三级跳远的摆臂动作有单臂、双臂和单、双臂结合等方式，这几种方式各有优点，采用何种方式，主要取决于运动员的技术特点和个人习惯。

（三）练习方法

三级跳远技术比较复杂，练习强度大，故教学要在学生已具有一定的协调性和专项力量、速度训练的基础上才能进行。

目前有逆向和正向两种三级跳的教学顺序，采用较多的是正向教学法，其顺序如下：第一，学习三级跳远的各跳动作（“单足跳”“跨步跳”“跳跃”）；第二，学习“单足跳”与“跨步跳”的衔接；第三，学习“跨步跳”与“跳跃”的衔接；第四，进行完整的三级跳远练习。注意各跳间应紧密衔接，随着技术的掌握提高而逐渐增加助跑距离和速度。

三级跳远技术的教学主要采用分解教学法，在做专门性练习和辅导练习的同时，可采用完整和分解相结合的方法掌握基本技术。

1. 学习短程助跑的各跳练习

（1）2～3步助跑三级跨步跳。

（2）2～3步助跑单足三级跳。

（3）2～3步助跑完成正规三跳动作。

2. 学习助跑与第一跳起跳的正确衔接与“单足跳”的技术

（1）单足多级跳。

（2）2～4～6步助跑起跳，起跳脚着地。

（3）短程助跑做单足跳，跳入沙坑。

（4）短程助跑起跳腾空换步后高举大腿，然后大腿下压，积极“扒地”完成“跨步跳”的起跳动作；摆动腿高举大腿，跨上适当高度的垫子。

3. 学习第二跳和第三跳结合的技术

（1）2～4步助跑做单足跳接连两次跨步跳。

（2）短程助跑完成第二跳接第三跳的练习。

4. 掌握和提高完整的三级跳远技术

（1）安放标志练习三级跳远。

（2）10～12步助跑完成三级跳远练习。

（3）全程助跑的三级跳远练习。

（四）三级跳远练习中常见错误及其纠正方法

三级跳远练习中常见错误及其纠正方法见表 7-5。

表 7-5　三级跳远练习中常见错误及其纠正方法

常见错误	产生错误	纠正方法
助跑节奏紊乱	助跑步点不准、紧张、不均匀	1．反复做跑的练习，掌握跑的技术 2．做直道上跨栏跑练习，掌握跑的节奏 3．学会自然的放松跑，跑时肩、颈部肌肉放松
落地不积极	落地时故意伸小腿，使脚跟落地产生制动；大腿消极等待落地	反复做“刨地”式落地的技术练习
第一跳交换腿过早	起跳腿没有充分蹬直，未形成腾空步，就急于向前收起跳腿；起跳时身体过于前倾，产生向前回旋	1．在弹跳板或低器械上起跳，要求较晚的做交换腿的动作，然后落地 2．在第一跳长度的三分之一和三分之二处各放置一实心球做标志，要求在腾空后，过第一个实心球时向下方摆动腿，同时要求起跳腿跨过第二个实心球落地，继续跳跃
第二跳跳不起来，使高度不够，步长太小	腿部力量差；第一跳过高、过远，使身体重心下降太大，臀部后坐；第二跳身体过于前倾	1．加强腿部力量的练习 2．改进第一跳的技术，限制第一跳远度，可在第一跳的落点划出标志，要求踏上标志处起跳 3．短距离助跑三级跳远，在第二跳二分之一处放置器械，要求跨越器械后，继续跳跃
三跳节奏不好	第二跳太短；各跳空中动作不平稳，使落地不稳	1．改进第二跳技术，调整各跳长度 2．注意空中动作，维持空中的平衡

（五）注意事项

（1）三级跳远技术较复杂，要概念清楚，任务明确。

（2）要结合完整技术，突出重点，严格要求。

（3）三级跳远强度很大，对髋、膝、踝、脚弓等支撑器官造成的负担很大，特别是对脊柱的要求很高，为此，练习之前，要求充分做好准备活动，按照技术要领进行练习，以免受伤。

（4）及时检查场地，做到助跑道和三跳的落地区平坦，地面软硬适宜，沙坑松软。

四、立定跳远

立定跳远是发挥腿部力量和爆发力，培养两腿快速蹬地、起跳的练习，也是跳远落地的辅助练习。

起跳时两腿左右稍分开或半蹲，大腿与小腿屈膝角在 130°～150°之间（膝关节最佳发力角度），上体稍前倾，然后两臂自然前后预摆两次。两腿随着屈伸，当两臂从后向前上方做有力的摆动时，两脚用前脚掌迅速蹬地，髋、膝、踝三个关节充分伸直的同时，展髋向前跳起，身体尽量前送在空间，过最高点后，屈膝收腹，小腿前伸，两臂自上而下向后摆，准备落地。落地时脚跟先着地，落地后屈膝缓冲，上体前倾。

五、推铅球

（一）铅球运动的发展概况

近代铅球运动的历史可追溯到 19 世纪中叶，英国人米切尔将铅球推到 11.79 米，这是体育史资料记载的最早的近代推铅球记录。1893 年加拿大人又将铅球推到 14.32 米，成为 19 世纪推得最远的人。

1896 年希腊雅典举行的第一届现代奥运会上，参加铅球比赛的共有 7 名运动员，美国的加雷特以 11.22 米的成绩获得冠军。美国选手谢尔顿又以 14.10 米的成绩在 1900 年第二届奥运会上获得铅球比赛的冠军。

1912 年在瑞典的斯德哥尔摩举行的第五届奥运会上，除传统的推铅球比赛外，又增加了一项用左、右手推铅球的比赛，即将左、右手分别推掷的成绩相加后决定名次。美国运动员罗斯获得左、右手分推比赛的冠军，成绩是 27.70 米，同时，他还获得单手推铅球的亚军，成绩是 15.25 米。单手推铅球比赛的冠军是美国人麦克唐纳，成绩是 15.34 米。罗斯还是 1904 年第三届奥运会和 1908 年第四届奥运会推铅球比赛的冠军。被国际田联正式批准的第一个世界纪录是 15.545 米，这是罗斯于 1909 年在旧金山创造的，这一记录保持了近二十年，直至 1928 年才被德国人希施费尔德以 15.79 米的成绩刷新。数月后，希施费尔德又以 16.04 米的成绩刷新这一记录，并成为世界上第一个推铅球超过 16 米的人。现在的男子铅球世界纪录是美国人巴恩斯于 1990 年创造的，成绩是 23.12 米。

（二）推铅球发展趋势

推铅球同其他田径运动项目一样，经历了漫长的发展过程，当今在这一项目的开展及其运动水平的提高方面都超过了历史上的任何时期。人们预测，今后的发展将有以下几个特点。

1. 铅球运动员的大型化

从发展观点看，铅球运动员形态有大型化的趋势。据不完全统计，世界优秀男子铅球运动员的身高多在 1.90 米以上，体重多在 120 千克以上；女子铅球运动员的身高多在 1.80 米以上，体重多在 90 千克以上。我国男女铅球运动员的形态虽较过去有所改善，但与世界优秀运动员相比，仍有差距。

2. 推铅球技术向着简单、实用，充分发挥技术的总体效益方向发展

运动生物力学的发展，不仅揭示了推铅球技术的动作结构（用力顺序及动作的内在联系），而且也将进一步揭示推铅球技术的速度结构（推铅球过程速度分配及速度的传递等）。

铅球运动员的训练可以分为技术训练、身体训练、心理训练等类型。身体训练又可以分为速度训练、力量训练、灵敏训练和协调训练等方面。但上述单一因素水平的提高，并不都能带来运动成绩的提高。因此，在训练中不断变换它们之间的组合，协调它们之间的比例，这种组合与协调，集中体现在训练的设计和训练计划的安排中。现行的田径教学训练大纲及各种训练模式都反映了这种关系。

（三）推铅球技术

推铅球技术如图 7-13 所示。

图 7-13 推铅球

1. 捏球和持球（以右手为例）

（1）握球。五指自然张开，把球放在食指、中指及无名指的指根上，球的大部分重量在食指和中指之间，拇指和小指挟持于球体的两侧，手腕成背屈，以便控制和稳定球体，有利于滑步和最后用力时发挥手指的力量，如图 7-14 所示。具体细节可因人而异。

（2）持球、握好球后，将球放在锁骨窝处，紧贴颈部，右臂屈肘，掌心向外，臂略与肩平，如图 7-15 所示。

2. 预备姿势

预备姿势是为进行滑步做好技术和心理上的准备，为协调平稳而有力的滑步准备条件。侧向滑步推铅球的预备姿势如下：捏持好球后，侧对投掷方向，两脚开立与肩同宽，右脚靠近投掷圈的后沿，左脚以脚掌内侧着地，重心落在右腿，如图 7-16 所示。

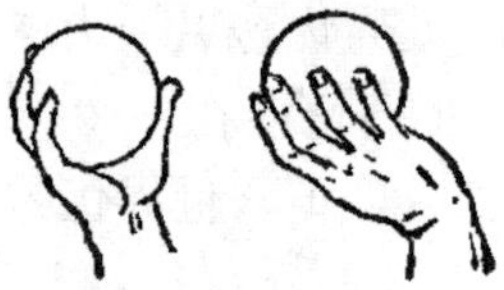

图 7-14 握球

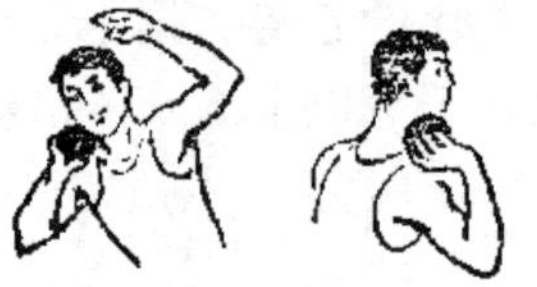

图 7-15 持球

图 7-16 预备姿势

3. 滑步

滑步是为了使铅球获得预先速度，为最后用力创造条件。预备姿势完成后，左腿在右腿协调而有弹性的屈伸配合下，可做 1～2 次预摆，当左腿最后一次预摆将结束时，右腿成侧屈半蹲姿势，左腿收至右腿侧后，立即以左大腿带动小腿向投掷方向迅速蹬摆，右腿蹬伸，使髋部迅速向投掷方向侧移；右腿蹬伸后，迅速收小腿，前脚掌沿地面向投掷方向滑步，并落在圆心附近，几乎同时左腿积极以前脚掌落于投掷方向线左侧约 10 米处，体重落在弯曲的右腿上，形成最后用力的有利姿势，如图 7-17 所示。

4. 最后用力

最后用力是推铅球技术的主要环节，动作是否正确将直接影响推球的效果。当侧向滑步结束时，左腿一接触地面，右脚立即用力蹬伸，使右侧髋关节向投掷方向转送，上体迅速向投掷方向抬起，重心左移。当左侧肩部移至垂直部位时，左肩与左臂及时制动，做好左侧支撑，右腿迅速充分蹬直，继而展胸、挺送、伸臂转头，用投臂手腕和手指拨送力量将铅球以 38°～42°角度向前上方掷出。铅球出手时，应加强屈腕和手指拨球动作，并使推球力量集中作用于铅球重心，如图 7-18 所示。

图 7-17 滑步

图 7-18 最后用力

5. 维持身体平衡

出手后的身体平衡是有效地完成最后用力和防止出圈犯规的保证。因此，铅球出手后，要及时迅速地交换两腿位置，以全脚掌着地，屈膝降低身体重心或改变身体重心运动的方向，以维持铅球出手后的身体平衡。

6. 推掷铅球的主要环节

滑步是基础，是最后用力动作处于最佳状态的保证；最后用力是整个动作的重点，要保持和发挥所获预先速度，以最佳出手角度和较高的出手点将球掷出；滑步与最后用力动作的衔接、协调、连贯、发力的顺序以及挺胸、展体、转头送肩的程度，是整个动作高质量的体现。

（四）侧向滑步推铅球练习方法、注意事项及易犯错误

1. 推铅球练习方法

（1）原地正面推实心球或推手练习。面对投掷方向，两髋前后或左右开立，右手按照握球、持球的要求，以左手护球，上体向右侧转，右腿弯曲，转至侧向原地投掷的准备位置后，按照蹬、转、挺、推、拨的要领完成推掷动作。练习时注意使身体协调用力。推手练习的动作要领相同，但需两人配合进行，配合者给投掷者施于一定的阻力以增强练习的效果。

（2）原地侧向推铅球练习。持球做原地侧向投掷的准备动作，右腿弯曲成右侧屈姿势，重心落在右腿。然后按动作要领，右腿用力蹬伸，转髋抬体展胸，按最后用力的要求将铅球推出。

（3）原地背向抛铅球练习。两脚左右开立，双手持球，身体前倾，收腹，做 1～2 次预摆后，利用腰腹和转体力量将球向后用力抛出。

（4）向前上方推实心球练习。

（5）铅球的前抛练习。

（6）滑步及完整动作练习。滑步动作较为复杂，可分步骤进行，具体如下：

1）摆动腿练习。用左手拉固定物或同伴的手，左腿收到接近右腿时，快速向投掷方向摆出。

2）拉收右腿练习。两腿前后开立，重心在两腿间，利用右脚的蹬力迅速将右小腿拉收到重心下，负担体重，保持平衡稳定，并注意形成投掷最后用力的姿势。

3）徒手或持轻器械滑步练习。按照滑步的动作要领反复进行练习，直到熟练。

4）待滑步动作熟练后即可结合最后用力的完整动作练习，注意防止动作脱节。

2. 推铅球练习中常见错误及其纠正方法

推铅球练习中常见错误及其纠正方法见 7-6。

表 7-6　推铅球练习中常见错误及其纠正方法

常见错误	产生原因	纠正方法
肘下沉成抛球	持球时肘过低，滑步过程中急于推球	注意手臂动作多做正面推掷练习，强调肘关节的上抬
滑步距离短	蹬摆力量弱，协调用力差，拉收小腿不积极	加大蹬摆幅度和拉收小腿的强化练习
滑步时重心上下起伏大	蹬地或摆腿过于向上，右腿蹬伸不充分，收小腿过早	滑步前可先向后移重心，限制左腿摆动高度
滑步后停顿，动作脱节	摆腿过高，着地不积极，右腿力量弱，身体重心过低	加强腿部力量，提高蹬伸速度，注意控制重心
投掷时坐臀	右脚蹬转不力，左脚制动过大，两脚距离远，怕犯规	多做蹬转髋练习及出手时跟右腿提高出手点练习
推球时身体向左侧倾倒	左臂过分左摆，左脚位置过于偏左	固定左臂，限定左脚位置，多做原地推掷练习
出手角度低	左脚支撑无力，上体移动早	采取用标志物、横杆等标定高度，提高出手角度

3. 推铅球练习注意事项

（1）推铅球运动，属于力量型的大强度田径项目。练习前要做好准备活动，尤其是腰背、肩带、腕踝关节的准备活动，防止受伤，并注意练习时的安全。

（2）在学习过程中应遵照由易到难、由简到繁、先分解后完整的原则。练习中多做一些徒手及持轻器械的模仿练习，尽量减少或不用全力性练习，以便动作的掌握。

（3）力量是铅球运动重要的素质，特别要注意发展和增强对髋关节、大腿后侧伸肌群、腰背肌、投掷臂的肱三头肌，以及腕、指、肩带的力量，同时应多做一些增强爆发力的练习。

六、掷标枪

（一）掷标枪的发展与研究概况

掷标枪运动具有悠久历史。据史料记载，古希腊人很早就开始了掷标枪比赛。当时使用的器械是木棍，比赛时不仅比掷远，还比掷准。公元前 708 年在古希腊奥林匹克运动会上，掷标枪列入五项运动中的一个单项比赛。19 世纪末，斯堪的纳维亚地区的国家盛行投掷 2 米长的棍棒。后来，芬兰人把这种投掷器械改为全长 2.60 米、重量 800 克的金属标枪，从此这种标枪成为比赛项目的规范器械。

投掷标枪的技术和训练方法，经过将近 120 年的历史才发展到今天。向科学化、系统化方向发展成为当今标枪运动训练的主流。大力量和高强度的方法较广泛地运用在掷标枪训练中。选材和训练密切结合，为运动员制订多年培养计划，已成为培养优秀人才的必由之路。

（二）掷标枪技术

1. 握法和持枪

（1）握法。标枪的握法可以分为现代式和普通式两种。

1）现代式握法：将枪斜放在掌心上，拇指和中指对扣在标枪缠线把手后端末圈上，食指自然弯曲斜握标枪上，无名指和小指握在缠线把手上，如图 7-19①所示。此握法的优点如下：能够更好地用中指的长度加长投掷半径，有利于手腕自然放松，以控制标枪角度；出手时两指同时拨枪，加速标枪沿纵轴转动，增加了标枪飞行时的稳定性。目前运动员多采用此握法。

2）普通式握法：把拇指和食指握在缠线把手后端末圈上，其余三指握在把手上，如图 7-19②所示。

（2）持枪。三种持枪方法。通常采用肩上持枪，枪稍高于头，枪尖略低于枪尾。这种方法有利于手腕放松，便于助跑及向后引枪，如图 7-20 所示。

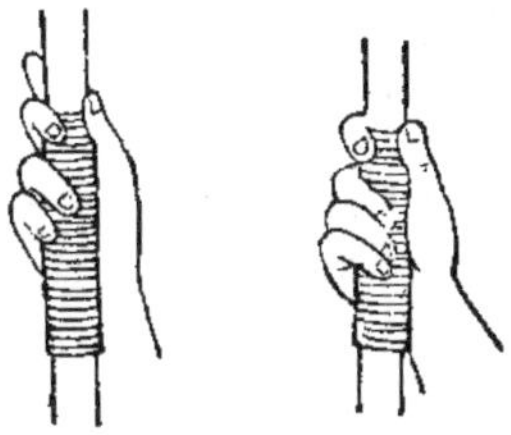

① ②

图 7-19 现代式握法和普通式握法

① ② ③

图 7-20 持枪

2. 助跑

助跑的目的是在最后用力前获得预先速度和为最后用力创造良好的条件。助跑距离一般为 25～35 米，分为预跑和投掷步两个阶段。

（1）预跑阶段。从第一标志线到第二标志线为预跑阶段。预跑主要是为获得最佳水平速度。预跑阶段的步子，动作自然轻快而富有弹性，持枪臂与下肢动作协调一致，在加速中进入投掷步，如图 7-21 所示。

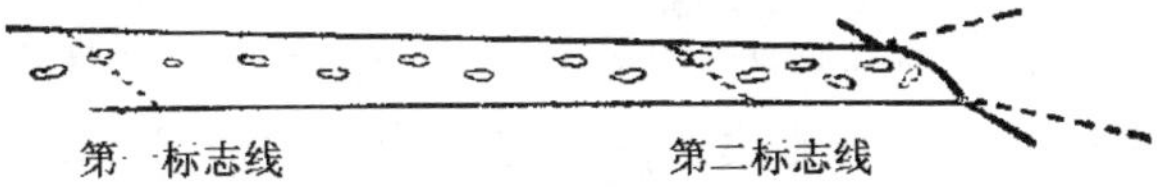

图 7-21 预跑阶段

（2）投掷步阶段。从第二标志线到最后用力前的距离为投掷步阶段。这个阶段要尽量保持预跑所获得的速度，并完成引枪和超越器械动作，为最后用力创造有利条件。目前采用跳跃式较多。跳跃式投掷步数一般为 5 步，它有利于加大后蹬力量，以便引枪超越器械。下面介绍 5 步投掷步前 4 步技术。第 5 步为缓冲步，将在维持身体平衡中叙述。

第 1 步，当左脚踏上第二标志线时，右腿积极前迈，同时右肩后撤顺肩轴开始引枪，左肩逐渐靠近标枪，左臂在胸前自然摆动，眼向前看，髋部正对投掷方向，这时持枪臂尚未伸直，如图 7-22①～④所示。

第 2 步，当右脚落地，左脚前迈时，髋轴向右转动，右手臂继续向后引枪，约与肩同高，枪尖靠近右眉。引枪是第一、二步中完成的专门动作，目的是加长投掷的工作距离。引枪动作应自然、放松、连贯，先转体侧肩，而后伸直引枪臂。引枪过程中，应特别注意使标枪纵轴始终与投掷方向保持一致，如图 7-22⑩～⑫所示。

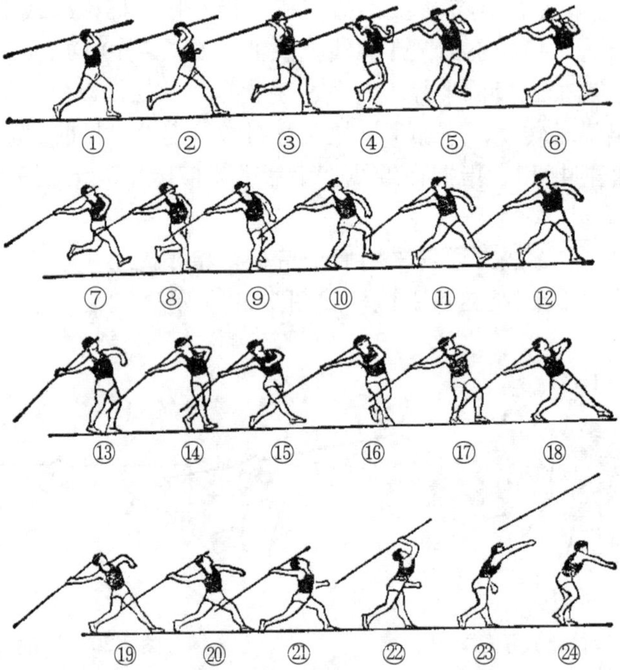

图 7-22 投掷步阶段

第 3 步（交叉步），是助跑过渡到最后用力的关键一步。这一步要加速下肢向前的运动，完成超越器械和把标枪控制在有利于进入最后用力的部位。当左脚一落地，右腿迅速前摆，左腿做快速有力的蹬伸，髋轴与肩轴形成交叉状态。左臂自然弯曲摆于胸前，投掷臂充分伸直后应不低于肩轴水平，枪尖不高于头部。用右脚跟外侧先着地，然后过渡到全脚掌，脚尖与投掷方向成 45°，躯干和右腿成一条直线，并向后倾斜，如图 7-22⑬～⑯所示。

第 4 步，这是由助跑过渡到最后用力的衔接步，动作正确与否，会直接影响最后用力的效果，因此要保持超越器械不停顿地转入最后用力，快速完成一系列动作。在交叉步右脚未落地前，左脚就要积极蹬离地面前迈开始第四步。右脚落地后稍屈膝，体重落在弯曲的右腿上。接着右腿积极蹬地，左腿前迈，用脚内侧或脚跟先着地，做出强有力的制动支撑；左脚落地点应在右脚前投掷方向线的左侧 20～30 厘米处，左臂由胸前向左侧摆动，以利于上体的转动，如图 7-22⑰～⑲所示。

3. 最后用力

在第三步右脚着地后，就开始了最后用力，当左脚蹬地形成从左脚到左肩的左侧支撑时，右腿继续蹬地，推动身体前移，并逐渐转向投掷方向，同时右臂转肩翻肘，带动前臂手腕向上翻转。当上体正对投掷方向时，身体形成“满弓”姿势，如图 7-22㉑所示。此后右腿继续用力，胸部向前，把投掷臂最大限度地留在身后。在胸部的牵引下，上臂带动前臂向前，肘关节逐渐弯曲，这时在左腿有弹性的屈伸下，胸部尽量前送；接着胸腹用力收缩，带动上臂，小臂向前做爆发性的“鞭打”动作，让全身力量通过手臂、手腕和手指作用于标枪的纵轴上，使标枪从右肩上方沿 30°～35° 向前上方掷出。

4. 缓冲

标枪出手后，人体由于受惯性力的作用，继续向前运动。为了防止触线犯规，应及时换腿，向前跨出一步，身体稍向左转，并降低重心，维持身体平衡。通常缓冲距离约为 2 米。

（三）掷标枪练习方法、注意事项及易犯错误

1. 摔标枪练习的方法

（1）掌握正确合理的握枪和持枪方法。

（2）放左脚支持做“满弓”练习及原地正面持枪练习。

（3）发展肩、腰的柔韧性练习及专项力量练习。

（4）侧面或上步做左脚支撑以胸带臂的最后用力练习。

（5）原地或行进间（走或慢跑）引枪练习。

（6）原地侧向投枪练习。

（7）按照动作要领，做徒手或持枪的投掷步练习。

（8）慢速、中速、中短程助跑投掷标枪练习。

（9）全程助跑掷标枪练习。

2. 掷标枪技术的主要环节

助跑、投掷步及最后用力是一个不断加速的过程，应注意各环节之间的衔接和整个助跑的节奏感；投掷步是形成最后用力的最佳姿势的关键，是保证“满弓”动作质量的主要因素；持枪臂后引应充分、平稳，最后用力要积极发挥腰腹肌及胸大肌的力量，以大肌群带动小肌群来提高“鞭打”速度。

3. 掷标枪练习中常见错误及其纠正方法

掷标枪练习中常见错误及其纠正方法见表 7-7。

表 7-7 掷标枪练习中常见错误及其纠正方法

常见错误	产生原因	纠正方法
最后用力未沿标枪纵轴	引枪不到位，翻肩转肘不到位，枪尖偏右，有拉枪现象	多做原地或助跑引枪练习，提高控制器械能力，多做发展肩带的柔韧性练习
躯干及下肢力量用不上	最后用力前身体重心过早前移，用力顺序不明确，助跑速度过快，破坏了技术	明确最后用力顺序，反复做交叉步及超越器械的模仿练习及“满弓”练习
投掷步减速，与最后用力不衔接	预跑过快，增加了投掷步，难调整预跑速度，交叉步左腿蹬地无力。开始引枪时身体后倒过分	调整预跑速度，反复进行交叉步练习，第一、二步引枪时控制身体不后倒
标枪尖不触地枪身平落	出枪角度过高，无翻肩转臂动作，手腕僵硬，从侧面出手	原地正面多做甩腕插枪练习，加强肩带柔韧性，多做“满弓”出枪练习

4. 掷标枪练习注意事项

掷标枪的技术难度和素质要求都比较高，因此在学习过程中应注意循序渐进，多做模仿性练习，以利技术的掌握。同时也要加强腰、腹及胸、背肌肉的练习，特别是提高投掷臂的爆发力及肩带的柔韧性的练习。此外，在持枪练习时应注意安全，防止发生事故。

七、掷铁饼

（一）掷铁饼的发展与研究概况

掷铁饼是在1896年第一届奥运会上被列为正式比赛项目的，当时铁饼重量为1.932千克。美国运动员列加特以29.15米获得比赛的冠军。最初掷铁饼多采用原地投掷技术，即所谓“希腊式”技术。后来逐渐发展为侧向上步掷、侧向旋转掷技术。在第二届奥运会上，捷克运动员创造了旋转掷铁饼技术，被称为“自由式”技术。1908年第四届奥运会比赛中，美国运动员西里丹获“自由式”和“希腊式”两种掷法的冠军，成绩分别是40.89米和37.99米。此后“希腊式”被淘汰。

（二）掷铁饼运动发展的趋势

（1）形态选材将向高大方向发展。当前，世界优秀男运动员身高在1.95米以上，臂展在2.00米以上，女运动员身高在1.80米以上，臂展在1.85米以上。

（2）技术方面，以提高出手速度为核心，探索各技术环节的结构、节奏，转换更简单而有实效，幅度大、速度快，各技术环节形成最佳组合，发挥整体技术的综合效益。

（3）重视专项投掷能力的训练。进行不同重量器械的专门投掷练习，在手段的选择、组合、负荷方面更加科学化。

（4）继续探索优秀运动员各项身体素质、专项投掷能力、专项技术和成绩等诸多因素的相关指标模式，使之更加协调合理。国外部分专家认为，近些年来，训练的变化显示出强调“速度”而减少重量负荷的趋势，除安排一些常规的杠铃练习外，一般多采用一些动作结构与投掷技术某阶段相似的力量练习和抗阻练习。训练时必须采用与主要投掷动作密切相关的并有转移效果的练习。

（三）掷铁饼技术

掷铁饼技术由握饼、预备姿势、预摆、旋转、最后用力和出手的平衡几个环节组成。

1. 握法（以右手为例）

握饼时五指自然分开，拇指和手掌平靠铁饼，其余四指最末指节扣住铁饼边沿，铁饼的重心在食指和中指之间，手腕微屈，铁饼的上沿微靠在前臂上，这时持铁饼的臂自然下垂于体侧，如图7-23所示。

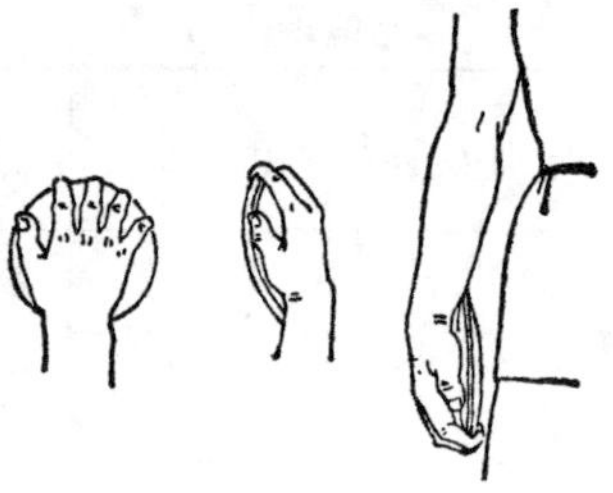
图7-23　握饼

握饼时应力求做到放松而稳固地控制铁饼。因此，针对运动员的手掌大小、手指力量的强弱不同的情况，握饼的方法也可适当改变。

2. 预备姿势和预摆

（1）预备姿势。背对投掷方向，两脚左右开立于圆圈内，两脚平行或左脚稍后些，位于右脚弓齐平，右脚尖可稍稍抵住圆圈。两脚位于投掷中线的两侧，两脚分开的距离宽于肩。持饼臂应自然放松垂于体侧，眼平视。

（2）预摆姿势。预摆是为了获得旋转前的预先速度，并使身体处于扭紧状态，为旋转创造有利的条件。当前常见的预摆方法可分为以下两种：

1）左上右后摆饼法（图7-24①）。开始时持饼臂在体侧前后自然摆动，当铁饼摆到体后时，体重靠近右腿，接着向左移动，同时躯干带动放松的持饼臂向左上方摆起，当铁饼摆到左上方时，左手在下托住铁饼，防止脱手，或单手摆至上方翻饼翻腕，这时体重靠近左腿，上体稍左转。然后接着再回摆，回摆时躯干带动持饼的臂把铁饼摆到身体右后方，身体向右扭紧，体重落于右腿上，而上体稍前倾，左臂自然微屈于胸前，两眼平视，头随上体的转动而转动。当铁饼回摆到最大限度，约与右肩同高，或稍高于右肩时，要特别注意持饼的臂要放松并拉长。此方法便于初学者掌握。

2）前后摆饼法（图 7-24②）。开始摆饼时持饼臂在体侧前后自然摆动，然后使铁饼向体前至体前左方，这时手掌应逐渐向上翻转，而右肩自然稍向前倾，体重靠近左腿。接着铁饼向右摆到体后时，这时手掌逐渐翻转向下，体重由左侧向右移动，并使上体向右后方充分地转动，使身体扭转拉紧。这种技术比较优越，其特点是动作放松而幅度大，已被大多数人所采用。

①　　②

图 7-24　两种预摆姿势

3. 旋转

掷投饼中的旋转是从预摆结束时开始的，如图 7-25 所示。也就是说是从当身体向右后方转动形成扭转拉紧的状态之后开始的。当右臂充分后摆结束时，弯曲的右腿蹬地，上体向左转动，同时左膝外展，体重由右向着边屈边转的左腿移动，同时身体重心略有下降。接着两腿积极转动，并以左脚的前脚掌为轴向投掷方向转动（有的运动员进入旋转时先以左脚跟为轴向投掷方向转动并过渡到左脚外侧再过渡到以前脚掌为轴。这个动作和掷链球时前半圈的旋转动作相似）。身体向投掷方向倾斜，投掷臂在身后放松地牵引着铁饼，头部随着身体的转动而转动。这时当左膝、左肩和头即将转向投掷方向时，右膝自然弯曲，以大腿带动的力量，用较大幅度的摆动绕左腿向投掷方向转扣，但右脚不应离地过高，这时髋部处于左髋低而右髋高的状态，身体姿势是形成一个以左侧为轴的单腿支撑旋转，如图 7-25⑨所示。紧接着以左脚蹬地的力量推动身体向投掷圈的中心移动，这时右腿右髋继续转扣，使身体右侧肌肉拉长，并保持良好的超越器械的姿势，如图 7-25⑩所示。当左脚蹬离地面，右腿带动右髋快速内转下压时，左腿屈膝迅速向右腿靠拢，加速和保持下肢对上肢的超越，这时左肩内扣，上体稍前倾收腹，如图 7-25⑫所示。此后，上体也随之向左转动，右腿屈膝，并在圆心附近用前脚掌着地并不停顿地继续旋转。此时左肩处于右膝的上方。体重落在弯曲着的右腿的前脚掌上，如图 7-25⑬所示。接着左脚积极后摆并以脚掌的内侧着地，落在投掷中线的左侧并接近圆圈的前沿。这时身体已处于最大限度的扭转拉紧状态，而铁饼远远地留在身体的后面，左臂自然地微屈于胸前，如图 7-25⑭所示。这为最后用力发挥全身肌肉力量和取得较长的工作距离创造了有利的条件。

图 7-25　旋转

4. 最后用力和维持身体平衡

掷铁饼技术中旋转动作很重要，但最后用力更重要，必须使最后用力获得好的效果。这个效果应取决于几方面：一方面最后用力与旋转的衔接是否紧密和姿势是否正确，另一方面取决于能否在最大的工作距离中以最大的速度发挥最大的力量作用到铁饼上，以及合理的投出角度。

最后用力的动作如图 7-26 所示，是在旋转动作即将结束时开始的。当旋转动作即将结束时，左脚着地，右脚要继续蹬转，使右髋积极向投掷方向转动和前送。这时髋轴应继续超越肩轴，紧接着头也要向投掷方向转动，这时左肩向前牵引，左臂微屈于胸前，胸部开始向前挺出，使肌肉充分拉长，使铁饼远远地拖在身体的后面，由于右腿的蹬转和向投掷方向送髋，使身体的重心逐渐移向左腿，这时左腿稍屈，但左髋不能屈，重心不能下降，左肩不能后撤或后倒，以便形成以左侧为轴的良好左侧支撑。此时头要稍抬起。在右腿继续蹬伸的情况下，要迅速地做爆发式地向前挥饼。与此同时应使左腿快速用力蹬伸，左肩制动，形成有力的左脚支撑，并使身体右侧迅速向前转动，使全身的力量集中在铁饼上。当身体重心移至较高的部位，而铁饼在与右肩同高并稍前的部位时出手。当铁饼投出，离手的一刹那，由小指到食指依次用力拨饼，使铁饼顺时针方向转动向前投出，其投出的角度一般为 30°～35°。

图 7-26　最后用力

铁饼出手后，由于身体向前的冲力容易造成犯规，为了缓冲向前的冲力以避免犯规，应及时交换两腿，并顺惯性向左转体，同时降低重心，使身体维持平衡。

（四）掷铁饼的练习方法

1. 原地掷铁饼的技术

（1）铁饼的握法。

1）握饼。根据技术部分的要求使学生将铁饼握好后做持饼摆动，幅度由小到大，以培养学生控制铁饼的能力。

2）拨饼。让学生将铁饼放在左手心上，右手握住铁饼，由小指到食指依次用力拨饼，使铁饼按顺时针方向转动。

3）滚饼。左脚在前，右脚在后，双膝稍屈，体重位于两腿之间稍偏右腿，握饼的右臂将饼前后摆动，当铁饼被摆到体前时，体重移向左腿，随着这一动作由小指到食指依次用力，最后应用食指将铁饼拨出，并使其平稳地向前滚动。

（2）预摆技术。按技术部分要求让学生做左上右下摆饼的技术练习。

（3）原地正面投掷铁饼。握饼正对投掷方向，两脚左右开立比肩稍宽，上体带动握饼的臂向右后方扭转，同时两腿微屈，体重移向右腿，然后蹬伸两腿和转动右髋，紧接着挺胸挥臂将铁饼投出。

（4）侧向投掷铁饼。侧对投掷方向，两脚开立比肩稍宽，做一次预摆后将铁饼投出。

2. 学习背向旋转投掷铁饼的技术

（1）正面旋转投掷铁饼的技术。

1）徒手做转扣右髋动作。

2）徒手做以右腿为轴的旋转动作。

3）徒手做正面旋转并接右腿蹬转动作。

4）学习正面旋转投掷铁饼。

（2）学习侧向旋转投掷铁饼。

1）徒手做两脚支撑旋转动作。

2）徒手做单支撑旋转动作。

（3）学习背向旋转投掷铁饼。

（4）提高投掷铁饼的完整技术。

（五）掷铁饼练习中常见错误和纠正方法

掷铁饼练习中常见错误和纠正方法见表 7-8。

表 7-8 掷铁饼练习中常见错误和纠正方法

常见错误	产生原因	纠正方法
预摆时幅度小而摆动太快	预摆时不是以躯干带动投掷臂进行摆动的，而是只用投掷臂挥动铁饼；右肩、上体和投掷臂过分紧张	预摆时应以躯干带动投掷臂，动作要自然放松而有节奏。同时还应要求在预摆时肩部放松，上体略向前倾
投饼时只用手臂力量投掷	预备姿势不正确，体重没有落在弯曲的右腿上；对投饼的用力顺序不明确；手臂用力过早，上肢用力快于下肢	做出正确的预备姿势，而后做迅速蹬转右腿和送髋的动作；徒手多做用力顺序的模仿练习；增强腿和腰、腹的肌肉力量

续表

常见错误	产生原因	纠正方法
原地投饼时左肩后拉或后倒	两脚开立相距过大，投饼时体重不能移向左腿，铁饼被投出时左腿没有蹬起，没有造成有力的左侧支撑	标出两脚的位置，使学生在标出的位置站好，然后做投掷动作；原地投掷时强调学生左腿支撑用力和左肩制动；左肩高，右肩低，右臂充分向外伸展，不要过早、过多地向左侧转动；做徒手练习时老师用手抵住学生的左肩，使学生体会右肩向前的动作
旋转时向投掷方向前进距离过小	进入旋转时体重没有移到左腿上，左膝外展不积极，左腿蹬地和右腿向前转扣不够	当进入旋转时，强调学生的体重要移到左腿上，左腿要主动转动和蹬地，右腿、髋积极向前转扣，可在地面上做标记，要求学生旋转后，两脚落在标记上，从而体会旋转和向前相结合的肌肉用力感觉
旋转中未沿投掷中线前进，脚落的部位偏向投掷中线的左侧或右侧	偏向右侧的原因是开始旋转身体时，重心向左移动，左脚转动不积极，过迟，右腿、右髋向前转扣不够，身体还没有转向投掷方向，右脚就过早着地；偏向左侧的原因是在旋转开始时上体过早地向左转和倾斜，在身体转向投掷方向时右脚不能积极地着地，而是随着身体的旋转继续向前，致使出现偏左的现象	让学生背对墙站立，约距墙 1.20 米，预摆后以左侧为轴旋转，当左膝转向墙时，右腿、右髋向前转扣，两手扶墙，可画一条与墙面垂直的线，使学生沿这一直线进行旋转，并使两脚落在直线上
旋转中超越器械不够	左腿蹬地无力，重心移动不够，右腿不能以大腿带动向前摆，而持饼的臂摆动过于主动；右脚落地后有停顿；投掷臂和胸部肌肉紧张，腰、肩柔韧性差	让学生正面前后分腿站立，然后投掷臂大幅度地向后摆，紧接着把体重移向左腿开始旋转，以左腿蹬地的力量推动身体向投掷方向移动；两脚前后开立（左脚在前，右脚在后）面向投掷方向，当右脚前迈时，以左脚蹬地的力量推动身体向前，要做到当右脚落地时脚跟不要着地，体重落在右腿上，并不停顿地继续旋转左髋、左腿主动转向投掷方向；两手持木棒做旋转模仿练习，以达到体会上肢肌肉放松的肌肉感；加强腰、肩的柔韧性练习
旋转后上体后仰并使左脚偏左落地	学生在旋转时，左肩过早地转向了投掷方向，没有以左侧为轴进行旋转；旋转中左脚未着地时左肩过早打开甚至挺胸	徒手（有条件可用带套的铁饼）做预摆后进入以左侧为轴的旋转，到左膝转向投掷方向时，体重压在左腿上；做旋转至右脚动作时强调左肩内扣并微收腹，两眼视投掷反方向

（六）注意事项

（1）掷铁饼的技术练习应特别注意人身安全，以防伤害事故发生。

（2）原地投饼时应强调下肢用力，防止只用上肢力量投饼，明确力学道理。

（3）明确旋转技术与最后用力技术的重要性。同时也应说明旋转与最后用力要连贯结合。

（4）旋转技术时应先解决预摆后进入以左侧为轴的旋转动作，以便平稳而快速地进入旋转。

（5）旋转中应注意保持良好的水平拉引角和扭转角度，并尽量使器械远离身体。

（6）多做右腿、右髋大幅度地积极内转下压和单腿支撑的继续旋转动作。

（7）注重分解练习与完整练习、徒手模仿与持器械练习、慢速练习与快速练习的有机结合。

第八章　径赛

本节学习目标：

- 学习各种跑的练习方法，掌握跑的基本技术，提高跑的能力
- 了解各种跑的锻炼价值，学会提高跑的能力、方法
- 在跑步中提高耐力等素质及培养坚强意志品质

短距离跑是一项非常古老的运动项目。早在公元前 766 年第一届古希腊奥林匹克运动会上，就有了赛跑项目。

近代短距离跑发展也有一百多年的历史。在 1896 年的第一届现代奥林匹克运动会的田径比赛中，就有男子 100 米和 400 米跑的比赛，第二届奥运会增加了 200 米跑的比赛。

近代奥运会上第一次有女子参加的短距离跑比赛是在 1928 年第九届奥运会上。1948 年第十四届奥运会增加了 200 米比赛，1964 年第十八届奥运会又增加了 400 米比赛。

现代短跑技术在不断演变，20 世纪初跑的技术是“踏步式”跑法，它的特点如下：躯干前倾，大腿抬得高，脚落地点离身体重心投影点近，步幅较小。之后芬兰人克里麦特创造了“摆动式”的跑步技术，特点是上体直立或稍前倾，大腿高抬，脚落地较远，用脚跟着地，落地点在身体中心投影点前面，但这种脚跟着地的方法影响速度的发挥。

古希腊人采用站立式起跑时，已经懂得用大石块置于脚后，避免滑动，以增大蹬地力量。1888 年美国大学生西里里第一个在比赛中使用了“蹲踞式”起跑。当时是在地上挖两个起跑蹬地的起跑穴。

短跑发展史上一个重要的里程碑是 1929 年美国选手 G.辛普逊首选使用了可调节的起跑器。他以 9.4 秒跑完 100 码（英制长度单位，1 码=3 英尺，1 英尺=0.3048 米，100 码=91.44 米），由于使用了起跑器，当时成绩没有被承认。直到 1938 年起跑器才取得合法地位。

（一）短跑

短跑技术可分为起跑、起跑后的加速跑、途中跑和终点跑 4 个紧密衔接的部分。

1. 100 米跑技术

（1）起跑。起跑的任务是使人体迅速摆脱静止状态，获得向前的最大冲力，为起跑后的加速跑创造有利的条件。

在正式比赛中，短跑的起跑必须采用蹲踞式起跑技术，并使用起跑器。起跑器的安装方法通常有两种：一种是普通式，即前起跑器离起跑线一脚半长，后起跑器离前起跑器也是一脚半长；另一种是拉长式，即前起跑器离起跑线两脚长，后起跑器离前起跑器一脚长，如图 8-1 所示。无论是哪一种，两起跑器之间的宽度均在 15 厘米左右。前起跑器抵足板与地面的夹角为 40°～45°，后起跑器为 75°～80°。起跑器的安装方法不求一致，应找出适合个人特点的方法。

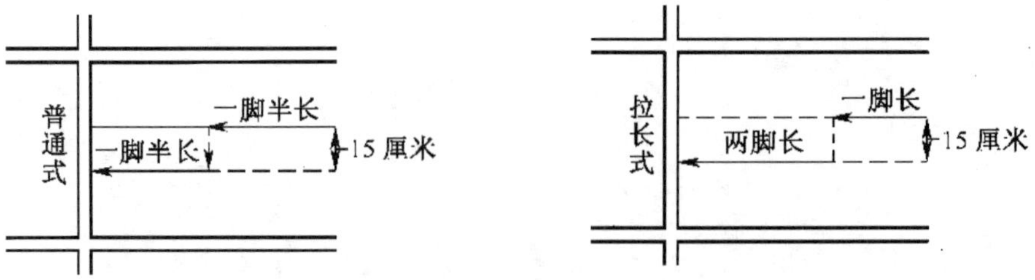

（a）普通式　（b）拉长式

图 8-1　两种起跑器安装示意图

蹲踞式起跑动作包括“各就位”“预备”和鸣枪三个过程。听到“各就位”口令后，做 1～2 次深呼吸，然后轻快地走到起跑器前，两手撑地，将有力腿的脚放在前起跑器上，另一只脚放在后起跑器上，后脚膝部跪地。两手四指并拢，拇指相对，成八字形撑于起跑线后，两手间距稍宽于肩，两臂伸直，颈与躯干保持放松，两眼注视前方 40～50 厘米处，调整呼吸，注意听“预备”口令。

听到“预备”口令时，从容抬起臀部，使其稍高于肩，肩部处在起跑线上方，重心主要落在两手和前腿上。前膝角约为 90°，后膝角为 120°～130°，两脚蹬紧起跑器，身体像压紧的弹簧一样，注意力高度集中，静听枪声。

听到枪声后，两手迅速推地，两臂屈肘做前后有力摆动。两脚迅速先后蹬离起跑器，后腿以膝部领先快速向前摆动，膝关节向前抬得较平，下压着地要快。前腿髋、膝、踝三关节充分蹬直，上体保持较大前倾向前跑出。三个过程示意图如图 8-2 所示。

图 8-2　起跑三个过程姿势示意图

（2）起跑后的加速跑。起跑后的加速跑是从前腿蹬离起跑器到途中跑期间的一个跑段。其任务是充分利用向前的冲力，在尽可能短的时间内发挥出最大的速度。

后腿完成前摆后，便积极下压着地，并迅速转入后蹬。前腿蹬离起跑器后，迅速屈膝前摆。起跑后的第一步落点应尽可能靠近身体重心投影点，不能迈大步，以后步长逐渐增加到途中跑的步长，上体也从较大前倾姿势逐渐抬起到途中跑姿势。加速跑的距离一般为 25～30 米，在这一段应做到“两个逐渐”：逐渐增加步长，逐渐抬起上体，如图 8-3 所示。

（3）途中跑。途中跑是全程中距离最长、跑速最快的一段。其任务是发挥和保持最高速度跑向终点。途中跑时头部正直，两眼平视前方，颈和肩部放松，上体稍前倾。两手半握拳，自然屈肘约成 90°，以肩为轴快速前后摆动。前摆时手高不超过下颌，后摆时肘关节稍向外，大臂高不超过肩，小臂几乎与躯干平行，手臂摆至体侧肘关节角度最大。摆臂动作应与腿部动作相配合，以调节身体平衡和跑的节奏。

图 8-3　加速跑姿势示意图

在途中跑的一个周期中，一条腿的动作过程可分为下落、缓冲、后蹬、前摆等阶段。当身体重心移过支点垂面后，即开始了摆动腿的前摆的配合下，支撑腿迅速伸展髋、膝、踝三关节，最后用脚趾末节用力，形成支撑腿与摆动腿协调配合的蹬摆动作。

支撑腿蹬离地面后人体进入腾空时期，原摆动腿以髋为轴，大腿积极下压，膝关节放松，小腿随大腿下压的惯性自然向下方伸展，准备着地。当脚掌着地时，迅速向下、向后做“扒地”动作，用脚前掌着地并进行缓冲。原支撑腿蹬离地面后，小腿顺惯性靠拢大腿，形成边折叠边向前摆动的动作，直到摆过支撑腿膝关节，这时大小腿折叠最紧，如图 8-4 所示。

图 8-4　途中跑姿势示意图

（4）终点跑。终点跑是全程跑的最后一段。其任务是尽可能保持高速度冲过终点。终点跑阶段躯干适当前倾，加快摆臂速度。在跑到距终点约一步时，上体急速前倾，用胸部或肩部撞终点线。跑过终点线后顺惯性逐渐减速，如图 8-5 所示。

图 8-5　终点跑姿势示意图

2. 弯道起跑和弯道跑技术

（1）弯道起跑技术。短跑中的 200 米、400 米跑，起跑在弯道上，有一半以上的距离是弯道跑。为了便于起跑和加速，起跑器应安装在各分道的右侧，两起跑器间的中心线正对弯道的切点方向。加速跑时，要沿切线方向跑进，跑至切点时，身体要逐渐向左倾斜，进入弯道跑，如图 8-6 所示。

（2）弯道跑技术。弯道跑时，身体应向左侧（圆心方向）倾斜，弯道半径越小，跑的速度越快，身体向左侧倾斜程度就越大。摆臂时，右臂摆动幅度大于左臂，右肩稍高于左肩。右脚用脚前掌左侧着地，左脚用脚前掌外侧着地。向前摆腿，右腿膝关节稍向内摆，左腿膝关节稍向外摆，跑近弯道前，身体应逐渐向左倾斜，如图 8-7 所示。进入弯道后，要保持弯道技术。从弯道跑进直道前，身体应逐渐直起。进入直道后，应放松快跑 2～3 步并转入直道跑技术，以消除肌肉紧张。

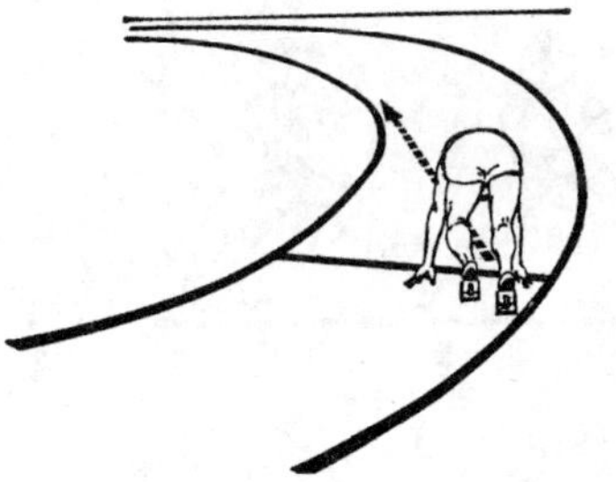

图 8-6　弯道起跑

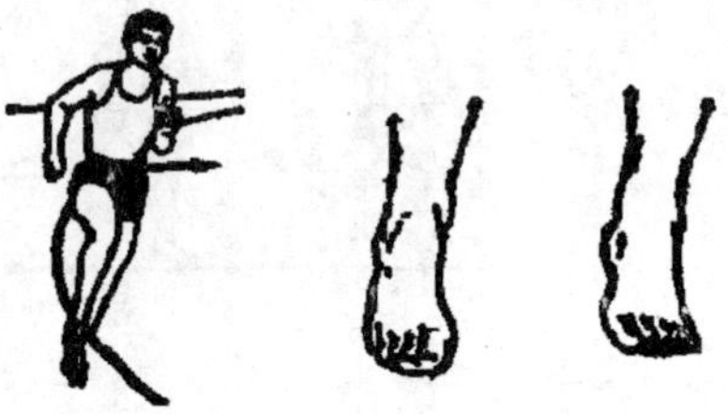

图 8-7　弯道跑技术示意图

3. 短跑练习方法

（1）原地摆臂练习。原地两脚成弓箭步，两臂曲肘前后摆动；摆臂时，以肩为轴，上臂带动前臂前后摆动，动作自然放松，幅度要大。

（2）小步跑。上体稍前倾，大腿半抬高，膝关节放松，然后大腿积极下压，小腿顺惯性向前摆出，前脚掌积极着地，并做向后“扒地”动作，两臂自然下垂或前后摆动。要求步幅小，频率快而放松。

（3）高抬腿跑。上体正直或稍前倾，大腿抬高，至水平时积极下压，用前脚掌在身体重心投影点下方着地，并充分蹬直，两臂前后摆动，使身体重心始终保持较高位置。

（4）后蹬跑。上体稍前倾，两臂前后摆动，支撑腿用力向后下方蹬地，脚蹬直后，迅速前摆，并带动同侧髋关节前送，当大腿摆至适当高度时积极下压，用前脚掌向后下方落地。

（5）60～100 米直道中速跑。

（6）30～60 米行进间跑。

（7）60～100 米直道加速跑。

（8）60～120 米重复跑。

（9）弯道跑，从直道进入弯道 40～60 米，要求身体逐渐向左倾斜。从弯道进入直道 40～60 米，要求身体逐渐过渡到直道跑姿势。

（10）120～150 米弯道跑。

（11）结合枪声起跑练习。

（12）起跑接 30 米加速跑练习。

（13）50～60 米起跑接加速跑过渡到途中跑练习。

4. 短跑练习中常见错误及纠正方法

（1）蹲踞式起跑练习中常见错误及纠正方法见表 8-1。

表 8-1　蹲踞式起跑练习中常见错误及纠正方法

常见错误	产生原因	纠正方法
抢跑	1. 过分紧张或有取巧思想 2. 身体重心过分前移 3. 手指和臂的力量差	1. 养成听信号起跑的习惯 2. 调整“预备”姿势 3. 增强手指和臂的力量
两腿蹬起跑器无力	1.“预备”动作时臀部抬起过高或过低 2. 身体重心前移时两脚未蹬紧起跑器	1. 做好正确的“预备”动作 2. 进行蹬起跑器跳远、多级跳等辅助性练习
起跑后上体抬起过早	1.“预备”时，身体重心前移不够 2. 腿部力量不够，害怕摔倒	1. 做好“预备”动作，身体重心适当前移 2. 利用斜竹竿，限制起跑时上体过早抬起

（2）途中跑练习中常见错误及纠正方法见表 8-2。

表 8-2　途中跑练习中常见错误及纠正方法

常见错误	产 生 原 因	纠 正 方 法
“坐着跑”	1. 后蹬概念不清，上体前倾过大，含胸、塌腰 2. 全脚掌着地 3. 髋关节灵活性差	1. 体会动作要领 2. 脚跟不着地弹性跑进 3. 支撑正、侧摆腿练习
摇动腿前摆过低	1. 抬腿前的折腿动作不理想或前摆时甩小腿 2. 上体过分前倾，髋关节受压	1. 上坡跑、跑台阶、扶墙后蹬 2. 高抬腿、后蹬跑过渡到加速跑
跑进中直线性差	1. 两臂左右摆动带动上体摇摆 2. 八字脚 3. 头部姿势不正确，影响视线	1. 多做原地前后摆臂练习和保持跑中的正确摆臂技术 2. 沿跑道线跑进 3. 看跑道前方标志物跑进
摆臂姿势不正确（直臂摆动、左右摆动、摆臂无力耸肩）	1. 肩关节和两臂肌肉紧张 2. 摆动时没有以肩为轴前后摆动	1. 多做原地摆臂练习 2. 用中等速度跑改进摆臂技术

5. 短跑练习注意事项

（1）每次练习前应做好准备活动。

（2）在练习中注意蹬摆结合技术，增大后蹬的力量，注意整个动作的协调配合。

（3）练习中多采用跑的专门练习，如小步跑、高抬腿跑、后蹬跑，以及由这三种练习过渡到加速跑的练习。

（4）在进行弯道跑练习时，跑的速度应逐渐加快，并注意体会弯道跑的技术。

（5）终点撞线时不要降低速度或跳起撞线。

（6）培养严格听枪声起跑的习惯。

（7）练习时应根据自己的实际情况合理安排运动量和强度，遵循循序渐进的原则。

（8）练习中应安排一些增强关节力量（尤其是下肢关节的力量）和柔性韧性练习。

（二）中长距离跑（简称“中长跑”）技术

中长跑是耐力性运动项目，跑的技术与短跑基本相同，只是由于距离长，更注重跑的节奏和放松能力，要求合理分配体力。同时，中长跑的呼吸和比赛战术也十分重要。

1. 起跑

中长跑必须采用站立式起跑技术，800 米及以上距离的起跑只有“各就位”和鸣枪两个信号。当听到“各就位”口令后，运动员迅速走到起跑线后，将有力腿放在起跑线后，前后脚相距约一脚长，左右间距约半脚长。两腿自然弯曲，上体前倾，身体重心在两腿之间，两臂自然下垂，或一臂在前，另一臂在后，颈部放松，身体保持稳定，集中注意听枪声。听到鸣枪，两腿迅速用力蹬地，两臂积极摆动，使身体迅速向前冲去，如图 8-8 所示。

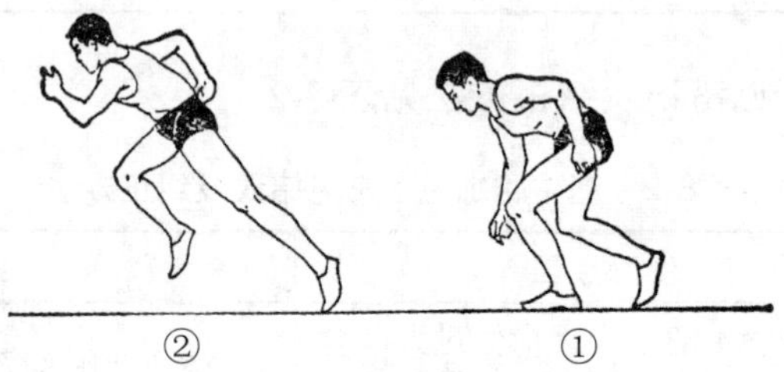

图 8-8 起跑

2. 起跑后的加速跑

摆臂和摆腿动作积极有力，上体前倾幅度比短跑稍小。加速跑的距离长短视项目、人数和训练水平而定。800 米一般应在跑完一个弯道后切入有利位置，1500 米及以上距离应视情况适时转入途中跑。

3. 途中跑

中长跑中途中跑的技术原理与短跑一致，但由于距离和跑速不同，在技术上存在一定差异。与短跑技术相比，中长跑的后蹬用力程度稍小，后蹬角度稍大，大腿前摆的高度较低，上体前倾角度和摆臂幅度稍小，弯道跑时技术动作变化程度也小一些。中长跑时脚的着地动作更柔和而有弹性，一般是用脚跟先着地，并迅速滚动至全脚掌。跑时要做到速度均匀，高步频，重心平稳，节奏性强，动作协调，如图 8-9 所示。

图 8-9　途中跑

4. 终点跑

终点跑是终点前一段的加速跑，此时人体已处于疲劳状态，在实力接近的情况下，终点跑将决定比赛的胜负。终点跑时应该加快摆臂速度，加快步频，以顽强的毅力冲过终点。终点跑的距离根据个人训练水平和战术而定，初学者一般为最后的 100～200 米。

5. 中长跑的呼吸

中长跑以有氧供能为主，能量消耗大，肺通气量比安静时增加 10 倍以上。为保持机体对氧气的需求，呼吸必须有一定的频率和深度，并与跑的节奏相配合。一般是跑 2～3 步一呼气，跑 2～3 步一吸气，如图 8-10 所示，随着跑速的加快和疲劳的出现，呼吸频率会加快，此时应着重深呼气，只有充分呼出二氧化碳，才能吸入更多的氧气。跑时一般采用口鼻同时呼吸方法，但在冬季或逆风跑时，最好用鼻子吸气，用口呼气，避免冷空气刺激。在跑的途中，往往会出现呼吸困难、胸闷、四肢无力，有难以坚持下去的感觉，这种现象称为“极点”。这是一种正常的生理现象，只要加强呼吸，调整跑速，坚持跑下去，难受的感觉就会减轻，呼吸又会逐渐均匀。

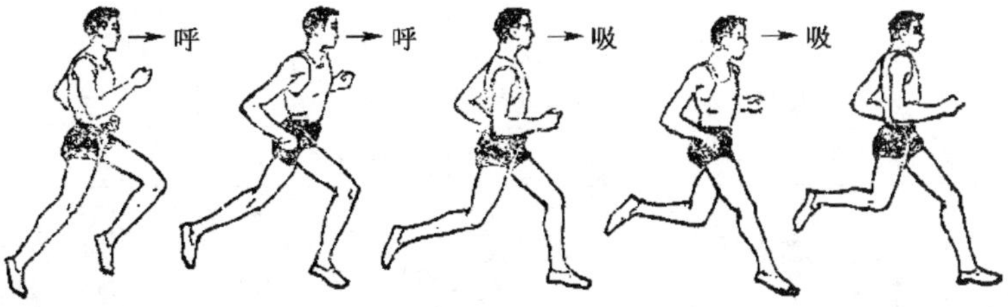

图 8-10　中长跑的呼吸示意图

6. 中长跑练习方法

（1）40～60 米反复跑。主要体会脚掌的着地（脚跟不着地）方法。

（2）60～100 米加速跑。反复练习，体会蹬摆技术。

（3）100～200 米匀速跑。主要培养速度感和提高一般耐力。

（4）走跑交替。发展一般耐力和掌握跑的技术，随着耐力的提高，逐渐缩短走的距离。

（5）30 秒间歇跑。要求快跑 30 秒，使心率上升到每分钟 180 次左右，然后慢跑或走一段距离，心率恢复到每分钟 120 次左右即开始下一次快跑练习。

（6）200～600 米重复跑。发展速度和速度耐力。采用 50%～70%的力量，可逐步缩短间歇时间。

（7）变速跑。可分为速度快慢交替和变换跑的距离两种形式。中速跑一段距离再转为较长距离的慢跑，并互相交替，用来发展一般耐力；快跑与短距离慢跑相交替，主要发展速度耐力，还可采用改变训练环境的训练方法，如利用自然条件的上坡快跑、下坡慢跑等。

（8）定时跑。一般有两种形式：一是规定跑的时间，而对跑速不作要求，主要用来发展一般耐力和改进跑的技术；二是在规定的时间内要求跑完一定的距离，主要是发展专项耐力和培养跑的速度感。

（9）越野跑。利用野外各种自然地形进行练习，不受场地条件、跑的距离以及时间限制，是发展耐力、灵敏、弹跳力等身体素质，以及培养意志品质的有效方法。

7. 中长跑练习中常见错误及纠正方法

中长跑练习中常见错误及纠正方法见表 8-3。

表 8-3　中长跑练习中常见错误及纠正方法

常见错误	产生原因	纠正方法
摆臂不正确，肩部紧张	1. 技术概念不清 2. 耸肩	1. 两肩下沉，直臂放松做前后摆动过渡到曲臂摆动 2. 体会正确摆臂动作
后蹬无力，坐着跑	1. 对后蹬和前摆的技术概念不清 2. 蹬地腿离地过早 3. 髋、膝关节的灵活性和柔韧性差 4. 腿部力量差	1. 讲解与示范，使学生了解蹬、摆结合的正确含义和髋部前送的意义 2. 多做练习后蹬跑 3. 多做髋、膝关节的灵活性、柔韧性练习 4. 发展腿部力量练习，做上坡跑、台阶跑及各种跳跃练习
身体左右摇晃，重心起伏大，跑的直线性差	1. 对身体重心平稳性的重要性认识不够 2. 摆臂不正确，两腿用力不均 3. 八字脚	1. 理解身体重心在跑时平稳的重要性 2. 沿画好的直线跑进
呼吸方法不正确，跑时动作紧张、不协调	1. 技术概念不清 2. 身体姿势不正确 3. 跑的速度感差	1. 反复体会正确呼吸方法 2. 多做柔韧练习 3. 上体保持正直的慢跑、中速跑 4. 通过分段报时的方法，逐渐培养跑的速度感

8. 中长跑练习注意事项

（1）开始练习前，应了解自己的健康状况，是否存在不宜参加中长跑训练的疾病。

（2）练习应尽量在碎渣跑道上进行。越野跑可在土质小道或草地、树林中进行，在柏油马路上练习不宜过多，应穿有海绵鞋底的胶鞋，避免腿部运动性扭伤。

（3）应做好准备活动，特别是冬季练习中长跑时，练习中或练习后应注意保暖，以防感冒。

（4）跑的技术练习应先在直道上进行，然后再学习弯道跑的技术。

（5）为了体会中长跑技术的各个环节或纠正错误动作，可采用专门练习，如高抬腿、小步跑、后蹬跑等。

（6）做中长跑完整技术练习时，要注意合理分配体力，以及跑步节奏与呼吸的配合。

（7）在练习中，应根据自己实际情况和生理反应来掌握运动量，循序渐进，量力而行，并逐渐摸索出适合自己的练习节奏。

（三）接力跑

接力跑技术包括短跑技术和传接棒技术。队员的速度及传接棒动作的配合决定接力跑的成绩。

1. 迎面接力跑技术

采用站立起跑姿势。接棒人站在起跑线后，右臂前伸，虎口张开准备接棒。传棒人以右手立棒方式将棒传给接棒人。为防止抢跑，可在起跑线上插一根竹竿，队员站在竹竿左侧，右手从竹竿右侧前伸接棒，接棒后迅速从竹竿左侧跑出。

2. 4×100 米接力跑技术

（1）起跑。

1）持棒起跑。第一棒采用蹲踞式起跑，与弯道起跑技术基本相同，只是用右手的中指、无名指和小指握住棒末端，拇指和食指分开撑地，棒不得触及起跑线或线前的地面，如图 8-11 所示。

2）接棒人起跑。通常采用站立式或半蹲式（一手触地）起跑。第二、四棒队员站在本队分道内的偏外侧，第三棒站在偏内侧，头转向后侧方，如图 8-12 所示，注视跑来的同伴和起跑标志线。当传棒人跑至标志线时，接棒人迅速起跑。

图 8-11　持棒起跑

图 8-12　接棒人起跑

（2）传接棒方法。分上挑式和下压式两种方法。

1）上挑式。接棒人听到传棒人发出的接棒信号后，手臂自然向后下方伸出，四指并拢，拇指分开，掌心向下，手臂靠近身体。传棒人手臂前伸，前臂或手腕上挑，将棒送入接棒人手中，如图 8-13①所示。这种方法优点是接棒人手臂动作自然，容易掌握。缺点是接棒人握棒位置越来越短，造成换手或移棒而影响跑速，容易出现掉棒现象。

2）下压式。听到接棒信号后，接棒人手臂后伸，掌心向上，四指朝外，虎口向后上方张开。传棒人由上向前下方下压将棒前放入接棒人手中，待接棒人握好后再松手，如图 8-13②

所示。这种方法的优点是每一棒都是握住接力棒的一端，便于传递。缺点是接棒人手臂较紧张，手腕不自然。

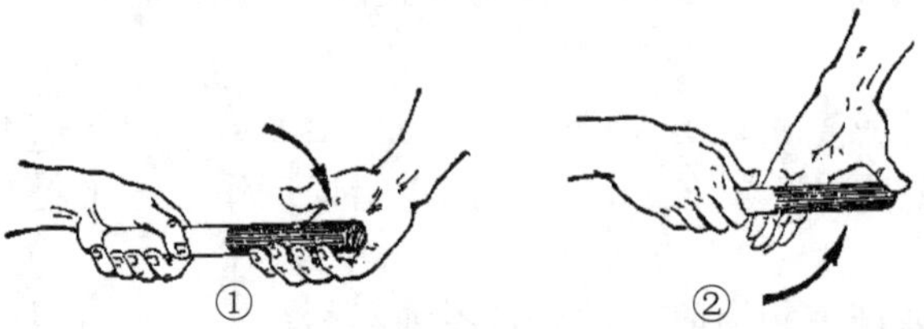

图 8-13　传接棒方法

（3）传、接棒的时机和标志线的确定。

1）传、接棒的时机。接棒人站在 10 米预跑区内接力区后端，当传棒人跑到标志线时，接棒人迅速起跑，两人先后跑入接力区，当传棒人跑到距接棒人约 1.5 米时，果断发出“接”的信号，接棒人听到信号后，立即向后伸手接棒。传棒人交出棒后，在自己的分道内减速，如图 8-14 所示。

图 8-14　传、接棒时机

2）标志线的确定。4×100 米接力跑是由 4 名队员密切合作、共同拼搏跑完全程的，在安排各棒次队员时，要尽量发挥每个队员的特长与优势。第一棒要求起跑快、弯道跑技术好；第二棒要求直道跑快，速度耐力和传接棒技术好；第三棒要求弯道跑和传接棒技术好；第四棒是全队实力最强者。

为避免冲撞而影响跑速和增加跑的距离，第一、三棒应沿弯道内侧跑进，用右手传和接棒，第二、四棒左手传、接棒。

3. 接力跑的练习方法

（1）原地站立、走、慢跑、中速跑、快速跑中进行接传棒练习，体会上挑式和下压式传、接棒方法。

（2）2 人一组在快跑中做传递棒练习，体会起跑时机和信号配合。

（3）2 人一组或 4 人一队进行各种距离的接力跑或教学比赛。40～80 米迎面接力跑比赛。

第九章　篮球

本章学习目标：

- 学习各种篮球基本技术和基础配合
- 初步掌握快攻、区域联防等简单战术方法及配合
- 了解篮球裁判规则，学会和懂得如何欣赏篮球运动

第一节　篮球概述

一、篮球运动的起源

篮球运动是由美国马萨诸塞州斯普林菲尔德市（即春田市），基督教青年会干部训练学校，在加拿大出生的体育教师詹姆斯·奈·史密斯（James Nai Smith）于1891年发明的。当时他看到当地儿童在做摘桃投入桃筐的游戏——在一块场地的两端设置两个竹制桃筐，展开投桃入筐比赛，受此启发，发明了投篮游戏。这便是篮球运动的雏形。

篮球运动是一项综合性的体育项目，具有对抗性、集体性、多边性和复杂性，同时具有较大的吸引性。

二、篮球运动的特点及其锻炼价值

（一）篮球运动的特点

篮球运动是参加比赛的两个队，以篮筐为攻守目标，以争夺、控制球为前提，在特定规则、规定的场地上，运用个人或整体的各种战术配合和特长组成总体攻守阵势，展开以控制球、投球、守护篮、瞬间转换攻守及在空间、地面交叉展开立体型攻守对抗，并以求进球得分多而取胜的体育竞技运动和娱乐活动。

由于篮球运动围绕篮筐而展开空间与地面的双线竞争，竞争的手段与方法多样而多变，运动员将速度、力量、弹跳与技巧完美地结合在一起，将智慧、意志与多变的战术巧妙地运用在一起，因此篮球运动不仅富有对抗性、集体性，而且富有健身性、娱乐性、艺术性、趣味性，所以是当前世界人民开展广泛的喜闻乐见的一项体育运动项目。

（二）篮球运动的锻炼价值

篮球运动是手持球向悬挂在高处的球篮进行投准比赛的一项球类体育活动。运动员在场上的变幻多端的个人技术的展现，以及全队战术的运用，使现代篮球运动发展成为一项具有灵活巧妙的技术和变化多端的战术相结合的运动，具有较强集体性。它要求每个运动员都必须齐心协力、密切配合，为全队战略战术的实现尽心尽责。因此，篮球运动能培养良好的集体主义精神和严格的组织纪律性。

从生理学角度而言，适量参加篮球活动，能使人体的力量、速度、耐力、灵敏性等素质得

到全面发展，特别对内脏器官与感受器官的功能，中枢神经系统的支配能力，增强健康及心理修养等有积极作用。

从社会学角度来说，篮球运动凝聚着世界各国数以亿计的人参与和观赏，是一项开展最广泛、最具群众性和有特殊社会影响的体育项目之一。在篮球竞赛和各种篮球活动过程中充满着教育因素的丰富内容，对提高社会成员素质，活跃社会生活内容，促进社会交往，增进国家与民族的自尊自强，都有社会教育价值。它既能增强人们的体质，促进健康，又能丰富人们的业余文化生活，促进社会精神文明的建设。

第二节　篮球基本技术

篮球技术是篮球运动动作方法的统称。篮球技术可分为进攻技术和防守技术，常用的基本技术有准备姿势、移动、传球、运球、突破、投篮、抢球、断球、抢篮板球等。全面、准确、熟练地掌握各种技术动作，是打好篮球的基础。唯有如此，才能在激烈的对抗中快速、准确、稳定、可靠地完成各种技术动作，才能在战术配合中创造性地运用各种技术。

（一）移动

移动是篮球运动中队员为了改变位置、方向、速度和争取高度、空间所采用的各种脚步动作方法的总称。移动技术是完成各项技术动作的基础，也是实现篮球战术目标的重要原因。

移动主要由基本站立姿势、起动、侧身跑、变速跑、变向跑、后退跑、急停、转身、跨步、滑步等技术所组成，是以人体的踝、膝、髋关节为轴，通过脚蹬碾的力量、腰腹力量、手臂摆动力量，带动躯干灵活运动，来改变身体位置方向和速度。运用移动技术最关键的是控制身体重心平衡和变化，注意用力方向和角度，以及转体方向和角度的变化，克服重力和惯性，突然快速、灵活地完成不同的脚步动作。

1. 基本站立姿势

两脚前后或左右开立，与肩同宽或略宽于肩，重心落在前脚掌，两膝微屈，身体的总重心在两脚之间，上体稍微前倾，两臂屈肘自然下垂置于体侧，两眼平视前场，随时准备起动。

篮球运动中，队员在球场上需随时保持一个既稳定而又便于起动的基本站立姿势。

2. 起动

起动是指队员在球场上由静止状态转为运动状态的一种动作，是获得位移速度的方法。进攻时，突然快速地起动，是摆脱防守的有效手段之一。防守时，突然快速地起动，可以抢占有利位置，看住对手。起动的动作方法：从基本站立姿势开始，向前起动时以后脚、向侧起动时以异侧脚的前脚掌短促有力地蹬地，同时上体迅速前倾或侧转向跑的方向移动重心，手掌协调地摆动，充分利用蹬地的反作用力，迅速向跑的方向迈出。

3. 侧身跑

侧身跑，是指队员在跑动中为了抢位、摆脱防守，接侧向或侧后方传来的球，采用的一种跑动方法。在跑动时，头部和上体转向侧面和有球的一侧，脚尖向着前进方向，既要保持奔跑速度又要保持身体平衡，双手自然放在腰侧，密切注意观察场上情况。

4. 变速跑

变速跑是指队员在跑动中利用速度的变化来摆脱防守者的一种跑动方法。它利用突然加速或减速破坏防守者的正确位置，及时完成切入、接球、突破和投篮等技术。在跑动中加速时，上体微前倾，用前脚掌短促而有力地蹬地、步频加快，同时用力摆臂。减速时，步幅适当增大，上体直起，用前脚掌用力抵地来减缓向前的冲力，从而降低跑速。

5. 变向跑

变向跑是指队员在跑动中突然改变方向来摆脱或超越防守者的一种跑动方法。变向跑时（以从右向左为例），落地最后一步用右脚的前脚掌内侧用力蹬地，脚尖转向左前方并移动方向，同时使上体向左前倾移动重心，迅速转肩、转腰，左脚向左前方跨步并用力蹬地，右脚迅速跟随向左前方跨出，或右脚用力蹬地直接向左前方跨出，继续加速跑动。

6. 后退跑

后退跑是指队员回防时为了更好地观察场上情况而采取的一种跑动方法。后退跑时，用落地脚的前脚掌着地过渡到用前脚掌蹬地、提踵，小腿后伸，上体稍微后倾，两臂协调配合，两眼平视前方。

7. 急停

急停是指队员在快速移动中，突然制动速度的一种方法。进攻队员可利用急停摆脱防守者并衔接其他脚步动作和进攻技术。急停可分跨步急停和稳步急停两种。

（1）跨步（二步）急停。在快速跑动中跨步急停时，急停时向前跨出一大步，用脚外侧着地，微屈膝，迅速过渡到前脚掌；第二步用前脚掌内侧着地（脚尖向内转），身体微向内转，两膝弯曲，上体前倾，重心下降落在两脚之间，两臂自然张开，然后上体迅速自然前倾，帮助控制身体平衡。

（2）跳步（一步）急停。在近距离慢跑中，用单脚或双脚起跳，使双脚稍有腾空。上体稍后仰，两脚平行或前后落地，两膝弯曲，重心下降，两臂自然张开，保持身体平衡，形成进攻基本站立姿势。

8. 转身

转身是指队员以一脚做中枢进行旋转，另一脚蹬地向前、向后跨出，改变身体方向的一种方法。它可与急停、跨步、持球突破结合运用，有效地摆脱防守，创造传球、投篮机会。转身分为前转身和后转身两种。

（1）前转身。移动脚向中枢脚脚尖方向跨出改变身体方向为前转身。转身时，中枢脚前掌用力碾地，移动脚迅速蹬地跨步，同时转肩、转腰，重心随着转移。

（2）后转身。移动脚向中枢脚脚跟方向跨出改变身体方向为前转身。转身时，中枢脚碾地旋转，移动脚蹬地向身后撤步，腰胯主动用力旋转，身体重心随着转移，保持身体平衡。后转身可在原地或行进间运用。

9. 跨步

跨步是一种起始步的动作方法。队员的一脚为中枢脚，另一脚蹬地向前、向后或向侧跨出，身体重心随之转移，但不改变身体方向，主要用于接球、持球突破、起跳等技术中。也可作为过渡动作或假动作，经常与起动、转身等动作结合运用，诱骗对方位置移动或重心偏移，从而获得超越、摆脱、抢位、传球、投篮等机会。根据动作方法，跨步可分为同侧步跨步和异侧步跨步两种。

10. 滑步

滑步是防守移动的一种方法。它易于保持身体平衡，可向任何方向移动。

（1）侧滑步。由防守基本站立姿势开始，两臂张开；向左滑步时，右脚前脚掌内侧蹬地的同时，左腿向左侧跨出，左脚落地，右脚向左脚靠拢半步落地，腰胯用力，保持低重心的水平移动。

（2）前滑步。由前后站立防守姿势开始，前脚向前跨出一小步的同时，后脚前脚掌内侧用力蹬地向前滑半步成开立姿势，保持低重心和水平移动，前脚同侧臂前上举，另一臂侧下张开。

（3）后滑步。动作方法与前滑步相同，只是方向相反。

（二）传球和接球

传接球是指在篮球比赛中进攻队员之间有目的地支配球、转移球的方法。它是进攻队员在场上相互联系和组织进攻战术的纽带，也是实现战术配合的具体手段。

为了适应篮球比赛千变万化的需要，随着篮球技术的发展，传球方式越来越多，有单手、双手、原地、跑动和跳起等传球方式。由于出球的部位和方向不同，又可分头上、肩上、胸前、体侧、背后和勾手等传球方式。根据来球的方向、速度、距离和高度不同，接球的方法也是多种多样的。

1. 双手胸前传球

双手持球置于胸腹之间，两手五指自然分开，用指根和手指部位握住球的侧后方，掌心空出，拇指成八字形相对。两肘自然弯曲于体侧，两脚前后或平行站立，稍屈膝，上体稍前倾，目视传球目标。传球时用脚蹬地，身体重心前移，前臂急促地前伸，食指、中指用力拨球，将球传出，如图 9-1 所示。

掌握了双手胸前传球的基本方法后，一般中近距离传球靠翻抖手腕将球传出；远距离传球，需加大蹬地跨步、伸上臂的力量。传球的距离越远，蹬地跨出、伸大臂的幅度越大。

2. 双手头上传球

用双手持球手法把球置于头上，双手手指朝上，两肘微屈；传球时，利用小臂前摆手腕旋内并前屈手指拨球，将球传出，如图 9-2 所示。距离远时可增加蹬地、跨步和腰腹部用力的力量。

图 9-1 双手胸前传球

图 9-2 双手头上传球

3. 双手低手传球

五指自然分开，掌心空出，两手掌心向上，持球的侧下方（偏后），将球置于腹前或腰侧，传球时手腕外旋，用中指、无名指拨球，柔和地将球传出。

4. 单手肩上传球

双手持球于胸前，两脚平行开立。右手传球时，左脚向传球方向跨出半步，右手靠左手指拨送球的力量，将球引到右肩侧上方，右肩关节引展，大小臂自然弯曲，手腕向后屈，持球的后下方，左肩对着传球方向，重心落在右脚上。传球时，右脚蹬地发力，同时转体带动上臂、前臂，手腕前屈，食指、中指、无名指拨球将球传出，如图 9-3 所示。

图 9-3 单手肩上传球

5. 反弹传球

反弹传球动作方法与其他各种传球相似，但要掌握好球的落点，一般应在传球者距接球者 2/3 的地方。如防守自己的对手距自己较远，而传球的距离又较近时，击地点可在防守者的脚侧。球弹起的高度一般以在接球人的腹部为宜。

6. 双手接球

两眼注视来球，两臂迎球伸出（接高部位球时，两臂向前上方迎球伸出，接低部位球相仿），双手手指自然分开，拇指相对成八字形，其他手指向前上方伸出，两手成一个半圆形。当手指触球时，将球握住，两臂顺势屈肘后引缓冲来球的力量，两手持球于胸腹之间，如图 9-4 所示。

图 9-4 双手接球

7. 单手接球

单手接球时，如用右手接球，右臂微屈，手指自然分开，伸向来球方向，同时迈出左脚；当手指触球后，手臂顺势后撤，同时收肩，上体微向左后转动，然后用左手帮助将球握于胸前，如图 9-5 所示。

图 9-5 单手接球

（三）投篮

投篮是进攻队员将球投入对方球篮而采用的各种专门动作方法的总和。它是篮球比赛中得分的唯一手段，是一切技术、战术运用的最终目的和全部攻守矛盾的焦点，是整个篮球技术体系的核心。

随着现代篮球运动的发展，投篮技术呈现出一些新的趋势和特点，可概括如下：投篮难度增大，投篮技术复杂多变，远距离投篮的准确性提高。

投篮方法很多，可以分原地投篮、行进间投篮、跳起投篮和扣篮等。从单双手来说，各类投篮包括单手和双手两种方法；从投篮时持球的部位来讲，又有胸前、肩头和头上之分；从投篮时出球的手法来看，又有低手、高手、反手和勾手等。

投篮是一项复杂的技术动作，它主要由握球方法、瞄准点、投篮力量的运用、出手速度、球的旋转、抛物线和入篮角等环节组成。本节主要介绍几种常见的投篮方法。

1. 原地投篮

原地投篮又叫定位投篮，是最基本的投篮方法，是行进间投篮和跳起投篮的基础。原地投篮在中远距离投篮和罚球时运用较多。准确的中远距离投篮，不仅可以增强个人和全队的攻击力量，而且具有较大的战术意义。准确的远投，能够拉大对方的防区，为切入篮下和灵活地运用战术创造良好的条件。

（1）原地双手胸前投篮。预备姿势：两脚前后或左右开立，两膝微屈，重心落在两腿之间，两臂屈肘自然下垂，双手持球于胸腹前，两眼注视瞄篮点，投篮时两脚蹬地，同时腰腹伸展，抬肘伸臂手腕外翻，球最后通过两手拇指、食指和中指端拨出，手心对正投篮方向。球出手后，两手心自然向下向外翻，脚跟提起，身体随投篮出手方向自然伸展，如图 9-6 所示。

（2）原地单手肩上投篮。以右手投篮为例，右手五指自然分开，手心空出，用指根以上的部位持球，大拇指与小指控制球体，左手扶球的左侧，右臂屈肘，肘关节自然下垂，置球于右肩前上方，两脚左右或前后开立，两膝微屈，重心落在两脚上。投篮时，下肢蹬地发力，右臂向前上方伸直，手腕前屈，食指、中指用力拨球，通过指端将球投出。球出手的同时，身体随投篮动作向上伸展，脚跟微提起，如图 9-7 所示。

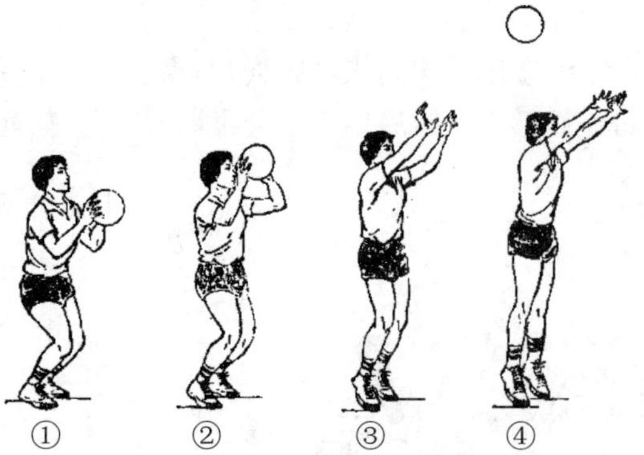

图 9-6 原地双手胸前投篮

图 9-7 原地单手肩上投篮

2. 行进间投篮

进行间投篮是指队员在跑动当中接球或运球后将球投向球篮的一种投篮方法。特点是重心低、速度快、命中率高，初学者应尽快掌握这种投篮技术。

（1）行进间单手（双手）低手投篮（以右手投篮为例）。右脚跨出的同时接球，左脚接着跨出一小步并用力蹬地起跳，右腿屈膝上抬，双手向前上方举球；当身体接近最高点时，左手离球，右手掌心向上托球，并充分向球篮的方向伸直，接着屈腕，食指、中指用力拨球，最后通过指端将球投出，如图 9-8 所示。

图 9-8　行进间单手低手投篮

（2）进行间单手肩上投篮（以右手投篮为例）。右脚向前跨出一大步的同时接球，左脚迅速蹬地起跳，右脚屈膝上抬，同时两手持球上举至肩上，当身体上升接近最高点时，右臂柔和向上伸展，手腕稍前屈，食指、中指用力拨球，通过指端将球投出，如图 9-9 所示。跨出第一步时注视瞄篮点，跨步要有节奏，起跳接近最高点时，手臂柔和向上用力将球投出。

图 9-9　进行间肩上投篮

3. 跳起投篮

跳起投篮简称跳投，它具有突然性强，出手速度快，出手点高和不易防守的优点，可与突破、传球、转身等其他技术动作结合。多数用于中远距离投篮，可在原地、行进间急停，面向或背向球篮等情况下进行。跳投的方法变化多，动作难度大，实用价值高。下面介绍原地跳起单手肩上投篮和运球急停跳起投篮这两种方法。

（1）原地跳起单手肩上投篮（以右手投篮为例）。两手持球于胸前，两脚左右或前后开立，两膝微屈，重心落在两脚之间。起跳时，迅速屈膝，脚掌用力蹬地向上起跳，双手举球至肩上，右手持球，左手扶球的左侧方，当身体接近最高点时，左手离球，右臂向前上方伸直，手腕前屈，食指、中指拨球，通过指端将球投出。落地时，屈膝缓冲，准备做下一个动作，如图 9-10 所示。

（2）运球急停跳起投篮（以右手投篮为例）。在快速运球中，采用一步或两步急停接球，两膝微屈，重心快速移到两脚间，迅速蹬地向上起跳；同时，双手举球，当身体接近最高点时，右臂向前上方伸展，手腕前屈，食、中指拨球，通过指端将球投出，如图 9-11 所示。

图 9-10　原地跳起单手肩上投篮

图 9-11　运球急停跳起投篮

（四）运球

运球技术是持球队员在原地或移动中用单手连续按拍球推进的一种动作技术。它不仅是个人摆脱防守，创造传球、突破、投篮得分的重要进攻手段，也是进攻队员发动快攻、组织全队战术配合的纽带。运球技术包括身体姿势、手臂动作、球的落点和手脚协调配合 4 个环节。运球时，五指自然分开，用手指和指根部位触球，控制球，手心空出；侧身上体稍前倾，两膝微屈，抬头目平视；非运球手臂屈肘平抬，肩向前，用以保护球。下面主要介绍高运球、低运球、运球急停急起、体前变向运球、背后运球等几种运球方法。

1. 高运球

高运球是指运球队员运球时使球弹起的高度在腰膝之间的运球方法。特点是队员向前推球的力量大，球反弹的高度高，队员跑动速度快，运一次球可以跑若干步，并且便于运球队员观察场上情况，多在快攻和无人防守的情况下运用。运球时两脚前后开立，两膝微屈，目视前方，用手指和指根接触球的后侧上方，食指向前，以肘关节为轴，小臂自然屈伸，手腕和手指柔和按拍球，将球拍至脚的外侧前方，球弹起的高度在腰膝之间；行进间运球时，触球部位要向后移，用力要稍加大，球的落点要离脚远一些，如图 9-12 所示。

图 9-12　高运球

2. 低运球

低运球是指队员运球时球反弹的高度低于膝关节的一种运球方法。这种运球方式主要在进攻队员受到对手紧逼的情况下使用。运球时两腿深屈，降低重心，上体前倾，用上体和腿保护球，以肩为轴，同时用手短促地按拍球，球的反弹高度在膝关节以下，以便控制球和摆脱防守继续运球。行进间低运球拍球的部位在球的后上方或后侧方，如图 9-13 所示。

图 9-13 低运球

3. 运球急停急起

运球急停急起是指持球队员在运球推进时，进攻队员利用速度变化来摆脱防守而采用的运球方法。运球急停急起由运球、急停、急起三个动作组成。运球急停动作是用手指控制球的前上部，同时做一步或两步急停。急停有时能使对手向前移动两三步。这时进攻队员可利用防守队员向后回防的时机，突然运球起动，上体迅速前移，手指用力推球的后上部，加速向前运球以超越对手。急停时，利用跨步急停动作，右手按拍球的前上方，然后短促有力地按拍球的上方，变为暂时的原地运球；急起时，身体重心迅速前移，后脚用力蹬地跨出，同时右手按拍球的后上方，推球前进，如图 9-14 所示。

图 9-14 运球急停急起

4. 体前变向运球

体前变向运球是指运球队员前进路线被阻截，但与防守队员还有一定距离时，利用突然变换方向运球前进，来达到摆脱和超越对手目的的运球方法。体前变向运球又可分体前换手变向运球和体前不换手变向运球两种。

（1）体前换手变向运球。运球队员从对手右侧突破时，先向对手左侧运球，当对手向左侧移动时，运球队员突然向右侧变向，用右手按拍球的右侧上方，同时右脚向左前方跨出，用肩挡住对手，接着迅速换左手按拍球的后上方，从对方的右侧运球超越对手。换手时，球要低，动作要快，如图 9-15 所示。

（2）体前不换手变向运球。将球从身体的右侧拨到体前中间的位置，当防守队员重心向右侧移动时，突然将球拨回右侧，左脚向右侧跨出，借以摆脱防守，继续运球前进。

图 9-15　体前换手变向运球

5. 背后运球

背后运球是指运球队员运球的一侧被防守队员堵截，距离较近时，不便运用体前变向运球时，运球队员可采用背后运球方式，改变方向突破防守。以右手运球为例，用右手将球拉到身后，按拍球的右侧上方，使球拍至左脚的侧前方，并立即换左手运球，左脚迅速向前跨出，用左手运球突破对手，如图 9-16 所示。

图 9-16　背后运球

6. 运球转身

运球转身是指运球队员被防守队员逼近并堵截一侧时，不能用直线运球或体前变向运球方式突破时，可采用此方法摆脱防守。以右手运球为例，变向时，左脚前跨一步为中枢脚，右手按拍球右侧前方，随着后转身动作将球拉向身体的后侧方，然后换左手运球，从对手的右侧突破后加速前进，如图 9-17 所示。

图 9-17　运球转身

7. 胯下运球

胯下运球是当防守队员迎面堵截时，用这种方法摆脱对手。以右手运球为例，变向时，左脚在前，右手拍按球的右侧上方，将球从两腿之间运至身体左侧，然后上右脚，换手运球，加速前进。

（五）持球突破

持球突破是指控制球队员运用脚步动作和运球技术相结合的方式达到超越对手目的的一种进攻技术。突破技术不仅是个人的战术行动，还是整体战术配合的基础。比赛中若能与投传结合运用，不但能增强个人的进攻能力，而且可以打乱对方的防守战术。

1. 交叉步持球突破

以右脚做中枢为例，突破时左脚向左前方跨出，做向左突破的假动作；当对手失去重心时，左脚前脚掌内侧迅速蹬地，向对手左侧跨出一大步；同时上体右转探肩，贴近对手，球移至右手，推动球加速超越对手，如图 9-18 所示。

①　②　③　④　⑤

图 9-18　交叉步持球突破

2. 同侧步持球突破

以左脚为中枢脚为例，突破时，左脚内侧蹬地，右脚迅速向前方跨出一大步，同时向右侧转体探肩，重心前移，球移至右手推运，然后左脚迅速蹬地超越对手，如图 9-19 所示。

①　②　③　④　⑤

图 9-19　同侧步持球突破

（六）个人防守

个人防守是防守队员合理运用脚步移动和手臂动作积极地抢占有利位置，阻挠和破坏对手的进攻意图和行动，以争夺控制球权的防守技术。尽管防守是为了阻止对方的进攻，但也可以对对方行动进行阻挠、破坏，变消极被动的防守为积极主动的攻击性防守。因此，只有把防守姿势、位置、站法、脚步移动、手臂动作，以及抢、打、断球技术结合起来，合理运用，才能更好地完成防守任务，创造进攻机会。个人防守是集体防守的基础，也是许多防守动作的综合运用。在教学与训练中应注重提高个人防守能力，促进集体防守与进攻技术、战术提高。个人防守分防守无球队员和防守持球队员两种。

1. 防守无球队员

在比赛中，防守队员绝大部分时间是防守不持球队员，其主要任务是不让或少让对手在有效的攻击区内接球，尽可能地抢断传向对手或传越自己防守区域的球。要提高防守的主动性、攻击性，有效地消除来自对手的进攻威胁，必须增强对防守无球队员重要性的认识，提高防守无球队员的技能。

防守无球队员由防守的位置与距离、防守姿势、移动步法三个环节组成。

防守无球队员时，位置与距离的选择非常重要，必须根据球和自己所防守的对手所处的位置来确定和调整自己的防守位置，要始终遵循“球－我－他”的选位原则，即防守者的位置始终要站在对手与球之间，与球和所防对手三者要成钝角三角形，防守者始终站在钝角处，防守者与对手的距离和对手距球的远近成正比，做到“近球上，远球松”，人、球、区三兼顾，阻止对手接球。

正确的防守姿势能保证扩大控制面积和及时向不同方向移动。采用何种防守姿势，应根据防守者与对手和球的距离远近来决定。防守队员要根据球和人的移动，合理地运用脚步动作来保证及时占据有利的防守位置，争取主动。防守无球队员常用的移动步法有滑步（前、后、横滑步）、撤步、碎步、快跑和转身等。

2. 防守持球队员

在比赛中，为了有效地抑制对方进攻，一旦对手接到球，防守者就要及时调整与对手的位置和距离，尽力干扰和破坏其投篮，堵截其运球突破，封锁其助攻传球，并积极地抢、打、断球，争取控制球权，转守为攻。防守持球队员同样由防守的位置与距离、防守姿势、移动步法三个环节组成。

防守时应站在对手与球篮之间的位置上，使对方、自己和球篮保持在一条直线上。一般对手离篮近时则应靠对手近些，离篮远时则靠对手远些，并根据对手的进攻技术特点（善投、善传或善突）及防守战术的需要调整防守距离和位置。

防守持球队员的脚步动作与对手接球时所处的情况以及防守者的站立姿势有直接关系。常用的移动步法有碎步或跳步急停突然逼近对手，平步站立用于横滑步，斜前站立用于撤步、滑步。

（1）防投篮。当对手在距离球篮比较近的范围内接到球时，威胁很大，因为他可以直接投篮。防守者要站在对手与球篮之间，采用斜步防守方式，同对手保持一臂的距离。防守时要全神贯注，注意对手眼神和重心位置的变换，判断对手的进攻意图，不要被其假动作所迷惑。当对手举球准备投篮时，防守者应随之将前伸的手臂扬起，手掌对准球；当对手投篮刚出手或起跳时，防守者及时起跳，伸直手臂用手腕封球，干扰其出球弧度，并争取“盖帽”。

（2）防突破。要根据对手习惯、技术特点（中枢脚、突破方向、假动作等），采取相应对策。如果对手以左脚为中枢脚，用交叉步从防守者的右侧突破时，防守者可稍偏于对手的左侧站立，以右脚在前的斜步（或平步）防守，堵其左脚侧，与前脚同侧的手臂前伸，指向球的部位，并伺机以小臂和手的短促动作挑球或打球；另一手侧伸，以防对手突破。

（3）防运球。当对手远离球篮，其投篮准确性又较差时须防运球。防守中应遵守两条原则：一是堵中路，迫使其向边、角运球；二是堵强手，迫使其用弱手运球。为了扩大防守面积，堵截对手向纵深方向运球，应采取平步防守姿势。当对手开始运球时，防守者应将视线集中在对手运球的手和球上，并抢先快速向运球方向滑动，以身体的躯干对着球的着地点，阻止对手从中路运球突破。

（4）防传球。当对手善于传球进攻时，防守队员要积极阻挠其传球。应根据其位置和视线，判断其传球意图。有时上前贴近对手，挥动手臂封堵其传球，迫使其向攻击威胁弱的位置传球，有时可向后撤步，协助同伴防守，使对手不能顺利将球传给处在有利位置的进攻队员，同时要伺机抢断球。

（七）抢篮板球

抢篮板球是在投篮不中时，双方在篮下抢球的技术。抢篮板球技术在进攻及防守中都起着重要作用，在一定程度上也是决定胜负的重要因素。由于攻守不同，抢篮板球可分为抢进攻篮板球（也叫前场篮板球）和抢防守篮板球（也叫后场篮板球）两种，前者是在对方篮下争抢，后者是在本方篮下争抢。

要想控制篮板球，抢到次数多，首先应提高抢篮板球的意识，通晓抢篮板球的一般规律，准确判断投篮不中后球反弹的方向、落点，抢占有利位置，及时起跳，并养成有投必抢、左投右抢、右投左抢的良好习惯。增强意识，树立积极主动、勇猛顽强的战斗作风，不断提高抢篮板球的水平。

根据进攻和防守队员的位置及球的方向，抢球动作可分为双手、单手抢篮板球和点拨球三种。

在比赛中，抢篮板球不仅是个人的技术动作，而且是战术的组成部分。因此不但要发挥个人抢篮板球的能力，而且要发挥集体的力量，有组织、有配合地争夺篮板球。根据比赛中双方攻防关系，抢篮板球的技术运用可分为进攻时抢篮板球和防守时抢篮板球两种。

1. 进攻时抢篮板球

进攻队投篮，一般进攻队员站在防守队员的外侧，本身处在不利于直接抢篮板球的位置，因此当本队队员投篮时，既要及时判断球弹出的方向，又要立即摆脱对手冲抢，或强行补篮。

（1）篮下进攻队员抢篮板球。当同伴投篮时，靠近篮球的进攻队员要判断球反弹的方向，运用假动作摆脱防守队员的阻挡，及时移向球的反弹方向，迅速起跳到最高点，进行补篮或抢篮板球。

（2）外围进攻队员抢篮板球。外围队员离篮较远，同伴投篮时稍有迟疑就会失去抢篮板球的机会。因此，外围队员的拼抢意识非常重要。当同伴投篮时要有充分的冲抢准备，趁防守队员不备，及时冲向球反弹的方向，进行补篮或抢篮板球。

2. 防守时抢篮板球

防守队员应该明确，在对方投篮不中的情况下又被对方抢到球是极大的威胁。因此，防守队员应增强拼抢篮板球的意识。同时，一定要充分利用自己靠近篮圈的有利条件，养成“先挡人再抢球”的习惯。一旦抢到篮板球，就要迅速反击。

（1）篮下防守队员抢篮板球。当对方投篮时，篮下防守队员要根据进攻队员的行动，选择不同的挡人方法。如在距离对手 1 米的情况下，可采用前转身或上步前转身挡人的战略。如果对手距离自己较近或已贴近身体时，可采用后转身或撤步后转身挡人的战略。抢位挡人的动作应是低重心，两肘外张，争取扩大空间面积，保持一个最有利的起跳姿势。挡人主要是为了延迟对手抢位起跳。挡人动作完成以后，自己要迅速起跳，向上摆臂，伸展腰腹，跳至最高点时用双手或单手迅速抢球，力争能在空中传球或及时将球点拨给同伴发动快攻。如果没有空中传球的机会，可迅速将球持于胸前或头上，落地时应侧对前场，球要远离对手，并迅速观察场上情况。不能消极地保护球，而要迅速突破或传球，发挥篮板球的攻击作用。

（2）外围防守队员抢篮板球。当对方投篮时，外围防守队员的第一个任务就是要运用左右滑步，或前后转身，阻截对手冲抢篮板球的路线。然后及时判断球的反弹方向，去抢夺篮板球。

（八）抢球、打球、断球

现代篮球运动由防守型向攻击型方向发展。防守技术发展的特点，体现在对持球人的防守上，即紧逼持球人，防切防投并重，富有攻击性地破坏持球人的所有进攻动作（投、切、传、运）。

抢球、打球、断球是攻击性很强的防守技术，它是积极性防守战术的基础，防守时，不仅要干扰和阻挠对方传球、运球和投篮，还要力争在对方投篮之前，从对方手中把球抢过来转守为攻。大胆、果断、准确地运用抢球、打球和断球技术，不仅可以破坏对方的进攻，还可以鼓舞本队的士气，为反击快攻创造有利的战机。

抢球、打球、断球技术动作分析如下：

抢球、打球、断球都是由准确的判断、快速的移动、合理的手部动作组成的。准确的判断，意在动先。准确的判断是有效的抢、打、断球的前提。首先应看准球的所在位置、球的移动路线、球的速度和球到的位置，了解对方的意图及习惯动作，然后不失时机地准确出击。

快速地移动，起动要突然，移动的步频要快。不管抢球、打球或断球，突然性都很重要，它是抢、打、断球成功的关键。突然跃出，才能使对方猝不及防。手部动作正确与否，是获得球的重要因素。手臂的伸、拉、挡、截，手腕和手指的拍击、点拨、扭转、封盖等动作，要迅速果断，动作幅度不宜太大，身体用力不可过猛，要控制身体平衡，以免犯规。

1. 抢球

当进攻队员停止运球、接球或抢到篮板球落地刚持球时，防守者可出其不意地将球抢掉。抢球时动作要快而狠，果断有力。在手指接触球或控制住球的同时，利用拧、拉和身体扭转力量，手臂迅速向腰腹回收，将球抢夺过来。抢球的手法一般是一手在上、另一手在下直握，出手要快，动作有力，扭拉要突然，如图 9-20 所示。

图 9-20　抢球

2. 打球

（1）打原地持球队员的球，有自上往下和自下往上两种打球方法。打球时一般采用与持球队员动作相反的逆向迎击，以借助反向合力增大击球力量，易于将球击落。例如，当对手持球由胸以上部位向下移位时，宜采用由下往上的方法打球。打球时多用手指、手掌击球，用手指、小臂与手腕的短促快速动作弹击，不可挥大臂上步抢打，如图 9-21 所示。

图 9-21　打原地持球队员的球

（2）打运球队员手中的球。以右手运球为例，运球队员向前推进时，防守者应在左脚向左滑步抢位堵截的同时，看准球从地面弹起的刹那间，突然用左手，以短促的手指、手腕和前臂的力量从侧面将球打出，并及时上前抢球。在防运球突破时，为了弥补防守失误，可在运球者处于即将超越防守者的瞬间，从后面打球；如运球队员从防守队员左侧突破时，防守者以左脚为轴做前转身，迅速向对手运球的侧后方跨步，利用手臂、肩和腰的伸展动作，用右手从运球者的后方抄打球，如图 9-22 所示。

图 9-22　打运球队员手中的球

（3）打行进间投篮队员手中的球。进攻队员运球上篮时，防守者侧身跟随运球队员移动。当对方起步上篮跨出第二步，要起跳把球由体侧移到腰腹部位的瞬间，防守者可用左（右）手自上而下地将球打落。为了避免犯规，打球的手臂要迅速从对手身旁撤离，如图 9-23 所示。

图 9-23　打行进间投篮队员手中的球

3. 断球

（1）横断球。断球时重心迅速向断球方向移动，以短而快的助跑，单脚或双脚用力蹬地跃起，身体伸展，两臂前伸，用双手或单手将球截获，如图 9-24 所示。

图 9-24　横断球

（2）纵断球。当防守者要从对手右侧绕前断球时，右腿先向前跨出一步，然后侧身跨左脚绕到对手身前，同时重心前移，左脚（或双脚）用力蹬地向前跃出，身体伸展，两臂前伸，将球截获，如图 9-25 所示。

（3）封断球。当持球队员暴露了自己的传球意图或传球动作较大时，防守者可在对方球出手的一刹那，突然起动，伸臂封盖或将球截获。

①　②　③　④　⑤

图 9-25　纵断球

4. 盖帽

“盖帽”前要根据进攻队员的投篮动作和身高、弹跳等特点，降低重心，迅速移动，选择有利位置，准确判断对手起跳及出球时机。当对手起跳投篮时，立即跟随起跳。此时，身体和手臂充分伸展，趁对手举球到最高点或球刚出手的一刹那，用距离对手较近侧手臂的手腕、手指力量，迅速而果断地向侧或向前点拨球，将球打落。打球动作要小而突然，前臂不可下压，要尽量避免接触对手的身体，以免造成犯规，如图 9-26 所示。

①　②　③　④　⑤　⑥

图 9-26　盖帽

第三节　篮球基本技术练习

一、蓝球基本技术练习方法

（一）移动练习

1. 基本站立姿势

（1）根据信号按规格做站立姿势。要求保持低姿，两眼平视。

（2）做好基本站立姿势后，重心转移至一脚，再转移到另一脚，反复改变身体重心。练习时应保持身体平稳。

（3）在各种移动练习中，根据信号停步后，立即成基本姿势站立。练习时应注意使动作规范，重心平稳，完成速度快。

2. 起动

（1）在各种不同情况下根据信号向不同方向快速起动。

（2）自己抛球或同伴抛球后，立即起动快跑接球，不让球落地。

（3）根据信号两人快速起动争抢球。练习时应保持正确起动姿势，反应要快，起动时上体前压，蹬地短促有力。

3. 侧身跑

（1）在场内根据手势或其他信号进行侧身跑练习。要求跑动中脚尖朝着跑动方向，上体侧向发信号者或球，并以眼睛注视发信号者或球。

（2）结合传接球或其他动作进行侧身切入练习。练习时应注意侧身跑动作规范，切入动作快速，两手做好接球准备动作。

4. 变速跑

（1）原地做加速跑时上体前倾、蹬地快速有力的模仿练习，主要是体会动作。

（2）慢跑中进行突然加速跑练习。做到侧身跑时的技术要求。

（3）原地做减速时动作模仿练习。应注意上体直立，步幅放大，并缓冲抵地，主要体会动作要领。

5. 交向跑

（1）慢速中进行练习，体会动作要领。

（2）根据信号或增设标志物进行变向跑练习。要求变向及时、突然，变向的路线要有角度的变化，而不应是弧度的变化。

（3）与其他移动步法结合练习，并应注意与其他技术的衔接。

6. 后退跑

（1）做原地微小碎步，上体稍微后倾，前脚掌蹬地快速有力的模仿练习。

（2）根据老师给出的信号做后退跑的练习。

（3）进行后退跑并结合其他跑法的练习。注意动作协调，反应快速。

7. 急停

（1）慢跑、中速跑或快跑中进行跨步急停和跳步急停练习。

（2）跑动中进行急停接球练习。

（3）进行运球急停后传球练习。

练习要求：应注意急停要停得住、停得稳，要注意使急停技术与其他技术紧密衔接。

8. 转身

（1）原地不持球或持球，做两脚交替转移重心的练习。注意重心落在中枢脚上。

（2）原地不持球或持球，分别以左右脚为中枢脚进行前转身或后转身练习。

（3）增设一名防守，进行前后转身保护球练习。

练习要求：练习转身时要保持低姿势，转身过程中身体重心要保持在同一水平面上，转身结束后身体重心平稳，保持好“三威胁”姿势。

练习跨步时，中枢脚不得移动，保护好球，根据跨步后的攻击动作方向控制好身体重心。

9. 滑步

（1）原地做侧滑步、前滑步或后滑步的模仿练习，体会动作要领。

（2）看手势或其他信号做侧滑步、前滑步或后滑步练习。

（3）滑步与后撤步结合练习。

（4）“之”字形滑步练习。

练习要求：滑步时保持低姿势，动作迅速，身体重心平稳，不可形成交叉步。

（二）传接球练习

1. 双手胸前传接球练习

（1）持球练习。

（2）后引球及伸臂练习。后引球至身前自下而上划弧，同时手腕由下而上翻转。

（3）两人一组一球，相距约两臂距离，不持球者两臂伸出做好接球动作，持球者做双手传球动作向同伴手中送，同时做出翻腕和拨指动作。

练习要求：持球手法正确，接传球衔接好，出手动作正确，行进间传球，上下肢配合要协调。

2. 双手头上传球练习

（1）中近距离两人对传练习。

（2）原地跳起双手头上传球练习。

（3）抢篮板球后双手头上传球练习。

3. 单手肩上传球练习

（1）两人一组一球中距离对传练习。

（2）两人一组一球远距离对传练习。

（3）抢得篮板球后传球练习。

练习要求：持球方法正确，蹬、转、甩、扣用力连贯，传球线路适中，传球到位。

4. 反弹传球练习

（1）两人一组一球用双手胸前传球手法对传练习，着重体会球的击地点。

（2）加快出手速度或增加传球力量的练习。

（3）单手反弹传球练习。

练习要求：传球动作迅速有力，球的击地点适中，传球时注意隐蔽性。

5. 双手接球练习

（1）伸臂接球动作练习。

（2）每人一球，做屈臂引球动作练习。

（3）每人一球，做接球与传球的衔接动作练习。

练习要求：接球前做好要球动作，保持正确的接球手势，接到球后要及时屈臂引球，做好接、传之间的衔接，接球的结束即为传球的开始。

6. 四角弧形跑动传接练习

站位成四组，④传球给⑤，并跑向⑤接其回传球并传给⑥，然后跑到⑥的队尾。当④传球给⑥时，⑤紧跟着起动快速切向⑥，并接⑥的传球再把球传给⑦，然后跑向⑦的队尾。依次连续进行，如图 9-27 所示。

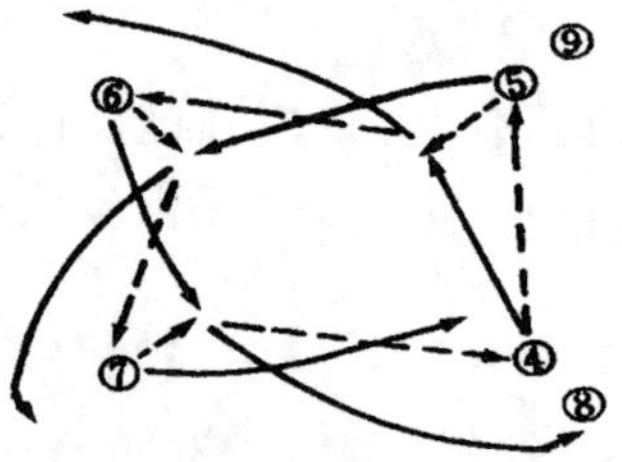

图 9-27　四角弧形跑动传接练习

7. 两人全场传接球推进练习

⑤传球给④后，立即起动直线跑接④的传球，④传球给⑤后，立即起动直线跑接⑤的传球。如此两人推进传球 5～7 次，最后由④号队员上篮，⑤抢篮板球返回时，两人推进必须在

3 次传球中完成上篮，如图 9-28 所示。

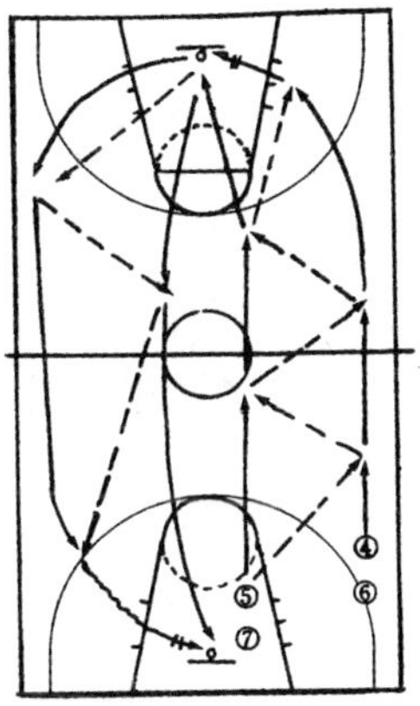

图 9-28 两人全场传接球推进练习

（三）投篮练习

1. 原地投篮

（1）徒手仿做与个人试做，体会动作要领。

（2）持球动作练习。持球后，在扶球手离开球后，球在手上应仍然很稳定。

（3）每人一球，对墙做伸臂、压腕、拨指的出手动作练习。

（4）每人一球，对墙进行完整的投篮动作。

练习要求：持球手法正确，持球位置合理；投篮时，蹬地、展腹、伸臂、压腕、拨指一气呵成，不能忽停忽顿或突然加速，整个用力过程中球应为匀加速运动；球的飞行路线（抛物线）适中，球要后旋；与转身、急停结合运用时，要做好转与投、停与投之间的衔接。

2. 行进间投篮

（1）徒手模仿练习。

（2）慢跑中进行跨步单脚起跳，用右（左）手摸篮网、篮板，做投篮模仿动作的练习，掌握上下肢协同配合的规律。

（3）站在篮下右侧（用右手投篮），左脚在前，右脚在后，做好准备姿势练习时，双手持球上举，同时右膝抬起做右手肩上碰板投篮动作。

练习要求：做好上下肢的协调配合工作，避免出现错误动作；出手动作要规范，以提高投篮命中率。如运用单手肩上投篮方式，第二步要向上方跳起，而用单手低手投篮方式，第二步则要向前上方跳。

3. 跳起投篮

（1）徒手模仿练习，做好原地跳投的准备姿势，两脚迅速蹬地起跳，同时两臂上提，做举球跳投出手动作。体会跳投动作节奏，起跳时用力，空中放松，掌握在腾空稳定瞬间的投球出手时机。

（2）同上练习，只是用并步起跳、上步起跳在空中做投篮出手动作。

（3）每人一球做原地跳投的准备姿势练习。

练习要求：起跳前的准备姿势要正确，起跳和提腰举球要同步进行，蹬地要迅速有力，垂直跳起，空中身体要舒展，掌握好出手时机，出手动作要正确。

（四）运球练习

1. 高运球

（1）原地运球模拟练习。体会手、臂动作。

（2）原地高运球练习。体会手指、手腕上吸下按的动作，以及手触球的部位。

（3）直线运球练习，速度由慢至快。

练习要求：保持正确的身体姿势，运球动作正确，球的击地点在身体侧前方，运球动作与脚步动作要协调一致，人、球速度一致，球弹起的高度在腰部，眼睛不可看球。

2. 低运球

（1）原地运球模拟练习，体会动作要领。

（2）原地低运球练习，体会手指、手腕上吸下按的动作，以及触球的部位和控制力度。

（3）直线运球练习，速度由慢至快。

练习要求：保持正确的身体姿势，运球动作正确，球的击地点在身体的侧前方，运球动作与脚动作要协调一致，球弹起的高度在膝关节以下，眼睛不可看球。

3. 运球急停急起

（1）无球情况下模拟练习，体会动作要领。

（2）原地体侧前后运球，体会前推后拉运球时，手按拍球的部位和用力。运球速度可由慢至快，运球高度由高至低。

（3）根据球场上的线段或标志进行运球急停急起练习。

练习要求：运球急停急起时，要停得稳，起动快，人、球速度要一致。

4. 体前变向运球

（1）无球情况下进行模拟练习，体会动作要领。

（2）原地体前左右手交替运球，体会换手时推拨球的动作和按拍球的部位。

（3）走、慢跑中进行体前变向换手运球，体会手脚动作的协调配合。

练习要求：变向时，手按拍球的部位正确，球的击地点合理，手脚动作配合协调一致，另一只手做好迎球准备，换手后要加速。

5. 背后运球

（1）原地进行模拟练习。

（2）行进间强侧手背后运球练习。

（3）行进间弱侧手背后运球练习。

练习要求：背后变向时，手按拍球的部位正确，球的击地点合理，手脚动作配合协调一致，另一只手做好迎球准备，跨步及时，重心跟上。

6. 运球转身

（1）原地进行模拟练习，体会动作要领。

（2）一人一球过障碍物练习。

（3）运球转身突破上篮练习。

（五）持球突破练习

（1）每人一球，保持基本站立姿势，向左侧或右侧前方做跨步突破动作，然后收腿还原，反复练习。此练习可分别以左、右脚为中枢脚进行交叉步或顺步的跨步动作。

（2）同上练习，在做跨步动作前先做瞄篮动作，然后突然快速地进行跨步。

（3）两人一组一球，一攻一守，进行上述两种练习。消极防守，体会跨步的位置及转体探肩和护球动作。

练习要求：保持好突破前的准备姿势，跨步要迅速、有力，跨步、转体探肩同时完成，运球迅速；假动作逼真，掌握突破动作的运用时机。

（六）个人防守练习

1. 防守无球队员

（1）对手与球不动的定点选位和防守姿势练习。

（2）对手不动，进行球不断转移的选位、移动和防守姿势练习。

（3）球固定，进行对手不断移动的防摆脱、溜底线、横切、纵切等练习。

练习要求：始终保持正确的防守姿势，要始终做到“人球兼顾”，保持“球－我－他”的有利位置。

2. 防守持球队员

（1）防守位置和防守姿势练习。

（2）一对一练习。

（3）两人一球一组，持球者做投篮、突破假动作，防守者及时做防守动作和上步、撤步。

练习要求：及时选位，做好防守准备。防投篮时要扬手，防运球时要堵截。

（七）抢篮板球

（1）徒手原地双脚起跳，模拟单双手抢篮板球动作。

（2）结合上步、跨步、转身、滑步等脚步动作，做单双脚起跳抢篮板球的模拟练习。

（3）每人一球，自己向头上方抛球后跳起，用双手或单手在空中抢球。

练习要求：积极抢位，进攻者要“冲”，防守者要“堵”；做好起跳前的准备动作，判断要准确，起跳要及时、有力，空中动作要舒展，在最高点抢球，得球后迅速收球。

二、篮球基本战术

篮球战术是篮球运动集体配合行动的统称，是队员之间合理运用个人技术相互配合的组织形式和方法。运用战术的目的是更好地发挥己方队员的技术与特长，制约对方，掌握主动权，争取比赛的胜利。

全队战术是根据有利于破坏对方战术而采取的有针对性的攻防方法，构成篮球比赛的攻防战术体系，包括快攻与防快攻、人盯人防守与进攻人盯人防守（半场或全场）、区域联防与进攻区域联防、区域紧逼与进攻区域紧逼、机动进攻与综合多变防守等体系。一个球队的战术设计，应结合篮球运动发展趋势、本队的具体条件，一定要切合本队实际，组成最佳的基础配合，将所有队员有机地联系成一个整体，使个人技术得以充分展现。这是争取比赛中的主动，获得胜利的保证。

（一）进攻战术

篮球进攻战术是指在篮球竞赛中，进攻队员通过个人技术的合理运用和全体队员互相间的协调配合，破坏对方的防守，达到进攻得分目的所组织的形式和方法。战术的目的是使全体队员在统一思想的指导下，采取一致行动，充分发挥队员的攻击性和实效性，攻击对方的薄弱环节，获得良好的攻击得分机会，争取竞赛的胜利。同时，要注意攻守转换，保持攻守平衡，做到攻守兼备。

1. 进攻战术基础配合

进攻战术基础配合是指在篮球竞赛中，两三个队员之间所组成的简单配合方法。它是组成全队进攻战术的基础，任何一种整体进攻战术都离不开基础配合。因此，熟练地掌握与运用基础配合，对提高学生的整体进攻战术配合能力和战术意识有着重要的作用。

进攻战术基础配合有传切、突分、掩护、策应等类型。

（1）传切配合。传切配合是进攻队员之间利用传球和切入所组成的配合，它包括一传一切和空切两种基本形式，是一种最基本的简单易行的战术配合，在竞赛中经常采用的传切配合切入路线有横切、纵切和斜切几种，可选择近球侧切入，也可从远球侧切入。无球队员摆脱对手，切向防守空当区，接球投篮或做其他进攻动作，称为空切。传切配合发动进攻快，不受其他配合影响，使防守摸不清进攻意图，传切配合变化快，一旦切入受阻，即可拉到外线或前去掩护，也可连续切入，使防守处于紧张、被动的地位。

1）一传一切配合。其是指持球队员传球后摆脱防守，向球篮方向切入接回传球投篮的配合。当④传球给⑤后，先向右侧做切入假动作，同时注意观察❹的情况，然后突然从左侧切入，身体转向球的方向接⑤的传球投篮，如图 9-29 所示。

2）空切配合。其是指无球队员掌握时机，摆脱对手，切入篮下接球投篮或做其他进攻配合。当④传球给⑥时，⑤趁❺注意力在球而尚未调整防守位置时，突然横切或从底线切向篮下接⑥的传球投篮，如图 9-30 所示。

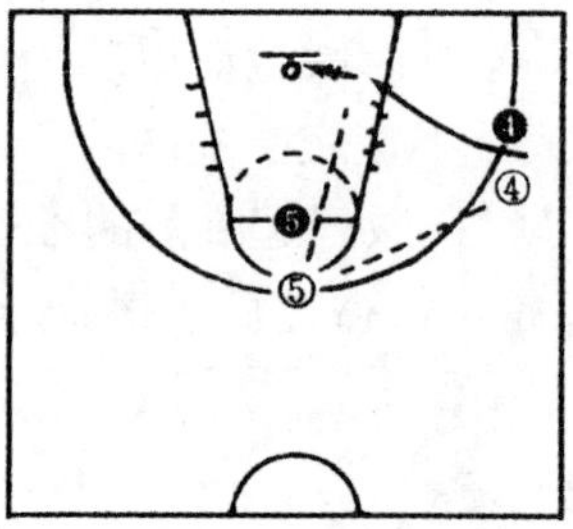

图 9-29　一传一切配合

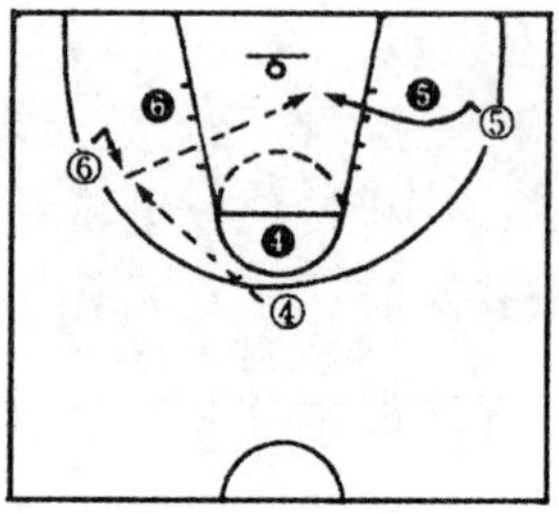

图 9-30　空切配合

（2）突分配合。突分配合是指持球队员突破对手之后，遇到对方补防时，及时将球传给进攻时机最好的同伴进行攻击的一种配合方法，如图 9-31 所示，当④持球突破❹后，遇到❺补防时，④及时传球给横插篮下的⑤，让其投篮。

（3）掩护配合。掩护配合是进攻队员采取合理的身体动作，用来挡住同伴防守者的移动路线，使同伴得以摆脱防守，创造进攻机会的一种配合方法。

根据掩护位置和方向不同，掩护可分为前掩护、侧掩护和后掩护三种形式。根据掩护者移动路线、方法和变化，有反掩护、假掩护、运球掩护、定位掩护、行进间掩护、连续掩护等类型。掩护配合可以在无球队员之间进行，也可以在无球和有球的同伴之间进行。

1）前掩护。掩护队员站在同伴的防守者前面，用身体挡住防守者的移动路线，使同伴摆脱防守获得进攻机会的一种配合方法，如图 9-32 所示。④传球给⑤后，先做向篮的方向空切的假动作，然后突然跑到❺的身前，形成前掩护。⑤接④的传球并投篮。

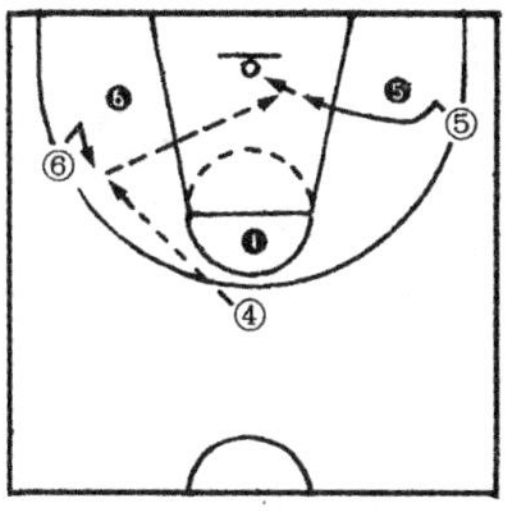

图 9-31　突分配合

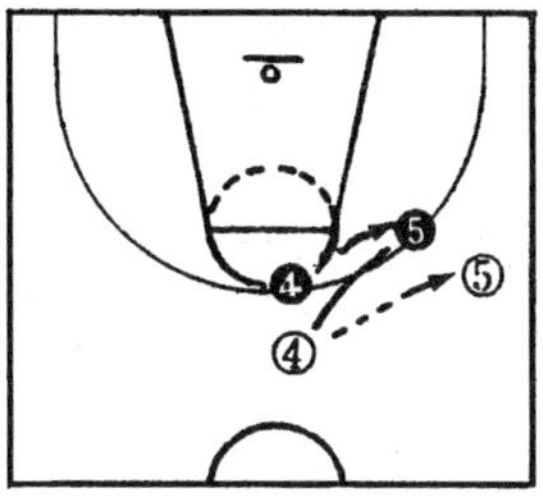

图 9-32　前掩护

2）侧掩护。掩护者站在同伴的防守者的侧面（稍靠后一些），用身体挡住他的移动路线，使同伴得以摆脱防守的一种方法。其包括两种形式，一是给持球队员做掩护，如图 9-33 所示，⑤传球给④后跑到❹的侧后方做掩护，④接球后以突破或投篮的假动作吸引住❺，看⑤到掩护位置后，④持球从❹的右侧突破投篮，⑤掩护后及时移动到有利位置去接球或抢篮板球；二是给无球队员做掩护，如图 9-34 所示，④传球给⑤后，跑到❻的侧后方给⑥做掩护，⑥以相应的行动吸引❻的注意力，当④跑到❻的侧后方时，⑥借机摆脱对手切入篮下接⑤传来的球投篮。⑤传球给⑥之前，要做投篮或突破的假动作，以便吸引自己的对手的注意力，获取调整配合的时间。④掩护后及时作战术性移动。

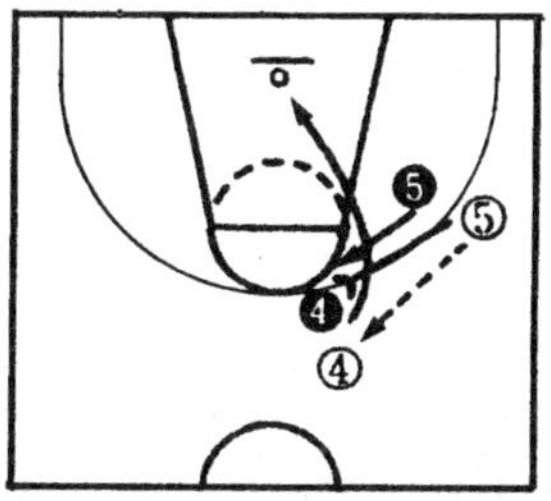

图 9-33　给持球队员做掩护

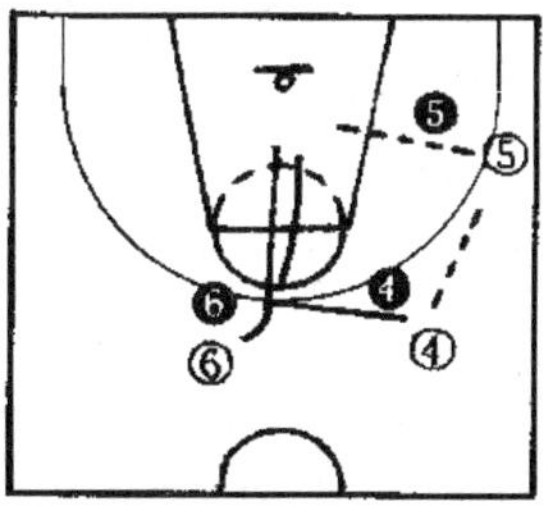

图 9-34　给无球队员做掩护

3）后掩护。掩护者站在同伴的防守者的身后，挡住防守者的移动路线，使同伴借以摆脱防守的一种方法，如图 9-35 所示。⑤传球给④的同时，⑥移动到❺身后给⑤做后掩护，⑤传球后先向左侧做切入的假动作，当⑥掩护即将到位时突然靠近❺，摆脱❺向篮下切入，接④传来的球投篮。⑥转身跟进抢篮扳球，如果对方换人防守，⑥应及时转身切向篮下，接④的传球投篮。

（4）策应配合。策应配合是指处于内线的队员背对或侧对球篮接球，以他为枢纽，与外线队员进行空切、绕切，借以摆脱防守，创造各种进攻机会的一种配合方法，如图 9-36 所示。当⑤将球传给④后，向底线做切入的假动作，突然摆脱❺的防守并到罚球区做策应。④传球后立即摆脱，跑到❺面前接球跳投或突然投篮。

2. 快攻战术

在比赛中，趁对方尚未做好防守部署之前，以最快的速度获取人数、位置上的优势，果断地进行快速攻击，这就是快攻战术。发动快攻的时机有后场抢到篮板球时、对方投篮得分掷端线球时、抢断球后、跳球时。快攻的组织形式有长传快攻、短传结合运球推进快攻、运球突破快攻。快攻由发动、接应和推进三个阶段组成，是最有威力的进攻战术之一。

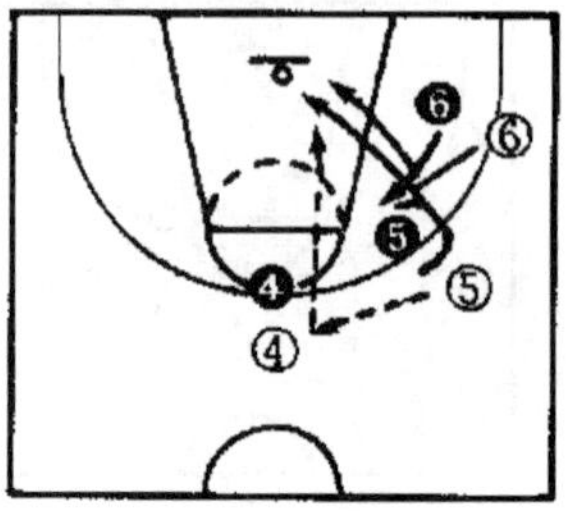

图 9-35　后掩护

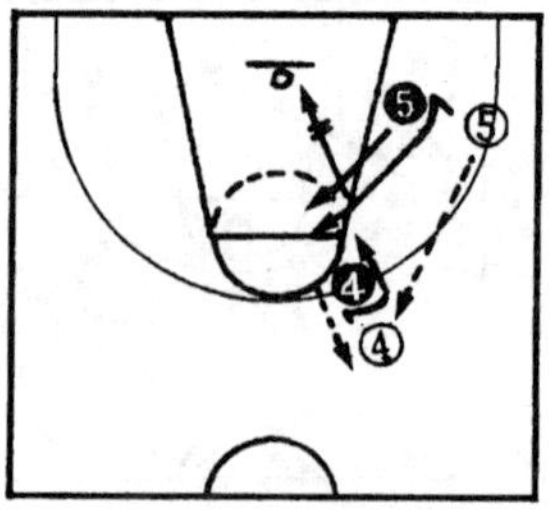

图 9-36　策应配合

（1）快攻的组成。

1）快攻的发动。组织快攻，首先要有强烈的快攻意识。快攻意识体现在获球后，一传快、起动快、分散快、传球快、突破快、投篮快。获球是组织快攻的来源。在比赛中要想获得球，防守是关键，通过防守阻止、延误对方进攻，积极组织抢断球，一旦获球后应及时进入快攻状态，抢断球成功后，要以快速运球突破对手，争取快攻机会。通过防守迫使对手慌乱投篮，有效地组织拼抢篮板球，一旦获球，方式应及时转身寻找接应人或组织长传快攻。在罚球圈、中圈跳球时，要有目的、有针对性地组织跳球获球后的快攻。

2）快攻的接应。在抢获防守篮板球时要及时发动快攻，抢得篮板球后的一传要快，接应要快，并学会选位，根据抢篮板球队员的位置选择接应的空间，最好的接应是机动接应，即谁处在有利的位置谁就充当接应者。这样灵活性大，不被对方摸着规律，能提高快攻速度。

3）快攻的推进。两三人间的传运突进可到达进攻区域，一般 3 人形成一个三角形向前推进。在推进中要强调 5 人的参与，分散要快，保持纵深队形，5 人之间既要保持一定距离，又要保持紧密衔接。

（2）快攻的类型。就快攻形式而言，可分为长传快攻和短传结合运球推进快攻两种类型。

1）长传快攻。其是队员在后插获球后，用一次或两次传球把球传给迅速摆脱对手进行偷袭的同伴的一种方法。这是一种速度快、时间短、配合简单、成功率较高的快攻战术配合，可达到出其不意、攻其不备的效果。

a）抢篮板球后长传快攻。如图 9-37 所示，④抢到篮板球以后，必须首先观察前场的情况，寻找长传快攻的机会，⑦和⑧判断④有可能抢到篮板球时，便立即起动快下，争取突破对方的防线，打成偷袭快攻，⑥要插中，以便长传快攻受阻时能及时接应第一传，若长传快攻发动成功，⑥接着从中路快速跟进，准备接同伴的回传球或投篮不中时及时补篮。⑤和④接着也插空跟进。

b）抢篮板球后通过接应发动长传快攻。如图 9-38 所示，当⑦抢到篮板球后，⑤和⑥已经起动快下，但由于受到❼的严密封堵，⑦不能及时直接长传球给快下队员，应立即把球传给⑧，⑧接应后再长传给快下队员投篮，⑨及时插中，做接应的准备或及时跟进，⑧和⑦随后插空跟进。

c）掷界外球通过接应后长传快攻。如图 9-39 所示，当对方投中篮后，近球点的⑧立即跑到端线外掷界外球，但由于受到❽的封堵，不能直接长传球给快下队员时，应立即把球传给⑨，由⑨再把球传给快下的⑤或⑥投篮，⑦从中路插上准备接应或迅速跟进，⑧和⑨传球后也随着跟进。

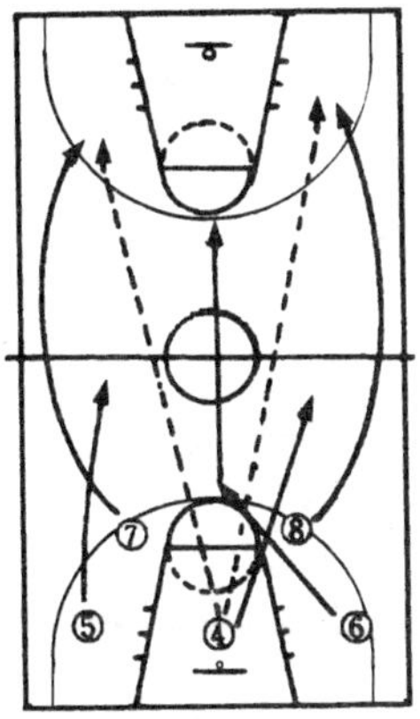

图 9-37 抢篮板球后长传快攻

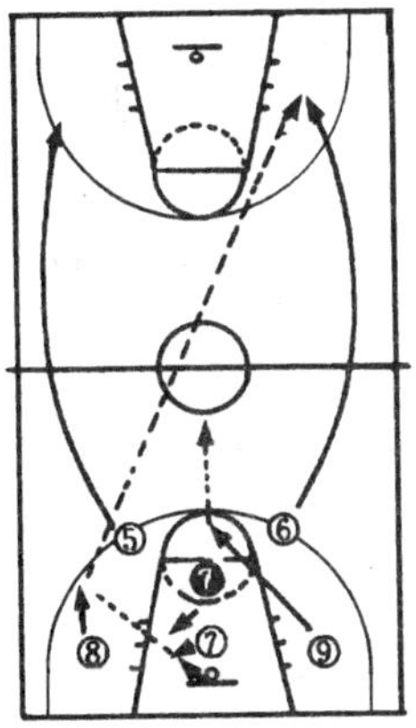

图 9-38 抢篮板球后通过接应发动长传快攻

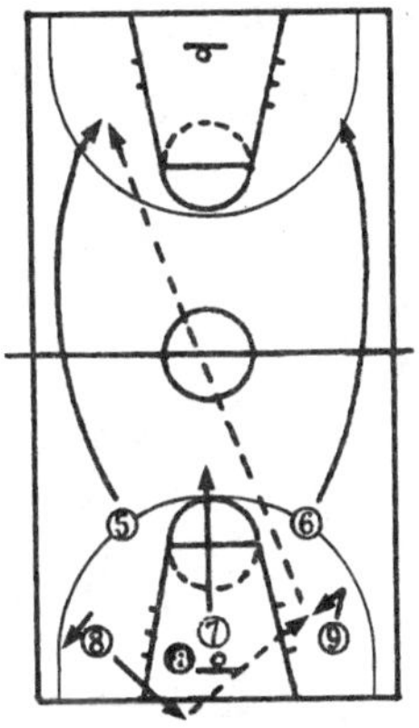

图 9-39 掷界外球通过接应后长传快攻

d）断球长传快攻。断球后发动长传快攻，一般是在后插防守的队员断获球时进行，如图 9-40 所示。⑧断获❺的传球后，立即把球传给快下的⑤或⑥投篮，⑨和⑦立即跟进，⑧传球后也随着跟进。

e）跳球长传快攻。如图 9-41 所示，跳球队员⑧把球拍给已暗示好的⑦，由于⑤和⑥已明确此配合，当⑧跳起拍球时，⑤和⑥抢先起动快下，以便跳球成功后接⑦的传球篮，⑧从中路跟进，⑨和⑦也随着跟进。

2）短传结合运球推进的快攻。短传推进和运球推进往往是结合运用的。队员在后场获球后，利用快速的短距离传球、运球，短距离传球与运球结合，迅速向对方球篮推进，创造有利的投篮时机，这种快攻形式比较灵活多变，较容易创造快攻战机，由于短传球推进和运球推进往往是相互结合的，所以进攻者根据攻防双方的位置和防守队员的行动决定采取传球或以运球的方式向前推进。推进方法运用合理，快攻的灵活性就大，为了发挥快攻的威力，特别是在不利的情况下争取更多的快攻战机，在控制球后必须有组织地快速攻击。

a）中路运球推进。如图 9-42 所示，⑤插中接应后，迅速从中路快速运球向前插推进，⑦和⑧迅速沿边线快下，④和⑥随后插空跟进。

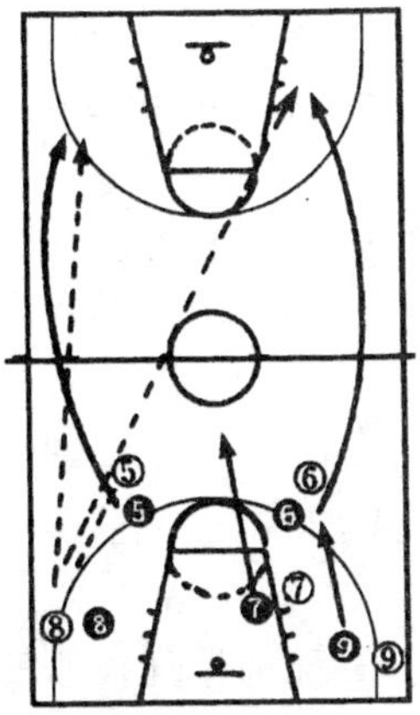

图 9-40 断球长传快攻

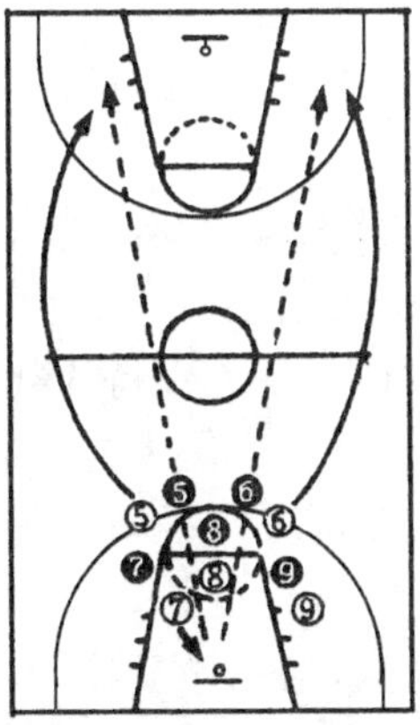

图 9-41 跳球长传快攻

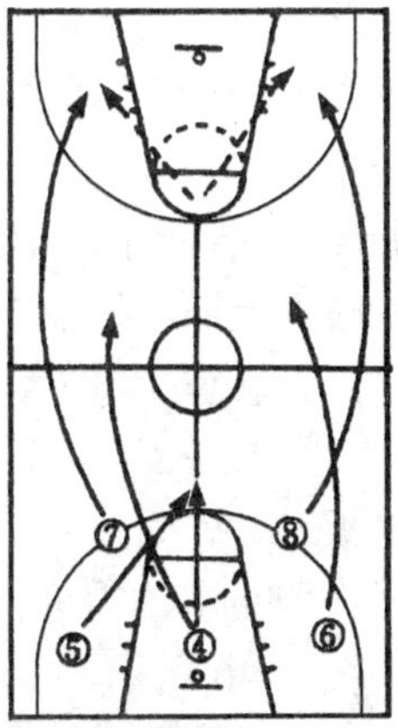

图 9-42 中路运球推进

b）中、边结合和运球、传球结合推进。如图 9-43 所示，⑦插中接应后，把球传给沿边线跑动的④，④再回传球给⑦从中路推进，④和⑤沿边线迅速快下，⑥和⑧随后插空跟进。

c）沿边线传球结合运球推进。如图 9-44 所示，⑦沿边线接应后再把球传给沿边线跑动的⑤，⑤接球后沿边线快速运球推进。④从另一侧沿边线快下，⑧从中路迅速跟上，⑥和⑦随后插空跟进。

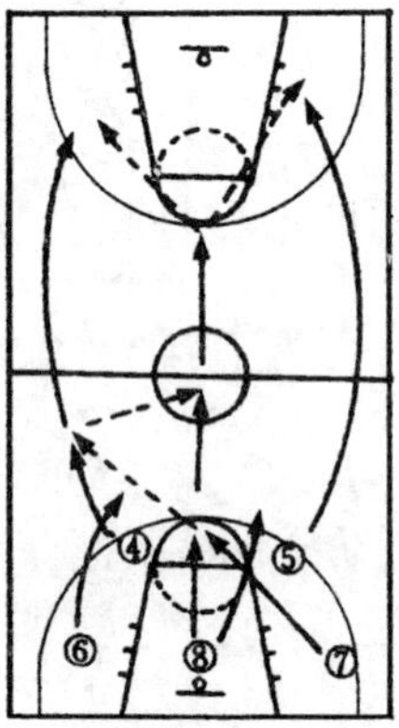

图 9-43　中、边结合和运球、传球结合推进

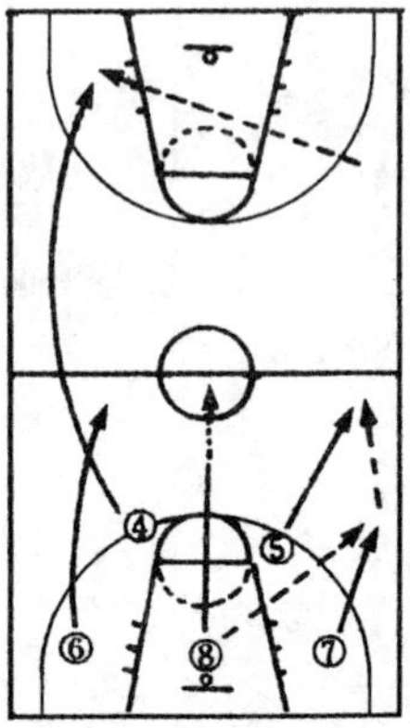

图 9-44　沿边线传球结合运球推进

3. 进攻人盯人防守战术

（1）进攻半场盯人防守。进攻半场盯人防守是针对半场盯人防守的特点和规律所采用的进攻战术配合方法，是由各种传切、突分、掩护、策应等基础配合组成的全队进攻战术。常用的基本进攻队形有："2—3"队形，单中锋外策应落位；"2—1—2"队形，三前锋机动打法；"1—3—1"队形，双中锋上、下站位打法；"1—2—2"队形，双中锋篮下左右站位打法；"1—4"队形，双中锋上提进攻打法等。其基本要求是人、球都动，在移动中完成战术配合，进攻时要合理组织队形，迅速落位，扩大攻击面，增加攻击点，使战术更具连续性；要有主攻方向和突破点，内外线相结合；针对防守情况，攻其薄弱环节，提高战术的灵活性和机动性；掌握进攻节奏，积极拼抢前场篮板球。

1）"2—3"队形，进攻半场人盯人战术。"2—3"队形进攻单中锋策应打法。以单中锋策应，结合穿插、空切、掩护等配合，使进攻战术多变且灵活，战术简单易于掌握和运用，便于发挥每个人的特点和技术；有利于发挥集体配合的作用；有利于冲抢篮板球与快速退守，并保持攻守平衡。

如图 9-45 所示，中锋⑤插到右侧罚球线策应，⑦传球给⑤后，摆脱空切篮下接⑤的回传球，④摆脱上插，利用⑤策应接回传球跳投。如⑦、④均无法获取有利机会，①可以利用策应一打一，在转位上⑥补⑦位、⑧补⑥位，基本保持攻守平衡位置。

2）"1—2—2"队形，双中锋站位进攻半场人盯人战术。"1—2—2"队形双中锋站位有利于抢篮板球，外圈三名队员能较好地保持攻守平衡，进攻的阵势、布局，攻击点灵活多变，在策应区获取更多的得分机会。

如图 9-46 所示，⑧持球给⑤并迅速给⑦做反掩护，⑦摆脱防守到⑤面前接球投篮或运球突破。如防⑤的队员堵防⑦，⑦可以将球回传给下沉的⑤，另一侧④上提给⑥掩护，拉空左侧篮下区域，⑥利用掩护空切篮下，采用进攻半场人盯人防守，要积极穿插、空切，在移动中寻找最佳时机。移动中要保持进攻队形，同时抓住防守的弱侧展开强攻，通过两三人间的配合寻找中投机会，加强内外结合，增加篮下攻击机会；投篮后要积极组织拼抢篮板球，并保持攻守平衡，以便攻转守时能抑制对方快攻并组织退守。

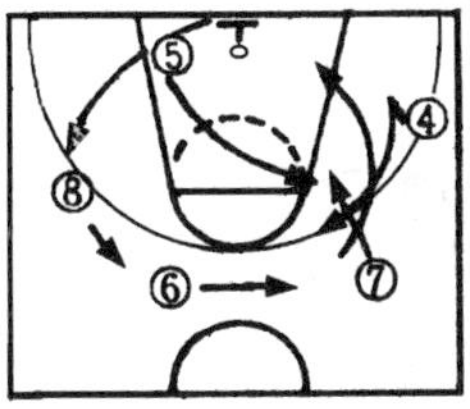

图 9-45　“2—3”队形

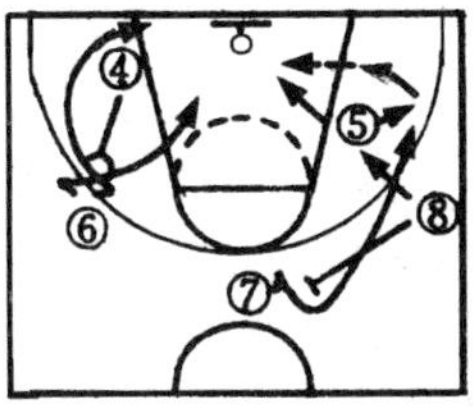

图 9-46　“1—2—2”队形

（2）进攻全场紧逼盯人防守。这是一种针对全场紧逼盯人防守的特点和变化规律所采用的进攻战术。配合方法是以进攻半场盯人防守配合为基础，扩大到全场范围，运用传球、突破等个人技术和多人间的战术配合组成全队进攻。进攻全场紧逼盯人防守的方法有固定配合进攻、两侧同时掩护配合进攻、运球突破进攻、掩护配合进攻、策应配合进攻等方式。攻方队员在插上要拉开距离，扩大对方防区，避免对方协防和夹击。要多采用短而快的传球方式，尽量少做横向传球及高长传球。进攻全场紧逼盯人防守，要根据队员的特点安排每个人的位置并设计推进路线，掌握好进攻节奏。对方紧逼防守经常是逼迫进攻队加快进攻速度和在中场组织抢断夹击，要多用快速短传、突分、传切等配合方式来攻击对方薄弱环节，以打乱对方防守，争取比赛的主动权。

（二）防守战术

防守战术是防守队为了阻挠和破坏对方的进攻，力争获得控制球权所组织的集体配合形式和方法。组织防守战术时，要充分发挥队员的特长，调动防守的积极性。同时也要考虑对方队员的特点和对方进攻战术的组织，然后组织克服对方进攻的防守战术。运用防守战术时，要发扬积极、主动、快速的指导思想，灵活多变地运用战术，力争获得防守的主动权。

1. 防守战术基础配合

防守战术基础配合是指防守时两三人所组成的配合方法。它是组成全队防守战术的基础，防守战术基础配合包括挤过、穿过、绕过、交换、关门、夹击、补防、围守中锋等。

（1）挤过配合的基本方法。当对方采用掩护时，防守队员为破坏对方掩护配合，乘掩护者给同伴掩护的一刹那，抢先一步贴近自己的对手，并从两个进攻队员之间侧身挤过去继续防住自己的对手。防掩护的队员要及时提醒挤过和做好换防的准备。

（2）穿过配合的基本方法。当对方进行掩护时，防掩护者要及时提醒被掩护者，并主动后撤一步，让同伴及时从自己和掩护者之间穿过，继续防守对手。

（3）交换配合的基本方法。当对方掩护成功时，防掩护者与被掩护者应及时更换自己所防的对手的配合方法。

（4）夹击配合的基本方法。夹击防守是两个防守队员同时用身体限制持球进攻队员活动范围的方法。两个防守队员挥动手臂封堵持球队员传球路线，迫使其传球失误或 3 秒违例，并同时实施抢球、打球、断球的配合。

2. 半场人盯人防守战术

半场人盯人防守战术，是由进攻转入防守时，全队迅速退回后场，以人盯人防守为基础，综合运用挤过、穿过、换防、关门、夹击等防守基础组成的全队防守战术配合的方法。它分为半场松动（缩小）盯人防守和半场紧逼（扩大）盯人防守两种。

（1）半场松动（缩小）盯人防守。半场松动盯人防守主要是加强内线的防守，对付内线攻击力较强、外线攻击力较弱的队。全队在防守中要做到有球紧，无球松，近球紧，远球松，近篮紧，远篮松，积极移动，控制篮下。在防守中要大胆放弃离球队员，进行错位防守，防无球人向有球区靠拢，主动积极地进行协防，造成局部地区的以多防少。

（2）半场紧逼（扩大）盯人防守。半场紧逼盯人防守主要对付外线攻击灵活、投篮准，内线攻击相对薄弱的队。这种战术要以球为主，及时阻止对手的穿插、空切、突破；对近球侧的队员采用紧逼、抢位防守，不让其在习惯的区域获球。

3. 全场紧逼人盯人防守战术

全场紧逼人盯人防守与半场人盯人防守的区别，在于把盯人防守扩大到全场，担任攻转防的每个队员要及时找人，紧盯自己的对手，并限制其活动，破坏对方的集体配合。全场紧逼人盯人防守的特点是个人防守面积较大，移动距离长，活动频繁，这对个人技术、身体训练水平要求较高。全场紧逼，争夺激烈，有利于造成对方攻法紊乱、失误、违例，处于被动地位。在以球为主的防守思想的指导下，全场紧逼人盯人防守的夹击防守机会增多，当进攻队将球传入场内并推进时，要防攻方最前面的队员，放弃攻方最后一个队员，抢步上前，配合防持球队员并夹击，其他队员迅速调整防守位置，切断进攻一方的传球路线。由于防区扩大，篮下活动区域回旋余地较大。同时，全场紧逼盯人防守易造成犯规，而且防守力量分散，难以发挥集体协防的作用，防守队员不仅要有充沛的体力和良好的个人防守能力，还要有顽强的意志品质和默契的配合意识。一旦紧逼防守不能奏效，就要及时更换防守策略。

全场紧逼人盯人防守战术划分为前插、中插和后插三个区域，具体方法如下：

（1）前插人盯人防守方法。前场的防守是全场紧逼人盯人防守的重要阶段。当本队由进攻转入防守时，队员要迅速找到自己应防守的对手，抢占有利位置，以积极移动干扰对方的行动，给对手以心理压力，迫使对手紧张慌乱、传球失误和违例，激发本队的战斗士气。这是以争夺球权为目的的攻击性防守。最好的紧逼时机出现于本队投中或罚中篮后对方在端线掷界外球之时。

（2）中插人盯人防守方法。当进攻队员进入中场时，防守队员应积极组织防守，破坏对方的进攻配合。破坏对方的进攻节奏，迫使持球队员按防守意图向边线运球、传球或在中线边角处停球，利于守方夹击和抢断，并使其在慌乱中出现传球失误或违例。

（3）后插人盯人防守方法。在前插和中插防守未成功，进攻队已推进到防守队的后场时，防守队应根据具体情况采用相应的防守措施，对持球队员积极封堵，不让其将球传到篮下，并且积极破坏对方的习惯打法和进攻节奏，要远离远球区的对手，在近球区进行积极争夺，给对方造成心理压力，促使其出现失误，争取获得球权。

4. 区域联防

区域联防是一种半场防守的全队战术。由进攻转入防守时，防守队员退回半场，每个人分工负责防守一定的区域，严密防守进入该区域的球和进攻队员，并与同伴协同防守，用一定的队形，把每个防守区域有机地联系起来，组成区域联防战术。这种防守战术是在分工负责防守区域的基础上，随着球的转移和进攻队员的穿插移动，不断地调整防守位置，加强对有球区和篮下的防守。实施这种防守战术时，由于队员所处的位置较为固定，所以分工明确，有利于组织抢后场篮板球和发动快攻。但是由于受区域分工的限制，区域联防存在一定的薄弱地区，容易被对方在局部区域内以多打少。

（1）“2—1—2”区域联防。如图 9-47 所示，5 个防守队虽分布比较均衡，移动距离近，便于相互协作，控制篮下，有利于抢篮板球和发动快攻，但不利于防对方的中远距离投篮。突前的④和⑥应是机智、灵活、快速，善于抢断反击和组织快攻的队员，⑧应是身材高大、补位意识强、善于抢篮板球的队员，⑤和⑦则要求身材较高、技术全面，具有争夺篮板球和发动快攻的能力。

（2）“2—3”区域联防。“2—3”区域联防有利于加强篮下、底线的防守和抢篮扳球，如图 9-48 所示，各位置的队员应具备的条件与“2—1—2”区域联防基本相同。

（3）“3—2”区域联防。如图 9-49 所示，“3—2”区域联防队形加强了外围防守，有利于防守外围中距离投篮和抢断球发动快攻，但不利于防守篮下和两场角的投篮。

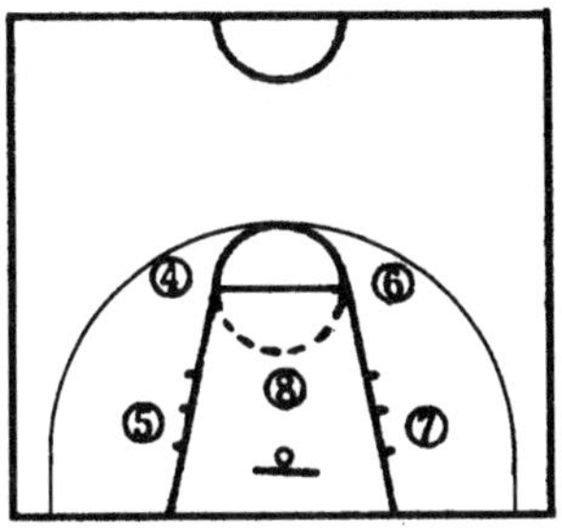

图 9-47　“2—1—2”区域联防

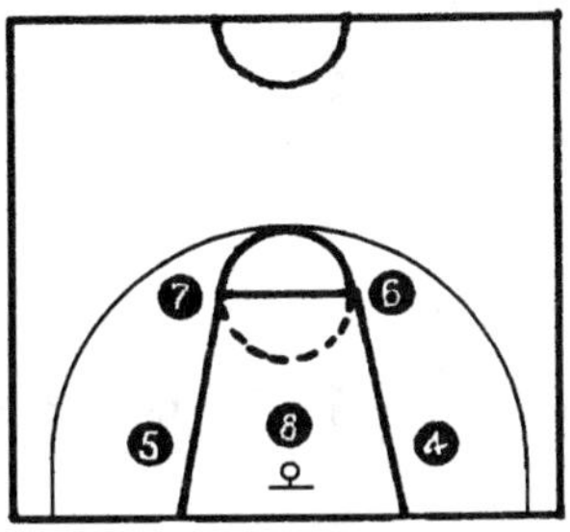

图 9-48　“2—3”区域联防

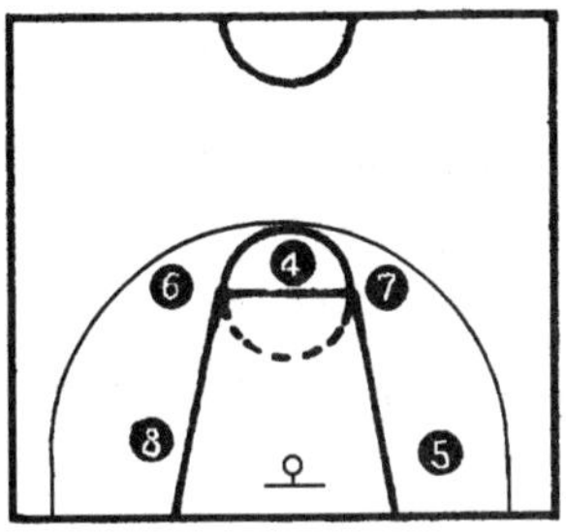

图 9-49　“3—2”区域联防

三、篮球基本战术的练习方法

（一）进攻战术练习

1. 传切配合练习方法

（1）横切或纵切练习。

（2）在球场上成两路纵队，相互传球，传球后做摆脱、切入练习。持球者做攻篮动作。

（3）同上练习。每名队员前可置立柱或消极防守者。

练习要求：切入者要掌握切入时机，切入动作应隐蔽、突然。要给同伴做侧掩护，同伴及时摆脱的侧掩护配合练习。掩护动作要正确，距离要适中，要隐蔽掩护意图，当同伴摆脱防守后要及时转身切向篮下或摆脱接球，同伴要用假动作吸引对方对自己的防守。一旦掩护完成，要及时、突然、快速地摆脱防守。

2. 策应配合练习方法

（1）队员分两组，一组做策应者，另一组做传球给策应者，策应者接球后投篮，传球者传球后冲抢篮板球。

（2）方法同上，策应者接球后传给切入的队员投篮。

3. 快攻配合练习方法

（1）两人一组相互传球推进练习。

（2）二攻一守配合练习。

（3）三攻二守配合练习。

（4）全场五对五练习。

4. 进攻人盯人防守战术练习方法

（1）后场二攻二配合练习。

（2）全场三攻三配合练习。三攻三从端线掷界外球开始，合理运用各种进攻基础配合，至完成最后攻击为止。

（3）结合全场退守进行半场三攻三进攻练习。

（二）防守战术练习

1. 半场人盯人防守战术练习方法

（1）进行提高个人防守能力的练习（见防无球队员和防持球队员的练习方法）。

（2）进行提高两三人防守基础配合能力的练习。如穿过、挤过、交换、“关门”等。

（3）在球动人不动的条件下进行全队五对五的防守移动选位练习。

2. 全场紧逼人盯人防守战术练习方法

（1）二对二防掷界外球的练习，防守者尽量争取断球或造成3秒违例，进攻者要利用运球突破和掩护配合进攻。

（2）三对三防掷界外球练习。

（3）全场三对三攻守练习。从掷界外球开始，进攻队员利用策应、传切、掩护、突分等各种配合进攻，防守队员利用夹击、补防、换防等配合来完成防守。

3. 区域联防战术练习方法

（1）一防二移动练习。两人传球，一人要随球进行防守。

（2）二防二协同防守练习。两人传球进攻，两名防守者协防准备。

（3）二防三练习。三人在外围进行传球，两名防守队员要快速移动补位，一人防球，一人向有球侧移动。

四、篮球基本战术练习的注意事项

第一，战术练习与技术练习要紧密结合，在提高技术运用能力的同时，强化战术意识。

第二，在练习中，应遵守战术教学、训练的一般原则，由易到难，由简到繁，由静到动，既要从实战出发，又要循序渐进。

第三，二攻一和一防二的战术，是快攻和防快攻中最简单的一种配合方法，练习时要使练习者了解快攻和防快攻的有关知识。

作业与思考：

1. 篮球技术中强侧防守和弱侧防守的异同点分别有哪些？
2. 比赛中应如何判断阻挡犯规？
3. 队员技术犯规的罚则是什么？
4. 如何理解“进攻赢得比赛，防守赢得冠军”？
5. 在院系篮球比赛中，你有能力做一名教练员吗？为什么？

第十章　排球

本章学习目标：

- 学习排球的基本技术，了解排球比赛的基本规则
- 在排球活动及竞赛中锻炼身体和陶冶情操
- 通过学习体会体育竞赛带来的美的享受

一、排球运动起源及发展史

（一）排球的起源

排球运动始于1895年，由美国马萨诸塞州的霍利沃克城基督教青年会干事威廉·摩根发明。排球最初作为一种消遣游戏，被称为“Volleyball”（意为“空中连续击球”），后来由美国的传教士、驻外军官及士兵带到了世界各地。先后经历了16人制、12人制、9人制和6人制，其中15分（现在是25分）6人制，其竞技性比较成熟，因此发展较快，一直沿用至今。

1964年，第十八届奥运会把排球列为正式比赛项目。

（二）世界排球运动发展趋势

世界排坛诸强，多年来形成了两种截然不同的战术风格，即以快速多变为主体的亚洲型风格和以高打强攻为主体的欧洲风格。近年来，实践证明，从排球运动的发展来看，单纯依靠高度和力量，或是只靠速度和技巧，都无法适应排球运动发展要求，难以取得胜利。所以，两种战术风格在相互学习、取长补短。以快速多变为主的队伍，在继续发挥自己技术特点的同时，努力提高强攻能力；具有高点强攻的队伍，也在努力采用快速多变的战术打法。两种风格互相渗透、交叉运用，风格差别逐步缩小。各强队均从自己的优势出发，把高度和速度、强攻和快变巧妙地结合起来，这也是当今世界排球的发展方向。

（三）我国排球运动的发展及成就

排球运动于1905年传入中国，中国女排在20世纪80年代夺得“五连冠”，这极大地鼓舞了全国人民的民族精神，也极大地激发了全民学排球的热情，在全国形成了轰轰烈烈的排球热潮。然而，此后中国女排陷入了低谷，直到2004年雅典奥运会、2016年里约奥运会中国女排才重新获得世界冠军，女排重回世界之巅，再次激发了国人对排球的热情。

（四）排球运动的锻炼价值

从排球运动的特点可以看出，它具有增强人体的神经、呼吸、血液循环等系统机能的作用；能发展机体的力量、弹跳、速度、灵敏等身体素质，培养人们在短时间内迅速集中与转移注意力，全面观察环境，促使思维敏捷，进行准确判断与反应的能力；培养人们机智灵活、勇敢顽强、奋发向上的团结拼搏精神。因此，排球运动深受广大群众，特别是青少年的喜爱。

二、排球基本技术

排球技术是在比赛规则允许的条件下所采取的各种合理击球动作和配合动作的总称。它是各种战术的基础，任何战术的组成和运用都必须以相应的技术做前提。

排球技术可分为无球技术（配合动作）和有球技术（击球动作）两种。无球技术包括准备姿势和移动，有球技术包括发球、垫球、传球、扣球和拦网等技术。

（一）准备姿势和移动

1. 准备姿势

在进行移动和各种击球动作前所做的合理的准备动作，是完成各种技术和组成战术的基础。准备姿势是练习者为了便于移动或完成某一技术动作而采取的合理的身体姿势。合理的身体姿势是指既要使身体重心处于相对稳定状态，又要便于迅速起动、移动、起跳，以完成击球和拦网动作。所以准备姿势与起动和移动的步法关系非常密切，要快速起动和移动身体，就必须保持正确的准备姿势。它根据身体重心的高低可分为稍蹲准备姿势、半蹲准备姿势、低蹲准备姿势几种，如图 10-1 所示。

②　　②　　③

图 10-1　准备姿势

（1）稍蹲准备姿势。两脚左右开立，稍比肩宽，一脚在前，膝关节保持微屈，上体稍前倾，重心位于两脚之间，适当靠近前脚，脚跟稍提起；两臂放松，自然屈肘置于胸前近身处，全身肌肉适当放松，两眼注视球并兼顾场上各种情况，两脚保持微动状态。

（2）半蹲和低蹲准备姿势。半蹲准备姿势比稍蹲准备姿势的身体重心略低，上体前倾稍大，而低蹲准备姿势的身体部位比半蹲准备姿势更进一步。

2. 移动

移动技术由起动、移动步法和制动三个环节组成。起动是移动的开始，在准备姿势基础上变换身体重心的位置，使身体便于向某个方向移动；移动步法是在起动的基础上，移动脚步来改变队员在场上的位置，去完成技术动作和战术配合的行动；制动是移动的结束，要及时克服身体的惯性冲力，保持好击球前的准备姿势。由于排球运动移动的距离短，往往是起动和移动步法刚开始，紧接着就要进行制动，因此三个环节之间须衔接紧密，以便合理完成击球动作。

（1）滑步移动。滑步移动时，一脚向前或向侧方迈出一步，另一脚迅速滑行跟上成准备姿势。

（2）上步移动。上步时，一脚向前迈步，后脚蹬地迈步超过前脚成准备姿势。

（3）跨步移动。在来球较低，距身体 1 米左右时采用。一脚用力蹬地，另一脚向来球方向跨出一大步，膝部深蹲，重心移至跨出腿上，上体前倾，胸部接近大腿，臀部下降，后腿自然伸直或随重心前移而跟着上步。

（4）交叉步移动。在来球距离较远或对方突然吊球时采用，移动方向，两脚交叉移动，步幅适中，最后一步制动应跨步较大，重心降低，前脚掌内侧用力蹬地控制冲力。

（5）跑步移动。当来球落点较远，采用其他步法不能接到球时，可采用跑步移动。起动后的第一、二步要适当小些，两脚用力蹬地，用力摆臂，降低重心。

（6）后退移动。当球来向后方时，身体应保持较低准备姿势，两脚交替快速向后退步，重心应在体前，要判断准确，取位恰当，脚步移动要迅速，并注视来球。

（二）发球

发球是将球自抛起后，用一只手（或手臂的部分）将球击向对方场地而进入比赛过程的一种技术动作。它用于比赛的开始，也是一种不需要别人配合而能直接进攻的攻击性技术动作。这里主要介绍正面上手发球、正面下手发球与侧面下手发球三种。

1. 正面上手发球

正面对网，左脚稍前，两脚自然开立，左手持球于体前。发球时，左手垂直上抛球于右肩稍前上方高于击球点两三个球的高度。同时，右臂抬起屈肘后应与肩平，手掌自然张开，上体稍右转，抬头，挺胸，展腹，重心稍偏后；击球时利用蹬地转体和快速收胸腹动作，依次带动肩、大小臂与手腕、手指向前上做弧形挥摆，以全掌击球后中下部，手掌用力推压，使球前旋飞行，如图 10-2 所示。

图 10-2 正面上手发球

2. 正面下手发球

正面对网，左脚稍前自然开立，左手持球于腹前。发球时，左手轻抛球于体前右侧离手高度约 20～30 厘米处，同时右臂以肩为轴直臂后摆。击球时，右脚蹬地，右臂以肩为轴前摆，身体重心随之前移；以手指并拢，手腕紧张构成勺形，吻合击球后下部，如图 10-3 所示。

图 10-3 正面下手发球

3. 侧面下手发球

左肩对网，两脚自然开立，左手持球。发球时，左手抛球于体前一臂远，离手高度约30 厘米处，同时右手向右侧后下方摆。击球时，利用向左蹬转体的力量，带动右臂直摆至腹前，以手掌、虎口等部位击球后下部。

（三）垫球

垫球是排球的基本技术之一，是接发球和后排防守的主要技术动作，是组织进攻和反攻战术的基础，由于来球的方向、弧度、速度、落点具有多样性，所以垫球动作也各不相同，主要有正面双手或侧面双手、前扑、鱼跃、滚动、背向的垫球几种。

双手下手垫球的动作如下：做好准备姿势，双手重叠互握，两拇指平行，两臂自然伸直，两小臂靠拢并稍外旋形成平面。击球手型主要有两种，即叠掌式、包拳式。触球时，应以两手臂腕关节以上 10 厘米左右，桡骨内侧合成的平面上为佳，如图 10-4 所示。垫球时，两臂迅速插入球下，然后夹紧，并含胸提肩，手腕应下压，迎球进臂并向前上方抬起，同时蹬腿提腰，利用小臂的前半部在腹前把球垫起，如图 10-5 所示。

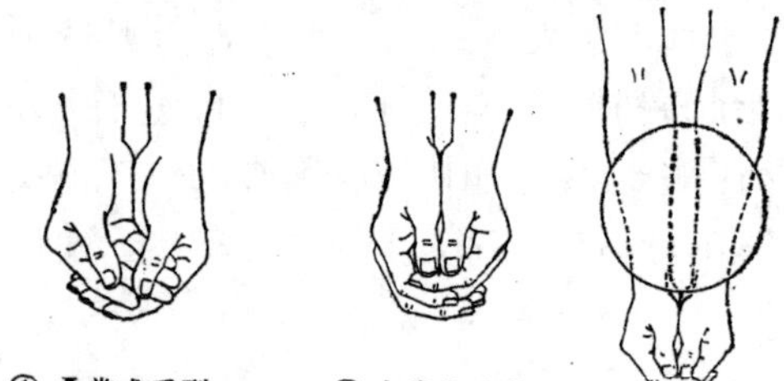

① 叠掌式手型　② 包拳式手型

图 10-4　双手下手垫球手型

图 10-5　双手下手垫球动作姿势

1. 正面垫球

移动后正面对准来球，从垫球前姿势开始，蹬地、提腰，身体重心向正前上方移，两手互握，小臂外翻，以小臂前三分之一部位在腹前一臂距离处，用含胸收肩、顶肘压腕的协调送臂动作，垫球后下部。

2. 体侧垫球

移动后，重心移至来球同侧脚上。同侧脚屈膝，异侧肩稍下斜，同时两手互捏，小臂夹紧外翻，向来球一侧伸出，用向内转挺腰和转肩抬臂动作由侧后向前截击来球路线，以同上小臂部位，击球后下部。

3. 背垫球

移动手背对出球方向，两手相握，小臂夹紧外翻伸直，抬头挺胸，展腹后仰，直臂向后上方摆动抬送动作，于肩前上方一臂距离处，用小臂同上部位，击球前底部。

（四）传球

传球是全身协调用力并通过手指、手腕的弹力，将球传至一定目标的击球动作，是组织进攻的战术基础。传球技术分为正面传球、背传、侧传和跳传四种。

传球时，应根据判断对准来球，迅速移动、选位，做好准备姿势，当来球接近额前时，两手在额前成半球形，两臂下垂，肘自然弯曲，手腕稍后仰，掌微向内倾，手心斜相对，十指稍屈，拇指相对接近“一”字形，触球时，主要以拇、食、中三指承受球的压力，无名指和小指帮助控制球。传球时，手腕，手指保持一定的紧张力，利用弹力及伸臂的迎击动作和身体协调用力配合，将球击出，如图 10-6 和图 10-7 所示。

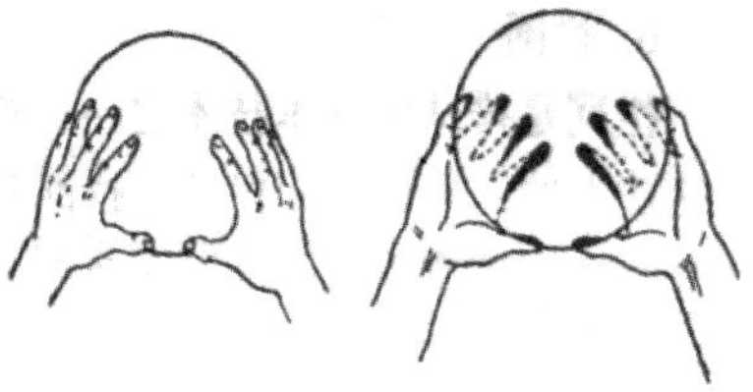

图 10-6　传球手型

图 10-7　传球姿势

1. 正面双手传球

移动后，在额正前上方对准来球，从传球前准备姿势开始，用两手斜相对，十指张开微屈所构成的半球状手型和蹬地、伸膝、展体的协调用力，在额正前上方 15 厘米处主动迎击球。触球时，小指、无名指末节触球两侧，控制球的方向，拇指相对成“一”字形，并以内侧部位与食指三指节、中指二指节部位托球后下部，承担球的压力，手心空出，并用手指、手腕缓冲控制球的反弹力，将球传出。同时，身体与手臂继续向前上伸展。

2. 侧传球

移动后，准备姿势、人球关系、击球手型、击球点基本与正面传球相同，只是迎击球时上体和手臂向一侧上方用力，触球部位稍偏向出球方向异侧下方，两肘位置及其动作幅度和用力程度稍有大小之分。

3. 背传球

移动后，准备姿势、人球关系基本与正面传球同，主要区别是击球点稍高，迎球时稍仰头挺胸，蹬地伸膝，上体向后伸展，利用抬臂、送肘动作和手指、手腕向后上方用力，以及拇指呈反八形主动上挑动作，将球向后上方传出。

（五）扣球

扣球是利用助跑速度，用力蹬地制动起跳，在空中以身体的收腹、爆发力和快速挥臂，最后用全手掌击球入对方区的一种技术动作，是完成战术配合的最后一个环节。它是各种技战术环节最后在球网上的集中体现，是最强有力的进攻和最有效的得分手段。

随着排球运动的发展，扣球技术也有了很大的发展。现在排球比赛中队员经常采用的有单双脚起跳扣球、向上起跳和向前上方冲跳扣球、主动改变起跳节奏的扣球，还有突然改变助跑路线和改变起跳点的扣球等。虽然扣球方法很多，但是就扣球动作本身而言，都是由准备姿势、判断、助跑、起跳、空中击球和落地等动作组成的。

下面以正面扣球为例，如图 10-8 所示。

（1）准备姿势：助跑前采用稍蹲准备姿势站在进攻线附近，集中注意力观察一传落点及传来球方向，做向各个方向助跑的准备。

（2）助跑：助跑的步数有一步、两步或三步之分，多采用两步或三步助跑。助跑时，左脚先向前迈出一步，接着右脚再迅速跨出一大步，同时两臂绕体侧向后引，左脚及时上踏在右脚之前，两脚尖稍向内转，两脚距离与肩同宽，身体重心随之下降。

（3）起跳：助跑最后一步即在左脚并上踏地的过程中，两臂从后迅速向前舞动，随之双脚蹬地向上跳起，两臂也要向上用力摆动以配合起跳。

（4）空中击球：起跳后，挺胸展腹，上体稍向右转，右臂向后上方抬起，肘高于肩，身体成反弓形。挥挥臂时，以迅速转体、收腹动作发力，依次带动肩、肘、腕各部关节成鞭打动作，手臂轨迹成弧形向前上方挥动。击球时，五指微张成勾形并保持紧张，以全掌包满球，击球的后中部，同时主动屈腕屈指地向前推压下甩，使扣出的球加速成上旋飞行。应在起跳最高点时击球，击球点在击球手臂伸直最高点的前上方。一般网球的击球点应略靠前。

（5）落地：完成空中击球动作后，身体自然下落，为缓冲身体与地面的撞击力，落地时力争双脚同时着地，以前脚掌先着地再过渡到全脚掌着地，同时顺势屈体并立即准备做下一个动作。

图 10-8　正面扣球

（六）拦网

拦网是排球技术中一项重要的防守技术。随着拦网规则的重大修改，拦网的作用发生重大变化，由单纯的被动性防御，转化为具有强烈攻击性的积极防御。拦网是通过队员跳在空中用手和手臂部分在网上沿附近拦击对方打过来球的一种防中有攻的技术动作。拦网可以直接拦死或拦回对方的扣球，能削弱对方的锐气，动摇扣球队员的信心，造成心理压力，所以拦网带有强烈的攻击性，是得分的重要手段。

拦网可分为单人拦网和两三人相配合的集体拦网。单人拦网和集体拦网运动的技术相同，都由准备姿势、移动、起跳、空中动作、落地等动作组成。本节主要介绍单人拦网技术和双人拦网配合方法。

（1）准备姿势：面对球网，两脚平行开立与肩同宽，于距中线 30～40 厘米处，两膝稍屈，两手弯曲，置于胸前，密切注视对方扣球队员的动向，随时准备起跳，如图 10-9 所示。

图 10-9　拦网准备姿势

（2）起跳：起跳时，降低重心，两膝弯曲，用力蹬地使身体垂直跳起。同时，两臂从体前贴近球网上举。起跳后稍收腹，控平衡，延长滞空时间，如图 10-10 所示。

图 10-10 起跳

（3）空中拦击球：在起跳同时，两手从额前贴近并平行球网向网上沿的前上方伸出，两臂伸直，两肩尽量上提，两臂靠近球网保持平行。拦网时，两手自然展开，屈指屈腕呈勺型，击球瞬间，两手突然紧张，手腕用力下压，捂盖球的前上方，如图 10-11 和图 10-12 所示。

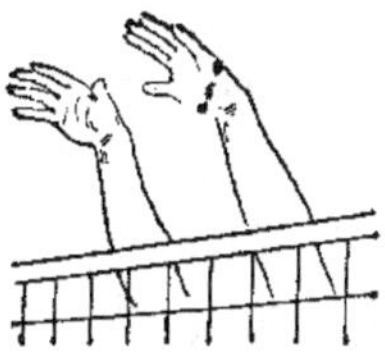

图 10-11 空中手臂动作

图 10-12 击球手型

在对方击球点高，不能主动拦击时，可采用“后仰式”手法，堵截扣球路线，以便将球向上拦起；在 2、4 号位拦网时，外侧手应稍转向场内，以便能向场内弹击球，防止对方打手出界，造成拦网失误，如图 10-13 和图 10-14 所示。

图 10-13 拦击动作

图 10-14 2、4 号位拦网

（4）落地：拦击球后要做含胸制动动作，以保持身体的稳定性。手臂不能放松随意下摆，要先直臂后摆，然后再屈臂贴近身体下放，以免触网违例。身体落地时，应以前脚掌先着地、屈膝，以缓冲下落的力量和保持身体的稳定性，及时做好连接下一个动作的准备姿势。

三、排球基本技术的练习方法

（一）准备姿势和移动练习

准备姿势和移动技术练习可分 4 步进行：准备姿势练习、移动步伐练习、准备姿势与移动结合练习、各种结合球的移动练习。

1. 准备姿势练习方法

（1）进行试做，加强正确动作感觉。

（2）两人一组面向站立，一人做准备姿势，另一人纠正对方动作，两人互做互学。

（3）听、看信号做准备姿势。要求判断准确、反应快、动作正确。

2. 移动步法练习方法

（1）讲解与示范。方法要求同上，重点要了解正确的移步方法。

（2）模仿做。要求动作正确、清楚、舒展。

（3）琢磨体会、试做。

（4）听、看信号移动。要求判断正确、反应快、动作协调连贯。

（5）在网前做 3～6 米的横向移动练习。

3. 准备姿势与移动结合的练习方法

（1）半蹲准备姿势快速起动。待发姿势身体重心偏前、精力集中、身体微动，起动时，异侧脚蹬地强而有力，移动重心快而协调。

（2）行进间听到、看到信号即刻制动，并成准备姿势。要求制动脚蹬地及时有力，身体重心保持在两腿间偏前位置。

（3）移动中或在原地做各种不同动作（背向站立与坐地，踏步、小步与高抬腿跑，立卧、俯卧撑与转身跳等），听到、看到信号快速冲刺。要求重心变换及时灵活，起动动作快而协调。

（4）用各种移动步法分别做各种长短距离的折返跑。要求制动、起动连贯、协调。

（5）用混合步进行正、斜三方向，正、斜、侧五方向，或“米”字形移动，要求步法运用合理，起动、制动、变向连贯协调，重心变换灵活。

4. 各种结合球的移动练习方法

（1）两人一组一球，相距 2～3 米面对，一人抛前、后、左、右球，另一人通过移动对准来球，将球用头顶回。移动动作要求同上手传球。

（2）两人一组两球，相距 6 米面对，相互同时将球滚至对方体侧约 3 米处，两人移动后用垫球方式接球后再重复做。要求移动动作同垫球。

（3）两人一组，一人用两球先后抛前、后、左、右，另一人移动接球、抛回，连续做一定次数，互换。要求根据球的速度、弧度、落点运用移动步法、节奏与速度。

（4）若干人成一纵队距老师 10 米以上站立，轮流向老师快速冲刺，并注意接老师抛出的高、低、远、近、前、后、左、右的球。要求高速运动中重心变换快而灵活。

（5）在传球、垫球练习过程中，结合各种准备姿势与移动步法，在实践中提高判断力及移动对球的控制能力。

（二）传球练习

传球基本技术的练习，可分为模仿性传球练习、原地正面传球练习、移动传球练习、侧传球练习和调整传球与综合二传练习等类型。

1. 模仿性传球练习

（1）原地模仿性传球练习。

（2）移动中的各种模仿性传球练习。

2. 原地正面传球练习

（1）传固定球。两人一组一球，面对而立。一人双手持球由上而下送球，另一人在正确击球点传击球。要求送球位置准确，并适时地稍给球一些下压与上提的助力。练习时手型与蹬、伸、展用力有序。

（2）自抛自接（高约 1 米），用传球手型去触球并且接住球的练习。观察手型和击球高度是否正确。

（3）近距离对墙传球练习。体会传球手型、伸臂动作和用力方法。

3. 移动传球练习

（1）一抛一移传球或两人一组一人定位、一人做向前与两侧移动传球。要求脚部不要有多余动作，注意移动结束部分与击球前动作的协调配合。

（2）两人移动对传球。

（3）结合网的左右移动传球。

4. 侧传球练习

（1）侧传球练习时，突出上体与手臂侧向用力动作的协调。

（2）一抛一侧对墙（拦网）传。要求基本动作正确。

（3）三人三点一球，三角侧传球。要求取位脚步灵活。

（4）四人三点一球拦网下撤后侧传球。要求注意练习时机与节奏，侧向出球要稳、高、准。

5. 调整传球与综合二传练习

（1）练习时应突出调整传球要求与技术要点。

（2）由 1 号位（或 5 号）向 4 号位（或 2 号）对角传调整球。要求球与网角度尽可能小，出球高、远、到位，如图 10-15 所示。

（3）四人一球定点传或传后对角换位。要求移动取位快而且重心稳，如图 10-16 所示。

（4）调整传球与平网传球结合练习，要求动作变化连贯、流畅，如图 10-17 所示。

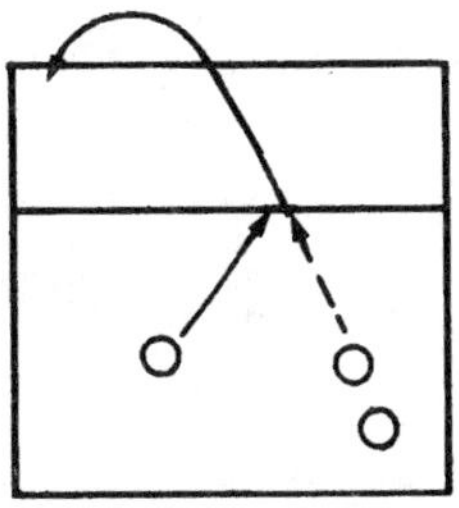

图 10-15 调整传球与综合二传练习 1

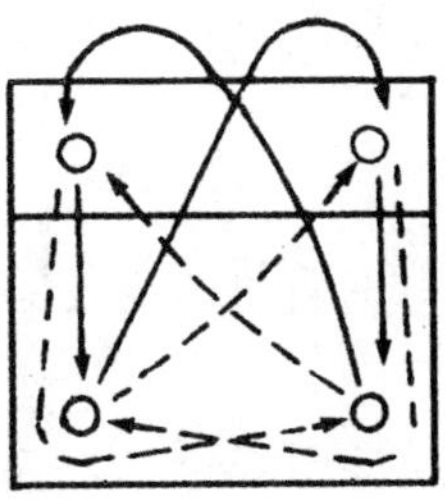

图 10-16 调整传球与综合二传练习 2

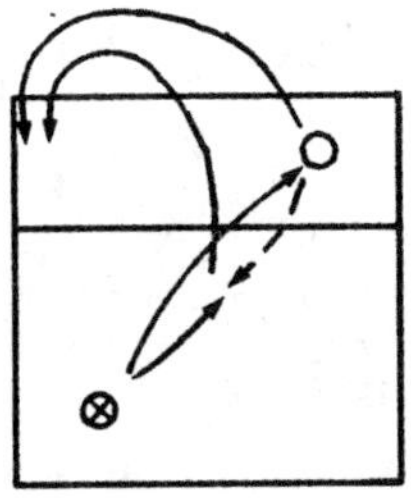

图 10-17 调整传球与综合二传练习 3

（5）2 号位队员拦网后转身向 4 号位调传一般高球。要求拦网后转身落地重心稳而转换移动快，如图 10-18 所示。

（6）3 号位拦网后下撤（或 3 号位传球后下撤）向 4、2 号位调传球。要求动作连贯，如图 10-19 所示。

（7）防、调、扣练习。要求二传移动快，取位恰当，出球稳、高、准，如图 10-20 所示。

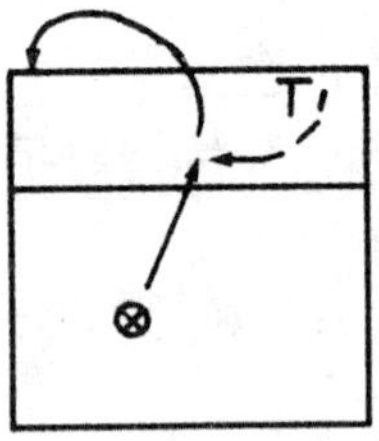

图 10-18　调整传球与综合二传练习 4

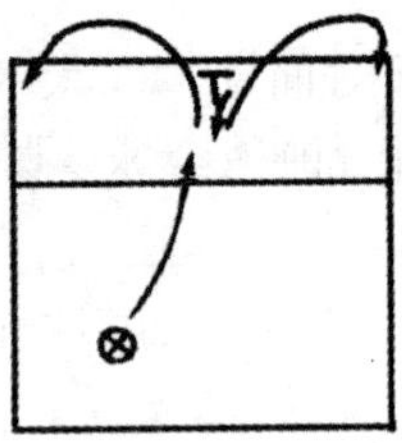

图 10-19　调整传球与综合二传练习 5

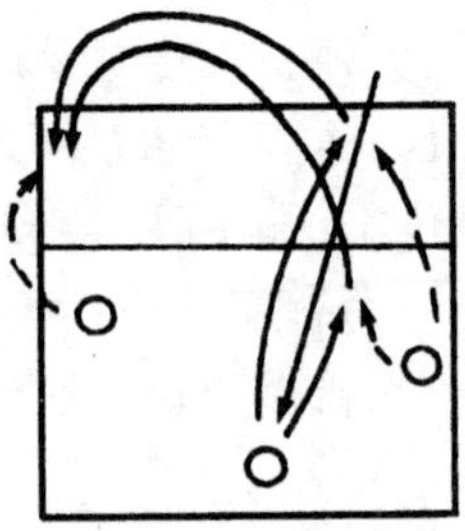

图 10-20　调整传球与综合二传练习 6

（三）垫球练习

垫球基本技术的练习可分为正面垫球练习、侧面垫球练习、背向垫球练习、接发球练习和接扣球练习等类型。

1. 正面垫球练习

（1）一人双手持球于腹前，另一人用垫球动作垫击固定球，体会手臂触球部位和身、手协调用力方法。要求持球高度在腰以下、腿以上，手臂触球部位准确，击球发力蹬摆协调，移动垫球动作要先动脚步，后抱两手。

（2）做一人抛球，另一人垫回的练习。

（3）做对墙连续垫球，逐步提高控制球的能力，进而练习接垫隔网抛过来的球。

（4）两人相互对垫球练习。由近到远，由低到高，逐步提高垫球技能。

（5）三人一组一球，等边三角站立转方向垫球。要求正确判断来球方向，身体快速移动，选好正面垫球位置，面对来球方向控制好垫球的弧度与力量。

2. 侧面垫球练习

（1）在侧垫球运用的同时尽可能地采用正面垫球方式。

（2）正、背垫球结合练习，体会腰、背、肩发力。

（3）练习方法可有选择地类同正面垫球过程，应从侧垫球以腰开始的发力和截击球的特点提出练习要求。

3. 背向垫球练习

（1）明确运用时机、动作技巧及与正面垫球相反的发力方向。要求根据来球调整好人球位置、击球点和用力顺序与方向。

（2）侧面正面结合练习，突出反弓形用力特点。

（3）两人一组一抛一背垫，抛的高度、距离、速度、方向可逐步加大。要求抛与垫在时间、节奏、难度上循序渐进，练习时注意反弓用力的顺序和技巧。

4. 接发球练习

（1）明确接发球的意义与技术特点。

（2）两人一组一球，发球、接球者相距 7～8 米，一掷一垫，做好接发球的基本动作。

（3）三人一组一球，发球、接球者相距 7～8 米（可逐步加大距离），做发球、接球、传球练习。要求准备姿势标准，判断早，反应移动快，手臂平面较快对准来球，并注意控制球的力量和落点。

（4）结合场地接发球。先垫直线到网前的球，再垫转方向到网前的球，同时可接对方后场区发来的球，再接发球区发来的球。

（5）全队五人接发球。注意各位置的接球特点和各位置间的分工与配合，解决好场上薄弱区的配合问题。

5. 接扣球练习

（1）明确接扣球技术的意义和动作要点。突出低姿重心偏前，判断移动快，手插球下果断，控制接球力量、方向。

（2）练习时注意尽可能接防网上扣击的球。

（3）两人一组一球，距 4～5 米，一掷一防。注意防守基本动作。

（4）两人一组一球，一扣一防，或三人一组一球连续扣、防、调。要求扣准，力量可由小到大，路线可先直后斜，先长后短。防守者注意动作节奏，脚步灵活，不要过早站死。

（5）结合场上位置扣、防、调。要求扣者先打准，然后结合吊球的直线、斜线、短线变化；防守要求同上，调整二传者，注意判断来球，积极移动，抢好接球点。

（四）发球练习

发球基本技术的练习可分为正面下手发球练习、侧面下手发球练习、正面上手发球练习和综合性发球练习等类型。

1. 正面下手发球练习

（1）做正面下手徒手抛球、挥臂动作的练习。

（2）距墙或挡网 5～6 米处练习发球，主要体会抛球与手臂挥摆的配合及击球的手法。

（3）徒手练习抛、摆、挥动作。从听口令按节奏做，到个人体会按节奏做。要求掌握动作全过程和有节奏的协调用力。

（4）持球做抛、摆、挥动作练习（不实抛、击）。要求动作协调，击球部位准。

（5）从端线内短距离发球到发球区隔网对发。要求整体动作正确规范，击球过网。

2. 侧面下手发球练习

（1）应重点明确抛、挥动作协调和短抛、侧引、转击球技术要点。

（2）徒手模仿做。听口令按节奏做，个人体会按节奏做。

（3）持球做抛引转挥动作。要求动作协调，击球准。

（4）对墙发球练习。要求动作规范、完整、连贯。

（5）从端线内 1 米发球到端线外隔网对发。要求动作规范，球过网。

3. 正面上手发球练习

（1）应理解技术特点、作用和动作方法，突出抛球与击球环节。

（2）击球同侧手练习。突出抛和击及其衔接。

（3）徒手模仿练习。听口令按节奏做，个人体会按节奏做。要求动作协调、有节奏。

（4）抛球练习。要求准确与定位好。

（5）挥臂练习。要求有节奏，臂轨迹正确。

（6）对墙（或挡网）短距离（4～5 米）发球。要求动作舒展连贯。

（7）从端线内 1 米发球到端线外隔网对发。要求必须过网。

4. 综合性发球练习

（1）在发球区内不同位置与距离上发球。

（2）准确性发球。用划区、定点、树目标等方法来引导发直线、斜线、长线、短线球。

（3）攻击性发球。降低或升高发球飞行弧度，加快球的速度、旋转度，加大发球力度和飘度。

（4）进行二对二或三对三接发球比赛，统计得分率，要求心理稳定，对抗性强。

（五）扣球练习

扣球基本技术练习可分为正面扣球分解练习、正面扣球完整练习、正面扣球应用性技术练习和单脚起跳扣球练习几种。

1. 正面扣球分解练习

（1）练习时应突出上升肘关节和小臂后倒反振，向前上方加速过程和击球点，击球手型与推压技巧。

（2）徒手模仿练习。注意用力顺序和节奏。

（3）模仿和试做一步助跑起跳练习。要求右一大步腾空，左脚跟上，做到起跳有力、迅速，并注意加上挥臂动作。

（4）听口令做二步助跑起跳练习。应注意步幅、速度、动作的节奏和连贯性，并注意结合挥臂动作。

（5）两人一组练习。一人做另一人观察并纠正错误动作，集体与分组结合，在网前做助跑起跳的完整动作练习。要强调制动起跳，避免触网。

2. 正面扣球完整练习

（1）徒手助跑起跳扣击吊球。

（2）助跑起跳扣 4 号位的吊球。应注意起跳点正确流畅，动作连贯。

（3）4 号位扣球练习。应注意动作连贯，起跳点正确，起跳时机恰当。

（4）助跳，起跳扣杀由侧面抛来的球，树立完整的扣球意识，使学生体会准确的起跳点。

3. 正面扣球应用性技术练习

（1）练习扣 2 号位传球。注意助跑角度、起跳脚的支撑位置。

（2）练习扣调整球。注意上步的调整，起跳要充分，注意转体挥臂幅度与手扣球能力。

（3）扣抛球 3 号位半快球与快球。注意掌握好跟一传球的上步时机、起跳点与起跳时机，要求提肩抬肘，加快小臂摆动。

4. 单脚起跳扣球练习

（1）注意助跑最后一步要大（身体重心后倾制动），随即蹬伸积极，摆动腿跟上，并屈膝上摆要快，击球时注意转体。

（2）做助跑起跳练习。注意步幅、速度、节奏正确。

（3）按地面标志个人试做助跑起跳练习。要求动作舒展连贯。

（4）网前徒手做助跑起跳挥臂击球练习。注意人、球、网三者的关系与转体扣球动作的连贯性。

（5）扣球到扣传球练习。注意与出球时机及空间位置的协调。

（六）拦网练习

拦网基本技术可分为单人拦网分解练习、单人拦网完整技术练习和双人配合拦网练习三种。

1. 单人拦网分解练习

（1）拦网手法练习。

1）明确拦网手型和手法。

2）徒手原地体会手型和手法。要求动作清晰、规范，小臂上升不可压网。

3）原地扣拦练习。一人自抛自扣。要求时机准确、手法正确。

4）在网前依次做移动、选位、起跳、伸臂拦击、落地动作和上述动作结合的练习。

5）网上吊球，做跳起拦网动作练习。体会双手臂伸出网上和手腕下压“包球”动作。然后一个人将球抛过网（比网稍高），隔网站立的人练习起跳拦网。

6）做一人扣球、一人拦网的练习。

（2）拦网移动与起跳练习。

1）应注意移动与起跳的衔接。

2）网前原地起跳结合伸臂拦击手型与手法的练习，应注意跳后伸臂连贯。

3）向左右移动一步（到两步）后起跳，徒手（到有固定球）伸臂拦击练习。应注意制动、起跳、伸臂动作连贯。

2. 单人拦网完整技术练习

（1）网前由老师上台扣击，学生轮流原地跳起拦网练习。

（2）跳起拦对方固定路线的扣球练习。应逐步做到判断准，起跳时机恰当。

（3）同上方法进行移动后起跳拦网练习。应逐步做到判断准确，移动、起跳、伸臂动作连贯。

（4）判断对方一传、二传，移动拦对方扣球练习。应注意判断，迅速做出反应动作。

3. 双人配合拦网练习

（1）了解双人拦网关键在于相互间的密切配合及配合方法。

（2）双人原地起跳配合，拦固定位置来球的练习。注意两人间距、起跳时机和设定的主副拦网配合。

（3）移动后配合拦网练习。注意定点起跳与移动后起跳两者的配合与协调。

（4）判断对方一传、二传，双人配合拦扣球的练习。

（七）排球基本技术练习的注意事项

1. 移动练习的注意事项

（1）移动前和移动中身体重心要落在前脚掌上。

（2）身体髋、膝、踝关节角度应合理，含胸，臀部不能后坐。

（3）移动时，判断要准确，反应要快。

2. 发球练习的注意事项

（1）抛球要稳，高度、位置应固定。

（2）击球时，手臂与全身动作要协调配合。

（3）击球部位要准确。

（4）发球的稳定性和攻击性要有机结合。

3. 垫球练习的注意事项

（1）垫球时，应注意垫球用力大小，轻球重垫，重球轻垫。送球方向要认清，对准本队二传队员。击球部位要准确，垫上方来球时，击球点在球的下方；垫前方来球时，击球点在球的侧后方。

（2）垫球时不要过早地自握双手，这样会造成步伐移动缓慢，不能把球及时准确地垫起来。

（3）两手臂一定要夹紧，以免造成“连击”或“持球”等违例。

4. 传球练习的注意事项

（1）传球时，手指的弹力和手腕、手臂与身体用力方向应一致，注意手掌不能与球接触，否则就是“持球犯规”。

（2）传球时，应保持正确的击球点。

（3）移动应迅速、准确，以做好传球的准备姿势。

（4）传球动作应注意全身协调用力。

5. 扣球练习的注意事项

（1）要掌握各种方向、远近网的助跑起跳技术，特别是一步的助跑起跳，做到这点，才能保证击球点正确。

（2）挥臂及手腕动作要坚决、果断、迅速，击球部位应根据球网的远近，如球离网较远，则击球部位应相应接近球体后中部。手腕要有推压动作。

（3）扣球技术的练习，应以正面扣球练习为基础。

（4）加强扣球的力量和速度变化练习，提高扣球的效果。

6. 拦网技术练习注意事项

（1）加强正确判断和移动的练习。选定好起跳位置。

（2）拦网队员起跳时，要掌握好起跳的时间和起跳动作的准确连贯性。

（3）在掌握正确拦网技术的基础上，还要注意培养拦网队员在起跳后观察扣球者的身位及挥臂动作，并随着对方扣球动作的变化，及时地调整自己在空中拦击来球动作的手型的能力。

（4）拦网时，手要从网沿上伸向对方场区上空，但不应有扑打动作，以免触网犯规，拦网落地时，还要避免身体触网和脚过中线。

7. 排球技术练习中易犯的错误及其纠正方法

（1）准备姿势与移动技术练习中常见错误及其纠正方法见表 10-1。

表 10-1　准备姿势与移动技术练习中常见错误及其纠正方法

常见错误	纠正方法
臀部后坐，全脚掌着地	体会动作要领，上体前倾肘部垂线要超过脚尖，身体重心移动至前脚掌
身体前倾重心过高	多做低姿移动和加强腿部力量的练习
身体重心起伏过大	多做徒手练习和在网下往返移动练习

（2）发球技术练习中常见错误及其纠正方法见表 10-2。

表 10-2 发球技术练习中常见错误及其纠正方法

种类	常见错误	纠正方法
正面下手发球	准备姿势偏高，击球的位置过高，影响发球的准确性	1. 明确动作概念 2. 结合抛球练习
	抛球与摆臂击球动作不协调	1. 徒手练习摆臂击球动作 2. 结合抛球进行摆臂练习
	摆臂击球方向不正确，手臂在肘关节处弯曲过大，击球不准	1. 徒手练习 2. 多击固定球
正面上手发球	抛球不准，击球点靠后；击球不准，无推压带腕动作	1. 固定目标抛球练习 2. 眼看球，多做对墙或隔网轻发球练习，体会手掌包球的动作
	动作不协调，全身用力不协调	单手掷实心球练习，对墙发球练习，击固定球练习

（3）垫球技术（双手正面垫球）练习中常见错误及其纠正方法见表 10-3。

表 10-3 双手正面垫球练习中常见错误及其纠正方法

常见错误	纠正方法
击球时曲肘，两臂不并拢	徒手模拟，多做击固定球，自垫，要求直臂向上的练习
移动不及时，未正对来球	移动模拟，对墙自垫或向上自垫，移动后垫抛球
两臂用力不当，身体不协调	利用固定球进行垫球动作练习，体会协调用力

（4）传球技术（正面双手传球）练习中常见错误及其纠正方法见表 10-4。

表 10-4 正面双手传球练习中常见错误及其纠正方法

常见错误	纠正方法
手型不正确，拇指朝前	多做传球的模仿，用传球的手型接住抛来的小实心球，对墙做近距离传球，多做自抛自传球的练习
身体动作不协调	1. 模似传球的蹬腿、伸臂传球动作，体会全身的用力 2. 多做深蹲平传的练习，体会伸臂弹击动作 3. 自抛后对墙远传，体会蹬地、展体伸臂的用力动作
伸手过早或过晚	1. 正确判断来球，恰当出手 2. 低姿传各种掷来的低平球，体会出手时间 3. 多做两人平传球和高弧度的球

（5）扣球技术（正面扣球）练习中常见错误及其纠正方法见表 10-5。

表 10-5 正面扣球练习中常见错误及其纠正方法

常见错误	纠正方法
起跳过早、过晚	在老师给出信号后起跳，自抛自扣，将球向上方高抛起再助跑起跳扣球过网
起跳位置不准，人与球的关系处理不当，击球点太靠前或太靠后	进行助跑起跳动作练习、空中击固定球练习、规定助跑起跳距离和抛球高度扣球的练习

续表

常见错误	纠正方法
击球的手法不正确，手掌包不好球，击出的球不向前旋转	1. 按扣球挥臂动作对墙投掷垒球、实心球或排球 2. 原地扣平球或连续对墙扣球，降低球网做自抛自扣网练习
击球时，手臂未充分伸直，用不上挥臂甩腕的力量	1. 徒手挥臂击打吊球 2. 做对墙扣平远球练习

（6）拦网技术练习中常见错误及其纠正方法见表 10-6。

表 10-6　拦网技术练习中常见错误及其纠正方法

常见错误	纠正方法
拦网起跳过早或过晚	1. 对来球反复判断正确的起跳时机或听信号后起跳 2. 在练习中加深体会拦网的正确起跳时间
拦网时双手扑球，造成触网	多做移动起跳后伸臂“包球”动作的练习，不允许触网
拦网起跳后碰网或过中线	1. 多做网前移动、制动、起跳徒手练习 2. 掌握最后一步制动和垂直起跳，练习起跳时在空中的含胸收腹
漏球	反复练习两臂夹紧头部的动作，网前徒手移动起跳，伸臂后不急于收臂，等落地时检查
对扣球路线判断错误	1. 反复练习拦各种固定路线的扣球 2. 扣各种路线的球，帮助拦网者练习

四、排球基本战术

排球比赛是比赛双方运用进攻与防守相互对抗并不断转化的过程，随着攻防技术的不断发展与提高，只靠简单地运用攻防技术进行比赛是难以取得胜利的。经过较长时间的实践及研究，人们对排球运动的认识不断深化，逐步形成当今较为完整的排球战术系统。排球战术是指运动员在比赛中根据临场情况的变化和发展，灵活、合理地运用技术，并按照一定形式组织的有目的、有针对性的集体配合行动。它包括进攻战术和防守战术两种。

（一）排球进攻战术

进攻可以掌握主动，是夺取比赛胜利的重要手段。现代排球运动的发展，使进攻战术的内容丰富多彩。在规则允许过网拦网的情况下，为了突破拦网，争取优势，进攻集体的战术配合就显得更为重要。如果没有集体战术配合，没有机动灵活的战术运用，就难以获得进攻的主动权。因此，一切进攻战术组织都必须符合积极主动、快速多变、机动灵活、密切配合的要求，以便充分发挥集体的智慧和力量。

进攻战术中主要有“中一二”“边一二”“后排插上”和“两次球及其转移”4 种形式。比赛中，要根据本队的技术、战术水平及临插的实际情况，有针对性地进行各种战术的配合，给对方出其不意的攻击，以达到取得进攻效果的目的。

1. “中一二”进攻形式

“中一二”进攻战术的基本配合方法如下：由前排 3 号位队员担任二传，其他 5 名队员都准备接球，由其中一名合适的队员将来球垫（传）给二传队员，再由二传队员将球传给 4 号位或 2 号位队员，做进攻的配合方法，如图 10-21 所示。这是进攻战术中最基础、最简单的进攻战术。

2. “边一二”进攻战术

“边一二”进攻战术与“中一二”进攻战术有相同之处，都是前排只有两名进攻队员。其不同之点是二传队员不是站在 3 号位，而是站在 2、3 号位之间，将球传给 3 号位或 4 号位队员，如图 10-22 所示。

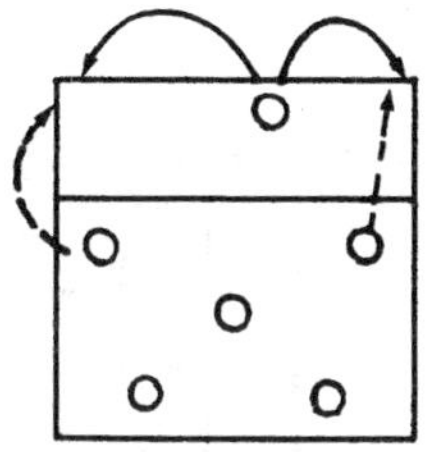

图 10-21 “中一二”进攻战术

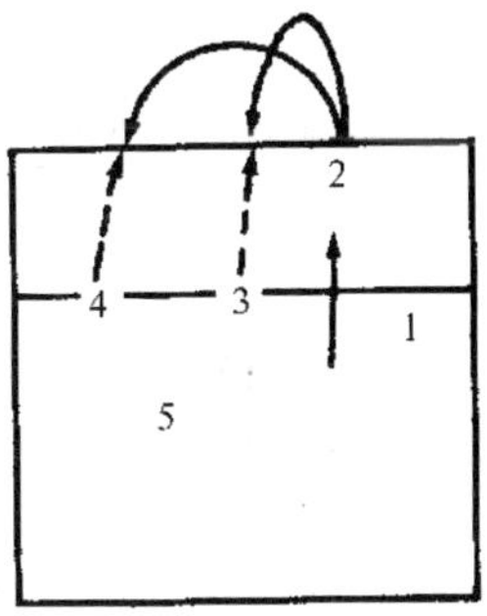

图 10-22 “边一二”进攻战术

在“边一二”进攻战术中，二传队员位于 2、3 号位之间，一传目标明确，但由于一传的难度大，而且要求二传队员熟练地掌握长、短、高、低、平、快、拉开、集中等多变的二传技术，因此比“中一二”进攻战术的难度大，其战术配合也较复杂。由于两名进攻队员的位置相邻，更便于互相进行交叉配合掩护，所以有利于提高战术进攻的突然性和攻击性。

3. “后排插上”进攻战术

“后排插上”进攻战术是现代排球的主要战术形式。其方法如下：由站在后排的二传队员在对方发球击出后，或由本队队员将对方进攻的球防起后，或对方的第三次击球不可能进行强有力的进攻时，迅速插到网前担任二传，将球传给前排 3 个进攻队员中任何一个队员扣球进攻，其他两个队员佯装进攻做掩护。这种进攻战术称为“后排插上”进攻战术。

根据后排队员插上时起动的位置不同，可分为 1 号位插上、5 号位插上和 6 号位插上三种。根据运用插上战术的时机不同，又可分为接发球时插上和接扣球时插上两种。

由于“后排插上”进攻战术是在“中一二”和“边一二”进攻战术的基础上发展起来的，因此“中一二”和“边一二”进攻战术中的各种战术配合均可在“后排插上”进攻战术中加以运用和发挥。“后排插上”进攻战术由于有 3 个队员参与进攻，所以可以充分利用网的长度组织进攻，使进攻点增多，战术配合复杂多变，更具有突然性和攻击性。

4. “两次球及其转移”进攻战术

当场上队员将一传垫到网前可以直接将球扣或吊入对方场区，或佯扣而将球晃传转移，组织其他前排队员的进攻，这种组织形式，统称为“两次球及其转移”战术。其特点如下：除与“后排插上”战术同样保持前排三人进攻外，更主要的是增多一次进攻机会，其突然性和迷惑性更大。“两次球”进攻加快了进攻的速度，改变了比赛的节奏，使对方难以防守。这种战术对一传技术要求高、难度大，而且由于对方发球和扣球攻击力量不断增强，其组织的成功率也大为降低。

（二）防守战术

排球的防守战术是组织进攻或反攻战术的基础，没有严密的防守，进攻就无从组织。而一切防守战术都应从积极为进攻和反攻创造条件的角度进行设计和考虑。

1. 接发球的防守战术

（1）正确判断与合理取位。接发球的成功，很大程度上取决于正确的判断和合理的取位。接发球前，思想要高度集中，充分做好接发球的准备动作，密切注意对方发球的情况，并根据不同的发球动作、来球性能、力量及速度，迅速地做出判断，立即移动取位，对准来球线路，调整好人与球的合适位置。如对方发球弧度大、力量轻、落点分散，队员取位就应前后分布均匀，如图 10-23 所示；如果对方发来的球速度快、弧度小、落点比较集中，站位要后退些，前后排要压缩和靠近。一般说，“远飘、轻飘分散站，平快、大力一条线”，就是这个道理，如图 10-24 所示。

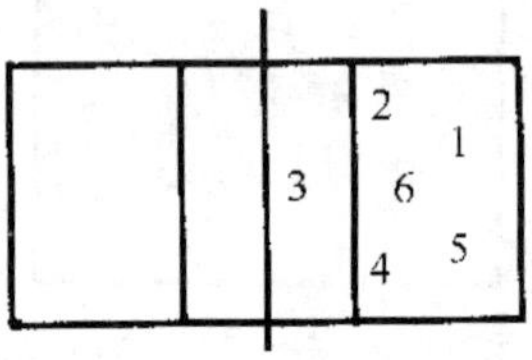

图 10-23　站位 1

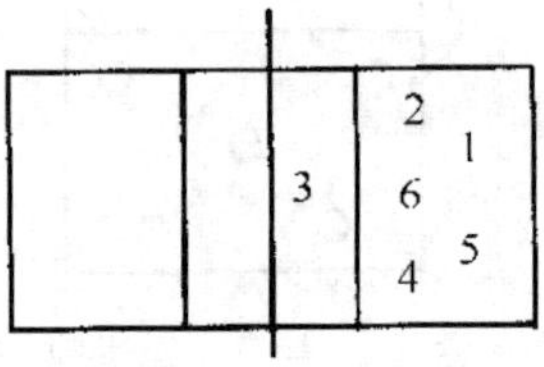

图 10-24　站位 2

（2）明确接球的范围。接发球时，队员要互相明确各自接球的范围，避免造成让球和抢球的现象。前后排队员间要避免出现重叠，同排队员间要保持合适的距离。队员站位要注意合理性和实效性，应根据接发球技术掌握的情况而定。技术好的队员接球范围可大一些；反之，则可小一些。如果球落在 3 人的共管区，看谁能最快地对准二传采用正面垫球，或由一传较好的队员去接球，且相互间要呼喊，让先呼喊的人去接。不接球的队员不要做任何接球的动作，以免干扰接球队员。需要强调的是，进攻队员应先准备接球，再准备进攻，切忌只想扣球，不准备接球。

（3）接发球站位的基本阵形。为了合理地接起对方的发球，并垫到预定的位置，场上队员的站位还应根据本队采用的进攻战术来确定，同时也要考虑对方的发球方法，各种发球的性能、速度、线路来采取相应的阵形。

攻方采用“中一二”进攻战术时，守方接发球可站成“w”形阵形，如图 10-25①所示；当攻方换位后组成“中一二”进攻战术时，守方可采用“一二一二”的阵形，如图 10-25②所示；如果攻方采用“边一二”进攻战术时，守方则应站成“一三二”的阵形，或称为“边一三二”阵形，如图 10-25③所示。

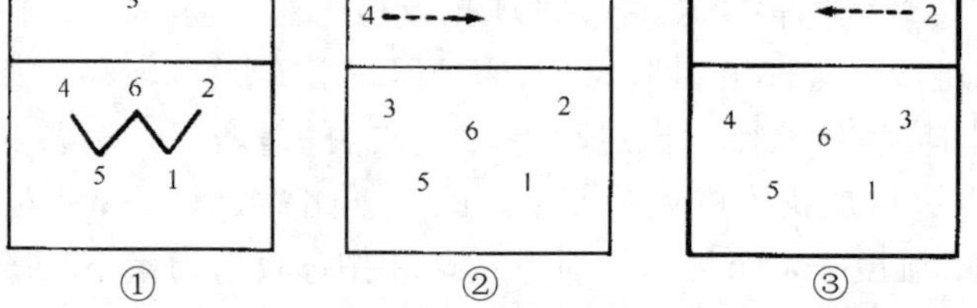

图 10-25　基本阵形

2. 接扣球的防守战术

接扣球的防守与组织反攻是密不可分的，只有防守成功才能进行反攻。接扣球的防守战术是前排拦网与后排防守的整体配合，根据对方进攻情况、本队队员特长、防守后的反攻打法，一般可分为不拦网、单人拦网、双人拦网和三人拦网的防守阵型。

（1）不拦网的防守阵型。在对方进攻较弱，没有必要进行拦网时，可以采用不拦网的防守阵型。这种阵型与 5 人接发球站位阵型相似，前排进攻队员要撤到进攻线后，准备防守和防守后的反攻；后排队员后退，准备防后场球；二传队员留在网前，准备接吊到网前的球和组织进攻。

（2）单人拦网防守战术。单人拦网已不仅仅为了应对对方扣球，更重要的是随着快速多变的进攻战术的发展，比赛中常因无法组成集体拦网而采用此种战术。一般是由相对于对方扣球队员位次的队员进行拦网，同时就近的队员进行保护，以防对方吊球。

单人拦网首先应提高个人独立作战的能力。采用单人拦网时，如对方吊球多，则 6 号位上前准备防吊球，如图 10-26①所示；如对方吊球较少，扣球线较长，变化不大，则 6 号位适当后撤，如图 10-26②所示。

（3）双人拦网防守战术。当采用双人拦网防守战术时，后排通常有两种情况：一种情况是以 6 号位跟进（心跟进），即 6 号位队员跟进防吊球及前区球；另一种情况是以 1 号位或 5 号位队员跟进（边跟进）防吊球及前区球。至于两边由谁跟进，应视前面拦网队员的情况而定。

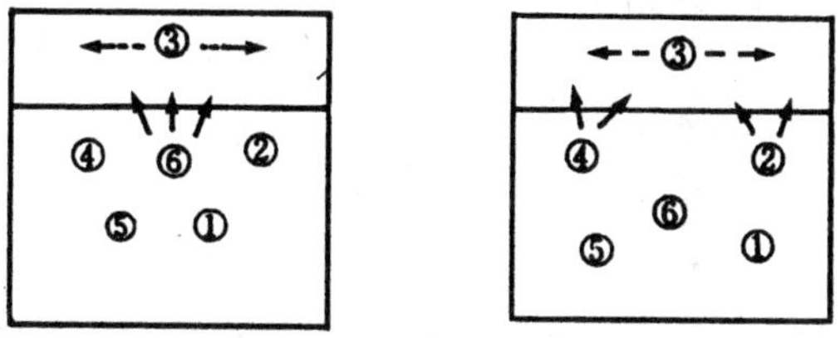

①　　　　②

图 10-26　单人拦网防守战术

（4）三人拦网时的防守阵型。在对方主要扣球手进攻实力很强，不善吊球的情况下可采用 3 人拦网，3 人后排接球的防守阵型。这种阵型加强了网上力量，但后方的空隙也相对增大。3 人拦网时，后排防守的 6 号位队员可以跟进到进攻线附近保护，也可以退至端线附近防守。

防守位置应随着对方进攻战术的改变而改变。在实际运用中，无论采取何种跟进技术，都应以控制对方进攻为目的。

五、排球基本战术的练习方法

（一）进攻战术练习

1. “中一二”练习方法

（1）熟悉位置与跑动路线练习。

1）用篮球运动中的传球方式抛球，体会各种出球方向、线路和跑动路线，要求位置、职责清楚。

2）本方 6 号位直接抛球（或接对方隔网抛来的球）给 3 号位队员传到 2、4 号位，拉开扣一般高球进攻。

3）同上方法，进行全队战术配合练习。

（2）二传队员根据不同的来球，移动抢位，运用正面传球技术和背传技术传出各种弧度和落点不同的球。每种传球练习都要不断加强实战性与加大传球难度。

（3）二传和扣球配合练习。

1）由后排专人供球，3 号位做二传，2、4 号位队员分别扣一般球或快球。要求每种练习应具体、明确。

2）同上方法。2、4 号位扣球，要求配合协调。

（4）结合接发球或加强拦网的对抗练习。

1）接发球后，全队组织“中一二”战术进攻。

2）同上练习。完成进攻后，立即后撤，再次接对方抛或发过来的球，组织“中一二”进攻战术，以增强后撤接球再攻的连续性。

3）同上方法。对方加上拦网，提高对抗性。

（5）组织对抗比赛。

1）接场外抛球，双方组织“中一二”战术进攻。

2）教学比赛，组织“中一二”战术进攻。

2. “边一二”练习方法

（1）熟悉位置与跑动路线练习。

（2）4 号位队员传球给 2 号位的二传队员，3 号位副攻在中间扣近体快球练习。

（3）3 号位传球给 2 号位二传队员，4 号位主攻扣平拉快球。

（4）5 号位或 1 号位队员接场外抛球，将球垫传到 2 号位二传队员组织交叉、梯次等进攻战术。

（5）快球掩护拉开进攻战术。

（6）短平快掩护近体进攻（夹塞）战术配合。3 号位队员扣短平快球或佯攻掩护，4 号位队员扣拉开球或平拉开进攻。

（7）由同伴在中线外场扣球给后排队员，接球后，二传队员组织“边一二”进攻战术，可以进行两队对抗练习。失误后继续由外场扣球入场。

3. “后排插上”练习方法

（1）熟悉位置与跑动路线练习。

（2）队员隔网抛球或轻扣球，前排三名进攻队员接球，1 号位队员插上，组织各种进攻战术练习。

（3）同上方法，6 号位队员插上，组织各种进攻战术练习。

（4）队员隔网抛球或轻扣球，除 5 号位队员外，都能接球，5 号位队员反插上，组织反“边一二”进攻战术练习。

（5）队员发球，全队接发球，1 号位或 6 号位队员插上，组织各种进攻战术练习。

（6）以单人“三差”自我掩护与集体掩护相结合的战术配合练习。

（7）双快一跑动战术配合练习。

4. “两次球及其转移”练习方法

（1）熟悉位置与跑动路线练习。

（2）场外队员抛、扣球入场，场上队员组织“两次球及其转移”战术练习。

（3）一般“两次球”战术配合练习。

（4）“两次球”长传转移战术配合练习。

（5）“两次球”短传或背传战术配合练习。

（二）防守战术练习

1. 几种防守战术练习

（1）在网前依次做移动、选位、起跳、伸臂拦击的落地动作练习。

（2）网上吊球，做跳起拦网动作练习。体会双手臂伸出网上和手腕下压“包球”动作，然后一人将球抛过网（比网稍高），隔网站立的队员练习起跳拦网。

2. 前排拦网综合练习

（1）两名队员在对方进行多点进攻的情况下，积极主动配合拦网。

（2）三名队员在对方进行多点进攻的情况下，2、4 号位单人拦网，3 号位进行配合拦网，或 3 号位单人拦网，2、4 号位配合拦网。

第十一章　足球

本章学习目标：

- 学习和了解足球运动的基本知识、技术和战术，不断提高足球运动能力
- 适当了解足球运动的竞赛规则，鉴赏高水平的足球比赛
- 在足球竞赛中体会乐趣，从足球运动中终身受益

一、足球运动的特点

足球运动是以脚为主控制和支配球，两队按一定规则在同一块长方形场地上互相进行攻守对抗的体育运动项目。现代足球运动是世界上开展得最为广泛、影响最大的体育运动项目之一，被称为“勇敢者的运动”“世界第一运动”。其具有对抗性强、比赛时间长、人数多、场地大、技术多样、战术丰富、观赏性强等特点。

足球运动的对抗性很强，队员在比赛中采用各种符合规则规定的奔跑、急停、转身、倒地、跳跃、冲撞等动作，在运动中与对手展开激烈的争夺。据有关资料统计，在 90 分钟的比赛中，运动员的跑动距离约为 10000 米，冲刺在 200 次左右，运动员的平均心率为 172 次/分钟。比赛后运动员的体重平均下降 2200 克，尿蛋白阳性率达 91.7%，尿蛋白含量百分比平均为 42.8%，血乳酸含量百分比平均为 40%～50%。这些数据表明，足球运动的确是一项剧烈而耐久的运动项目。足球比赛既可以举行 11 人制的，也可以举行 9 人制、7 人制，甚至 5 人的比赛，可以在室内或室外的场地上比赛。足球比赛的时间、场地、人数的伸缩性较大，设备也较为简单，便于在群众中广泛开展，因而足球运动也具有趣味性、群众性的特点。

二、足球对锻炼身体的价值

（一）全面发展人的身体素质

足球运动是一项可以全面锻炼身体，促使人拥有健康体魄的体育项目。足球比赛中各种形式的奔跑、急停、转身、倒地、跳跃、冲撞及种类繁多的踢球、接球、抢截球等身体运动形式，可以较好地发展人的速度、耐力、力量、灵敏和柔韧等身体素质。其还可以提高人的神经系统反应速度，以及中枢神经系统对各系统与器官的迅速调节能力；加强心血管系统、呼吸系统的功能；改善视觉、感觉功能，扩大视野；提高方位知觉感受器的功能等。

（二）改善人的心理素质和培养优良品质

经常参加足球运动和比赛，能提高人的注意力、观察力、想象力、思维能力和心理承受能力（包括比赛的心情，战斗力，进取求胜的欲望，战胜对手的意志及韧性、斗志），其能增强人的心理素质，提高人的心理健康水平，还可以培养勇敢顽强、机智果断、坚韧不拔、勇于克服困难的优良品质，还能培养学生积极向上、团结协作的集体主义精神和严格的组织纪律性。

三、足球基本技术

足球技术是指运动员在比赛中运用身体的合理部位所做的各种动作方法的总称。

足球技术是组织与实施战术的前提，是战术的基础。现代足球运动正朝着全攻全守总体型打法方向发展，战术的不断变革与创新，必将使技术的内容更加丰富，难度也相应加大。常用的足球基本技术有踢球、停球、顶球、运球和运球过人、抢断球、掷界外球和守门员技术。

（一）踢球

踢球是指运动员有目的地运用脚的不同部位将球击向目标的动作方法，是进行足球比赛活动的主要技术动作，它在比赛中是以传球和射门的形式体现的。

踢球的方法很多，但其动作过程都是由助跑、支撑、摆动、击球和随球动作 5 个部分组成的。本节主要介绍脚内侧（脚弓）、脚背正面、脚背内侧、脚背外侧踢球技术。

1. 脚内侧（脚弓）踢球

踢定位球时，直线助跑，最后一步踏在球侧约 15 厘米处，脚尖与出球方向保持一致；膝关节微屈，踢球腿以髋关节为轴，大腿带动小腿向前摆动。在前摆过程中髋关节外展，脚尖稍支起，小腿加速前摆，脚内侧，与出球方向成 90°；在触球的一刹那，小腿、膝、踝关节用力绷紧，用脚内侧部位击球的中部。击球后，踢球腿应继续保持击球时的形状并随球前摆，如图 11-1 所示。

①　②　③　④　⑤

图 11-1　脚内侧踢球

2. 脚背正面踢球

直线助跑，最后一步大而积极，支撑脚踢在球侧方 10～15 厘米处，脚尖与球方向一致，膝关节微屈。支撑脚着地时，踢球腿以髋关节为轴，大腿带动小腿加速前摆。踢球脚接触球一刹那，脚背绷直，脚腕压紧，以脚背正面击球的中部。击球后，踢球腿随球自然前摆，如图 11-2 所示。

①　②　③　④　⑤

图 11-2　脚背正面踢球

3. 脚背内侧踢球

斜线助跑，与出球方向约成 45°，支撑脚踏在球的侧后方 25～30 厘米处，着地平稳有力，脚尖指向出球方向，膝关节微屈，身体稍向支撑脚一侧倾斜。在支撑着地的同时身体顺势向击球方向转动，踢球腿以髋关节为轴，大腿带动小腿由后向前摆动。当大腿摆至接近垂直地面的刹那间，小腿加速前摆，脚面绷直，脚趾扣紧，脚尖稍外转，指向斜下方，以脚背内侧踢球的后中下部。踢球后，踢球腿自然前摆。踢滚动的球或转身踢球，要领一致，只需要掌握好支撑脚与球的距离即可，如图 11-3 所示。

图 11-3 脚背内侧踢球

4. 脚背外侧踢球

要领与脚背正面踢球相同，只是触球的一刹那，踝关节和脚背用力向内侧扭转，脚面绷直，脚趾扣紧，用脚背外侧踢球的后中部。踢球后，踢球腿自然前摆。

（二）停球

停球技术是指运动员在比赛中，有目的地运用身体的合理部位，将运行中的球接控在所需要的范围内。

停球技术在比赛中的作用是不可忽视的。尽管现代足球比赛的总趋势是朝着快速方向发展，但是在进攻战术的组成与变换中，也不完全是以不停顿地直接一脚传递来完成的。在很多情况下要运用停球动作将球接控下来，以便更好地完成传球、运球、过人和射门等技术动作，同时进行节奏的调整、方向的变换和更有效的组织战术配合。因此，停球是为了更好地处理球，它是技术动作衔接的锁链，是战术变换的枢纽，在完成时要力争快速、简练、合理、多变，但停球不是最终目的。

1. 脚部停球

（1）脚内侧停球。停地滚球时，正对来球，判断来球的速度和方向，选好支撑脚位置，膝微屈。接触球前，摆动腿稍前迎，当脚与球接触的瞬间引撤或变向，将球控制在所需要的位置上，如图 11-4 所示。

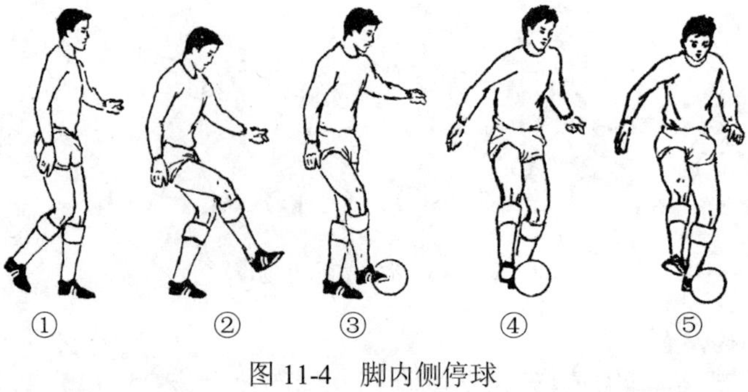

图 11-4 脚内侧停球

接反弹球时，停球腿小腿应与地面形成一定的夹角，向下做压推动作时，膝要领先，小腿留在后面。

接空中球时，停球腿要屈膝抬起，可根据需要采用引撤或切挡动作，接球落地后应随即将球在地面控制住。

（2）脚掌停球。判断来球路线或落点，选好接球位置并稳固支撑，停球腿屈膝提起，脚尖勾翘，使脚掌与地面形成一定的仰角，球临近或落地瞬间，停球腿有控制地下放，用脚前掌部位触压球的后中部，将球控制在脚上。脚掌适合于接迎面的滚球或反弹球。

（3）脚背正面停球。身体正对来球，判断来球路线和速度，支撑脚稳固支撑，停球腿屈膝提起，以脚背正面对球迎出，触球瞬间，停球脚引撤下放，膝、踝关节相应放松，以增强缓冲效果。

（4）脚背外翻停球。停地滚球时，判断来球状况，选好支撑脚位置，接球腿屈膝提起，踝关节内翻，以脚背外侧部位对准来球，当球临近时，停球脚以外侧推拨球的相应部位，将球控制在所需位置上。

接反弹球时，要判断球的落点，停球腿小腿应与地面形成膝关节领先做扣压动作，防止球反弹。

2. 腿部停接球

腿部停球主要运用大腿中部，一般适宜停弧度较大的高空下落球，或平行于大腿高度的来球。面对来球，停接腿大腿须抬起，以大腿中部对准下落的球，肌肉适当放松。在大腿与球接触的刹那间，大腿迅速撤引，使球落在与下一个动作衔接所需的位置上。

停接低平球时，面对来球，停球腿以大腿中部对准来球，屈膝稍前迎，当大腿接触球的刹那间，随球后撤，使球落在下一个动作衔接所需的位置上。

3. 胸部停接球

挺胸接球时，面对来球，两腿自然开立，膝微屈，两臂自然张开，上体稍后仰，与来球形成一定的角度。触球瞬间，收下颚，胸部主动挺送，使球触胸后向前上方弹起落于体前。收胸接球时，胸部触球瞬间，迅速收腹、缩胸，缓冲来球力量，使球直接落于体前，如图 11-5 所示。

图 11-5 胸部停接球

（三）顶球

顶球技术是运动员在比赛或练习当中，为争取时间，抢占空间，有目的地运用头的前额部位直接处理空中球所做出的各种击球动作方法的总称，是处理高空球最有效的手段，也是足球技术中最重要的技术之一。在比赛中，正确而又合理地发挥顶球技术的作用，在发动与组织进攻中不仅可以完成具有威胁性的直接传递，还可以争夺空中优势抢点射门。防守时，还可以运用头顶球抢截、阻断、破坏对方的传球配合，以解球门前危急，直接转守为攻，使比赛更加精彩。

1. 前额正面顶球

前额正面坚硬平坦，触球面积大，它处于头的正前方和两眼的上方，如图 11-6 所示，其便于在顶球时观察来球及周围情况，使出球准确有力。

（1）原地头顶球。正对来球，两脚前后开立，膝微屈，上体后仰，重心落在后脚上，两臂自然张开，眼睛注视来球。当球运行到身体垂直部位前的瞬间，后脚用力蹬地，身体重心由后脚移向前脚的同时，迅速向前摆体，颈部紧张，快速甩头，用前额正面顶球的后中部，接着上体随球继续前摆。击球时，颈部肌肉保持紧张，两眼注视出球方向，如图 11-7 所示。

图 11-6 前额正面顶球

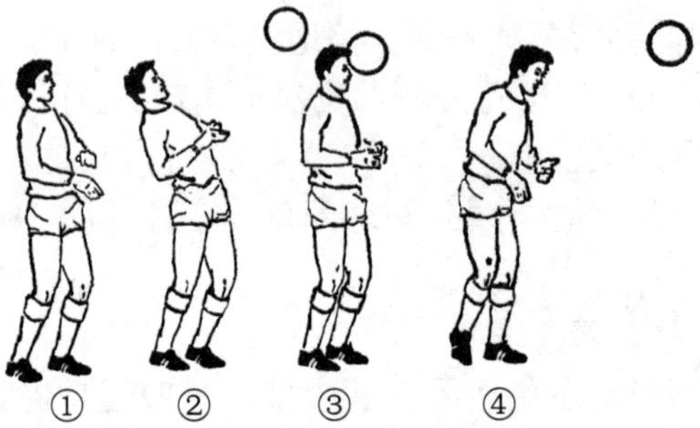

图 11-7 原地头顶球

（2）跳起顶球。起跳时，屈膝，重心下降，然后双脚用力蹬地跳起，同时两臂屈肘上摆起跳，在身体上升阶段展腹挺胸，两臂自然张开，眼睛注视来球，身体自然成背弓。当球运行至身体垂直面时，迅速收腹，上体前摆，触球前瞬间颈部做爆发性振摆，用前额正面将球顶出。同时两腿向前做振摆。球顶出后两腿屈膝屈踝落地，如图 11-8 所示。

图 11-8 跳起顶球

2. 前额侧面顶球

前额侧面顶球的部位是前额的两侧。这个部位虽然也坚硬，但是不平坦，面积小，又在两眼的侧前方，顶球时摆动用力方向与来球方向不是迎面相遇，出球力量较小。故在击球时间、出球方向方面都难于前额正面顶球。其优点是动作突然，能变换出球方向，特别是前锋队员在门前得边锋传中球射门时威胁更大。

（1）原地顶球。顶球前与出球方向同侧腿向前跨出一步，两膝微屈，身体重心放在后脚上，上体和头稍向异侧倾斜并转体约 45°，两眼斜视来球，两臂自然张开。顶球时，后脚蹬地，上体和头向出球方向迅速扭转，屈体甩头，在与出球方向同侧肩的前上方，用额骨侧面顶球。

（2）跳起顶球。一般用单脚起跳，在上升过程中上体侧屈，侧对来球，在跳到最高点顶球时，急速转体、甩头，用额骨侧面将球顶出。顶球后，两膝微屈缓冲落地。

（四）运球和运球过人

运球和运球过人是运动员在跑动中，用脚的推拨动作有目的地使球保持在自己控制范围内而做的连续触球动作。运动员在比赛中为了能够变换进攻速度，调节比赛节奏，积极摆脱和突破对方的密集防守，必须掌握运球技术，并能够合理运用。

1. 运球

运球的特点和要求如下：球要推送，人要跑动；人球距离，保持适宜；拨球变向，人要跟上，并且在任何情况下都要尽量将球保持在自己控制范围以内。在跑动中的运球动作一般由支撑脚踏地后蹬、运球腿前摆触球和运球脚踏地支撑紧密衔接的三个阶段组成。

（1）脚背外侧运球。运球跑动时，身体放松，上体稍前倾，两臂自然摆动，步幅不宜过大。运球脚足跟提起，膝关节弯曲，脚尖稍内转，用脚背外侧推拨球的中部，如图 11-9 所示。

图 11-9　脚背外侧运球

（2）脚背内侧运球。运球跑动时身体自然放松，步幅稍小，上体稍前倾并向运球方向扭转，两臂自然摆动，膝关节微屈，脚跟提起，脚尖稍外转，在迈步前伸着地前，用脚背内侧推、撞球使之前进。

（3）脚背正面运球。运球跑动时，身体自然放松，上体稍前倾，两臂自然摆动，步幅不宜过大，运球脚提起，膝关节微屈，脚跟提起，脚尖向下，在迈步前伸着地前，用脚背正面推球使之前进。

2. 运球过人

虽然运球过人技术动作很多，但就其动作的过程来说一般分运球逼近对手阶段、运球越过对手阶段和摆脱对手继续运球前进阶段。

运球逼近对手在于吸引对手注意，给对手心理上造成一定的压力，因此在向前运球时要坚定信心，敢于逼近对手。当对手距球较远时，运球的动作频率要快，触球要轻，步幅要小，上体略前倾，重心稍降低，随时抬头注视对手的行动和意图。对手距球较近时，在运球过程中要严格掌握触球力量和控制球距离，运球动作频率降低，球向前滚动的速度要相应减慢。

运球越过对手时，应从对手重心移动的方向的异侧越过。摆脱对手继续运球前进时，要与推、按、拉、扣、挑、捅等动作紧密衔接，防止出现虽然球越过对手但自己却被对手挡在身后的情况，或给对手转身追抢的机会。

（1）强行过人。控球者中等速度运球逼近对手，迫使其上抢或后退，当对手重心移动的瞬间，控球者用突然推、撞球后的加速跑动，趁对手转身之机强行突破越过对手。

（2）晃拨过人。运球接近对手，突然用上体或腿向左、右的虚晃迷惑对手，诱使对手重心移动；在其重心移动的瞬间，将球向另一侧推、拨越过对手。

（3）推球过人。运球逼近对手，诱使对手伸腿抢球，或当对手积极后退阻截站位失去身体平衡的刹那间，运球人加快起动速度，快速推球，使球从对手胯下或体侧越过。

（4）拉球过人。控球者遇对手正面抢截时，可有意识地将球向左右拨出，使球稍远离身体，诱使对手上抢；在其出脚抢截瞬间，突然向反方向扣球并迅速越过对手。

（五）抢断球

抢断球技术是指运动员运用身体不同部位和所作的合理动作将对方队员控制的球截获为自己控制球或破坏掉的动作方法。

抢断球是防守技术的综合体现，是转守为攻的积极手段。抢断球技术动作包括抢球和断球两部分。抢球是指防守队员在规则允许的条件下，运用合理的动作把对方控制的或将要控制的球夺过来，或破坏掉。断球亦称截球。它是指防守队员在进攻队员之间进行传球配合时，趁球在运行当中，将球截获所做出的各种动作方法。

1. 正面抢断球

两脚前后稍开立，膝稍屈，身体重心下降，落在两脚上，面向对方。趁对方带球距离较大或脚触球未着地时，一脚立即用力蹬地，抢球脚屈膝向前跨出，用脚内侧挡住球的正面，另一只脚立即前跨，上体前倾，保持身体平衡，把球控制住。如抢不到球，可用脚尖把球捅掉。

2. 侧面抢断球

当与对方平行跑动争抢时，可用合理冲撞的方法进行抢截。抢截时，外侧脚用力蹬地，身体重心稍降，上体向内侧倾斜，待内侧脚着地后，迅速屈肘，上臂紧贴身体，利用上体倾斜和跑动的冲力，用上臂和肩冲撞对方相应部位，使对方失去平衡离开球，然后立即将球抢过来。

3. 侧后抢断球

当对方队员运球或接球越过自己而来不及用其他方法抢断球时，可采用侧地铲球的动作。侧后倒地铲球时，有同侧脚铲球和异侧脚铲球两种方法。

（1）同侧脚铲球。当控制球的对手拨球的一刹那，抢断者后脚（异侧脚）用力后蹬成跨步，前脚（同侧脚）以脚外侧沿地面向前外侧滑去，用脚背或脚尖将球踢出或捅出，然后让小腿、大腿外侧和臀部依次着地，如图 11-10 所示。

图 11-10　同侧脚铲球

（2）异侧脚铲球。当控制球者拨球的一刹那，抢球者后脚（同侧脚）用力成跨步，前脚（异侧脚）以脚外侧沿地面向前内侧滑出，用脚底将球蹬出去，使小腿外侧、大腿外侧和臀部依次着地，如图 11-11 所示。

①　②　③

图 11-11　异侧脚铲球

（六）掷界外球

掷界外球是指运动员在比赛中，将越出边线的球，按照规则的规定与要求，面对球场有目的地用双手将球从头后经头顶掷入场内且两脚均应有一部分站立在边线上或边线外，不得全部离地的动作方法。

1. 原地掷界外球

面对出球方向，两腿前后开立，膝关节弯曲，上体后仰成背弓型，重心在后脚上，两手自然张开，拇指相对，持球的后半部，屈肘将球置于头后。掷球时，后脚用力蹬地，收腹屈体，同时，两臂急速前摆。当球摆到头上时，要用力甩腕将球掷入场内，如图 11-12 所示。

①　②　③

图 11-12　原地掷界外球

2. 助跑掷界外球

助跑时，两手持球于胸前，在最后一步踏地的同时，两手持球上举过头，两脚应前后开立。若助跑速度较快，在最后两步时也可采用垫步的方法以控制身体向前的冲力。其掷球要领同原地掷界外球。

掷界外球是全身协调配合的动作，故在运用时应充分发挥腿部、腰部、腹部、臂部和手腕的力量，将球准确而有力地掷出。

（七）守门员技术

守门员技术是守门员运用身体的合理部位，在规则的允许下所采取的有效动作方法，或在接球后所做的有助于本队进攻的动作方法。

在比赛中，守门员通常处于全队的最后一道防线上，他的主要任务是守住球门，阻止对方进球。同时，当截获到球后，要快速有效地发动进攻。守门员发挥得好与差，直接关系到一个球队的胜负。为此，守门员不仅要具备应有的身体素质、娴熟的技术，要善于观察全局，分析动向，指挥本队的进攻和防守能力，还要具备良好的心理素质，具备沉着冷静、临危不惧、反应敏捷、机智灵活和勇敢顽强的品质与精神。

1. 位置选择（选位）

守门员的位置应根据对方射门时所处的位置来确定，一般应站在射门点与两球门柱形成角的平分线上，当对方运球逼近时，守门员应及时出击前迎，以便缩小射门角度或扑对方脚下球；当对方远射时，可适当靠前站，但要防备对方吊球；当球推进到中前场时，守门员可前移到球门区线附近，在保证能及时回位的情况下尽量扩大活动范围。

2. 准备姿势

两脚平行开立，约与两肩距离等宽，两膝自然弯曲并向内扣，脚跟稍提起，身体重心落在前脚掌上，上体稍前倾，两臂自然弯曲，手指自然张开，掌心向下置胸前，两眼注视来球，如图 11-13 所示。

图 11-13　守门员的准备姿势

3. 移动

为了更好地截获和接住对方的射门或传球，守门员必须根据球和人的位置变化来随时调整自己的位置，向左右移动。移动时一般采用侧滑步或交叉步两种步伐。

（1）侧滑步。当对手向球门两侧射低平球时，可采用侧滑步移动，使身体正对来球。向左（右）侧滑步时，首先左（右）脚抬起稍离地面，借助右（左）脚脚掌内侧向右侧蹬地的反作用力（右）侧跨步（跨步大小依移动距离长短而定）并积极落地，右（左）脚在左（右）脚落地的同时，迅速沿地面滑动成准备姿势，如图 11-14 所示。

图 11-14　侧滑步

（2）交叉步。一般在接两侧高球或扑接球时，为了便于蹬地跃起，多采用交叉步。如向左（右）侧做交叉步移动时，身体先向左（右）侧倾斜，同时右（左）脚用力蹬地，并快速向左（右）前方跨出一步成交叉步，然后左（右）脚向左（右）侧移动，右（左）脚和左（右）脚依次快速移动，并蹬地跃起。

4. 接球

接球是守门员最主要的技术，它包括接地滚球、接平球和接高球等。

（1）接地滚球。接地滚球学用直腿式和单腿跪撑式两种方法。直腿式接球时，两脚左右分开约一拳，脚尖正对来球，两膝伸直，体前屈两臂并肘前迎，两手小指靠近，手掌对球。在手触球的刹那间，触球后引并屈肘、屈腕，两臂靠近将球抱于胸前，如图 11-15 所示。

单腿跪撑式接球时，两脚前后侧开立稍宽于肩，前脚脚尖稍外转，脚跟和后脚脚尖约成一直线。跪腿时，前腿深屈，后腿大腿内转，小腿倒向地面，以膝盖内侧部位跪地，与前脚脚跟保持大约 10 厘米，上体稍前倾，面对来球方向，如图 11-16 所示。

①　②　③

图 11-15　接地滚球

①　②　③　④　⑤

图 11-16　单腿跪撑式接球

尽管守门员在接球时所采取的接球姿势不同，但接球时的动作方法是相同的。做法如下：在做好接球姿势的同时，两臂从体前垂直部位斜前伸，两肘内合稍屈，以小指相接的手形斜触地面。当球迎面滚来时，应先以手指触球，在球沿指、腕、小臂上延的同时，屈腕、屈臂、合肘并积极压胸，将球抱在胸前，待球接稳抱牢后再直身起立。

（2）接平球。平球大体可以划分为两种高度，一种是球在腹部以下，另一种是球在胸腹之间。高度不同，接球的方法亦不同。

接腹部以下高度的平球时，身体正对来球，两眼注视来球，两臂前平伸，两手手指尽量分开，小指斜相对成八字形去迎球。在球接触手掌的同时，两臂沿体侧屈肘后撤、屈腕、收腹、压胸，将球抱在胸前，如图 11-17 所示。接胸腹之间高度的平球，身体正对来球，两臂前伸，肘关节稍屈，两手手指尽量分开，两拇指斜相对成八字形正对来球。在球触手的同时，屈肘后撤小臂，缓冲来球力量。待球接稳后，肘关节内合，腕关节内转，两手顺着球的横轴向前滑动，同时屈肘、屈腕、压胸，将球抱于胸前。

①　②　③　④

图 11-17　接腹部以下高度的球

（3）接高球。当判断好球在空中运行路线和确定接球点后，迅速移动并跳起，两臂上伸迎球，两拇指相靠，手掌对球。当手接触球时，手指和手腕适当用力将球接住，同时屈肘，回缩并下引，顺势翻掌将球抱于胸前。

5. 扑球

当对方将球射向球门两侧，守门员不能用原地、跳起或移动防守位置的方法去接球时运用扑球。扑球依来球的方向与高度不同分为扑接两侧低球、跃起扑侧面地滚球、扑侧面平高球和扑接对方脚下球几种。

（1）扑接两侧低球。扑接两侧低球可在原地或移动中进行。如扑接左侧低球时，右脚迅速蹬地，左脚屈膝向左跨出一步，身体向左侧倒，左脚着地后，随着用小腿、大腿、臀部、上体和手臂的外侧依次着地。同时两臂向球伸出，左手掌心正对来球，右手在左手前侧上方。两拇指靠近，两手腕稍向内屈，接球后把球收回胸前，然后立即站起，如图 11-18 所示。

图 11-18　扑接两侧低球

（2）扑侧面平高球。扑侧面平高球时，身体重心先移向靠近来球一侧的脚上，同时该脚用力蹬地向侧面跃起，身体展开，臂自然伸出，两拇指靠近，手指自然张开，手掌对球。当手触球时，以扣手腕动作将球接住。落地时，以两手按球，前臂、肩部、上体侧面和下肢依次着地，同时屈肘翻掌将球抱于胸前，并屈膝团身。

（3）扑接对方脚下球。当对方运球迫近球门准备射门时，守门员要勇敢、沉着和善于判断，最好在对方运球脚一触球后，立即冲上扑球。扑球时，两腿弯曲，重心下降，上体前倾，后脚用力蹬地，前腿屈膝向前跨出，身体向左（右）侧倾倒，两臂弯曲，两手靠近，手指分开接球。落地时用身体侧面着地，同时把球抱在脚前，并屈腿使身体缩成一团。

6. 拳击球

当门前遇到有力的高空球或较高球，并有对方队员争顶时，守门员为了避免接球脱手，可采用拳击球。一般采用单手拳击球和双手拳击球两种方法。

（1）单手拳击球。单手拳击球动作灵活，活动范围较大，击球点高，击球力量大，多用于击两侧的传中球和高吊球。当来球时，身体跳起并接近球，屈肘握拳于肩前。在击球前的刹那间，快速冲拳，以拳面将球击向预定目标。

（2）双手拳击球。双手拳击球接触球的面积大，准确性高，多用于击正面高球或平高球。当球来时，身体跳起接近最高点，两臂屈肘，握拳于胸前，两拳靠拢，拳心相对，即将触球的一刹那，两拳同时快速冲击，以拳面将球击向预定目标。

四、足球基本技术的练习方法

（一）踢球

1. 模仿性练习

学生对标志物或固定球做上步摆踢动作。可做完整动作，也可有针对性地做分解动作练习。要求初步体会动作感觉，确立击球脚型和踢摆方式。练习时身体要放松，注意踢摆的速度与节奏，控制好击球部位和脚型。

2. 踢定位球练习

可对足球墙、网自练，也可采用各种形式的对练。练习距离可由近至远，由踢固定目标过渡到踢活动目标。要求在模仿练习的基础上，加深学生对触击球的动作体会。练习的注意力应放在动作的准确性上，而不是踢球力量上。

3. 踢地滚球练习

可踢从正面、侧面或侧后方传来的地滚球，可限定脚法，也可视来球任意选用脚法练习。要求学生掌握踢地面活动球的动作调整能力。练习时要注意观察，判断来球的速度和方向，并根据出球目标选择支撑脚位置，调整击球的速度和角度。

4. 踢空中球或反弹球练习

可对足球墙、网自抛自踢，也可两人配合进行抛踢练习。可从正面抛球，也可从侧面抛球。要求培养学生踢空中球或反弹球的动作调整能力。练习时应根据来球的速度、高度或落点进行相应的动作调整，以保证准确的击球时机和部位。

5. 踢弧线球练习

可由踢定位球发展为踢地滚球或空中球；可踢内旋球或外旋球。可用搓踢、抽踢或摆踢的不同脚法进行练习。

要求培养学生控制出球性能变化或旋转强弱的能力。练习时应着重体会击球部位与作用力方向对出球的影响，掌握其变化规律。

6. 移动中踢球练习

可在前、后、左、右移动中完成踢球动作；可踢地滚球，也可踢空中球；可限定脚法，也可视来球情况选择适当脚法练习。要求培养学生踢球的主动性和在移动中调整击球动作的能力。练习时要根据球的运行方向及时移动到位。移动中眼睛应始终注视球，并做好踢球的动作准备。

（二）停球

1. 一般停球练习

（1）原地徒手模仿性练习与个人试做。

（2）两人一组一球为宜，距离 10 米左右，可采用手抛球或轻踢球的方法来体会动作要领。初练时，要求传球力量轻一些，方向要正，落点要近，保证接球者能将注意力放在缓冲控制球环节上。随练习的发展可逐步增加给球难度。

（3）每人一球，在对足球墙的踢球练习时，结合用脚内侧或脚掌进行停地滚球练习。

（4）两人一组一球，相距 15 米左右。在用脚内侧互相传球的过程中，结合用脚掌或脚内侧进行停地滚球的练习。要求迎球、接球、护球和下一动作衔接，接球前身体要放松，脚步保持不停地颠动；接球时要掌握好动作的时机和方向。

2. 停反弹球练习

（1）每人一球，先向上抛球，再用脚掌、脚内侧、脚背外侧等部位进行停反弹球的练习。

（2）每人一球，在用脚背颠球的过程中，把球有意颠高，接着用脚掌、脚内侧或脚背外侧部位进行停反弹球的练习。

（3）两人一组一球，相距 10 米左右，一人抛弧线高球，另一人迎上用脚掌、脚内侧或腹部停反弹球。

（4）两人一组一球，相距 20 米左右，在互相传球中进行停反弹球练习。

（5）三人一组一球，各相距 20 米左右，成三角形站立，在相互传球的练习中结合进行各种停球的练习。练习时要求能准确判断来球的落点，把握好动作的时机，控制好接球部位与地面的适宜角度。

3. 接空中球练习

可根据教学进度安排各部位接高球的练习。练习可由原地向移动中接球发展。接空中球时，支撑要稳定，时机要准确，对接球后弹起落下的球，应用连贯动作将其控在脚下。

4. 传、接球的综合练习

（1）四人一组站成正方形，每人相距 8 米左右，相互用脚内侧进行传接的练习。开始时，①、③每人一球都按顺时针方向传球，②、④接球后迅速将球传给①、③。如此反复进行。要求传接球快速准确，转身接球与传球衔接紧密，同时在接球、传球的过程中要随时观察另一球方向，防止两个球同时赶在一个人的脚下，如图 11-19 所示，换位继续练习。

（2）传一接一射门的综合练习。练习形式如图 11-20 所示。

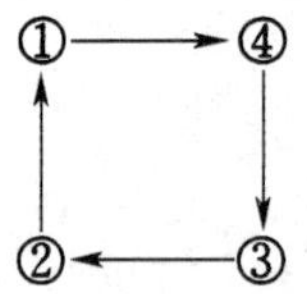

图 11-19　四人一组练习

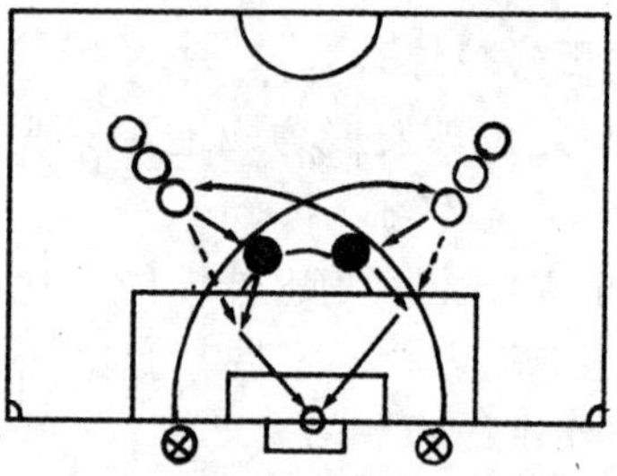

图 11-20　传一接一射门的综合练习

方法如下：球门两侧供球者用脚背内侧传过顶球，学生迎上接控制球后，随即向作墙者（足球运动员将足球以α角度，某种速度射向墙体，墙体将以同样的速度，180°减α角度反弹该足球，起到像墙体一样作用的足球运动员，我们称该运动员为作墙者）传球并立即冲上直接射作墙者回传的球。守门员接球后把球轻轻地滚给供球者。练习时两个供球者交替传球或同时传球。

5. 对抗性接球练习

根据不同教学对象的技术水平安排对抗性接球练习，可在抢的条件下进行，也可在实战的条件下进行。

（三）头顶球

1. 模仿性练习

学生徒手对标志物或固定球、吊球体会动作要领。可做原地或跳起顶球的模仿。

练习时应注意体会顶球的动作要领。注意动作放松，体会蹬地、收腹、摆头的用力顺序。

2. 原地顶球练习

（1）A 用额正面顶 B 的手抛球。

（2）A 用额侧面将 B 的抛球顶向两侧。

（3）A 与 B 顶一次来回球后，将球顶给 B 身后的 C，然后依此时行反方向练习。

（4）B 将 A 顶来的球后蹭给 C，转身再将 C 的顶球向后蹭顶给 A，三人交换练习。

练习注意事项如下：区分额正面与额侧面顶球的用力差异，以及额正面向前和向侧顶的动作差异；开始练习以掌握正确的动作方法为主，不应盲目追求顶球力量。

3. 跳起顶球练习

（1）B跳起将A顶来的球顶回，然后与D或C交换位置继续练习。

（2）B跳起将A的抛球侧顶给C，D跳起将C的抛球侧顶给A。队员按顺时针换位继续练习。

（3）B在C的争抢下跳起将A的抛球顶回，转身与D做同样的练习。

练习时应注意起跳与用力顶球动作的协调配合，在争顶练习时，注意空中的自我保护动作与落地缓冲动作。

4. 综合练习

（1）8～10人一组，围成半径4～5米的圆圈。中间一人接球按顺（逆）时针方向向圆圈上的人抛球，对方用额骨正面把球顶给抛球人。每人顶2～4次后，换中间人。

（2）两人一球相距 4～6 米，先互相抛顶，熟练后可连续对顶，要求顶球准确到位，球尽量不落地。

（3）三人一球，进行三角顶、传球练习。学生可以运用前额正面转身或前额侧面顶球。

（4）学生持球站在罚球区附近，将球掷给站在左或右球门柱的供球者，供球者接球后再抛至罚球点附近，顶球者冲上顶球射门，如图 11-21 所示。

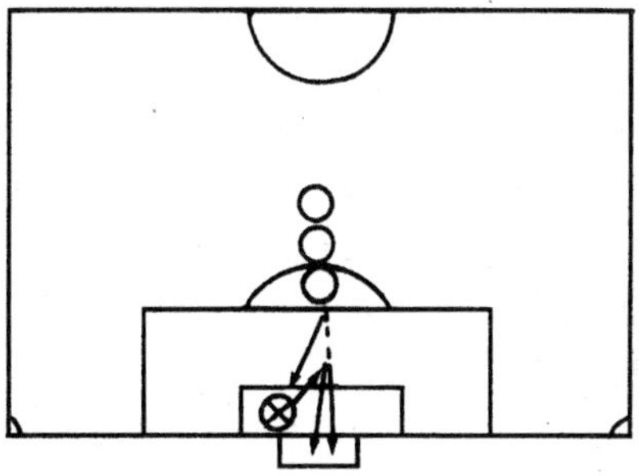

图 11-21　综合练习

（四）运球与运球过人

1. 熟悉球性练习

（1）颠球。脚背正面颠球，大腿颠球，头部颠球，多部位颠球，行进间颠球，高低交替颠球，颠球绕障碍，连续颠球转身。练习时要精力集中，身体放松，用力适度，起球平稳。

（2）拨、拉、扣球。可单脚也可两脚左右交替做；可以原地练习，也可行进间练习；可做单个动作，也可进行组合动作。如做拉－拨球、扣－拨球练习。练习时重心略降低，脚步要灵活，触球动作要清楚，衔接动作要连贯。

（3）挑球。可用脚尖插入球底向上挑起，也可用双脚将球夹住向上甩挑。练习时注意体会甩挑的方向和力量，挑球后重心要及时跟进以利控球。

2. 运球练习

（1）曲线运球。运球轨迹可以是折线，也可是弧线；变向角度可大可小，可在运行中变向，也可急停后变向。注意体会推拨球的部位和角度，以及身体重心的移动和变化。

（2）直线运球可用单脚连续推拨，也可左、右脚交替推进，可一步一推拨，也可数步一推拨，可限定用一个部位运，也可几个部位交替运用。练习时跑动要自然，重心稍前倾，注意体会触球的推送动作。

（3）变速运球。运球变速的距离可长可短，变速节奏可紧可缓；可以有规律变速，也可无定势变速：可急停急起变速，也可快慢交替变速。练习时速度变化要明显，人球速度要吻合，快慢相随。

3. 运球过人练习

（1）假动作过人练习。首先进行徒手的模仿性练习，如脚部的假动作或躯体的晃动。在此基础上可结合球进行假传、假射、假突等假动作。可做原地练习，也可在运球过程中结合假动作练习，可对假设防守标志物做练习，也可设消极性防守队员进行配合练习。要求学生了解和掌握假动作运球突破的基本要求和方法。练习时做假动作要注意动作时机，控制好身体平衡，真假动作的衔接要自然、连贯、流畅。

（2）掩护性运球。多采用一对一的配合练习。可进行侧面掩护运球，也可进行背向护球练习。要求培养运球队员的护球意识和能力。练习时要求用远离防守者一侧脚运控球，并注意随时用身体和脚部封堵、隔挡对方的抢球路线，做到人球兼顾。

（3）运球过障碍。障碍标志的设置可由少到多，由直线到曲线，由等距到不等距，逐步加大难度。要求培养学生运球接近和超越障碍的信心和基本能力。练习时应根据练习目的合理设置障碍标志。要求学生根据障碍的分布和距离等情况选用适当的突破方法，并控制好运球突破的力量和方向。

（4）一对一运球突破对抗练习。两人相距 5～8 米。A 传球给 B 后迎上逼抢，B 接球后运球突破 A，突破后拉开相应的距离后交替进行练习。要求培养学生运球突破的实战能力。开始练习时，守方防守要稍消极，给对方的球要合适，待其控稳球后再上前逼抢。随着练习的推进，防守行动可逐步积极，给球难度也可逐步加大，如缩短攻方队员突破前的接控球时间，以加快其接控与运球突破的衔接建度。

（五）抢断球

1. 原地徒手模仿练习（要求动作协调到位）

（1）正面抢断球可做跨步抢断球模仿练习。

（2）侧面抢断球可做无球慢跑的合理冲撞练习。

（3）侧后抢断球可做倒地模仿铲球动作练习。

2. 利用静止球做抢断球练习

3. 断球练习

（1）行进间向左右侧前交替做蹬、跨、断、抢动作。

（2）B 从侧后抢前断截 A 传给 C 的低、平、高球。

（3）B 向两侧断截传给 D、C 的球后回传 A。

（4）C 在练习区中间断截 A、B 之间的传球。

要求培养学生掌握断球的基本动作方法和技能。练习时注意掌握好断抢动作的时机，重心移动要平稳，出脚动作要硬朗，蹬跨要迅猛有力。

4. 正面抢球练习

（1）B 迎上将 A 运的球抢下运至 A 位，A、B 交换角色，反复练习。

（2）A 运球，B 迎上将球抢下后继续运球，C 迎上再将球抢下，如此练习。

（3）A 对 B 抛低平球、高球、反弹球，在 B 接球瞬间，快速上前抢球。

要求学生掌握迎上封堵和抢球的基本方法。练习时首先应注意封堵和抢球的基本方法。练习时首先应注意封堵对方的运进路线，成对峙局面后，选准时机，果断出脚。

5. 侧面抢球练习

（1）A、B 原地、跑动中或跳起做徒手冲撞练习。

（2）A、B 在行进间交替运球和抢球。

（3）A、B 从两侧跑出争抢 C 向前传出的低、平、高球。

要求学生掌握侧面抢位和合理冲撞的基本方法及动作的合理性。

6. 2 对 2、3 对 3、5 对 5 的等数盯抢或分队比赛

可在 10×20 米或 30×50 米的场地的四面各设一球门（2 米宽），但无人防守，只要球进门即算得一分。要求学生严肃认真地参与比赛。在对抗过程中不可有意伤害对手，并进行有效的自我保护。

（六）掷界外球

1. 模仿练习

学生徒手或持球体会动作要领。可做原地或助跑掷界外球的模仿练习。练习时体会掷球的正确姿势。动作自然、放松，注意动作的协调性。

2. 原地掷界外球练习

（1）A、B 近距离相互掷界外球。

（2）A、B 中距离相互掷界外球。

（3）A、B 远距离相互掷界外球。

（4）掷准。

练习中明确原地掷界外球用力的基本要领，养成正确的掷球动作姿势，不盲目追求掷界外球的力量，知道什么是掷球违例动作。

3. 助跑掷界外球

（1）中距离掷界外球。

（2）远距离掷界外球。

（3）掷准。

练习时要求双脚不得离地，动作协调有力、准确。

（七）守门员

1. 模仿练习

（1）准备姿势、移动采用模仿性练习，主要体会动作要领。

（2）在无球的情况下做接球、扑球、托击球模仿练习。扑球模仿练习时可使用海绵垫或沙坑保护，消除害怕心理。练习时必须按正确的准备姿势，脚步移动进行练习。

2. 结合球进行实践性练习

（1）扑接球练习可先把球放置在能扑接到球的位置进行扑接球的练习。

（2）用手抛或轻踢的方式进行扑接球练习。

（3）站成两列横队，两臂间隔散开，面面相对，相距 5 米左右，两人一球，进行互相抛接地滚球、低平球、平高球及身体两侧球的练习。

（4）两人一球相距 4 米左右，一人守门，另一人用手向守门员两侧抛或用脚内侧踢地滚球，进行扑接地滚球练习。

（5）自己抛或踢向足球墙反弹回来的各种高球。

五、足球基本技术练习的注意事项

（一）踢球练习的注意事项

（1）开始学习踢球动作时，应以踢静止球、地滚球为主，不必过多要求力量。

（2）对每一种踢球方法，从助跑到踢球后的动作，都要认真地反复练习，直到正确掌握。

（3）练习中应加强意识的培养，主动迎球、踢球，踢球前注意观察场上情况，踢球时动作迅速，踢球后立即起动。

（4）在简单的条件下能较正确地完成踢球动作以后，逐步加大动作难度，提高动作质量。

（5）结合实践加强对抗性练习，把踢球动作与停球、运球、传球和射门结合起来，为战术训练打下基础。

（二）停球练习的注意事项

（1）练习停球时，接触球时要放松，并做好引撤动作。

（2）要养成主动迎球、停球的习惯。

（3）在停球时，支撑脚必须稳固支撑自己的身体，保证停球动作的自如，做好用身体或脚的护球动作。

（4）停球动作要与传球、运球、过人和射门紧密衔接，达到快速进攻的要求。

（三）运球练习的注意事项

（1）在练习中，要养成抬头运球的习惯，随时注意场上的情况，以便根据情况变化及时传球、射门或改变运球速度和采取行动过人等。

（2）在运球接近对手时，应注意步幅要小些，保持好控球距离。

（3）练习中注意培养用两脚交替运球的能力。

（4）培养用身体和腿掩护球的能力。

（5）开始练习运球时，应从慢跑开始。做过人练习时，应该从无人防守过渡到消极防守，再过渡到积极防守，逐步加大难度。

（四）顶球练习的注意事项

（1）练习头顶球先从原地体会顶球动作开始，注意养成主动击球和目迎目送的习惯。

（2）顶球时，要充分利用腰腹力量，在身体摆到垂直部位时击球。

（3）在正确掌握原地顶球的基础上，再进行跳起顶球的练习。要注意培养准确地判断球的运动路线和选择击球点的能力，以及准确掌握起跳时间，在预定的击球时间顶到球的能力。

（4）在较熟练掌握各种顶球技术后，要在对抗情况下进行争顶练习，以适应比赛的实际需要。

（五）抢球练习的注意事项

（1）在练习中，应严肃认真，注意防止犯规和发生伤害事故。

（2）抢断球时，要注意保持身体的平衡。在对手已控制好球时，不要轻易扑抢。

（3）要养成抢到球后迅速进行处理的习惯。

（六）守门员技术练习的注意事项

（1）开始练习时，以接地滚球、平直球和高球为重点。

（2）在练习中，要注意判断的准确性、动作的实效性、出击的时间性和完成技术动作的敏捷性。

（3）守门员应认真学习规则，在接球、扑球、击球时，要注意不得使手臂越出罚球区线的竖平面；掷球、抛踢球时，必须在越出罚球区线的竖平面之前，使球离手。

（七）掷界外球技术练习的注意事项

（1）开始练习时，要注意掷界外球是自下而上、协调有序的发力过程。

（2）在练习中，要注意掷球的准确性及双脚不能离开地面。

六、足球的基本战术

足球战术是指在足球比赛中，为了战胜对方，根据主客观情况所采取的个人行动和集体配合的方法。比赛实践证明，熟练而巧妙地运用全队战术是夺取胜利的重要因素。战术在比赛中的作用，是将集体的力量和谐地组织起来，充分发挥每个队员的特长，做到扬长避短，克敌制胜。足球比赛是由攻与守这对矛盾组成的，攻守不断地转换，组成了比赛的全过程。因此，足球战术可分为进攻和防守两大系统。各系统又都包括个人、局部和整体战术三大部分。表11-1为足球练习中常见错误及其纠正方法。

表 11-1　足球练习中常见错误及其纠正方法

技术名称	错误及原因	纠正方法
踢球	踢不到球、踢球过高或球踢不到位，主要是因为心理紧张、支撑点不正确或触球部位不符合要求	1．多进行熟悉球性练习； 2．正确掌握踢球要领，反复练习各种踢球方法
停球	停球不稳、漏球或停球不到位，主要是因为心理紧张或提腿过高，判断来球的路线不准确	1．对各种角度、力量大小不同的来球进行停球练习； 2．运用各种停球技术进行练习
顶球	顶球无力或冒顶球，顶球位置不正确，由于闭眼、缩脖不敢主动迎球造成	1．原地反复进行顶抛球练习； 2．顶各种抛来的高球练习
运球与过人技术	1．不推拨而击球，失去对球的控制，思想紧张，低头看球； 2．将球击向对方脚下，失去控制球，判断和过人路线错误	1．应熟练掌握各种运球的技术练习； 2．加大难度，快速运球，应以标志杆进行强行突破练习
抢断球	1．抢断失败，出脚过早或过晚，没有掌握好时机，判断失误； 2．抢断犯规，先触及对方或后触及球	1．应常进行“一对一”抢断练习，熟悉和掌握快速抢断方法； 2．反复应用快、准、狠的抢断方法
掷界外球	1．掷球不到位或掷球不远，是技术要领掌握不妥； 2．犯规，掷球时不是双手同时掷球或任何一只脚已离地	1．以实心球练习，解决掷远、掷准难点； 2．按掷球技术要领，两人一组进行互相反复练习
守门员技术	1．接球脱手，手型不正确； 2．失误进球，判断失误，站位、封门角度不正确	1．注重手型的模仿练习； 2．加强守门员心理素质练习，各种射门的站位、封门角度练习

（一）基本战术阵形

比赛阵形是战术的组成部分，是比赛场上队员基本位置排列和攻守力量搭配及职责分工的形式。阵形的选择和运用根据本队队员的特点和对方的情况而定。目前足球比赛普遍采用的阵形有“四三三”“四四二”和“全攻全守”等。

（1）“四三三”阵形特点如下：能加强中场控制，进攻时可造成以多打少，防守时前卫可立即退守中场而在本方半场形成密集防守，三线层次排列分明，纵深短，攻防转换快。

（2）“四四二”阵形的特点如下：中场人数增多，后卫力量加强形成密集防守，有利前锋和前卫快速反击。

（3）“全攻全守”打法的特点如下：在战术上从局部范围的穿插、交叉换位，发展到大范围的锋卫之间，左右甚至前后之间的交叉换位，即要求队员身兼攻守两种职能，处于什么位置就能起到什么位置的作用。这种打法的出现，打破了旧的阵形概念，改变了人们对阵形的认识，赋予了足球比赛崭新的面貌，被誉为足球运动发展中的第三次变革。

另外，针对大多学校场地特点，可多开展七人制足球比赛，经常采用的阵形有“二一三”“三三”等阵形。

（二）进攻战术

1. 个人进攻战术

个人进攻战术，是指队员在比赛中为了有效组织进攻，创造破门机会或直接射门而采取的个人行动和方法。个人进攻战术包括传球、摆脱与跑位、运球过人、射门几部分。

（1）传球。传球是队员在比赛中有目的地把球踢给同伴或踢向预定的方位，是集体配合的基础，是完成战术配合，创造射门机会的主要手段。

传球在比赛中表现的形式是多种多样的。从接触球的次数可分直接传球和间接传球两种；从传出球的状态可分为地滚球、平直球、直线球、高空球、低球和弧线球；从传球目标可分为向脚下传球和向空当传球等。为了使各种传球达到预期效果，必须根据比赛的实际情况，合理地运用不同脚法并掌握好出球方向、距离、力量、落点和球的性质，以便于接球者更好地控制球和处理球。

传球是构成全队进攻战术的基础，是组织进攻、变换战术和创造射门机会的重要手段，也是迅速逼近对方球门最有效的方法。在比赛中，虽然传球方法很多，但是要根据实际情况，随机应变。而选择传球目标、掌握传球时机和控制传球的力量与落点，是衡量战术意识和传球技能的重要标志。传球时应注意以下几点：

1）要根据临场情况，及时传出有威胁的球。如直传空当，传对方后卫身后球等。

2）传球前应尽可能隐蔽自己的传球意图。

3）传球动作要快速、简练、多变，并结合假动作。

4）攻守队员在一侧时，应及时转移传球方向。

5）风雨天比赛时，顺风少直传、长传和高传，传球力量也要比平时小一些，逆风时多传低球，力量要大些。下雨地滑，多传脚下球，场地泥泞少传地滚球。

（2）摆脱与跑位。摆脱是甩掉看守自己的对方队员从而为自己创造进攻的机会。摆脱的方法可以采用突然起动、冲刺跑、急停、突然变向变速和假动作等。跑位是指队员在无球的情况下，通过有意识的跑动，为自己或同伴创造进攻机会，从而直接或间接地威胁对方球门。跑位可以起到接应、策动、牵制和突破等作用。其具体可分为摆脱跑位、切入跑位、牵制跑位几种。常用的跑位方法有突然起动、变速、变向跑等类型。

跑位的战术要点是：敏锐观察、明确目的、时机恰当、方向多变、动作迅速突然。

（3）运球过人。运球过人是进攻战术中一种极为重要的个人战术。它丰富了战术内容，发挥了个人技术特长和智慧。运球过人是调动、扰乱对方防线，造成以多打少，争得传球空当，破除密集防守，获得射门机会的有效手段。比赛中要防止过多或盲目的运球过人，以免贻误战机，应以传球配合为主。但缺少运球过人，传球配合也会变得困难。因此，两者应相互结合，灵活使用。

比赛中在下述情况下应大胆采用运球过人战术：

1）控球队员在无人接应或传球路线被封死的情况下，要向左右两侧运球，摆脱或向前突破对手。

2）在对方罚球区或接近罚球区，一经运球过人便能获得射门机会或造成对方犯规，应采用运球过人战术。

3）在一对一的情况下，一旦突破便可传中或进行传球渗透时，应大胆地采用运球突破战术。

2. 局部进攻战术

两人或两人以上的局部传球配合是集体配合的基础，通常多用于中前场。

在本方后场尤其是罚球区附近，尽量减少这种局部的传球配合，以免传球失误而造成不可挽回的后果。局部进攻战术是攻方队员在短时间内造成局部地区以多打少的局面的战术，起到渗透、突破、控制球、转移进攻点等作用。其配合形式有传切配合、交叉掩护配合和“二过一”、“三过二”等战术配合。

（1）传切配合。传切配合是指控球队员将球传给空切的同伴，如图 11-22 所示。

控球队员要掌握好传球时机和传球力量，做到人到球到，突然快速。

（2）交叉掩护配合。交叉掩护配合是指防守队员紧逼运球者时，接应同伴迎面快速交叉跑动并将球运走，从而甩掉防守队员的紧逼，如图 11-23 所示。此种配合应注意：

1）运球队员在逼近防守者时，要用远离防守者的一侧脚运球，并注意用身体掩护球。

2）接应队员从运球者带球脚一侧快速交叉跑动，交换运球时要隐蔽突然。

（3）“二过一”战术配合。“二过一”战术配合是指在局部地区两个进攻队员通过连续两次以上传递球和跑位，突破一个防守队员的配合。

1）斜传直插“二过一”：⑨号运球斜传给⑦号，并快速起动直插接⑦号传球，如图 11-24 所示。

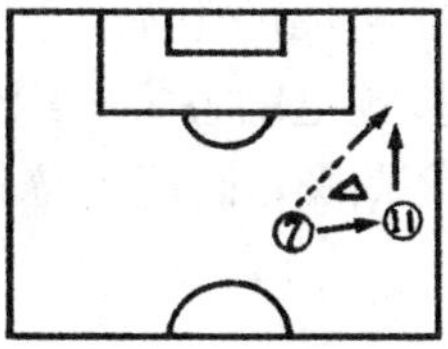

图 11-22　传切配合

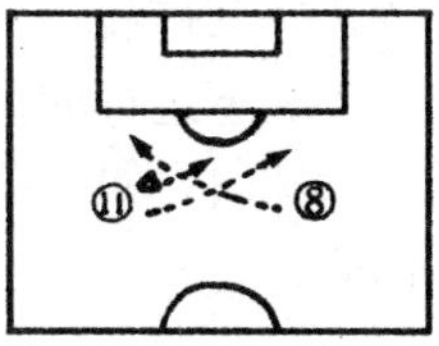

图 11-23　交叉掩护配合

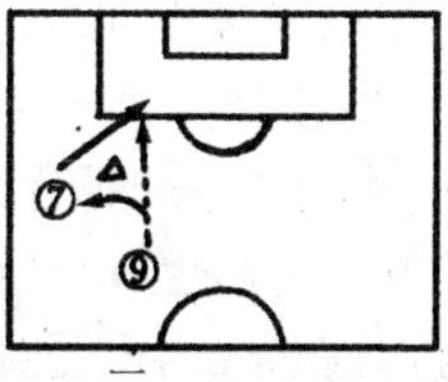

图 11-24　斜传直插“二过一”

2）直传斜插“二过一”：⑨号斜传⑥号后向前斜插，⑥号接球后直传，如图 11-25 所示。

3）回传反切“二过一”：⑨号传球给⑦号，⑦号迎球直接回传⑨号并突然快速转身摆脱防守者向前插，⑨号直接传过顶球给⑦号，如图 11-26 所示。

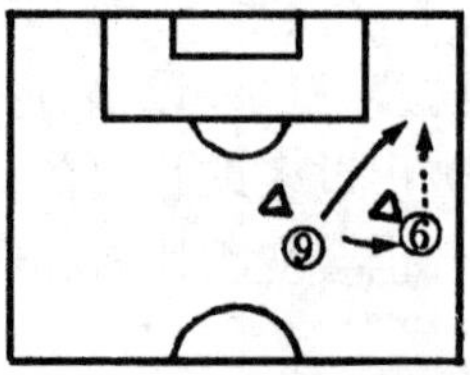

图 11-25 直传斜插“二过一”

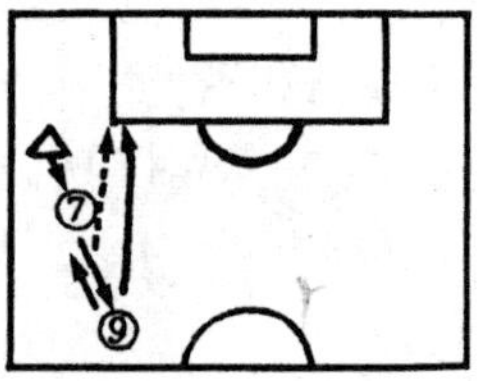

图 11-26 回传反切“二过一”

不管运用何种形式的“二过一”配合，首先，要求队员善于观察，传球及时，传出的球以地滚球为主，快而平稳，做到球到人到；其次，传球后要突然快速摆脱跑动；再次，应根据防守队员的位置、场上空位及接应队员的位置等情况合理地采用配合方法；最后，在“二过一”配合过程中，控球队员要有不同形式的传球配合或运球突破的多手准备，这样才能收到良好的效果。

3. 全队进攻战术

全队进攻战术是指进攻的面比较广，投入的人数比较多的进攻战术配合。全队进攻战术的具体打法千变万化，大致可分为边路进攻和中路进攻两大类。一次完整的进攻都是由发动、发展和结束三个阶段组成的，比赛中，不是每次进攻都是完整的进攻，有些只有发展、结束阶段。

（1）边路进攻。利用球场两侧地区发起进攻的方法称为边路进攻。边路进攻是进攻战术中较常见的形式，其主要特点是凭借快速进攻，在守方相对薄弱的环节打开缺口。边路进攻的发动阶段多从场地两侧开始，各位置的队员均能发动。发展阶段是通过边锋或插到边路的中锋、前卫或插上的边后卫，运用传球配合或运球过人的方法突破对方防线。结束阶段一般采用外围吊中、快速下底传中或切底回扣传中等方式，为同伴创造射门机会，也可以包抄射门、跟进射门或运球内切方式突破射门。

边路进攻的主要目的是充分利用场地宽度，拉开防线，削弱对方中路的防守力量，声东击西，创造中路破门得分的有利战机。

（2）中路进攻。在对方半场中间区域组织的进攻，称为中路进攻。这种进攻虽可对对方球门造成直接威胁，但因中路防守严密，人员较为密集，既有盯人的中卫，又有专事保护的拖后中卫，故难度较大。

4. 定位球战术

定位球战术是指利用比赛开始或“死球”后重新开始比赛的机会所组织的攻守战术。对攻方来说，定位球的第一传是在没有抢断情况下进行的，所以可以按预定的方案组织进攻，效果也较好。特别是角球和罚球区附近罚任意球时，如组织得当，配合默契，破门得分的机会较大。对守方来说，也有一定的时间组织防守。

目前定位球战术已受到普遍重视。

（1）角球战术。

1）直接传至门前，中间争夺射门。一般将球传至离门 10 米左右处，由顶球能力强的队员分点包抄，争顶射门。争顶队员应助跑，以便于摆脱防守者，及时起跳、争顶。

2）短传配合。进攻队员在门前缺乏制空权或碰到较大逆风时可运用此战术。短传配合的角球战术要争取时间，不等防守队员站好位置就抢发；传递次数不宜多，尽快完成吊冲或射门。

（2）任意球战术。由于足球技战术的不断提高，一些脚法精湛的罚任意球专家，在罚球区附近，门前 30 米左右通过配合或直接射门屡屡得手。因此，现在人们对任意球战术越来越重视。

1）直接射门。罚距球门较近的直接任意球时，根据守方的“人墙”和守门员的站位，只要有破门的可能，就应大胆采用踢弧线球射门。

2）传球配合射门。传球配合方法很多，无论何种都要求队员之间默契配合，传球力求简练、突然，尽快完成射门动作。

（3）掷界外球进攻战术。比赛中掷界外球次数很多。掷界外球不仅仅是恢复比赛，而且是重新控制球组织进攻的机会，尤其是靠近对方底线掷界外球更是一次有威胁的进攻手段。掷界外球时，同队队员应积极跑动，摆脱、牵扯对手，策应、交叉掩护同伴，拉出空当以便接球。

（三）防守战术

1. 个人防守战术

（1）选位。防守队员位置的选择，一般在被防守队员与本方球门中心所构成的一条直线上，与对手的距离要根据场区及球所处的位置来决定。此外，防守者的选位还应考虑使自己能够观察场上的情况和球的移动情况，使球和被防守队员都处于自己的视野之内。防守者选位还应占据有利于抢断球的位置，并随时依据对手位置的变化移动自己的位置，有时防守队员可以离开正常的防守线，如球在另一侧时，防守队员可以向内收缩，以便协助防守中路和保护同队防守队员。

（2）盯人。其是指防守者所处的位置能够限制对手的活动并能及时封堵对手接球或传球路线。盯人分紧逼盯人和松动盯人两种。紧逼盯人是贴近对手，不给对手从容得球和处理球的机会。松动盯人是以区域站位为主，既盯住对手又保护同伴。对离球近或有可能接球的队员，以及离球门近或对球门有威胁的队员要采取紧逼盯人策略；对离球远的可采取松动盯人策略。盯接球队员时，先力争断球，不能断则紧逼，不让其转身。进攻的控球队员面对防守者时，盯人队员应先占据有利位置进行堵截，可用假动作诱惑对手，并伺机抢球。在盯速度快、善于运球过人的队员时，应与对手保持一定距离，对一般队员则可大胆紧逼。

2. 局部防守配合

（1）保护与补位。保护与补位是局部地区集体防守的基础。保护是指防守持球进攻队员时，该队员身后或侧后的一定距离有同伴随时准备补位。保护是补位的前提，没有保护也不可能有效补位。补位是指防守队员补同伴在防守中出现的漏洞。补位可以去补空当。如边后卫插上助攻时，可由其他临近位置的同伴暂时补他的位置，也可以与临近队员相互补位。在补位防守时，防守队员之间配合要协调、默契。被突破的防守队员一般只要还有可能追上或未被甩掉，就不可轻易交叉补位。补位以邻近位置补位为好，这样便于行动和争取时间。防守队员之间不要站成平行线，应适当采用斜线站位保护。

（2）围抢。围抢是指比赛中在某个局部位置上，特别是在边角区域，守方在某一短暂时刻利用人数上的相对优势同时围堵对方持球队员，以抢断或破坏对方进攻为目的的防守战术。参加围抢的队员行动要一致，动作要突然，围抢要凶狠、果断，要趁对手立足未稳、尚未调整好或较多地运控球时进行围抢。围抢是集体防守的重要手段，也是运动员良好的战术意识和体能的集中表现，实战中往往能收到很好的效果。

（3）造越位。造越位战术是利用规则而设计的一种集体、局部的防守战术。一般在进攻队员频繁前插、长传吊冲或中前场罚任意球时采用。造越位战术有时能起到事半功倍的效果，是以巧制胜的打法，因而是较常见的防守手段。但由于场上的攻守战况千变万化，配合难度较大，有时会适得其反。因此这种战术的应用需要一定的战术意识，良好的训练水平，运用要慎重，而且不宜在一场比赛中多次反复地运用。

（4）掷界外球的防守战术。掷界外球时，对离掷球较近的进攻队员进行紧逼盯人。盯人时防守位置要正确，防止被摆脱，防守队员之间注意相互保护。

3. 全队防守配合

全队防守战术要求发挥集体的力量。当对方开始进攻时，每一个队员都应积极参与防守，尤其是在对方半场，前锋应及时回抢对方脚下球或封堵直传球，以延缓对方进攻速度，使本方队员能及时回位防守，并组织好防守队形。球门前 30 米是最危险的区域，防守人数要相对集中，保持防守层次，注意相互保护，凡进入这一区域的对手应采用盯人防守方式。

全队防守战术包括盯人防守、区域防守和混合防守三种。盯人防守除拖后中卫外，每个人都必须盯住一个指定的对手。原则上被盯队员跑到哪里就盯到哪里，拖后中卫采用区域防守，根据场上情况随时予以补位。区域防守是每个队员负责自己的防守区域，并在该区域内进行盯人防守。不管是哪个对手，原则上不越区盯人，拖后中卫执行补位的任务。混合防守是盯人防守和区域防守相结合的防守方法。一般在中间要害区域或持球的进攻队员附近采用盯人防守，其他队员采用区域防守，拖后中卫负责保护和补位。也可根据实际情况，指定某一队员死盯对方的重点人物。

（1）角球防守战术。对方踢角球时，通常除一名前锋留在中线附近外，其他前锋、前卫快速回防，迅速组织防守。身材高大、头球好的队员盯住对方相应的队员或守住门前要害地区，其他队员盯人防守，守门员站在远端门柱约 2 米处的球门线附近，以利观察，随时准备出击。一名后卫站在近端门柱处，在守门员出击时补空门；一名边锋队员可站在离球 9.15 米的端线处，以防短传配合的战术角球和低平的传中球，并对发角球队员进行心理干扰，影响对方发角球的质量。

（2）任意球的防守。无论是直接任意球还是间接任意球，守方的前锋、前卫均应迅速回防。针对直接射门的任意球，要尽快组织“人墙”，参与“人墙”的人数要视射门角度大小而定，其他队员采用盯人防守，并有一名队员干扰发球的队员，以防抢发造成突然袭击。“人墙”应听从守门员的指挥。防守任意球时，“人墙”不能被动作假象迷惑而轻易散开，更不能在对方射门时躲闪和跳动，以免球穿“墙”而入。

七、足球基本战术的练习方法

（一）进攻战术

1. 传球、跑位练习方法与要求

传球练习方法应由慢速移动到中速移动练习，再过渡到快速移动练习，短距离传地滚球练习到中距离传低球练习，再过渡到中长距离传平球与过顶球练习；由脚内侧传球练习到脚背内侧传球练习，再到脚背正面、脚背外侧传球练习；由两人无对抗练习到多人练习，再到各种组合的对抗练习。

跑位练习应从各种跑位方法练习到按老师的信号与手势练习，再到与传球相结合和与盯人相结合的练习。

（1）跑位练习方法：各种不同状态下（如慢跑、跳起落地、跨步抢球等）的突然冲刺跑、急停变向跑、变速跑和跑位假动作等。

（2）按照老师信号和手势做各种跑位练习。

（3）摆脱练习：在场地中线处，两人面对面站立，相距 1～1.50 米，一攻一守。进攻者用各种方法摆脱超越对手，防守者则力图保持处于对手与球门之间的位置，一直到跑到端线为止。

（4）摆脱接球练习：两人一组，一人传球，另一人做各种假设有防守的摆脱跑位接球练习。

2. 传切战术配合练习方法

传切配合是指控球队员将球传给切入的进攻队员的配合方法。传切配合练习要抓住传球与跑位这一关键时机。

（1）无防守的局部一传一切练习：两人一组，一人在慢速运球中传球，另一人切入接球。练习时，传球队员要在切入队员刚一起动时传球。

（2）对固定防守（标志杆）做传切配合练习。

（3）长传切入练习：分两组或纵队，相距 25 米左右。一组每人一球，依次长传给另一组，然后跑到另一组队尾，无球组队员依次切入接球，然后运球到持球组队尾。练习时，长传必须用脚背内侧击球，传过顶球，切入接球队员的动作合理，争取第一落点处理球。控运球速度要快。

3. 二过一战术配合练习方法

二过一配合是指局部地区两名进攻队员通过两次连续传球配合越过一名防守队员的配合方法。在练习二过一战术配合时，对于各个战术环节的完成方法，老师应随时用简明的语言提醒学生，如“传球”“快插”等。

（1）固定防守（标志杆）二过一配合练习：每组 8～10 人，分成两队，相距 10 米左右，两人一组进行二过一配合练习。练习时，传球、跑位路线清楚。开始练习时可徒手进行，然后过渡到用手传球、用脚传球等。

（2）固定第二传球队员的二过一配合练习：全队分成若干组，每组固定一个第二传球者，每组同时练习一种战术配合，也可分别练习某一种战术配合，并结合射门进行练习。

（3）固定第二传球者往返二过一配合练习：每组 7 人，再分两小组，每组 3 人，相距 30 米，呈纵队面对面站立，中间一人为固定传球者。A 运球传给 F（F 为固定传球者），F 直接传给跑动的 A，A 得球传给 D，D 按 A 的方法进行练习，反复循环。练习时，传地滚球。A 传脚下球，固定队员 F 传空当球，传球力量与跑动速度相一致。

（二）防守战术

选位与盯人练习，应由无球练习到有球的引导性练习，再到与进攻相结合的练习。

（1）移动中选位与盯人练习：两人一组，防守队员防守一个固定目标（如标志杆等），进攻队员力图触及防守队员身后目标，防守队员封堵进攻队员通往目标的路线。练习时，进攻队员用各种假动作使防守队员上当。防守队员用准确、及时的选位阻止进攻队员采用紧逼盯人的方法。

（2）结合球门的无球练习：两人一组，面对面站立，相距 2 米左右，一攻一守，进攻队员摆脱跑动，防守队员选位盯人。练习时，进攻队员可由慢到快做各种摆脱跑动。防守队员快速移动选位，不让进攻队员跑入身后。到罚球区后互换攻守，再由中线开始练习。

（3）诱导性有球练习：在距球门 16～20 米内进攻队员横向运球，防守队员练习选位。练习时，进攻队员运控球速度由慢到快，防守队员移动选位时，始终要保持在对手、球和本方球门中点的延长线上，并相距控运球者 2 米左右。

（三）攻防战术综合练习

1. 规定场地范围的攻守练习方法

示例 1：一对一摆脱持接球练习。在 15 米×15 米的场地上，每角站一名队员，场地中间一攻一守，攻者可随意与四个角上的队员进行传球配合或运球过人。守者盯抢，抢到球后即互换攻守，练习 1～3 分钟后，中间两人与角上两人互换。

要求：进攻者要有强烈的配合意识，尽一切可能不丢球。无法传球时要注意保护好球。

示例 2：二对一练习。在 15 米×15 米场地上进行二攻一练习，可规定防守者抢到球后与丢球者互换攻守。

示例 3：二对二练习。在 20 米×15 米的场地上各设一个 4 米宽球门，进行二对二练习。防守时，一人守门，进攻时运用二过一配合突破射门，以进球多少决定胜负。

2. 小场地比赛

在篮球场上或差不多大小相似的场地上，两端各设一个小球门（2～3 米宽），进行三对三、四对四的比赛，练习传球配合、二过一配合等。可规定不允许传高球，不准远射，界外球不可用脚踢等。

3. 整体攻守战术练习方法

整体战术练习是一种有明确位置分工和攻守方向并联系几个位置区域的各种组合的练习。练习的主要目的，是使每个位置的队员能全面灵活地以攻守战术为指导，将各种合理有效的个人战术行动和局部战术配合服务于全队战术打法的整体攻守能力。在练习中，要求每位队员既要按照全队整体战术要求练习，又要注意发挥各自的创造性，以实战精神状态投入训练，发展各位置间、各条线间的了解和默契联系，培养整体战术意识，了解和掌握多种战术打法，有意识地根据本队特点逐步形成全队的基本战术与风格。

示例 1：过路进攻练习。将队员分成两队，每队 5～7 人，可在 70 米×50 米的场地上进行。但在距边线处的场地两侧另加两个 6～8 米宽的小球门，进攻队员必须先将球传过两侧的任何一个球门后，才能射正式球门。

要求：球若不先通过边路的小球门，射入正式球门无效，进攻时队员要有意识地通过配合或个人突破越过小球门，从边路组织进攻。

示例 2：快速反击练习。将队员分成两队，每队 5～7 人，一人为守门员，两队在远离被把守球门的半场进行比赛。当听到老师的哨音后，控球队员立刻向另一半场长传球给本队插上的同时，队员运球突破或快速配合突破射门。

要求：在球传至另一半场前，任何队员不能越过中线，如果球被对方抢断或射偏等，均应变换控球权。

示例 3：半场攻守练习。4 名进攻队员，2 名供球队员，6 名防守队员。进攻队员设法运用个人运球突破或传球配合摆脱射门，2 名供球者在中场策应传球，4 名防守队员紧逼盯人，另 1 名防守队员保护补位。也可不设供球者，而增加攻守人数进行练习。

要求：每次进攻结束，进攻队员必须迅速回到中场，重新组织进攻。防守队员抢得球后长传给供球队员。

八、足球基本战术练习的注意事项

（1）局部战术教学时，应先在无防守或消极防守情况下进行分组练习。当学生掌握了配合方法后再采用接近比赛条件下的对抗性比赛。

（2）战术训练尽量与射门相结合，使学生掌握的技术和战术符合比赛的实际要求。

（3）在战术练习初期，必须反复练习传球、跑位、盯人、选位等个人技术动作，然后过渡到局部与整体的攻守战术练习。

（4）若练习新战术，可与实力比较弱的队进行比赛，这样战术配合容易成功，能够增强队员的信心。若是为了检查战术运用效果或提高战术质量，则可与实力较强的队比赛，这样容易发现本队所存在的问题，以便提高战术质量。

作业与思考：

1．足球运动的四大要素是什么？
2．足球基本技术包括哪些？它们的主要作用有哪些？
3．试述脚背内侧踢球的动作过程。
4．运用停球技术应符合哪些要求？
5．如何判断进球和界外球？
6．判罚点球的依据是什么？

第十二章　羽毛球

本章学习目标：

- 学习和了解羽毛球运动的基本知识和手法等
- 在羽毛球活动中不断提高技术技巧
- 了解裁判规则，养成锻炼习惯

第一节　羽毛球运动概述

一、羽毛球运动的起源和发展

羽毛球运动是在规定的场地上，两名或两对球员隔网相对，用球拍往来击球过网，以球触对方场区或使对方击球失误得分（或得发球权）的运动项目。

羽毛球相传最早出现于14～15世纪的日本，球拍是木制的，球用樱桃插上羽毛制成，是两人相对站立，手持木板来回击球。现代羽毛球运动起源于英国，在1700年左右由网球派生而来。1770年出现用羽毛、软木制成的球和穿弦的球拍，1793年世界最早的羽毛球协会——英国羽毛球协会成立，并于1799年举办了全英羽毛球锦标赛。1920年前后传入我国。1934年由英国等十几个国家发起成立了国际羽毛球联合会。1939年国际羽联通过了《羽毛球规则》，从此羽毛球国际比赛日渐增多。

目前，国际羽联主办的重大羽毛球赛事有汤姆斯杯赛（男子团体锦标赛）、尤伯杯赛（女子团体锦标赛）、世界杯锦标赛（单项比赛）、全英锦标赛等。中国羽毛球技术处于世界领先地位。在世界大赛中多次获得男子单打、男子双打、男子团体、女子单打、女子双打、女子团体冠军。

二、羽毛球运动的特点及其锻炼价值

羽毛球是一项双方隔网以拍、击、打特制带羽毛的半圆球相对抗的球类运动。它具有器材简便、易于携带、所需活动面积小、娱乐性强、活动量可大可小、动作舒展美观、便于开展等特点，是一项深受群众喜爱的运动。经常参加羽毛球运动，能够提高人体基本活动能力，改善中枢神经系统和内脏器官的功能，达到发展身体、增强体质的目的；同时又能培养人们勇敢、顽强、机智灵活、沉着果断的优良品质和作风。

第二节　羽毛球基本技术

羽毛球运动是一项技术性较强的运动。为了更快更好地提高羽毛球技术，必须从正确掌握基本技术着手，为技术、战术的灵活运用打下良好基础。基本技术有握拍法、发球与接发球、

击球法、步法移动等。以下技术介绍，均以右手握拍为例。

一、握拍法

掌握正确的握拍法有利于击球的准确性和技术水平的提高。握拍法可分为正手握拍法和反手握拍法两种。

1. 正手握拍法

以手掌的虎口对准拍柄内侧小棱边，以手掌握住拍柄，小指、无名指和中指并握，食指稍分开，拇指与中指相近，拍柄端约与小鱼际肌齐，如图 12-1 所示。

2. 反手握拍法

在正手握拍法的基础上，将拍框稍向外转，拇指向上伸起，用内侧面或指心抵住拍柄的宽面，食指略下移，使手心留有空隙，如图 12-2 所示。

图 12-1　正手握拍法

图 12-2　反手握拍法

二、发球与接发球

1. 发球

发球是羽毛球运动的一项重要基本技术，发球质量的好坏，直接关系到运动员在比赛中能否赢得主动，避免被动。要想把球发好，选择合理站位，熟练运用发球技术是关键。

发球站位：单打在中线附近，离前发球线约 1 米，双打可稍站前些。

发球姿势：正手发球，身体侧对球网，两脚开立与肩同宽，身体重心放于右脚上；将球拍向右后侧举，肘部微屈，左手持球（拇指、食指、中指夹持球托和羽毛相接处），举在腹部侧前方；两眼注视对方的位置和准备接球的情况。反手发球，面对球网，身体重心放在右脚上；左手以拇指、食指和中指捏住羽毛置于腹前腰下；右手反手握拍，肘部略抬起，使拍框下垂于左腰侧；两眼注视对方动向。正手发球如图 12-3①所示，反手发球如图 12-3②所示。

发球方法按球在空中飞行的轨迹，分高远球、平高球、平快球、网前球几种，如图 12-4 所示。

①　②

图 12-3　正手发球和反手发球

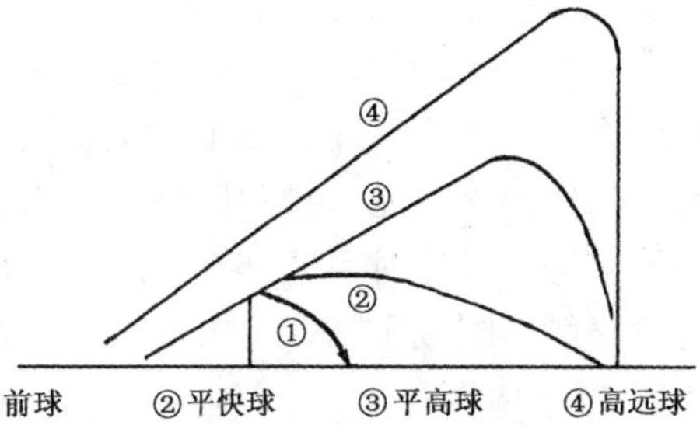

图 12-4　发球方法

（1）发高远球。这种球要发得高而远，使球飞行到对方底线上空，几乎垂直下落，落点接近底线。发球时，左手自然松开使球下落，同时右臂以肩为轴自后向前，自下而上地朝前上方加速挥摆（拍面仰角大于 45°），自然伸腕。将触球时，前臂带动手腕向上前方闪动，以加大瞬间爆发力。用球拍将球“弹”击后，球拍顺势向异侧肩上方挥摆，身体重心随之前移，以保持住身体的平衡。

（2）发平高球。平高球飞行弧线比高远球低，在挥拍击球时，多利用前臂带动手腕发力，拍面稍微向前推进，其仰角小于 45°。

（3）发平快球。发平快球时，在规则允许的范围内尽可能地提高击球点，拍面仰角小于 30°，挥拍时要充分利用前臂带动手腕加大爆发力，快速向前击球。

（4）发网前球。击球时挥拍幅度较小，拍面稍后仰，用手腕和手指力量从右向左横切推送，使球落在对方前发球线附近。

2. 接发球

（1）接发球的站位和姿势。接发球时，一般左脚在前，右脚在后，侧身对网，重心在前脚，后脚跟稍离地，双膝微屈站在离前发球线 1.5 米处（单打）。在右发球区接球应站在靠中线的位置；在左发球区接球应站在中区偏左的位置。双打时因发网前球较多，接球时可稍向前站；球拍举至身前稍高的位置，肘关节微屈，左手自然抬起，如图 12-5 所示。

图 12-5　接发球姿势

（2）接发球的方法。当对方发来网前球时，可用拍挑平高球、高远球或放网前球形式，以搓球、平推球还击；如对方发平快球，可用拍以拦截，以吊球、平高球还击，以快制快。

三、击球法

击球法依据其动作特点分为高手击球、网前击球和低手击球三种。

1. 高手击球

高手击球具有击球点高、速度快、变化多、主动性强、进攻威力大等优点，是快攻打法的最基本技术。

（1）高远球。将球击到对方底线附近垂直下落并呈较高抛物线飞行轨迹的球，称之为高远球。拍击高远球有正手、反手和头顶击球之分。

正手击高远球，是羽毛球的基本功。击球时，首先要看准来球的方向和高度，迅速移动脚步，使击球点尽量选择在右肩稍前的上空；身体侧向球网，左脚在前，右脚在后，身体重心放在右脚前掌上；同时屈臂举拍至肩上，左手自然抬起，拍面朝网准备挥拍击球；当球下落到接近击球点的高度时，自下而上协调用力，握拍前臂向后移动，转肩翻肘，使球拍后引到头后，自然伸腕，配合腰腹肌力量，大臂带动前臂向上，肘关节迅速上升，前臂、手腕鞭打式加速前甩，触球时手臂伸直。这时拍面若向前上方与球接触，成高远球；拍面若稍向前上方与球接触，则成平高球。击球后，手臂应顺惯性往异侧肩前下方摆动，身体重心随之前移，如图 12-6 所示。

图 12-6 正手击高远球

（2）平高球。平高球指的是一种打羽毛球的击球战术，这种羽毛球技巧以高速远球快和高弧线远球低而著称，平高球的技巧要领与打羽毛球的高远球一样，只是在击球的一刹那，用力主要是向前方，使击出的球的弧线较低。

（3）吊球。把对方击来的高远球，从后场还击到对方网前附近叫作吊球。

1）劈吊：击球动作前期和打高远球相似，但用力较轻。击球一刹那，前臂突然减速，利用手腕的快速闪动，向左下切削。打法着重于手腕、指力的运用，球拍触球打在球偏右部位。

2）拦截吊球：是将对方击来飞行轨迹较平的球，在半空中拦截到对方球网较近区域。击球时，拍面正对来球，轻轻一挡，使球以较平的弧线和较慢的速度越过网后垂直下坠。

3）滑板吊球：滑板吊球又称抹吊，顾名思义就是击球时抹击球托的后部，手臂内旋，使羽毛球落到对方场地的前场位置。这种吊法隐蔽性很好，又具有欺骗性，容易让对手措手不及。

（4）扣杀球。其可分为正手、反手和头顶扣杀球三种，其中，正手扣杀是最基本的技术。

正手扣杀球的准备姿势和击球动作与正手击高远球方法基本相同，不同的是击球的一刹那竭尽全力，使前臂快速带动手腕积极下压；触球时拍面前倾，向前下方用力，击球点要高，在右肩前上方，如图 12-7 所示。

图 12-7 正手扣杀球

2. 网前击球

网前技术是一项运用战术多变，可以调动对方的击球方法。网前技术包括搓球、推球、勾球、扑球和被动放网前球、挑高球等打法。网前技术动作的要求如下：握拍要活，充分利用腕、指的力量来控制球路和落点；击球点要高，步法要快；搓、推、勾的动作一致性要强。下面主要介绍搓球、扑球、挑高球技术。

（1）搓球。搓球的技术（以正手网前为例）要领如下：上网步伐要快，左脚起蹬，右脚向网前跨步成弓箭步，侧身对网，重心在右脚；手臂微屈前伸，手腕略高于拍面，击球要快，出球点要高，握拍的腕部和手指自然放松。击球时注意用手指控制好拍面，用手指发力，使搓出的球翻转，尽可能贴网而过。

（2）扑球。扑球的动作要领如下：蹬步上网，身体右侧扑向网前，迅速举拍向前，拍面前倾；击球时用腕部和手指的力量向前下方“闪”击；球拍触球后立即回收，以免拍子触网违例。

（3）挑高球。挑高球是把对方击来的吊球或网前球挑高回击到对方后场去，是在比较被动的情况下采取的一种防守技术。球要求挑得高、挑得远。其动作要领如下：举拍在身前，前臂略微弯曲，正、反手挑高球都是右脚向网前跨出一大步，左脚在后，侧身向网，手臂向后摆，自然伸腕；击球时以肩为轴，自下而上地由前臂带动腕部和手指快速朝前上方挥拍。如来球离网较远，拍面可后仰向前上方击球；如来球较贴网，拍面应接近于朝上，击球时要带点向上的提拉。

3. 低手击球

低手击球属于防守性的技术，技术难度较大。但如防守技术运用得当，将能起到防中有攻的作用。

（1）抽球。击球点在肩部以下，以躯干为竖轴，做半圆式的挥拍击球动作。抽球是应付对方长杀、半场球和平球对攻的反攻性技术。

1）正手抽底线球：正手握拍，右脚向正手底角跨出，侧身向网，上身向左后倾，重心移向右脚，上臂与前臂约成 120°，球拍后引，拍面稍后仰；击球时主要靠前臂带动手腕做抽鞭式的向前闪动。向前上方用力与球接触，成高远球；向前用力与球接触，成平球。

2）反手抽底线球：正手握拍，右脚向反手底角跨出，背朝网，身体前倾，重心在右脚，球拍举在左肩稍上方；击球时用上臂带动前臂沿水平方向，手腕用力向后方闪动挥拍。

（2）接杀球。接杀球有挡网前、抽后场、抽高球等几种回击技术。

1）挡网前球：接杀球时，起动要快，握拍要松，主要靠手腕和手指握拍；预摆动作要小，球拍摆在体侧；挡直线网前球时拍面稍后仰，正对网，身体重心移向接球的一侧；球拍触球时，一种是稍带向上提拉的动作触球；另一种是稍向下削的动作触球。由于扣杀球的力量大、速度快，所以挡网前杀球主要借来球的速度和力量反弹回去。

2）抽后场球：当对方杀球质量较差时，可用平抽还击。准备姿势和接球前的动作与挡网前球基本一样。击球瞬间要握紧拍子，以手腕为主发力向前稍上方甩腕。

3）抽高球：对方采取杀上网战术时，可抽高球回击，以便伺机反攻。其准备姿势与挡网前球一样，击球动作与挑高球基本相似，不同的是对方来球速度较快，可以借力反弹。

四、步法

步法是合理移动的方法，是准确击球的基础。如果没有快速而准确的步法，就会顾此失彼，疲于奔命。步法可分为上网、后退、两侧移动和起跳腾空等几种。

1. 上网步法

无论正手或反手，均可根据来球的远近，采用两步、三步或一步上网击球方式。

（1）跨步上网。站在球场中间稍靠后的位置，两脚开立，重心稍前倾，两眼注视对方的击球。当对方吊网前球时，提重轻跳，并迅速移动重心，以有利于步法的快速起动。然后，左脚先迈出一小步，用脚掌内侧起蹬，同时右脚向前跨大步，右脚先着地，迅速过渡到全脚掌，着地时脚尖外展，左脚也随即向前跟进一小步，以协助右脚回蹬，上体侧身前倾，下肢成弓箭步；击球后用并步或交叉步退回中心位置。如对方来球较近时，可用左脚蹬地右脚跨一大步上网，如图 12-8 所示。

（2）垫步上网。准备姿势同上。右脚先迈一小步，左脚立即垫一小步靠近右脚跟，同时积极有力地蹬地（蹬跨结合技术要领与跨步上网的最后一步相同），如图 12-9 所示。

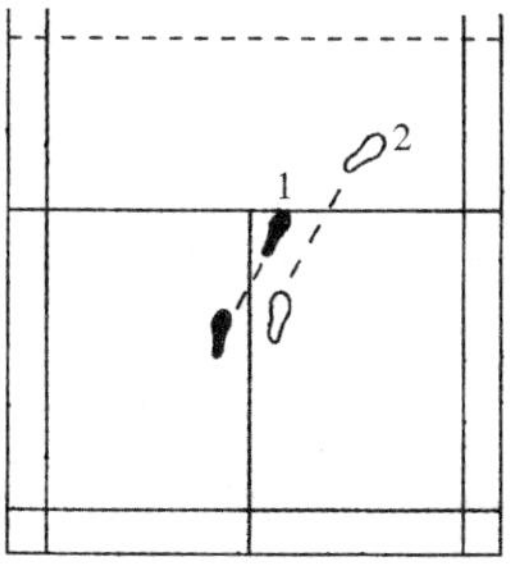

图 12-8　跨步上网

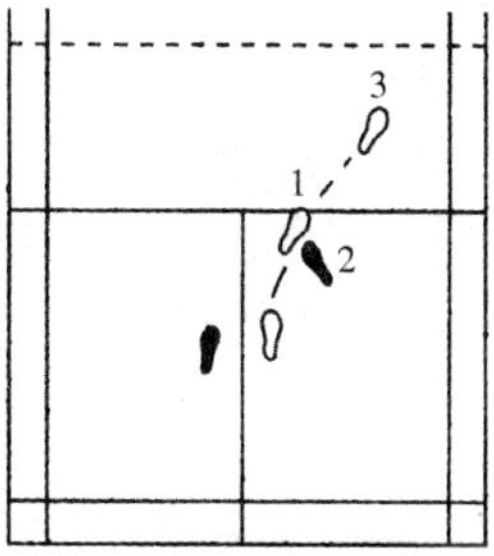

图 12-9　垫步上网

（3）蹬步上网。蹬步是为了争取击球点在网顶上方，可以起到突击的作用，常用于上网扑球。动作要领如下：右脚稍向前，刚一点地便起蹬，侧身扑向网前（也可左脚蹬地扑向网前），球至网顶进行扑击，触球的同时右脚先着地，左脚随着身体的惯性在右脚后着地，并立即退回中心位置，如图 12-10 所示。

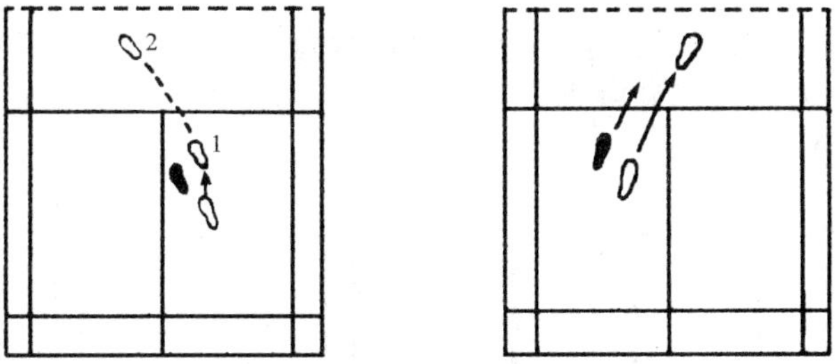

图 12-10　蹬步上网

2. 后退步法

（1）正手后退。其有侧身并步后退和交叉步后退两种。

侧身并步后退：在对方即将击球时，脚跟提起轻跳，迅速调整重心至右脚，然后右脚蹬地快速向右后撤一小步，髋关节随着带动上身转体侧身向网，接着左脚并步靠近右脚，右脚再向后移至来球位置，如图 12-11①所示。

交叉步后退：右脚撤后一小步后，左脚从体后交叉后退一步，右脚再移至来球位置，如图 12-11②所示。

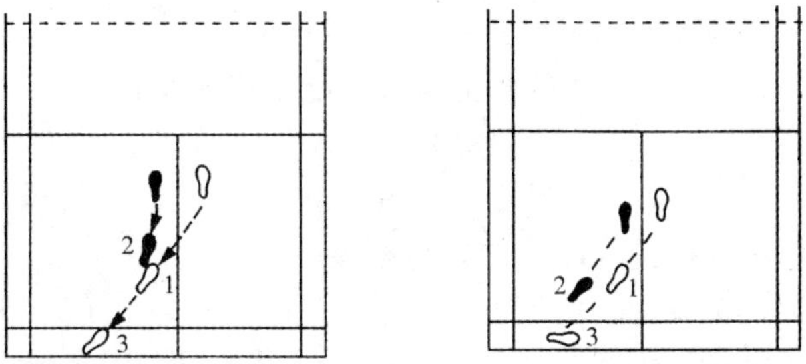

①　②

图 12-11　侧身并步后退和交叉步后退

（2）头顶交叉步后退。与正手后退大致相同，只是迈第一步的右脚蹬地后，撤向左后方，转体动作的幅度较正手后退为大（上体左后仰，倒向左后场区）；左脚交叉后退一步，右脚再移至来球位置，做头顶原地或起跳击球。

3. 两侧移动步法

（1）向右侧移动。两脚开立，脚跟稍提起，判断来球后，调整身体重心，上体稍倒向左侧，左脚掌内侧用力蹬地，右脚同时向右侧转跨大步。若距来球较远，左脚可向右垫一小步再起蹬右脚，同时向右转侧跨大步，如图 12-12 所示。

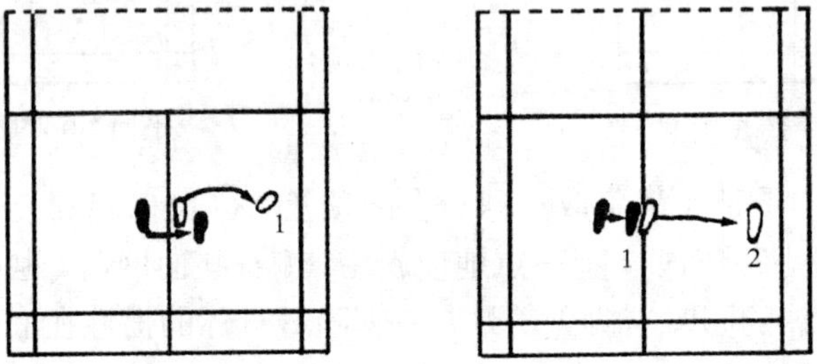

图 12-12　向右侧移动

（2）向左侧移动，调整身体重心，上体稍倒向右侧，右脚掌内侧用力起蹬，左脚同时向左侧转跨大步。来球较远时，左脚可先向左侧移半步，上体向左侧转身的同时，右脚向左（前交叉）跨大步，如图 12-13 所示。

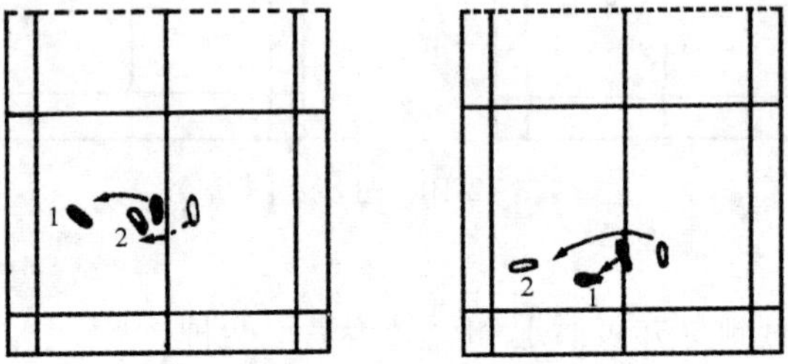

图 12-13　向左侧移动

五、羽毛球基本技术的练习方法

（一）羽毛球的基本技术练习

1. 发球练习

（1）按发球的技术要领反复做各种挥拍练习。

（2）准确性的练习。可在对方场区画上圆圈，连续将球发到预定区域内，要求动作协调、自然一致。

2. 接发球练习

（1）练习各种步法移动，提高动作的熟练程度。

（2）加强素质练习，提高起动的速度。

（3）在移动中做各种接球练习，提高还击球的质量（可采用多球练习来强化）。

3. 击球练习

（1）按动作要领反复做各种击球动作的徒手练习。

（2）加强定点球的练习。

（3）练习固定球路。

4. 步法练习

（1）通过多球练习，提高起动能力。

（2）按照技术规格重复练习。

（3）逐步加大难度，提高完成质量。

（二）羽毛球练习的注意事项

1. 握拍

握拍是为击球服务的，要有利于手腕、手指力量的发挥；握拍动作要规范，切不可握得太紧，手心要离开拍柄。

2. 发球

发球要做到：①质量高到位；②变幻莫测；③符合规则要求；④各种发球前动作要保持姿势一致。

3. 基本技术

要注重基本技术练习，加强定位球的练习，逐步增强技战术意识，注意培养提高临场的应变能力。

4. 多练

在练习中应注重培养反应、出手、移动速度，促使其步法到位、落点准、攻防兼备，动作隐蔽性好，以“快、准、狠、活”为宗旨，全面提高技术水平。

（三）羽毛球技术练习中常见错误及纠正方法

羽毛球技术练习中常见错误及纠正方法见表 12-1。

表 12-1 羽毛球技术练习中常见错误及纠正方法

动作内容	常见错误	纠正方法
发球	1. 放球与挥拍配合不好 2. 准确性差 3. 动作僵硬	1. 反复体会动作，多做发球练习 2. 准备动作不充分，加强重复练习 3. 注意放松协调用力
高手击球	1. 打不到球 2. 用不上力 3. 击球无力	1. 对准固定标志物，多做挥拍练习 2. 进一步体会、理解技术要领 3. 加强力量练习，加快击球出手速度
网前球	1. 击球过网过高或不过网 2. 不翻转 3. 扑球球拍触网	1. 放松握拍，调整用力大小 2. 手指灵活控制拍面角度，加快拍的切削动作 3. 减小动作幅度，加强手腕闪动
手击球	1. 接吊球杀球反应慢，接不到球 2. 接杀球不过网	1. 准备充分，提高判断反应的能力，加快起动 2. 适当增加向前上方提拉的力量
步法	1. 移动慢 2. 步法不到位	1. 加强下肢力量，灵敏度练习，提高起动速度 2. 对照技术规格，加强准确性练习

第三节 羽毛球基本战术

一、单打战术

（一）发球抢攻战术

发球抢攻战术是根据对方的站位、反击能力、回击球的路线和当时的思想状态等因素有意识地通过多变的发球，争取从第一拍开始就掌握场上的主动权，为自己创造进攻的机会。这种战术对付经验不足和防守薄弱的选手比较有效，一般以发网前球、平射球和后场高远球为主，争取第三拍的主动权。

1. 发网前球

发球前观察对方的站位，如果对方站位稍偏后场，通过发网前球迫使对方挑球、推球或出现接发球下网现象。如果对方在接发球的时候反应和移动稍慢，其接发球的质量就可能不高，这时可通过扑杀或快速平推底线两角，造成对方失误。

2. 发平射球

如果对方接发球员的技术水平较差或反应比较慢的话，就可以在发球的时候对准接发球员的身体发平射球，使接发球员在接球时来不及移动，或不习惯打追身球而匆忙被动回球，以获取我方伺机杀球或上网扑球的机会。

3. 发后场高远球

发球前观察对方的站位，如果对方站位稍靠前场的话，通过发后场高远球把球发到对方的后场底线，迫使对方匆忙后退，回球不到位，我方伺机抓住机会进行杀球或吊球，致使对方出现失误现象。

（二）压后场战术

压后场战术是通过采用高球、平高球、推球等技术反复地将球压到对方后场底线附近，特别是对方的反手后场区域，造成对方处于被动，然后我方再以快吊或突击点杀进攻前场空当。这种战术对付初学羽毛球的人来说较为有效，因为初学者多技术不熟练，尤其是后场反手区域还击球的能力较弱，所以进攻后场往往非常奏效。

（三）下压进攻控制网前战术

下压进攻控制网前战术是以快速、凶狠的进攻，在速度、力量上压住对方。其特点是先以不同速度、力量的吊球、劈球、点杀、轻杀、重杀将球下压，创造机会上网，再以搓球、推球、勾球控制网前，将对方的注意力吸引到前场，再配合平高球突击对方底线，创造中后场的进攻机会，全力发起进攻。这种战术对付个头高、步法移动迟缓、网前出手慢、接下手球吃力的选手较为有效。

（四）四方球战术

四方球战术是利用高远球、平高球、吊球、挑球、搓球、推球，以及发高远球、发网前球等技术准确地将球击到对方前、后场的 4 个角，调动对方前后左右奔跑，致使其来不及回中心位置或身体失去重心，出现回球质量不高或出现空当的情况，我方抓住空当和弱点进行突击进攻。这种战术对付步法移动慢、技术不全面、体力差、情绪易于急躁的对手较为有效。要求击球时落点角度大、稳和准，线路变化多，只有这样才能取得好的效果。

（五）逼反手战术

逼反手战术是在发现对手后场反手击球的进攻性不强，反手回球的能力比较弱，球路也比较简单的时候，可以通过调动对方使反手区露出空当，然后再把球打到其反手区，逼迫其使用反拍回击球。例如，通过吊对方正手网前，再以平高球攻击其反手区，经过重复逼反手区后迫使对方远离球场中心位置，然后突然吊对角网前球，致使对方出现失误。

二、双打战术

（一）发球和发球抢攻战术

发球时以接发球方前区两个角区域为主，在发近网球时，要针对对方接发球的习惯或薄弱区域，结合发一些平快球或平高球，以求在发球方式上进行变化。在规则允许范围内，利用发球时间的变化进行发球，做到快、慢结合，使对方摸不清准确的击球时间，以我为主，争取主动。发球后根据自己的比赛经验，对对方的接发球作出准确的判断，然后迅速地移动到最有利的位置进行抢攻。值得注意的是，在实施发球和发球抢攻战术的时候，一定要提高发球的质量，因为发球质量的好坏直接影响到战术行动的主动与被动。高质量的发球，有利于控制场上的主动权，为发球后的抢攻创造条件，对获得回合的胜利有着重要的意义。

（二）接发球战术

接发球战术是接发球员根据自己在左场区或右场区的接发球优势或特长来处理接发球的行动。在运用接发球战术的时候，首先要很快地判断对方发出的是一个怎样的球，然后运用自己擅长的技术采取行动。如果对方发的是近网小球，那就应果断地快速上网进行扑杀；如果上网不及时，不能扑杀的话，就要争取向网的两侧进行搓球，迫使对方挑球；如果不能进行挑球的话，就对准对方的身体进行快速推球，或往后场两侧底线挑球，迫使对方来不及移动或被动接球。在运用接发球战术的时候，一是要贯彻快字当头，以稳为主，狠变结合的指导思想；二是要根据对方发球质量的高低来合理运用接发球战术。如果对方发球质量高，就应该采用过渡的技术去处理接发球，然后通过封住对方的回球路线以争取主动；如果对方发球质量不高，就应该抓住这一有利时机采用快速扑两边、扑中路、轻拨两边半场、扑中路半场的方法争取主动或直接得分。

（三）二打一（攻人）战术

二打一战术就是两人集中力量盯住对方一个人打，也就是我们常说的攻人战术。当发现对方有一个人的防守能力或心理素质较差，失误多或防守时球路单调，就可以采用这种战术，把球攻到能力较差的选手那一边。运用这种战术时有两种方法，一是主要集中力量攻击对方能力较差的一人，不让其有调整的机会；另一种方法是采用先盯住弱者攻几拍后突然改攻强者一方，因为强者总想保护弱者，注意力集中在弱者一方，此时再反过来进攻强者反而奏效。

（四）攻区域战术

1. 攻中路战术

攻中路战术就是无论对方把球打到什么地方上，我方进攻的落点都集中在对方两人的中间或在中线上。如果对方一左一右分边平行站位防守，我方就把球攻到对方场地中线附近或对方两人之间的空当区域，造成对方互相争抢击球，或两个人相互让球而出现漏接现象。这种战术用于对付两个人配合较差的选手较为有效。

2. 攻半场战术

攻半场战术是攻中路战术的另一种方式。当对方采用一前一后站位进攻时，我方应将球击到对方两人前后之间靠近边线的位置，也会造成两人抢接和漏接的现象，对手即使把球应付过来，也会因回球的质量差而遭到致命的攻击。这种战术也是用来对付两人配合较差和接半场球处理不好的选手。

（五）后攻前封战术

后攻前封战术是双打比赛中最常见的进攻战术。当我方取得主动攻势时，后场队员逢高必杀，不断变换杀球路线，并配合运用吊球，打乱对方的防守阵脚，前场队员则在网前积极移动封网。运用这种战术时要注意的是，我方后场队员在后场大力扣杀直线球时，位于网前的同伴应注意封堵直线网前球，当我方后场队员在后场扣杀斜线球时，位于网前的同伴要有意识地移动去捕捉球，移到与杀球落点在一直线位置的半场区域站位，准备封对方的直线网前球。

（六）守中反攻战术

守中反攻战术是用来对付后场进攻能力弱，或是为了消耗对方体力而采用的一种战术。通过压对方后场底线两角，诱使对方在左右移动中进攻，也就是对方攻直线球，我方挑对角线高球，对方攻对角线球，我方回直线高球，以坚固的防守伺机反攻，争取比赛的主动权，后发制人。其前提条件是运用守中反攻战术的一方必须具备较强的防守能力，能守住对方的进攻，具体方法有以下 3 种。

1. 挑或推两底线

防守中如对方是杀球，我方在接杀时把球挑回对方底线，对方杀直线，我方就挑斜线，对方若是杀斜线，我方就挑直线；如果对方是吊球，我方采用同样方法，能推则推，不能推就挑，使对方的进攻者在底线两角来回奔跑，消耗其体力，迫使对方放弃进攻，然后我方伺机反攻。

2. 压两底线伺机反抽

通过挑高球或平推球压对方两底线，但要注意对方杀球的质量，一旦抓住质量较差的杀球（速度慢、弧度较平）要用平抽球反击对手底线，对方杀直线，我方要抽斜线，对方如杀斜线，我方就抽直线，随之两人准备好迎击对方回击的平抽球，这样就能由被动变成对攻形势。如果对方接我方的平抽球不还击平抽球而回底线或挡网前，我方可以由一左一右的防守站位形式转换成进攻的一前一后站位形式，并猛攻对方空当和弱点。

3. 接杀球或吊球放网前

防守时反复压对方两底线，会使对方站在网前封网的队员思想放松而封网不紧，此时要抓住机会接杀球或吊球放网前，并迅速封网，由防守的一左一右站位形式转换成进攻的一前一后站位形式，积极主动攻击对方。

第四节　羽毛球运动专项身体素质练习

一、发展力量素质的练习

（一）上肢专项力量的练习

（1）网球掷远、掷垒球练习。

（2）绕腕练习。

（3）挥网球拍练习。

（二）躯干专项力量的练习

（1）屈伸练习。

（2）负重转体。

（三）下肢专项练习

（1）负重深蹲起。

（2）负重半蹲起。

（3）负重跨步。

二、发展速度的练习

（一）反应速度的练习

（1）听口令、看信号的各种起跑，如站立、蹲式，背向跳起落下后马上起动。

（2）听哨音变速跑，快速冲跑 10～15 米。

（3）听口令变向跑，在快速移动中听信号后，突然变向冲跑 10 米。

（二）动作速度练习

（1）高频率跑楼梯台阶。

（2）快速俯卧撑。

（3）高频率跨越障碍物，将 10 个羽毛球一字排开，两球间距离 1.2～1.5 米进行跨越练习。

（4）单、双摇跳绳，两脚交替跳绳。

（三）移动练习

（1）各种距离（30 米、50 米、60 米、100 米、200 米）的快速跑。

（2）10～15 米往返折回跑（要求快速转身）。

（3）前后跑。向前跑 7 米，退跑 7 米。

三、发展耐力和发展速度耐力素质练习

（1）中距离跑 400 米、700 米。

（2）中长距离跑 1500 米、3000 米。

（3）定时跑（6 分跑、12 分跑）。

作业与思考：

1. 羽毛球的基本技术有哪些？
2. 羽毛球应进行哪些身体素质练习？
3. 羽毛球比赛中有哪些违例和犯规现象？

第十三章　乒乓球

本章学习目标：

- 了解乒乓球基本知识，学习乒乓球基本技术、战术
- 在活动中了解乒乓球比赛的方法和竞赛规则
- 在参加乒乓球锻炼中愉悦身心，锻炼身体，养成终身锻炼习惯

一、乒乓球运动的起源及发展

（一）乒乓球运动的起源

乒乓球运动起源于英国，是从网球运动中发展而来的。18 世纪后期，英国的一些大学生从网球中得到启示，在室内以餐桌为球台，用书或在两把高背椅子上挂上一根线作为球网，采用软木或橡胶做成的球，手持羔皮纸贴成的长柄椭圆形空白球拍，在台子上将球打来打去。最初这种游戏不叫作“乒乓球”，而叫作“弗利姆-弗拉姆”（Flim-Flam），又称“高西马”（Goos-sime）。球台和球网的大小及高度均无统一规定，积分方法有 10 分、20 分、58 分或 100 分为一局的。发球的方法也无严格限制，既可以把球先击到本方台面再落到对方台面，也可以将球直接发到对方台面规定的地方或任何地方。

1880 年前后，英格兰一位退休的越野跑运动员詹姆斯 · 吉布（James Gibb），从美国带回了作为儿童玩具的赛璐珞球，产生了用这种小球来代替软木球和橡胶球的打乒乓球想法。由于当时普遍使用的羔皮纸球拍击到球和球碰台后会发出“乒乓”的声音，于是人们模拟其声音把它叫作“乒乓球”，其后也称“桌子上的网球”。

（二）世界乒乓球运动发展趋势

目前世界乒乓球重大赛事有世界乒乓球锦标赛、世界杯乒乓球赛（又称“埃文斯杯赛”）、奥运会乒乓球赛、世界明星巡回赛。除此之外，还有亚洲运动会乒乓球赛、亚洲乒乓球锦标赛。

乒乓球运动，可以说是随着科研和球技的发展而发展的，同时比赛规则也在不断修改和完善，这对乒乓球技术的发展也起着非常积极的作用。乒乓球技术的发展，可以概括为以下几个阶段：

第一阶段（1826—1851 年）：欧洲全盛期，以削球打法为主。

第二阶段（1852—1858 年）：优势转向亚洲，日本长抽打法称霸乒坛。

第三阶段（1860—1868 年）：中国直拍近台快攻打法崛起。

第四阶段（1870—1878 年）：欧洲复兴与欧亚对抗。

第五阶段（1880 年到现在）：进入奥运时代，欧亚竞争更为激烈。

根据乒乓球运动的发展规律，可以预见，各种打法还会不断充实和完善，技术将更加精益求精，运动员们会在积极主动、加快速度、加强旋转和加大力量方面下功夫。技术打法向快速方向发展是总趋势中的一个重要方面，速度和旋转互相渗透，要求更好地结合；弧圈球技术和反弧圈球技术将在相互牵制、相互斗争的矛盾中发展提高：力争主动，先发制人，争取前三

板发挥出个人技术特长，是各种类型打法发展的另一个趋势。削攻打法在比赛中增多进攻成分，利用两面不同性能球拍进行旋转变化，伺机抢攻等，都要在“变、转、攻”上下功夫争主动：推攻和两面攻打法的运动员，除加快进攻速度外，还要进一步提高反手攻球的威力，力争更加全面地掌握技术。

总括起来，世界乒乓球技术将朝着“更加积极主动，特长突出，技术全面，战术变化多样”的方向发展。世界乒乓球队的打法是在技术全面的基础上，把速度和旋转结合得更好，向着更快、更新、更猛的方向发展。目前欧洲横拍两面拉弧圈球加速度的打法，是世界乒乓球运动技术的一个新的发展方向。

（三）我国乒乓球运动的发展及成就

1804 年，上海一家文具店的老板王道平，从日本买回 10 套乒乓球器材，把乒乓球引入了中国。乒乓球是我国的“国球”。20 世纪 60 年代到 70 年代，我国的直板快攻型打法威震世界。特别是邀请美国乒乓球队访华之后，打开了中美建交的大门，被称为“小球转动大球”，为我国的外交关系做出了重大贡献。在 1888 年举行的世界乒乓球锦标赛（以下简称世乒赛）上，以蔡振华为主教练的中国队，一举囊括了全部五项冠军，使我国的乒乓球运动再次达到了全盛时期。

（四）乒乓球运动的特点及其锻炼价值

乒乓球运动是练习者手握球拍各站球台一侧，隔网轮流击球的一项球类运动。由于球是用赛璐珞或塑料制成的，打时有“乒乓”声，故名乒乓球。乒乓球运动的特点是球小、速度快、旋转性强、变化多、趣味性强、设备比较简单，参加这项运动，不受年龄、性别和身体条件限制，易于普及开展。这项运动在我国是一项开展得比较广泛的球类运动，深受广大人民群众，特别是青少年喜爱。

经常从事乒乓球运动，不仅能发展人的灵敏度和协调性，提高动作的速度和上下肢协调活动能力，改善内脏器官的机能，还能培养勇敢、顽强、机智、果断的良好品质。

二、乒乓球基本技术

（一）握拍方法

1. 直拍动作要点

直拍握法优点是正手攻球快速有力，变线时动作变化不大，对手不易判断，缺点是反手攻球时，受身体转动限制不易发力，攻、削结合比较困难，防守时照顾的范围较小。直拍握法是拍前以食指第二关节和拇指第一关节扣拍，拍后是三指弯曲贴于拍的 1/3 上端。常见的直拍握法有以下两种：

（1）快攻型捏拍法（简称中钳式握拍法）。拍前以食指第二指关节和拇指第一关节扣拍，两指间的距离为 1～2 厘米，拍柄贴住虎口，拍后三指自然弯曲，贴于球拍的三分之一上端，如图 13-1 所示。

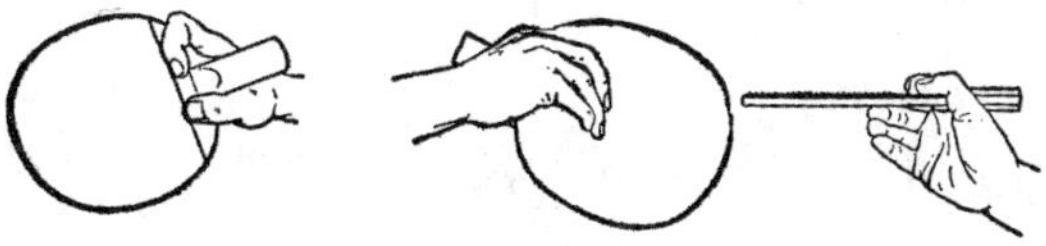

图 13-1　快攻型捏拍法

（2）弧圈型握拍法。拍前拇指紧贴拍柄左侧，实质扣住拍柄成环形，其余三指在拍后自然弯曲，抓住球拍中部，如图 13-2 所示。

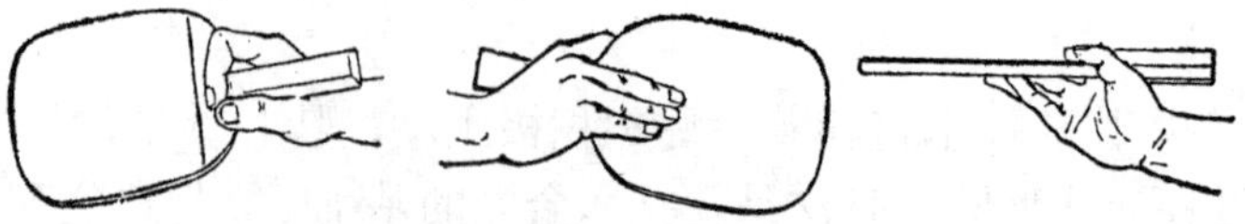

图 13-2　弧圈型握拍法

2. 横拍动作要点

横拍握法优点是照顾的范围比直拍大，攻、削、拉力量大，旋转性强，反手攻球便于发力。缺点是左右击球时动作偏大，影响速度。横拍直打技术较难掌握，中路球难以还击，台内正手攻球也较难掌握。

横拍握法是虎口贴拍，食指在拍前，拇指在拍后，如图 13-3①所示。正手攻球时，食指稍向上移动，反手攻球时，拇指稍向上移动，如图 13-3②所示。

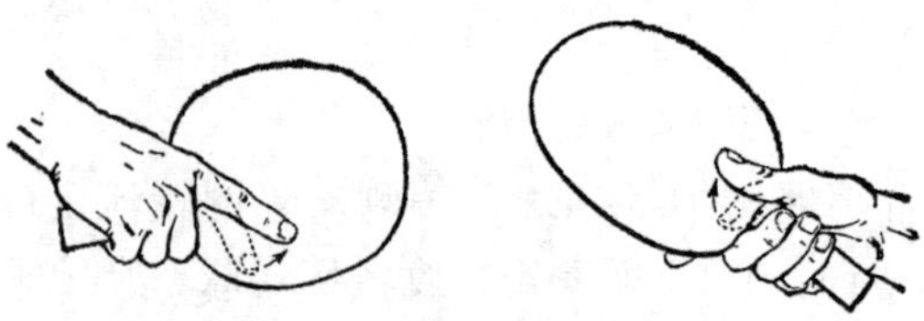

①　　②

图 13-3　横拍握法

握拍时，注意不能太松、太紧或太深、太浅，以免影响手腕动作的灵活性。握拍过紧会使手腕、前臂僵硬；过松会使球拍抖动而影响击球的发力和击球的准确性。

（二）准备姿势与站位（以右手持拍为例）

1. 准备姿势

两脚平行站立与肩同宽或稍宽，两膝稍屈内扣，脚跟稍提起，前脚掌着地，保持身体平衡；稍含胸收腹，上体稍前倾。持拍手臂自然弯曲，球拍置于腹右侧面 20～30 厘米处，拍形近垂直状。

2. 站位

（1）快攻型、左推右攻打法，基本站位离球台 30～40 厘米，偏右；两面攻打法，基本站位离球台 50 厘米左右，在中间偏左。

（2）削球型。横拍攻削结合打法，站位在中台附近；以削为主配合反攻的站位在中远台。

（三）基本步法（配合持拍）

1. 单步移动

一脚前脚掌为轴，另一脚向前后或左右移动一步。在来球角度不大的情况下击球，常采用这种步法。

2. 跨步移动

与来球同方向的脚先向侧跨一大步，重心随之移动到跨出的脚，另一脚迅速向相同方向移动。这一步法常用在回击速度快、角度大的来球。

3. 并步移动

先以来球相反方向的脚向另一脚并一步，后把与来球同方向的脚再迈一步。当来球逼近身体时或侧身攻球时，采用这种步法。

4. 跳步移动

以远离球的脚用力蹬地为主，两脚同时离地，向来球方向跳动。

5. 交叉步移动

以来球异侧的脚先向来球一侧移动，并超过另一脚，接着另一脚再向来球一侧移动。当来球远离身体的情况下击球时，多采用这种步法。

（四）发球技术（以右手为例）

1. 正手发急球

抛球后，球下落时前臂迅速由后向前挥动，拍形稍前倾，击球的中上部，击到点与网同高，击出的球第一跳先落在本方台近端处，然后落到对方球台。

2. 反手发急球

右手握拍于身体左侧，抛球后，当球下落时前臂迅速由后向前挥动，拍形稍前倾，击球的中上部，击球点与第一跳同正手发急球，如图 13-4 所示。

图 13-4　反手发急球

3. 发短球

发短球动作与发急球相似，区别在于击球时拍形稍后仰，瞬时轻击球的中下部，第一跳在本方球台中段，球落到对方球台近网处，第二跳不出台，如图 13-5 所示。

图 13-5　发短球

4. 正手发转与不转球

抛球后，向上引拍同肩高，拍形后仰，用前臂向下挥动，同时手腕向外转动，撞击球的中下部为转球；如果拍与球接触瞬间撞击多而摩擦少，则为不转球，如图 13-6 所示。

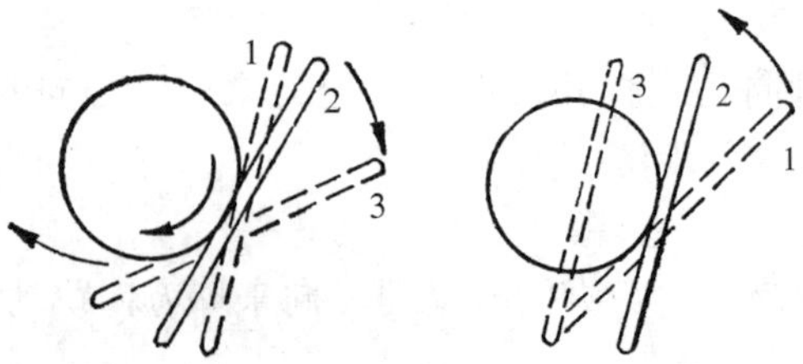

图 13-6　正手发转与不转球

5. 正手发左侧上（下）旋球

抛球时，向右上方引拍，手腕外展，击球时前臂迅速向左下方挥动。触球时手腕快速向左上方转动，从球的中部向左上摩擦为左侧上旋球；如手腕快速向左下方转动，从球的中部向左下方摩擦，则为左侧下旋球，如图 13-7 所示。

图 13-7　正手发左侧上（下）旋球

6. 反手发右侧上（下）旋球

抛球后，引拍至右胸前，球下落时，手臂向右挥动。触球时手腕向右上方转动，使拍从球的中部上方摩擦为右侧上旋球；如手腕向右下方转动，使拍从球的中部向右下方摩擦为右侧下旋球。

（五）挡球与推挡球

1. 挡球

挡球主要是借助对方来球的反弹力将球挡回。挡球应在上升期击球的中部，拍形与台面接近垂直。回球速度慢、力量轻，如图 13-8 所示。

图 13-8　挡球

2. 减力挡

挡球时，根据来球情况在触球的刹那间，把球拍瞬时稍后移，用以减弱来球的反弹力，使回球力量减弱，如图 13-9 所示。

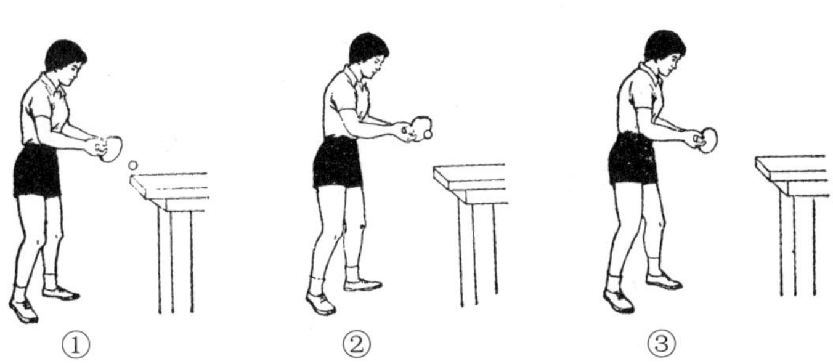

图 13-9　减力挡

3. 快推

借力还击，回球速度快，力量较轻，落点变化多而快。推挡时，持拍手上臂和肘关节内收，前臂略向外旋；击球时，前臂开始向前推出，拍形前倾，在上升期击球中上部，如图 13-10 所示。

图 13-10　快推

4. 加力推

回球力量重、速度快，击球点较高。击球前，前臂后收，击球时主要靠前臂向前推压发力，在上升期后段或高点期击球中上部，如图 13-11 所示。

图 13-11　加力推

5. 下旋推

回球下旋，弧线较低，球下沉快。击球时，拍面保持一定后仰，在上升期后段击球中下部。推击时增大向前向下的力量，以压低回球弧线，如图 13-12 所示。

（六）攻球

攻球是比赛中争取主动和得分制胜的重要技术。它具有速度快、力量大的特点。攻球可分为正手攻球和反手攻球两种。它包括快攻、快点、快拉、突击、扣杀、中远台攻球等技术动作。

图 13-12　下旋推

1. 正手攻球

站位，左脚稍前，身体离台约 50 厘米。击球前，引拍至身体右侧，上臂与身体成 35°，与前臂成 120°。击球时，手臂由右侧向左前上方迅速挥动，以前臂发力为主，食指放松，拇指压拍，使拍形前倾，配合手腕内转动作，在上升期击球的中上部。击球后，球拍顺势挥至头的前部，如图 13-13 所示。

图 13-13　正手攻球

2. 反手攻球

站位，左脚稍前或两脚平行，身体离台约 50 厘米，前臂自然弯曲。击球前球拍引至腰前偏左的位置，击球时前臂和手腕向右前上方挥动，同时配合外旋转腕的动作，使拍形前倾。在上升期，击球的中上部；击球后球拍顺势挥至右肩前，如图 13-14 所示。

图 13-14　反手攻球

（七）搓球

搓球分为正手搓球、反手搓球、快搓、慢搓、搓转与不转球等类型。搓球时拍形略后仰，主要运用前臂和手腕的力量，擦击球的中下部。在上升期击球为快搓，在下降期击球为慢搓，都可以用相似的动作搓出转与不转的球以迷惑对方，用拍面摩擦球，则旋转；把球托出则不旋转，如图 13-15 所示。

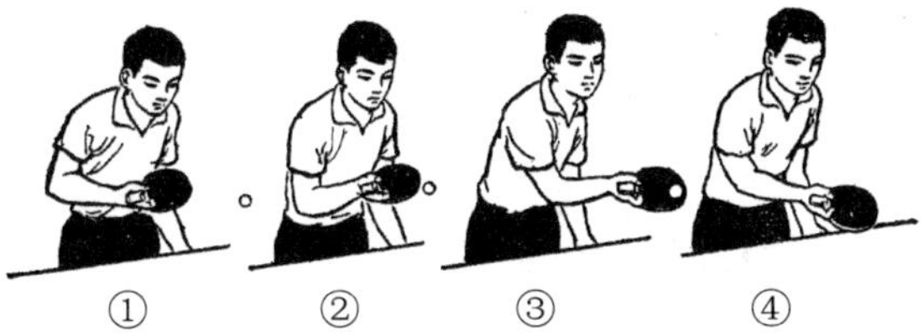

图 13-15　搓球

（八）接发球

接发球技术的运用往往是被动的，但被动也可以转化为主动，只要在接发球时能够对对方发球的旋转、落点等变化作出准确的判断，并且果断、合理地运用接发球技术，就能摆脱被动，也可以接球反攻变为主动。

三、乒乓球基本技术的练习方法

（一）乒乓球基本技术练习

1. 推挡球练习

（1）按照握拍法的动作要求，做推挡的徒手练习，有条件的可对着镜子练习，以便检查击球动作是否正确。

（2）两人一组，进行推挡练习，速度可由慢到快逐渐加速（落点要准、线路不变）。

（3）两人一组，进行快推、加力推、减力推交替练习。

2. 攻球练习

（1）徒手做正手快攻的模仿练习，熟悉动作路线，体会正手攻动作的用力部位和技巧。

（2）徒手做反手攻球的模仿练习，熟悉动作路线，体会反手攻球动作的用力部位和技巧。

（3）做正手快攻，正手攻台内球练习。

（4）做正手侧身攻球，反手快攻练习。

（5）正手对攻练习（固定线路），各种攻球的混合练习（手法与步法协调配合练习）。

3. 搓球练习

（1）徒手模仿搓球动作。

（2）自己向球台抛球，待球弹起搓球过网。

（3）一人发下旋球，另一人搓球过网。

4. 发球练习

（1）徒手做发球前的准备姿势，模仿抛球和各种发球动作。

（2）进行各种发球练习。先练斜线球，后练发直线球；先练发不定点球，再练发定点球。

（3）练习发各种具有旋转性能的球。

（4）练习用同一种手法发不同旋转和落点的球。

5. 接发球练习

（1）开始练习接发球，最好固定用推挡、搓球或攻球中任何一种技术去接对方的单一发球（可用多球练习）。

（2）练习接各种旋转球的技术，以适应不同旋转性能的变化和提高判断旋转的能力。

（3）在学会接发球的基础上，要进一步提高接发球和回球的质量，避免在接球回球后给对方造成攻击机会。

（4）发球和接发球应密切结合起来练习，然后通过比赛来提高接发球的能力。

（二）乒乓球基本技术练习的注意事项

1. 推挡球

（1）准备推挡时，要保持合理的站位和预备姿势。不要离球台过远，以免造成在下降期击球，影响回球的速度和力量。

（2）推挡时，肘关节应靠近身体，以利于前臂向前发力。

（3）推挡时，应食指用力，拇指放松，手臂后引前推幅度不宜过大。

2. 攻球

（1）攻球的徒手动作要反复多练。技术动作要定型，不可随便乱打，以免形成错误动作后难以纠正。

（2）要循序渐进，先学练正手攻球，再学练反手攻球，先慢后快，先轻后重，先稳后凶。

（3）练习中，要注意步法移动，不能站死。

3. 搓球

（1）搓球动作不宜太大，要充分利用前臂和手腕的力量。

（2）搓转与不转球，关键在于球拍与球接触时的动作方法。搓转球时，要使球拍从上向下擦击球；搓不转球时，要使球拍从上向前下托球。

4. 发球

（1）必须掌握一两种技术精、质量高的发球技巧特长，它常被作为比赛中争取主动进攻或得分的手段。防止发球方法多、全，而技术不精的偏向。

（2）发球要配套。在熟练掌握某一种发球的基础上，还要有一两种发球做配合，这样效果才更好。例如，发反手右侧下旋球好，就应该有右侧上旋做配合；发短球为主，还应有急球配合等。练习中，要防止单一化，同时还要防止只顾旋转不管落点的偏向。

（3）要善变，发球时应该把旋转、力量和落点很好地结合起来运用，发出的球要多变而发球的动作尽量相似，以使对方不易判断。

5. 接发球

（1）根据对方球拍触球的角度判断来球方向。

（2）根据对方球拍挥动的方向判断来球的旋转性能。

（3）接发球时，必须反应快，要根据对方球拍触球的刹那间球拍移动的方向、手臂与手腕振幅的大小，球拍摩擦球时的力量，判断来球旋转的性质、强弱和落点，做好回球的准备。

（三）乒乓球练习中常见错误及纠正方法

（1）推挡球练习中常见错误及其纠正方法见表 13-1。

表 13-1 推挡球练习中常见错误及其纠正方法

常见错误	现象	纠正方法
正手挡球时，手腕下垂，使球拍与小臂成垂直	击球时动作僵硬不协调	手腕向外展，使球拍拍柄向左些
挡球时，判断球的落点不准，拍形掌握不好	球不过网或出界	提高判断能力，增强手腕的灵活性和调节拍形的能力

续表

常见错误	现象	纠正方法
推挡时，拍形前倾过大，击球时间过早	球不过网	迎球时间稍晚一点，球拍与球接触时离落点稍远一些
拍形前倾不够，击球时间过早或过晚	球出界	手腕外旋使拍形前倾，在上升期时击球
快推前，肘关节离开身体	动作不协调	击球前，上臂和肘关节靠近身体
加力推，手臂没有向前伸展出去	推挡力量不重	击球后，上臂和肘关节前送，并配合上体向左转动

（2）攻球练习中常见错误及其纠正方法见表 13-2。

表 13-2　攻球练习中常见错误及其纠正方法

常见错误	现象	纠正方法
正手攻球时，手腕下垂，使球拍与小臂成垂直	击球时，动作僵硬，不协调	右手握球拍，拍柄向左些，做徒手模仿练习
正手攻球时，手腕太僵硬，使球拍与小臂成一直线	击球时，动作僵硬，不协调	握拍时，手腕放松些，多做徒手模仿练习
正手攻球时，大臂和肘关节抬得过高	击球时，动作僵硬，不协调	手臂放松，肘关节下垂做近台快攻练习
判断球的落足不准，引拍动作不到位	击球落空	先做接平击球的练习，再做连续推挡球的练习
正手攻球引拍时，球拍没有直接向后引，有向前的多余动作	动作不协调，有时击球落空	多做练习改进动作
击球后球拍立即停止不前	动作不协调	用多球做抽半高球的练习
反手攻球时，拍形前倾过早	球不过网	使拍形稍后仰，徒手做引拍动作练习
反手攻球时，拍形前倾不够	球出界	击球时，手腕和前臂要配合外旋，拍形应保持向前倾斜；做接平击发球的练习，体会击球时的转腕动作

（3）搓球练习中常见错误及其纠正方法见表 13-3。

表 13-3　搓球练习中常见错误及其纠正方法

常见错误	现象	纠正方法
球拍没有上引，击球时前臂由下向上动作不明显	球下旋力不强	持拍练习前臂和手腕先向上再下切的动作
击球时，拍形后仰不够	球出界下网	练习用慢搓接对方发来的下旋球，体会拍形后仰前送的动作
击球时，球拍与球接触的部位不准，没击到球的中下部	球不过网	做对搓练习，体会拍形后仰在下降期击球中下部的动作
击球时，前臂前送力量不够	球不过网	两人做慢搓练习，体会击球后前臂前送的动作

（4）发球练习中常见错误及纠正方法见表 13-4。

表 13-4　发球练习中常见错误及纠正方法

常见错误	现象	纠正方法
未将球向上抛起	发球犯规	抛球动作练习
击球点过高或过低	球易出界和下网	按合适的球点发球
拍形前倾过多，击球时向前力量小，落点离网较远	球不过网	纠正击球拍形，在台面上划出第一落点的范围
拍形前倾不够，击球时向前力量大，落点离网过近	球不过网	同上

四、乒乓球基本战术

（一）快攻型打法的基本战术

1. 发球抢攻

（1）反手发右侧上、下旋球，发至对方中路靠右近网处，伺机攻对方左方。

（2）发追身急球（球速越快越好），使对方不能发挥其正反手攻球的威力，然后侧身进攻对方中路或两角。这种战术对付两面攻比较有效。

（3）发急下旋长球至对方左角，配合近网短球，然后侧身抢攻，主要是针对对方弱点进行攻击。这种战术对付弧圈球和快攻较为有效。

2. 推挡侧身抢攻

（1）在对推中，以力量、速度、落点控制对方，伺机侧身抢攻。

（2）在对推中，用反手攻球作配合寻找机会，伺机侧身抢攻。

（3）在对推中突然加力推或推下旋球，迫使对方回球较高，然后立即侧身抢攻。

3. 左推右攻

（1）当推挡略占上风时，或在侧身抢攻获得成功后，对方往往会主动变线到正手，此时采用有力的正手攻球回击对方。

（2）主动推变直线，引诱对手回斜线，用正手攻击直线，反袭对方空当。

（3）有时可佯作侧身，诱使对方变线，给自己创造正手回击的机会。

（二）弧圈球型打法的基本战术

1. 发球抢攻

（1）正手（或侧身）发强烈下旋球至对方左侧近网短球，迫使对方以搓回击，然后拉加转弧圈球至对方反手或中路。

（2）反手发右侧上、下旋球至对方中路或偏右及偏左的地方，然后拉前冲弧圈球至对方两大角。

（3）反手发急下旋球至对方中路偏右或左方大角，当对方以搓球回击时，拉前冲弧圈至对方正手。

2. 接发球抢攻

对方发侧上旋球和不太旋转的球时，用前冲弧圈球回击，对方发侧下旋或强烈下旋球时，用加转弧圈球回击。

3. 搓中拉弧圈球

（1）在对搓中看准时机，主动抢拉弧圈球。

（2）在对搓短球时，突然加力搓左角长球，然后侧身主动抢拉加转弧圈球。

（3）多搓对方正手，使其不能逼左大角，伺机抢拉弧圈球至对方反手或中路，再冲两角。

4. 弧圈球结合扣杀

（1）拉加转弧圈球结合扣杀。

（2）拉前冲弧圈球迫使对方远台回击，然后放短球，再扣杀。

（3）拉加转弧圈球与不转弧圈球相结合，伺机扣杀。

作业与思考：

1. 简述乒乓球运动的发展。
2. 握拍的方法有哪几种？
3. 乒乓球的基本技术有哪些？该如何练习？

第十四章　武术

本章学习目标：

- 了解武术的锻炼价值，学习武术基本功与套路练习
- 掌握动作方法和运动特点，提高演练水平
- 掌握必要的防身方法
- 挑战自我，尝试参加武术锻炼，体会其中乐趣

第一节　武术概述

武术，起源于中国，是以踢、打、摔、拿、击、刺等攻防格斗动作为素材，按照攻守进退、动静疾徐、刚柔虚实等矛盾的相互变化的规律编成徒手和器械的各种套路。它是一种增强体质、培养意志、训练格斗技能的民族形式的体育运动。其历史悠久，有广泛的群众基础。

一、武术的特点和作用

（1）具有攻防技术的本质特点。武术动作以攻防性能为本质，兼容攻防再现性和表演性。攻防再现性体现在动作本能的格杀价值上，在实践运用中发挥攻防效用。在现代武术运动中，这类动作主要运用于搏斗运动（如散打）及防身制胜等。攻防表演性体现在其本质动作的攻防意向，这类动作多借助于形体动作艺术和动作编排技巧来体现自身攻防含义，表现出独特的攻防技术艺术。

（2）具有内外合一、形神兼备、节奏鲜明的运动特色和民族风格。由于武术动作是从格斗攻防技术中提炼出来的，因此要求手到眼到，手眼紧密结合；手脚相随、上下协调；意领身随、以气催力；意识、呼吸、动作必须内外合一，形神兼备；动则快速有力，静则稳如磐石，动静有韵律，节奏非常鲜明。这就构成了武术所固有的运动特色，形成了人们喜爱的民族风格。

（3）具有广泛的适应性。由于武术内容丰富多彩，不同拳种和器械的动作结构、技术要求、运动风格和套路的运动量都有所不同，因此开展武术运动不受年龄、性别、体质、时间、季节、场地和器械的限制，人们可以根据自己的需要和条件，选择合适的项目进行锻炼。由此可见武术有着广泛的适应性和群众性的特点。

二、武术的内容和分类

武术的分类方法很多，在过去有以流行地区分类的，有以技术特点分类的，也有以姓氏分类的。现在按其内容可分为以下 5 类：

（1）拳术：包括长拳、太极拳、南拳、形意拳、八卦拳、通臂拳等。

1）长拳：查拳、华拳、洪拳、炮拳、花拳、戳脚、翻子等拳术的总称。它是一种姿势舒展、动作灵活、快速有力、节奏鲜明，并包括窜蹦跳跃、闪展腾挪和起伏转折等动作和技术的

拳术。其中，各个拳种又各有不同的技术特点和风格。长拳的动作幅度舒展，关节活动范围较大，对肌肉和韧带的柔韧性、弹性都有较高的要求。

2）太极拳：一种柔和、缓慢、轻灵的拳术。

3）南拳：流行于广东、广西、福建、湖南、湖北、浙江、江苏、四川等南方各省的拳术的总称。南拳的特点是步稳、势烈，动作刚劲有力，并常以发声吐气来助长动作的发力。它特别能发展各主要肌群的力量。

4）形意拳：以三体式为基本姿势，以劈、崩、钻、炮、横五拳为基本拳法，并吸收了龙、虎、蛇、马、鹰、鹅等 12 种动物的技能专长所编制的拳术。它的特点是动作整齐、简练、发劲较刚，能发展人体力量、速度等素质。

5）八卦掌：一种以摆扣步走转为主，以掌法变换为内容的拳术。它的特点是沿圆走转、势势连绵、神灵步活、随走随变。可以锻炼下肢的力量提高身体灵活度和协调性。

6）通臂拳：有摔、拍、穿、劈、攒 5 种基本掌法。特点是放长击远，发力通达于臂。练习时由于胸背吞吐，双臂交换摔劈，拧腰切胯，连续不息，因此对发展协调、灵活、力量等素质有着良好的作用。

（2）器械：包括刀、剑等短器械；枪、棍、大刀等长器械；双刀、双剑、双勾、双枪等双器械；九节鞭、绳镖、流星锤等软器械。

1）刀术：以缠头裹脑为主要动作，加上劈、砍、挂、刺、撩等刀法所组成的套路练习。它的特点是勇猛、快速。

2）剑术：以击、刺、点、崩等剑法所组成的套路练习。它的特点是动作轻快、身法矫捷、富于韵律感。

3）枪术：以拦、拿、扎为主要动作，加上劈、摔、穿、缠、舞花等枪法所组成的套路练习。它的特点是枪扎一条线，脚为根，腰为轴，力达枪尖。

4）棍术：以抡、劈、戳、撩、舞花等棍法所组成的套路练习，它的特点是使用两端、横打一片。

（3）对练：是两人以上按照固定套路所进行的攻防技术练习，包括徒手对练、器械对练、徒手与器械的对练等。

（4）身体表演：是 6 人以上的徒手或器械的集体演练。可用音乐伴奏，使动作整齐划一。

（5）攻防技术：是两人按照一定的规则而进行的具有实战意义的搏斗形式的运动。目前正在整理研究的有散打、推手、短兵三项。

第二节　武术基本动作练习

一、武术基本动作

基本功和基本动作内容很多，本节只选择重点加以介绍。

（一）手型、手法

手型、手法是上肢动作的基础。

1. 手型

（1）拳。四指并拢卷握，拇指紧扣食指和中指的第二指节，拳面要平，手腕要直。拳眼向上为立拳，拳心向下为平拳，如图 14-1 所示。

（2）掌。四指并拢伸直，拇指弯曲紧扣于虎口处或外掌成八字掌，如图 14-2 所示。

（3）勾。五指第一指节捏拢在一起，屈腕，如图 14-3 所示。

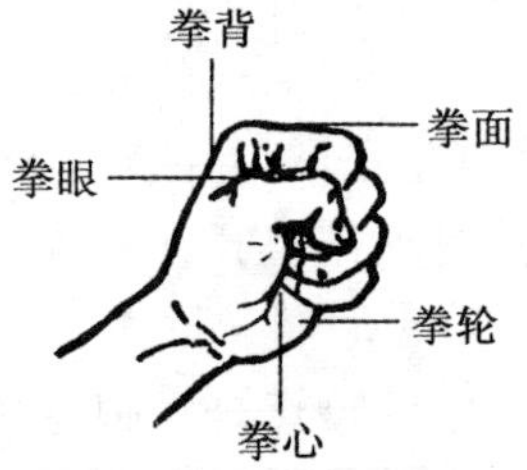

图 14-1　拳

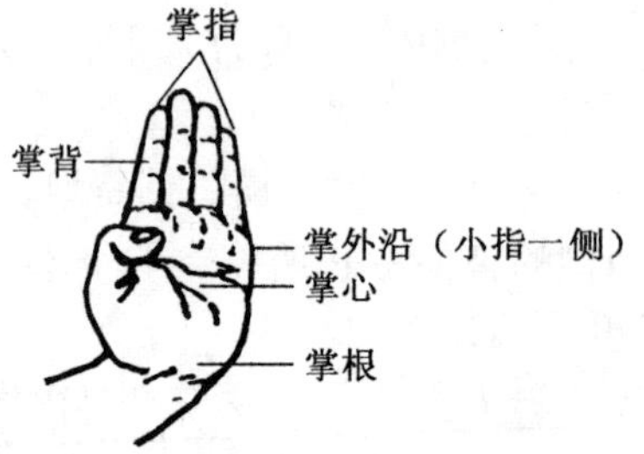

图 14-2　掌

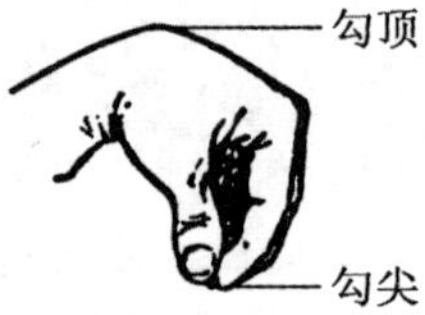

图 14-3　勾

2. 手法

（1）原地冲拳预备姿势，两脚左右开立，略宽于肩，两手握拳抱于腰间，掌心向上；肘关节向后，夹臂，挺胸，直腰，目平视前方，如图 14-4①所示。

动作说明：右拳向前冲出，拳心向下，高与肩平，眼视右拳，如图 14-4②所示，然后左拳向前冲出，同时右拳收抱于腰。

动作过程要点：挺胸，收腹，拧腰，顺肩，急旋前臂，出拳快速有力，动作要有寸劲（即爆发力）。

（2）原地推掌。预备姿势同原地冲拳。

动作说明：右拳变掌，指尖朝前，前臂内旋，并以掌根为力点向前猛力推击，推击时臂伸直，高于肩平，同时左肘向后引伸，如图 14-4③所示。

动作过程要点；挺胸，收腹，拧腰，顺肩，沉腕，翻掌，动作要有寸劲。

①　②　③

图 14-4　原地冲拳和原地推掌

（二）步型、步法

步型、步法是下肢动作的基础。

1. 步型

（1）弓步。

动作说明：左脚向前方跨出一大步（约四脚长），前脚型微内扣，左腿屈膝半蹲（大腿接近水平），膝与脚尖垂直。后腿挺，膝伸直，脚尖内扣，斜向前方。两脚全脚掌着地，两拳抱于腰间，上体正对前方，眼向前平视，如图 14-5 所示。

动作过程要点：前腿弓，后腿绷，挺胸，塌腰，沉髋。

（2）马步。

动作说明：两脚平行开立（约本人脚长三倍），脚尖正再对前方，屈膝半蹲，大腿接近水平，全脚掌着地，脚尖微内扣身体重心落于两腿之间，两拳抱于腰间，如图 14-6 所示。

动作过程要点：挺胸，塌腰，脚尖朝前，脚跟外蹬。

（3）虚步。

动作说明；两脚前后开立，后脚外展 45°，屈膝半蹲，重心落于后腿；前腿微屈，脚背绷紧，脚尖相内扣，虚点地面；两手扶腰或抱拳，如图 14-7 所示。左脚在前为左虚步，右脚在前为右虚步。

动作过程要点：挺胸，塌腰，动作虚实分明。

图 14-5　弓步

图 14-6　马步

图 14-7　虚步

（4）仆步。

动作说明：两脚左右开立，略宽于马步，一腿屈膝全蹲，全脚掌着地，脚尖内扣稍外展（约 45°）；另一腿伸直平铺，全脚掌着地，脚尖内扣；上体微向仆腿侧转并前倾，眼向仆腿方向平视，如图 14-8 所示。仆左腿为左仆步，仆右腿为右仆步。

动作过程要点：挺胸，塌腰，开胯，上体微前倾。

（5）歇步。

动作说明：两腿交叉靠拢全蹲，前脚尖外展，全脚掌着地，后腿膝部贴近前腿外侧，前脚掌着地，臀部坐于后腿接近脚跟处，如图 14-9 所示。左脚在前为左歇步，右脚在前为右歇步。

动作过程要点：前脚尖外展，挺胸，塌腰，两腿靠拢并贴紧。

图 14-8　仆步

图 14-9　歇步

2. 步法

（1）垫步。预备姿势：两脚前后开立，同肩宽，两手叉腰，如图 14-10 所示。

动作说明：后脚离地提起，用脚掌向前脚处落步，前脚立即以脚掌蹬地向上稍跳起，将步位让于后脚，然后再向前落步，如图 14-10 所示。

动作过程要点：起跳在空中时，上体正直，侧对落方。

（2）弧形弓步。预备姿势与垫步相同。

动作说明：两腿半蹲，两脚迅速交替向前方做弧形步。每步略比肩宽，眼向前平视，如图 14-11 所示。

动作过程要点：挺胸，塌腰，保持半蹲姿势，身体重心要稳，不要有起伏，落地时由脚跟迅速过渡到全脚掌，注意转腰。

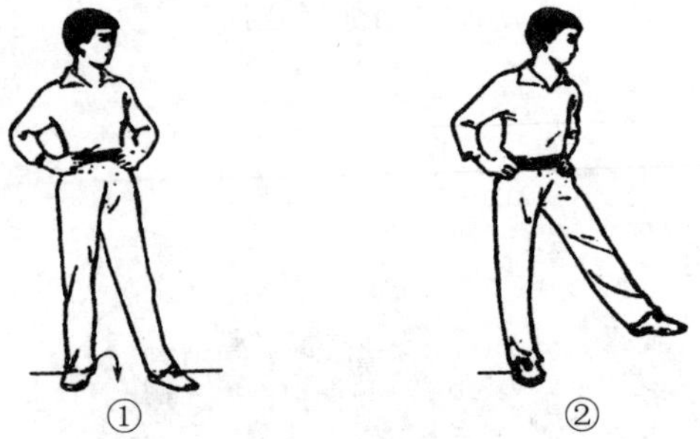

图 14-10　垫步

图 14-11　弧形弓步

二、武术基本动作练习

（一）肩部、腰部练习

1. 肩臂练习

肩臂练习能增进肩关节韧带的柔韧性，加大肩关节的活动范围，发展提高上肢运动的敏捷、松长、转环等能力。

（1）压肩。

动作说明：手扶肋木或墙壁，两臂伸直，上体前俯，低头，塌腰，收髋，或两人对面站立，互相扶肩部，直臂低头，做体前屈的下振压肩动作。

动作过程要点；两臂、两髋要伸直，逐步加大振幅，压点集中于肩部，增加助力时应由小到大。

（2）单臂绕环。

动作说明：单臂由下向前、向上，向后、向下抡臂绕环；单臂由下向后、向上、向前、向下抡臂绕环。

动作过程要点：臂要直，肩放松，逐渐加速体侧划圆。

（3）双臂绕环。

动作说明：两臂依次做向前、向后绕环。

动作过程要点：同单臂绕环。

2. 腰部练习

腰是贯通上下肢体的枢纽。俗话说“练拳不练腰，终究艺不高”，这里主要介绍俯腰、甩腰、涮腰 3 种方法。

（1）俯腰。

动作说明：并步站立，两手手指交叉，直臂上举，手心朝上，上体前俯，两手尽量贴地，然后两手松开，抱住两脚跟腱，逐渐使胸部贴近腿部，保持一定的时间。

动作说明：并步站立，两手手指交叉，直臂上举，手心朝上尽量贴地，然后两手松开，抱住两脚跟腱，逐渐使胸部贴近腿部再起立，还可以向左或向右倒转体，两手在脚外侧贴触地面。

动作过程要点：两膝伸直，收髋，尽量转体。

（2）甩腰。

动作说明：开步站立，两臂上举；然后以腰髋关节为轴，上体做前后屈和甩腰动作，两臂也跟着甩动，两腿伸展。

动作过程要点：练习时，动作应有节奏并富有弹性。

（3）涮腰。

动作说明：两脚开立，略宽于肩，上体前俯，两臂向左前下方伸出，然后以髋为轴，两臂带动上体，向前、向右、向后、向左绕环。

动作过程要点：尽量加大绕环幅度。

（二）腿部练习

腿部练习一般有压腿、扳腿、劈腿和踢腿等方法。通过腿部练习，可以有效地发展下肢的柔韧性、灵活性和力量等素质。

1. 压腿

（1）正压腿。

动作说明：面对肋木或一定高度的物体，将一腿抬起，脚跟放在肋木上，踝关节屈紧，两腿伸直，立腰，收髋，两手按扶膝部；上体前屈，向前、向下做振压动作，或两手抱住脚掌，尽量用前额、鼻尖或下颌触及脚尖。

动作过程要点：腿伸直，勾脚尖，直体向前、向下压振并逐渐加大振幅，逐步提高腿的放置高度。

（2）侧压腿。

动作说明：身体侧对肋木或一定高度的物体，右腿支撑，脚尖稍外撇，左腿抬起，脚跟放在肋木或其他物体上，脚尖勾起，右臂屈肘上举，两腿伸直，上体向左振压。左右腿交替练习。

动作过程要点：与正压腿同。

（3）后压腿。

动作说明：身体背对肋木或一定高度的物体，并步站立，两手叉腰或扶一定高度的物体；右腿支撑，左腿向后举起，脚背放在肋木上，脚面绷直，上体后屈并做振压动作，左右腿交替练习。

动作过程要点：两腿挺膝，挺胸，展髋，腰后屈。

2. 踢腿

（1）正踢腿。预备姿势：两脚并立，两手立掌侧平举，如图 14-12①所示。

动作说明：一脚向前上半步，直支撑，另一脚勾紧脚尖，向前额外踢起；两眼平视前方，如图 14-12②所示，练习时，可左右交替进行。

动作过程要点：头上抬，挺胸，立腰。踢腿时，勾脚尖，过腹后加速。

（2）侧踢腿。预备姿势与正踢腿同。

动作说明：右脚向前上半步，脚尖外展；身体微右转。左脚尖勾紧，向左耳侧上踢；同时右臂上举亮掌，左臂屈肘立掌附于右肩前，如图 14-13 所示。踢左腿为左侧腿，踢右腿为右侧腿。

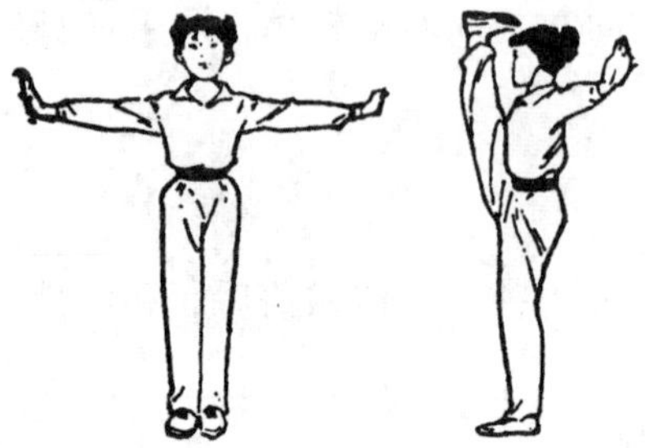

①　②

图 14-12　正踢腿

①　②

图 14-13　侧踢腿

动作过程要点：立腰，开髋，侧身，勾脚尖。

（3）外摆腿。预备姿势与正踢腿同。

动作说明：一腿向前上半步，另一脚脚尖勾紧，向身体异侧上方直腿踢起，经面前向同侧上方摆动，落在支撑脚旁，目平视前方，同侧掌在侧方击响，也可不击响。练习时可左右交替进行，如图 14-14 所示。

动作过程要点：挺胸，立腰，松髋，速度要快，幅度要大。

（4）里合腿。

动作说明：一脚向前上半步，另一脚脚尖勾紧，向同侧上方踢起，经面前向身体异侧上方（向内）做扇面直腿摆起，落于支撑脚外侧；目平视前方。异侧掌在异侧上方可迎击脚掌，可击响，也可不击响。练习时可左右交替进行，如图 14-15 所示。

①　②

图 14-14　外摆腿

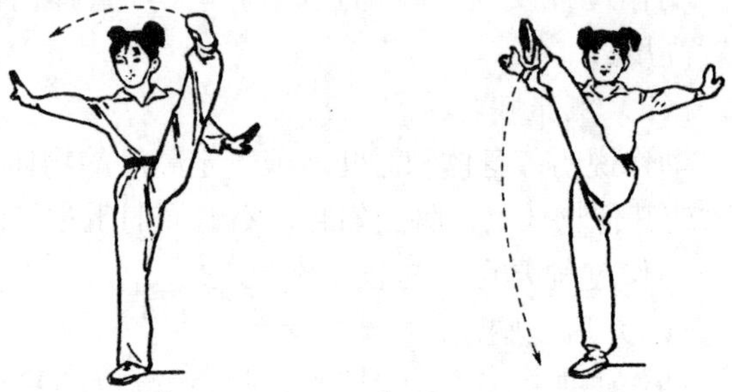

①　②

图 14-15　里合腿

动作过程要点：挺胸，立腰，松髋，里合速度要快，幅度要大。

（5）弹腿。预备姿势：两腿并立，两手叉腰。

动作说明：右腿屈膝抬起，脚面绷直，如图 14-16①所示，大腿近水平时，迅速猛力挺膝，向前平踢弹出，大腿与小腿成一直线，高与腰平，力达脚尖，左腿伸直或微屈支撑，目平视前方，如图 14-16②所示。

动作过程要点：上体正直，脚面绷紧，弹击要猛发，力有寸劲（即爆发力）。

（6）蹬腿。蹬腿与弹腿动作相同，唯蹬腿时脚尖勾起，力点达于脚跟，如图 14-17 所示。

① ②

图 14-16　弹腿

图 14-17　蹬腿

（7）侧踹腿。预备姿势：两脚并立，两手叉腰。

动作说明：两脚左右交叉，右腿在前，稍屈膝；随即右腿伸直支撑，左腿屈膝抬起，左脚内扣，脚跟用力向左侧上方踹出，高与肩平；上体向右侧倒，目视左侧方，如图 14-18 所示。

① ②

图 14-18　侧踹腿

动作过程要点：挺膝开髋，脚外侧朝上，力达脚心。

3. 跳跃、平衡练习

（1）跳跃练习。跳跃是武术基本功练习中不可缺少的内容。这里仅介绍腾空飞脚。

动作说明：两脚并步，右脚上步，左脚向前上方摆踢；右脚蹬地向上跳起，身体腾空，右臂由下向前、向头上挥摆，在额前右手背迎击左手掌，如图 14-19①②所示。在空中，右脚面绷平，向前上方弹出，右掌击拍右脚面；左手在未响时摆至左侧方成勾手，略高于肩。同时左腿屈膝，手控于左腿侧，脚面绷平，脚尖向下，目平视前方，如图 14-19③所示。

① ② ③

图 14-19　腾空飞脚

动作过程要点：右腿在空中踢摆时，脚高必须过腰，在空中，左腿屈膝，手控于左腿侧并须持续一定的时间，拍击动作要紧凑、准确、响亮，在腾空的最高点完成。

（2）平衡练习。

平衡动作分为持久平衡和非持久平衡两种。前者要求动作完成后，静止两秒钟以上，后者没有时间要求。

1）抬膝平衡动作。

动作说明：右腿直立，左腿屈膝提起，贴靠于胸前，脚面绷直内收，目向左平视，如图14-20①所示。

动作过程要点：挺胸，立腰，脚趾抓地站稳，提膝过腰，脚内扣。

2）燕式平衡。

动作说明：右腿屈膝提起，两掌在身前交叉，掌心向内，如图14-20②所示。然后，两掌向两侧直臂分开平举，上体前俯，右脚向后蹬伸，成燕式平衡，如图14-20③所示。

动作过程要求：两腿伸直，后举腿要高于头顶水平部位，脚面绷直；上体前俯，略高于水平部位，挺胸，抬头。

①　②　③

图 14-20　平衡

第三节　太极拳

一、太极拳的特点及其锻炼价值

太极拳是我国古代用“阴阳”“太极”理论解释所命名并为民间广泛流传的一种优秀拳种。其动作意领身随、轻松柔和、圆活自然、绵绵不断、刚柔相济。太极拳具有舒筋活血、强身健体、固肾护脾、养神益气等作用，因此具有较高的强身和防治疾病的价值。太极拳源远流长，并在长期实践中逐步形成陈式、王式、宋式、杨式、吴式等各种流派，虽然特点各异，但其生理作用基本一致。太极拳简单易学，便于掌握，运动强度适宜，适合于各年龄和性别的人练习。

二、太极拳的基本姿势

第一，头颈部要求自然上顶，下颌微收，颈部放松。运动中要求头正，面部自然，口轻闭，舌尖轻抵上颚，用鼻呼吸。

第二，上肢要求肩肘松沉，腕活指舒，练习时，肩关节要放松下沉，并有意识地伸肩沉肘，同时运行走弧线，要用力自然，腕部松活，掌指舒展。

第三，下肢要求轻灵沉稳，虚实分明，即提脚落步要轻起轻放，运行如猫行，气沉丹田，稳定重心。前进时，脚跟先落地，后退时，前脚掌落地，两脚前后或横向距离要适当。

第四，躯干部要求中正安舒、旋转松活、不偏不倚、自然平稳、以腰为轴，带动四肢，上下相随，行如流水。同时，要求思想集中、意领身随、神态自然、全神贯注。

三、二十四式“简化太极拳”

二十四式“简化太极拳”是从内容简明、易学易练、先易后难的原则出发，删除拳中重复多余动作编制而成的。全套动作形态变化包括身体渐进、后撤、左右蹬脚、下势独立、出手、转身等 8 组 24 个动作组成。

（一）第一组

（1）起势，如图 14-21 所示。

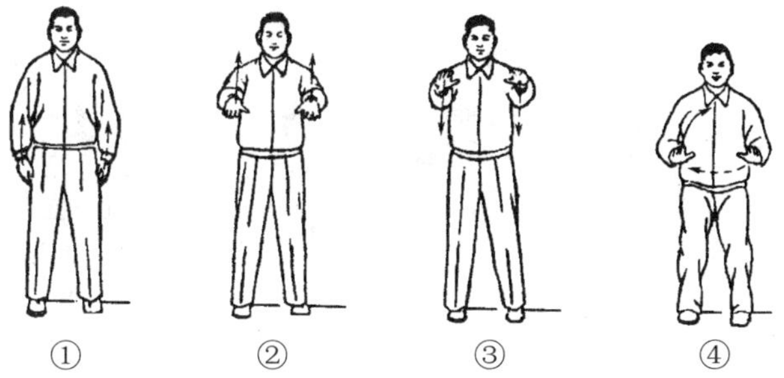

图 14-21　起势

（2）左右野马分鬃，如图 14-22 所示。

图 14-22　左右野马分鬃

（3）白鹤亮翅，如图 14-23 所示。

①　　②　　③

图 14-23　白鹤亮翅

（二）第二组

（4）左右搂膝拗步，如图 14-24 所示。

①　②　③　④　⑤　⑥　⑦　⑧　⑨　⑩　⑪　⑫　⑬　⑭　⑮

图 14-24　左右搂膝拗步

（5）手挥琵琶，如图 14-25 所示。

①　　②　　③

图 14-25　手挥琵琶

（6）左右倒卷肱，如图 14-26 所示。

①　②　③　④　⑤

图 14-26　左右倒卷肱

图 14-26　左右倒卷肱（续图）

（三）第三组

（7）左揽雀尾，如图 14-27 所示。

图 14-27　左揽雀尾

（8）右揽雀尾，如图 14-28 所示。

图 14-28　右揽雀尾

（四）第四组

（9）单鞭，如图 14-29 所示。

图 14-29 单鞭

（10）云手，如图 14-30 所示。

图 14-30 云手

（11）单鞭，如图 14-31 所示。

图 14-31 单鞭

（五）第五组

（12）高探马，如图 14-32 所示。

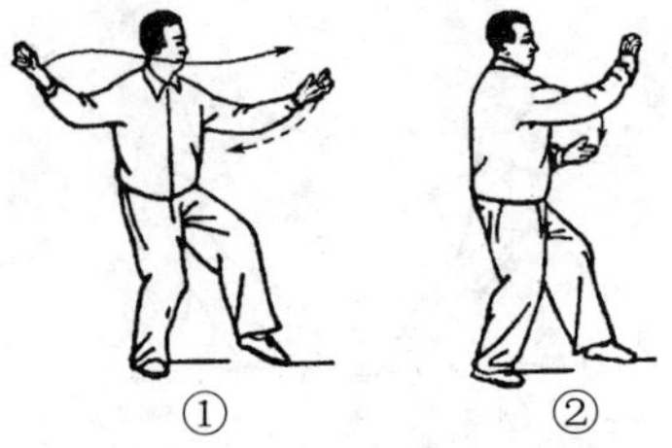

图 14-32 高探马

（13）右蹬脚，如图 14-33 所示。

图 14-33　右蹬脚

（14）双峰贯耳，如图 14-34 所示。

图 14-34　双峰贯耳

（15）转身左蹬脚，如图 14-35 所示。

图 14-35　转身左蹬脚

（六）第六组

（16）左下势独立，如图 14-36 所示。

图 14-36　左下势独立

（17）右下势独立，如图 14-37 所示。

（七）第七组

（18）左右穿梭，如图 14-38 所示。

图 14-37　右下势独立

图 14-38　左右穿梭

（19）海底针，如图 14-39 所示。

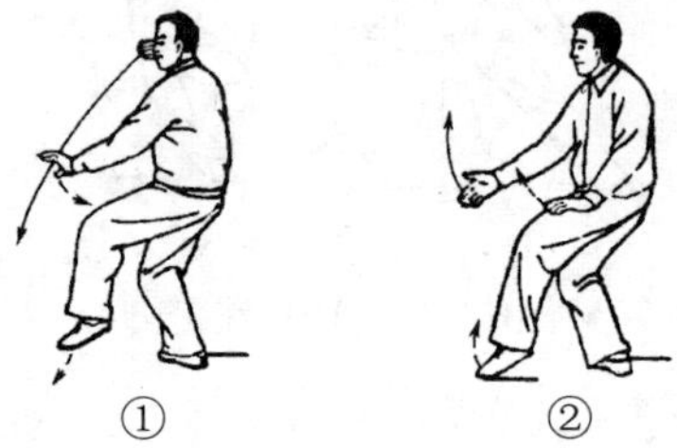

图 14-39　海底针

（20）闪通臂，如图 14-40 所示。

图 14-40　闪通臂

（八）第八组

（21）转身搬拦捶，如图 14-41 所示。

图 14-41　转身搬拦捶

（22）如封似闭，如图 14-42 所示。

图 14-72　如封似闭

（23）十字手，如图 14-43 所示。

图 14-43　十字手

（24）收势，如图 14-44 所示。

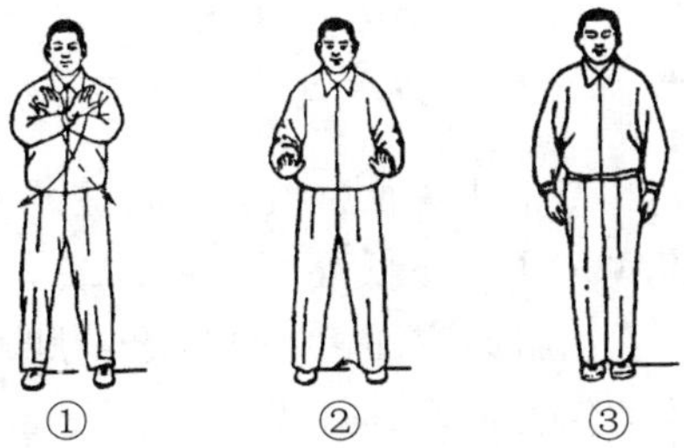

图 14-44　收势

第四节 武术锻炼注意事项

一、初学时注意由浅入深，循序渐进

初学基本功和基本动作要注意由易到难，循序渐进。如做“踢腿”这个动作，一般可先由低到高，速度由慢到快，用力也可由小到大，逐步提高要求。如果一开始就过于用力或踢腿过高、过快，那就容易使腿部肌肉韧带拉伤。所以要随着技术的掌握和体质的增强，逐渐地增加运动量和动作难度，不断地提高身体机能和技术水平。

在单个动作比较熟练的基础上，就可以过渡到组合练习了。在组合练习中要特别注意手、眼、身法和步法的紧密配合，还要注意动作与动作之间的衔接，为以后练习套路打下良好的基础。

二、要坚持经常，持之以恒

人体内有这样一条规律：各组织器官在剧烈活动中要消耗能量物质，在一定的范围内，运动时能量物质消耗得越多，运动后的补偿作用就越明显。由于不间断地经常锻炼，这种“消耗”和“补偿”也一直在进行，久而久之，体内能量物质储备就会增多，各组织器官营养得到改善，人体的各种机能也相应地提高了。如果训练中断，那么身体各器官的机能和运动技能都会出现消退的现象。

三、要树立不怕苦、不怕难的思想

初学基本功和基本动作时，在剧烈运动后，特别是进行压腿、耗腿或做步型、步法练习之后，往往会感到肌肉酸痛。一般来说，这是正常的生理现象，对健康并无损害。因为在剧烈运动中，产生的大量乳酸在肌肉里堆积，压腿、耗腿还会牵拉肌肉和韧带，刺激其神经末梢，这两个刺激通过专门的“电话线”报告大脑皮质，就产生了酸痛的感觉。

在练习时，首先要树立不怕苦、不怕难的思想，克服肌肉酸痛的过程，也就是练思想、练作风、练意志的过程。我们要努力克服锻炼中的困难。同时，还要掌握正确的方法。如在压腿、耗腿前，先跑跑步，做好充分的准备活动。做马步、弓步等步型的静力练习后，要做些肌肉放松活动。此外，在肌肉酸痛部位还可进行热敷或按摩，以加快血液循环，减轻和消除酸痛的感觉。坚持一段训练之后，人体各器官机能就会产生适应性，肌肉韧带就不会再出现酸痛的现象。当然也要防止一味蛮干。如做“劈叉”动作，如果柔韧性较差，则可手扶地慢慢往下震压。开始“劈”不下去也不要勉强，等练习次数多了，就会由“量变”过渡到“质变”，达到动作要求。

四、要掌握正确的运动方法

初学基本功和基本动作时要注意以下方面。首先，要注意养成正确的姿势。如“正踢腿”，开始达不到踢到前额处这个标准时，可以放低高度，踢过腰即可，但对“直腿、直腰、挺胸”等基本要求必须做到。不然，由于怕肌肉酸痛，一开始就弯腿，弓腰踢腿，不仅姿势难看，而且会影响锻炼效果，养成不良的动作习惯，妨碍技术水平的提高。其次，在练习时应注意用力要协调、顺畅，不要使拙力僵劲，因为拙力僵劲也会影响技术水平的提高。

第十五章　健美操

本节学习目标：

- 了解健身性健美操的身体各部位的基本动作
- 掌握大学生健身健美操规定动作
- 塑造健美形体及培养终身体育的能力

健美操是以有氧运动为基础，以身体练习为基本手段，融体操、舞蹈、音乐为一体所进行的一项体育项目。它内容丰富，形式多样，不受年龄、性别、气候、场地的限制，充分展现各种优美的人体造型，体现青春活力，是现代大学生十分喜爱的一项健身活动。

一、健美操的分类

健美操可分为健身性健美操和竞技性健美操两大类。

（一）健身性健美操

健身性健美操，也称为大众健美操，目的在于健身，宗旨是“健康第一”。其主要有以下特点：第一，音乐节奏鲜明、音乐速度较慢，一般选择在 24 拍/10 秒以下；第二，动作简单、易学，重复次数多，突出健身性；第三，对场地和器材要求少，随意性较大。

（二）竞技性健美操

竞技性健美操是根据竞技规则与技术规程的要求，创编出的具有较高艺术性、展示运动员高水平专项技术能力的成套动作，以比赛取得优异成绩为主要目的的竞技运动。它的音乐节奏在 24 拍/10 秒以上。目前国际体操联合会举办的健美操世界锦标赛所设的正式比赛的项目有女单、男单、混双、三人和集体六人五个项目。

二、健美操锻炼的意义

（一）增强体质

健美操锻炼是人体各大小肌肉群与各关节相互配合、协调活动的过程。经常参加健美操锻炼，不但可以使肌肉面积和肌肉力量增大，而且能促进骨骼发育，增大关节的运动幅度。健美操锻炼是在音乐节奏的控制下，结合上肢动作和跑跳动作，在一定的运动负荷和活动强度下进行的，一套健身健美操动作时间少则 3～15 分钟，多则 30 分钟～1 小时，所以经常性地进行健美操锻炼可有效提高人体的机能水平。

（二）塑造形体

形体美是现代社会人们追求美的一个重要方面，也是人们参加各种健身锻炼所追求的一个重要目标。健美操动作以“健、力、美”为特征，通过健美操动作的练习，可使肌肉线条清晰，产生塑造形体美的效应。进行健美操锻炼，有助于使大学生所做的动作更加优美，使学生身体匀称、健美。

（三）提高审美能力

健美操运动给人们带来身体的健康、肌肉的匀称、体态的高雅、动作的优美，以及各种表演、比赛带来的喜悦，欢快的情绪，美的体验，可以培养学生良好的体育审美爱好和情趣，提高音乐、舞蹈等艺术素养。

三、健美操的特点

（一）健身美体的实效性

健美操动作讲究健美大方，强调力度和弹性，趋向以不停顿地连续走、跑、跳，使学习者消耗过剩的脂肪，增强肌肉力量，提高协调性，表现健美的身体姿势。可以说健美操对塑造人健美的体形、培养健美体态、提高人的协调性和弹跳能力、培养人的审美意识作用较大。

（二）高度的艺术性

健美操是一项追求人体健与美的运动项目，属于艺术体育的范畴，具有高度的艺术性。

健美操的艺术性主要体现在其“健、力、美”的项目特征上。“健康、力量、美丽”是人类一直追求的身体状况的最高境地。而健美操运动中，不论是健身性健美操，还是竞技性健美操，都处处表现出“健、力、美”的特征，包含着高度的艺术性因素，使健美操不同于其他运动项目，这也正是人们热爱健美操运动的原因之一。

（三）强烈的节奏性

健美操的配乐更强调旋律的激昂振奋，节奏的鲜明强劲，使健美操体现出一种鲜明的动律感，充满着青春活力。正是由于健美操的这种特点吸引了当代大学生关注，所以深受青年学生的喜爱。

（四）广泛的适应性

健美操动作套路形式多样，节奏有快有慢，套路有长有短，动作有难有易，运动负荷和运动强度的大小可根据情况适当调节，适合于不同行业、不同年龄、不同性别、不同体质的人锻炼，各种人群都能从健美操练习中找到适合自己的方式，并得到乐趣。此外，健美操锻炼对场地、器材条件要求不高，练习起来简便安全，适合不同地区、不同条件的人群开展，因此，健美操具有广泛的适用性。

四、当今流行健美操的种类

（一）有氧健美操

1. 拉丁舞风格的健美操

最早的有氧健美操都是带有拉丁舞风格的有氧健美操，如爵士舞风格的有氧健美操，之后又出现了萨尔萨有氧健美操，这也是一种比较快的拉丁舞风格的有氧健美操，融入了许多如曼波舞、恰恰舞、探戈、桑巴舞的风格。它们的特点就是髋部动作很多，动作优美。

2. 方克、街舞风格的健美操

方克、街舞风格的有氧舞蹈与方克、街舞音乐有很大关系，这些音乐都比较欢快，使人都有一种跃跃欲试的感觉。方克、街舞是带有自由舞和黑人舞风格的有氧舞蹈，动作放松、自由多变。它能够提高锻炼者的协调性，达到健身的目的。跳方克、街舞后会使人感到精神非常愉快，所以这种有氧舞很受年轻人的欢迎。

3. 水中健美操

水中健美操是一个极为有效的健美操，可以在很短时间达到塑造完美体型的目的，这个训练是水里运动和游泳的结合，很适合少锻炼而且有肥胖趋势的人及有一定的锻炼又想保持目前健康水平的人。

4. 健身球运动

健身球是一种新兴、有趣、特殊的体育健身运动。健身球用途和优点多，它适合所有人。它的健身效果良好，比较安全，不易出现损伤。健身球可以提高人（包括病人、受伤人）的柔韧度、力量、平衡性及心肺功能。

（二）搏击健美操

搏击健美操是结合音乐、舞蹈、拳击、搏击等而形成的健美操。搏击健美操与拳击不同，前者的目标是健身；后者的目标是打赢比赛，更易受伤，不适合大众。搏击健美操不是一项竞技运动，大多数人都能参加。它可以提高人的自信心，提高肌肉的协调性和必要的技巧性与柔韧性。

（三）踏板健美操

踏板健美操以有氧健美操为基础，包括有氧健美操的所有动作特点及功能。由于踏板的加入，增加了一些特殊的锻炼效果，其基本运动形式类似于上下台阶。学习者可以利用高度不同的踏板，完成各种动作，其运动强度和难度也随着踏板高度的不同而增减。

五、健美操基本动作

（一）健美操基本步伐

健美操基本步伐是体现健美操练习者下肢动作基本姿态的主要练习手段，根据动作的特点及运动强度差异，健美操的基本步伐分为以下 12 大类。

1. 踏步类

踏步类动作运动强度较低，要求在运动过程中至少有一只脚与地面保持接触。常见的步伐有 3 种。

（1）踏步。

种类：有脚尖不离地的踏步、脚离地的踏步、高抬腿的大幅度踏步。

形式：有原位踏步、移动踏步及转体的踏步。

方向：有向前、后、左、右走的踏步。

技术要点：落地时，由脚尖过渡到脚跟着地；屈膝时，胯微收，两臂自然前后摆动。

（2）走步。

方向：有前走、后走、斜向走、弧形走。

技术要点：基本上同踏步。

（3）恰恰步。

形式：有平移的和转体的恰恰步。

方向：有向前、向后、向侧的恰恰步。

技术要点：在 2 拍节奏中，快速踏步 3 次。

2. 并步类

（1）点地。

种类：有脚尖点地、脚跟点地。

形式：有原位点地、移动点地及转体点地。

方向：有脚尖向前、侧、后、斜方向的点地，脚跟向前、侧、斜方向的点地。

技术要点：点地时，有弹性点地，腿自然伸直。

（2）移重心。

种类：有双腿、单腿的移重心。

形式：有原位的移重心、移动的移重心、转体的移重心、跳的移重心。

方向：有向前、后、左、右的移重心。

技术要点：身体重心从一端移向另一端时，必须经两腿之间。

（3）并步。

种类：有两腿同时屈的并步和一直一屈的并步。

形式：原位的并步、移动的并步、转体的并步。

方向：有向前、后、左、右的并步。

技术要点：一脚并于另一脚，重心要随之移动，两膝自然屈伸。

（4）交叉步。

形式：有平移的交叉步、转方向交叉步、小幅度跳的交叉步。

方向：有向前、后、侧的交叉步。

技术要点：一脚迈出，另一脚在前或在后交叉，重心随之移动。

3. 弓步类

种类：有静力性的弓步、动力性的弓步。

行式：有左右弓步移重心的弓步、移动的弓步、转体的弓步、跳的弓步。

方向：有上步弓步、后撤弓步、向侧伸弓步。

技术要点：一腿屈膝，脚尖与膝垂直，另一腿伸直，重心落与两腿之间。

4. 半蹲类

种类：有小分腿半蹲和打分腿半蹲。

形式：向侧一次、向侧两次、转体。

方向：向侧（左右）。

技术要点：半蹲时，立腰。

5. 吸腿类

形式：有原位的吸腿，跳、移动的吸腿及跳和转体的吸腿及跳。

方向：有向侧、向前的吸腿及跳。

技术要点：大腿用力上提，小腿自然下垂。

6. 弹踢类

形式：有原地的弹踢腿，跳、移动的弹踢腿及跳和转体的弹踢腿及跳。

方向：有向前的、向侧的、向后的弹踢腿及跳。

技术要点：大腿抬起至一定角度后，小腿自然弹直。

7. 开合跳

种类：双起双落的开合跳（两次开开合合、连续开合）、单起双落的开合跳。

形式：有原位的开合跳、移动的开合跳和转体的开合跳。

方向：向前的开合跳。

技术要点：分腿时两脚自然分开，膝关节沿脚尖方向弯曲，跳起与落地时，注意屈膝缓冲。

8. 踢腿类

种类：有移动的踢腿和一般的直踢腿。

方式：有原位的（弹）踢腿，跳、移动的（弹）踢腿及跳和转体的（弹）踢腿及跳。

方向：有向前的、向侧的、向斜的（弹）踢腿及跳。

技术要点：腿向上踢时，需加速用力，立腰，上体尽量保持不动。

9. 后踢腿跳

形式：有原位的后踢腿跳、移动的后踢腿跳、转体的后踢腿跳。

方向：向后的后踢腿跳。

技术要点：髋和膝在一条线上或后提，小腿尽量叠于大腿。

10. 点跳

形式：有原位的点跳、移位的点跳、转体的点跳。

方向：有向侧、向前、向后的点跳。

技术要点：点地时身体重心在一条腿上。

11. 摆腿跳

形式：有原位的摆腿跳、移动的摆腿跳和转体的摆腿跳。

方向：有向侧、向前、向后的摆腿跳。

技术要点：摆腿时上体顺势前倾、后倒或侧倾。

12. 并跳

形式：移动的并跳、转体的并跳。

技术要点：一腿迈出蹬地，另一腿并上，身体重心随之跟上。

（二）健美操基本技术与基本动作

健美操基本动作是根据人体结构活动特点而确定的。它包括头颈动作、上肢动作、肩部动作、胸部动作、腰部动作、髋部动作、躯干波浪动作、下肢动作、地上基本姿态。

身体各部位基本动作如下：

1. 头颈动作

形式：由头颈的屈（图 15-1）、转（图 15-2）、平移（图 15-3）、绕/绕环（图 15-4）等动作组成。

①　②　③

图 15-1　屈

①　②

图 15-2　转

图 15-3　平移

图 15-4　绕/绕环

方向：有向前、后、左、右和平移，向左、右的转和绕/绕环。

要求：做各种形式头颈动作时，节奏一定要慢，上体保持正直。

2. 肩部动作

形式：有单肩、双肩的提肩和沉肩（图 15-5）、收肩和展肩（图 15-6），单、双肩的绕/绕环（图 15-7）、振肩（图 15-8）。

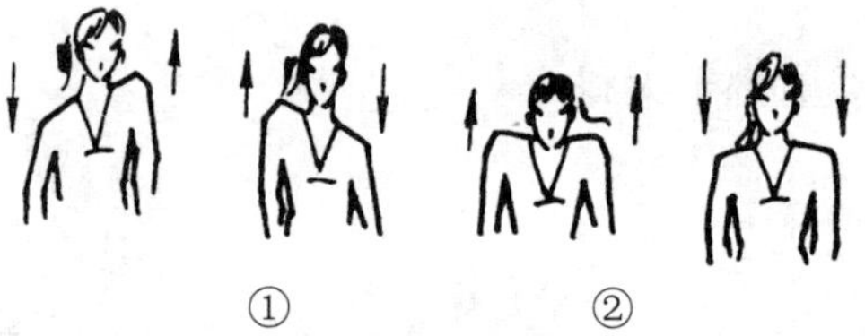

图 15-5　提肩和沉肩

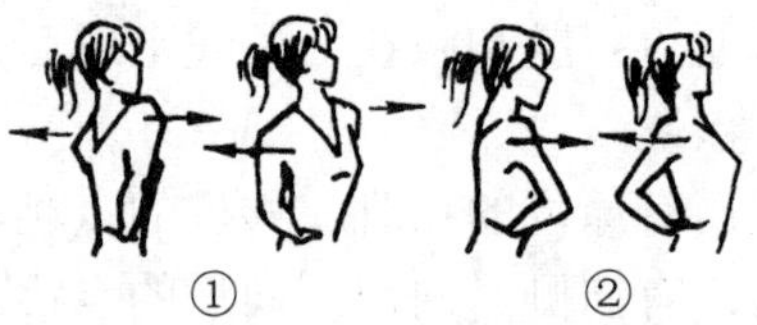

图 15-6　收肩和展肩

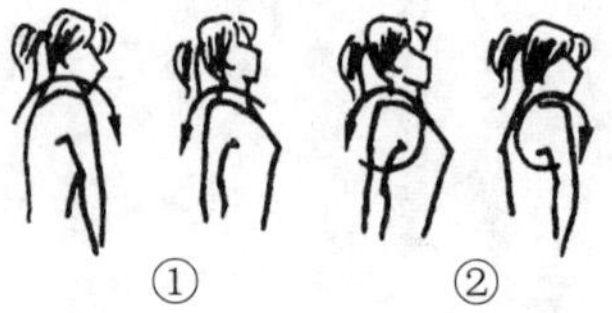

图 15-7　单、双肩的绕/绕环

图 15-8　振肩

方向：有向前、向后的绕/绕环。

要求：提肩、沉肩时两肩在同一额状面尽量上下运动；收肩、展肩幅度要大，肩部要平；振肩动作要有速度、力度和弹性。

3. 上肢动作

（1）手型。

健美操中手型有多种，它是从爵士舞、芭蕾舞、西班牙舞、迪斯科等舞蹈中吸收和发展而来的。手型的选用可以使手臂动作更加生动活泼。常见的手型如下：

五指并拢式（图 15-9①）、五指分开式（图 15-9②）、西班牙舞手式（图 15-9③）、芭蕾手式（图 15-9④）、拳式（图 15-10⑤）、屈指掌式（图 15-10⑥）、一指式（图 15-10⑦）、响指（图 15-10⑧）。

（2）臂动作。

形式如下：

臂的举：直臂、曲臂、单臂和双臂，如图 15-11。

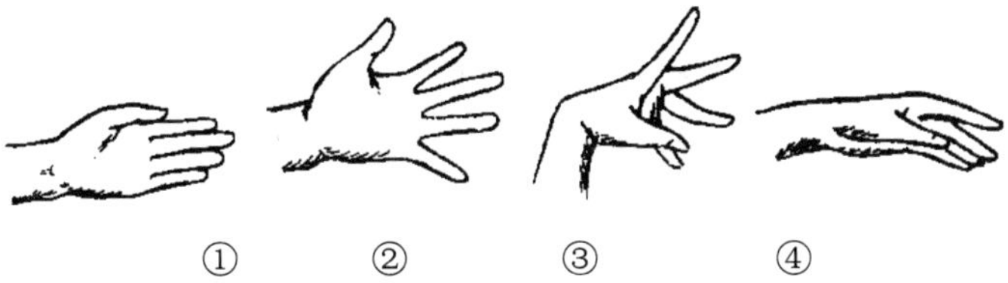

图 15-9　手型 1

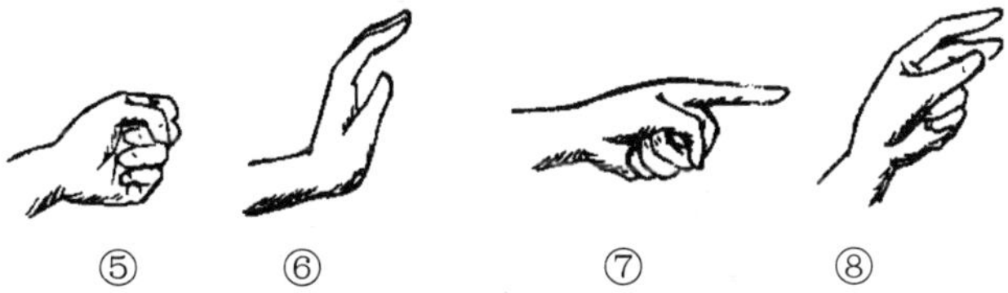

图 15-10　手型 2

图 15-11　举臂

臂的摆动：同时（图 15-11）、依次（图 15-12）、交叉（图 15-13）。

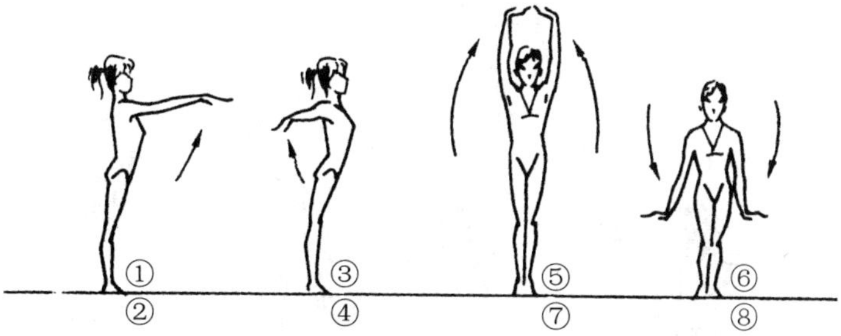

图 15-12　臂的摆动（依次）

图 15-13　臂的摆动（交叉）

臂的绕/绕环：同时、单臂和双臂，小绕（图 15-14）、中绕（图 15-15）、大绕（图 15-16）。

图 15-14　小绕

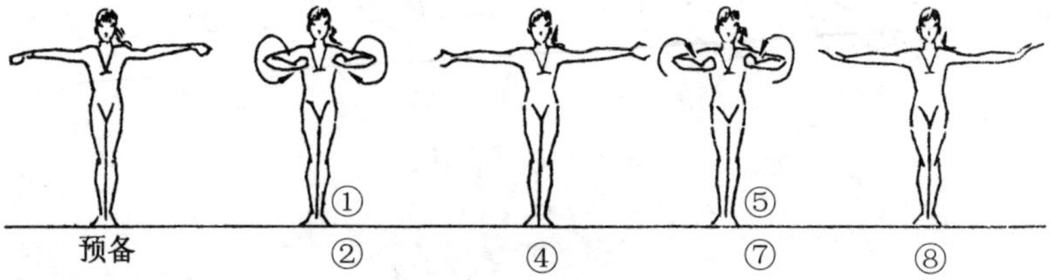

图 15-15　中绕

图 15-16　大绕

臂的振动如图 15-17。

图 15-17　臂的振动

方向：向前、后、左、右、上和下等。

要求：做臂的举、屈伸时，肩下沉；做臂的摆动、绕及绕环时，肩拉开用力。

（3）胸部动作。

形式：含胸（图 15-18①②⑤）、展胸（图 15-18③④⑥⑧）、振胸（图 15-19）。

图 15-18　含胸和展胸

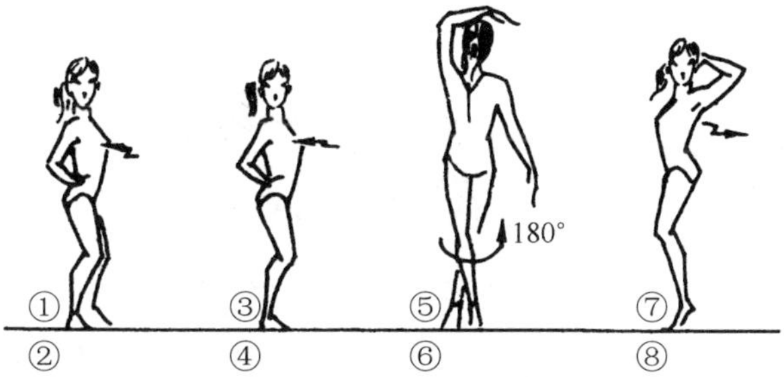

图 15-19　振胸

要求：练习时，收腹、立腰。

（4）腰部动作。

形式：腰的屈（图 15-20）、腰的转动（图 15-21）。

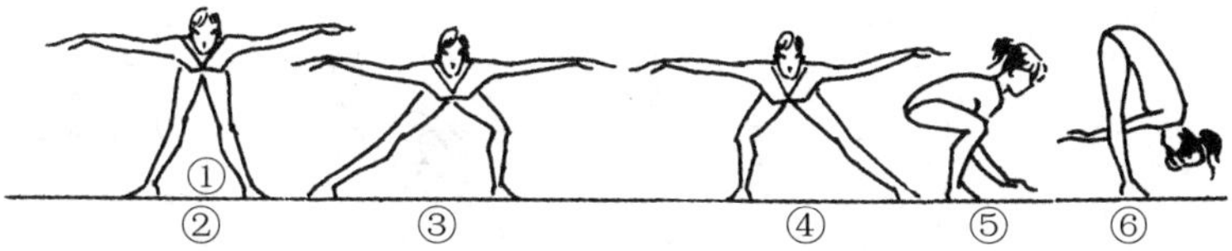

图 15-20　屈腰

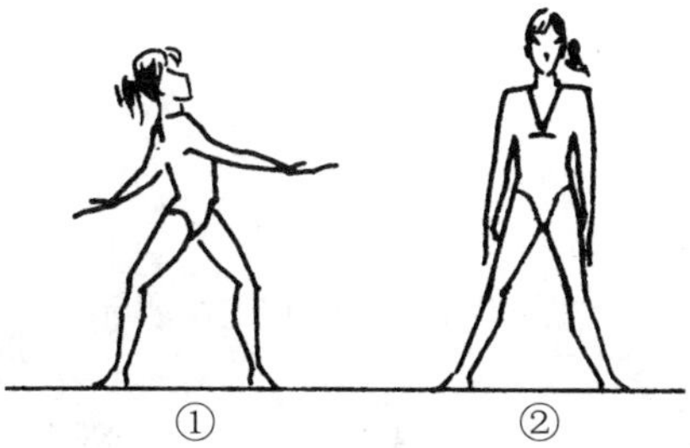

图 15-21　转腰

方向：向前、向后、向左、向右。

要求：腰前屈、转时，上体立直；腰绕/绕环时，速度放慢。

（5）髋部动作。

形式：有顶髋（图 15-22）、提髋、摆髋（图 15-23）、绕和绕髋（图 15-24），行进间正髋和反髋走。

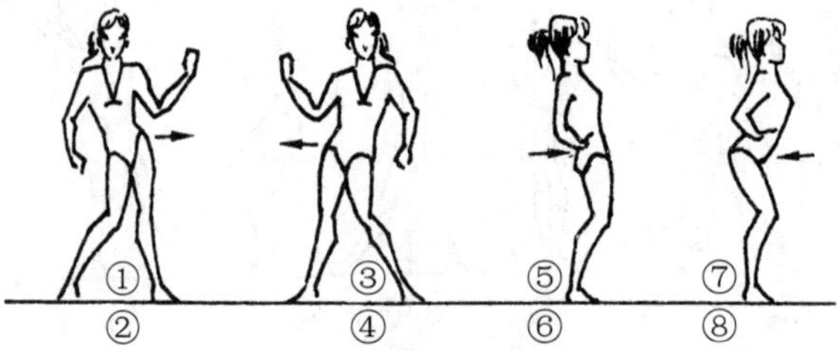

图 15-22　顶髋

图 15-23　摆髋

图 15-24　绕髋

方向：向前、后、左、右。

要求：髋部练习时，上体放松。

4. 躯干波浪动作

形式：波浪动作（图 15-25），像钻过一根绳子一样的动作。

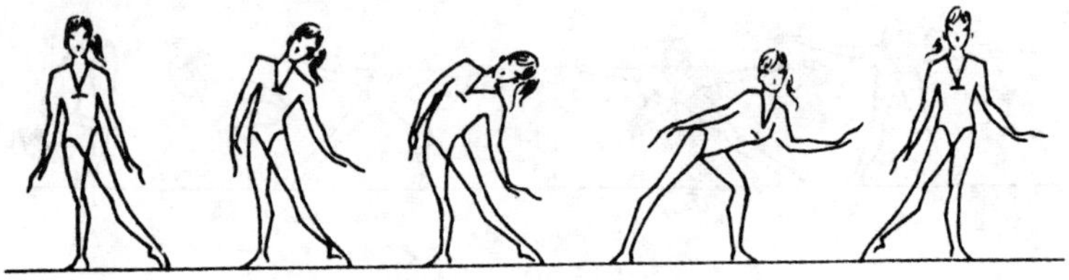

图 15-25　波浪动作

方向：向前、后、左、右。

要求：动作协调连贯。

5. 地上基本姿态

地上基本姿态的形式如下：

坐：直角坐、分腿坐、跪坐、盘腿坐，如图 15-26 所示。

图 15-26　坐

卧：仰卧、俯卧、侧卧，如图 15-27 所示。

图 15-27　卧

撑：仰撑、俯撑、跪撑等，如图 15-28 所示。

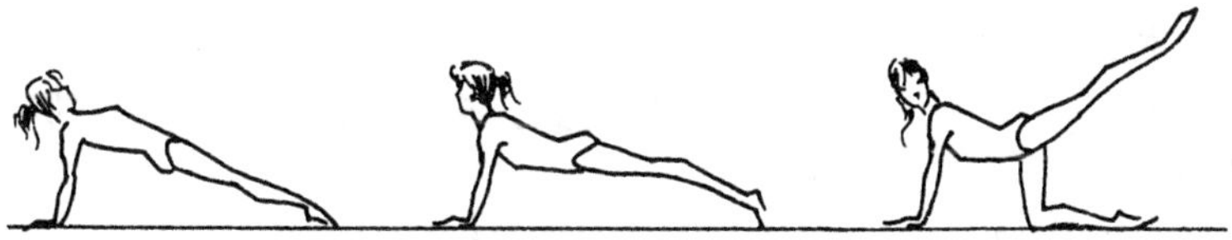

图 15-28　撑

要求：做各种坐姿时，收腹、立腰、挺胸；撑时，腰背紧张。

（三）锻炼健美操的注意事项

1. 要重视热身和放松

充分的热身会促进人的血液循环，使肌肉柔韧、放松。有人喜欢在健身前先做伸拉运动，好像是在热身，其实这是错误的。拉伸冷的肌肉很困难，而且很容易拉伤。伸拉的训练一定要放在热身操与跑跳操之后再做。

放松、恢复过程对体内循环是十分必要的，它能使机体由工作状态逐渐恢复到训练前的状态。应遵循的基本原则是不要突然停止训练，仍应保持运动状态，只是注意动作由快变慢、由大变小，千万不能站着不动或坐下与朋友谈话，更不能省略恢复阶段就结束训练。

2. 重视自己的鞋

在做健身操时，一定要穿高质量、舒适的运动鞋。它能使人的腿脚和关节在长时间的、高冲击的运动中得到有效的保护，预防运动创伤。

3. 监测自己的心率

建议在训练期间监测心率。特别是刚开始练时，通常是按腕关节外的动脉，测一下 15 秒钟的脉搏次数，然后乘以 4，此即为每分钟的心率。

4. 选择适当的音乐

为避免训练枯燥乏味，缓解训练中精神和心理上的压力，调节肌肉运动，需要选择适当的音乐。一般来说，迪斯科节奏就可以，但快慢要适中。动作尽量按音乐节奏去做，在做伸拉操和放松操时可选舒缓、流畅的轻音乐。

5. 掌握好训练次数

一周最好练 3～4 次，也就是隔天一练比较适宜。

6. 松弛、稳健的练习

在训练期间如有“竞争”“拼命”的想法，对促进健身是有害的。应始终保持沉着、松弛、稳健的精神状态。

7. 在训练前后要适当并及时补水

在训练过程中，会大量出汗，从而使气力、速度、耐力及心脏血液的输出有所减弱。所以训练前后 1～2 个小时，都要饮用一定的水，以补充体内水分。

（四）健美操比赛欣赏

1. 健美操比赛

竞技性健美操比赛共设 5 个项目，即男子单人、女子单人、混合双人、三人（男三、女三、混合三人）和混合六人（三男三女、四男二女、二男四女）。

成套动作必须在音乐伴奏下进行，音乐速度在 24 拍/10 秒以上，成套动作完成时间：单人、混合双人、三人项目均为 110～130 秒，六人项目为 150～180 秒。成套动作必须有三类特定动作和两项特定要求。特定动作为连续 4 次高踢腿，连续 4 次俯卧撑，连续 4 次仰卧起坐。特定要求为连续 30 秒跑跳，四个八拍操化动作（有健美操特色的对称动作）。不得出现违例动作，如空翻、托举等。六人项目成套动作中不得少于 5 次的队形变化，且不得重复。

2. 比赛欣赏

（1）欣赏形体美和着装美。优美的身体形态、得体的着装是取得好成绩的必备条件。因为健美操比赛是从运动员一上场就开始的，五官端正、身材匀称，具有健与美的运动员，配以得体的着装及恰到好处的脸部化妆，首先就会使观众得到视觉和审美心理上的极大满足。

（2）欣赏音乐美。音乐是健美操的灵魂，音乐赋予了健美操特有的活力。当听到鲜明强劲的动感音乐时，首先就会随着音乐的旋律按照自己的理解产生联想和想象，在大脑中形成富有一定情感的意向，忍不住想“舞蹈”起来，进而在精神和听觉上得到满足。

（3）欣赏动作美。健美操动作的力度、幅度、准确性、协调性、熟练性及稳定性是健美操项目评判和欣赏的重要方面。

1）特定动作的欣赏。特定动作有连续 4 次俯卧撑、仰卧起坐和高踢腿跳。在欣赏单人动作时，主要看这部分动作的规范性、准确性、协调性及姿态。而双人、三人、六人集体项目，不仅要看以上的内容，还要看整体的一致性、整齐性。

2）特定要求动作的欣赏。特定要求动作包括 4 个八拍的站立操化动作组合，连续 30 秒的跑跳动作。在欣赏这部分动作时，主要看动作的各种变化。

3）难度动作的欣赏。难度动作可分为支撑动作、条约类动作、转体类动作及俯卧撑类动作。在欣赏部分动作时，主要看运动员完成动作的质量，如腾空的高度、动作的开度、支撑动作的持续时间变化及稳定性等。集体完成动作时，还应看动作的整齐性和一致性。

4）力度的欣赏性。“力度”是健美操的重要特点之一，与成套动作质量密切相关。男单动作应豪放，力度感强，体现男子的阳刚之气。女单动作应优美，刚柔结合。

5）表现力的欣赏。运动员在进行健美操比赛时，应表现出朝气蓬勃的精神面貌和喜悦、自信的激情。将音乐、动作深层次的内涵淋漓尽致地表现出来，用眼神和脸部表情与裁判和观众交流，吸引观众，感染观众。

3. 动作创新及编排的欣赏

一套节奏感强，动作具有独创性，编排立意新颖、风格独特、连接巧妙、流畅连贯，具有体育和艺术美感染力的成套动作，必然会牢牢地吸引观众，征服观众，使他们得到视觉、听觉和心理上的满足。

（五）大众健美操二级规定及测试动作

大众健美操二级规定及测试动作，整套动作共计 55×8 个 8 拍，以学习和掌握健美操基本动作和基本步伐为主。其主要动作有踏步、弹跳、弓步、蹲、移重心、侧并步、先前弹踢、开合跳等，配合简单的上肢动作，保持中低强度的有氧训练，增加腹背力量练习、伸拉练习等低强度有氧训练。

成套动作以 8×8 拍动作为一组，前 4×8 拍动作以基本步伐为主，后 4×8 拍动作在前 4×8 拍动作的基础上，配合简单的上肢动作或前后移动，每组动作基本上以两种基本步伐为主。

同学们可根据自己的需要和情况，选择不同类型的健美操进行练习。要想动作做得漂亮、潇洒，必须由单个基本动作入手，动作都要正确、到位，逐渐过渡到组合动作，最后发展成整套动作。动作的节奏由慢到快，运用自如，观赏愉悦。

作业与思考：

1．你了解有氧健美操吗？

2．选择你喜爱的健美操进行锻炼，记下锻炼效果和感受。

第十六章　体操

本章学习目标：

- 认识体操锻炼对人体的价值
- 掌握技巧、单杠、双杠、跳跃等学习的动作，发展腾越能力、平衡能力、空间感知能力等
- 运用生物力学原理，掌握空间力学运用能力并提高身体素质

第一节　体操概述

一、体操的内容和分类

体操是根据人体解剖和生理特征，通过徒手或借助于器械进行身体练习，并具有相应艺术要求的一种运动。体操的内容十分丰富，按照练习的形式分为徒手、持器械和在器械上练习三种。按其具体内容又可分为基本体操，包括队列队形练习、徒手操、健美体操、轻器械体操、实用性体操和专门器械体操等；竞技体操，通常称为体操比赛，男子有 6 项（自由体操、鞍马、吊环、纵跳马、双杠、单杠），女子有 4 项（横跳马、高低杠、平衡木、自由体操）；艺术体操，其是女子特有的比赛项目，比赛器械有绳、圈、球、棒、带 5 种，分团体比赛（6 人）和单人比赛两种。团体操有徒手操、持器械体操，技巧动作、队列队形变化、舞蹈等配以音乐、服装、道具、背景、造型、组字和图案等艺术装饰，反映预定主题思想的群众性表演项目，一般在大型体育比赛的开幕式和重大活动中采用。

进行体操练习或比赛，不论是单个动作还是成套动作，都要求动作准确、协调、舒展、节奏感强、姿势优美。有的体操项目配有音乐伴奏，使体操所具有的健、力、美的艺术特色得以充分展现。体操动作难度、风格、质量和成套动作编排等的不断创新，推动了体操运动的发展。

二、体操的锻炼价值

体操包括回环、翻腾、旋转、倒立、支撑、跳跃等动作。它通过人体的屈、伸、摆、振、绕环、腾越及身体造型等活动形式，对植物性神经系统的机能有特殊的影响，特别是心肺系统机能的控制；对神经系统的调节提出了更高要求。从事体操练习，能促进骨骼和肌肉的健全发育，健美体态，改善中枢神经系统和内脏器官的功能，强化身体的应变能力，发展灵敏、力量和速度等素质，提高身体协调性、空间平衡能力及身体柔韧性等。同时，对培养机智果断和坚韧不拔的顽强毅力都有良好的作用。

第二节　技巧

技巧是体操运动中的一个独立项目，其与跳跃、平衡、力量、舞蹈等动作组合形成自由体操。技巧内容丰富，表现形式多样，既有竞赛性、表演性又有广泛的群众性特点，是青少年喜爱而又易于开展的运动项目。经常从事技巧动作练习对发展灵敏、柔韧、协调等素质，增强关节、韧带功能和提高平衡器官能力有显著的作用。同时，通过技巧动作练习，可培养勇敢、果断、互助等品质。

一、前滚翻分腿起

动作过程：由蹲撑开始，提臀，两脚蹬地（腿蹬直），同时屈臂，低头，团身。由后脑、肩至背部着垫时，迅速向两侧分腿，上体尽量前压，两手在两腿内侧垫（手指向前），上体迅速前屈，成分腿开立，如图 16-1 所示。

图 16-1　前滚翻分腿起

重点：分腿时腹部紧张，保持身体与垫的角度，双手用力后撑。

保护与帮助：保护者半跪立于学生起立时的侧后位置。当其分腿推手时帮助托送臀部。

易犯的错误及其原因：

（1）分腿太窄容易造成屈腿。

（2）推手方向不对，上体则向后倒。

二、鱼跃前滚翻

动作过程：半蹲姿势，两臂向斜后举，重心前移，两臂前摆；两脚用力蹬地向前上方跃起。腾空后，保持含胸、稍屈髋的弧形姿势；接着两手撑垫，顺势有控制地屈臂，低头，做团身前滚翻起立（或蹲撑），如图 16-2 所示。

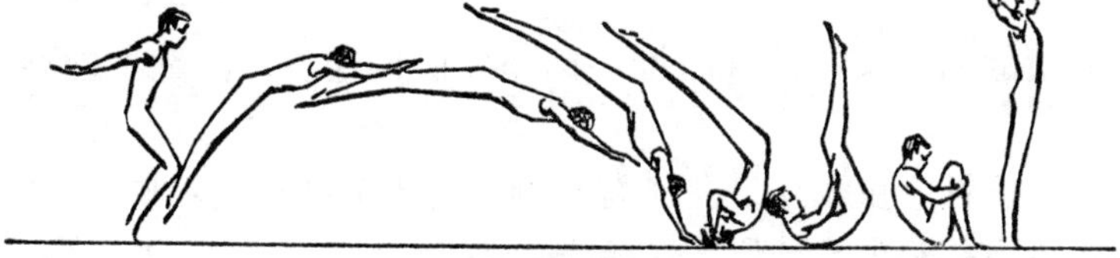

图 16-2　鱼跃前滚翻

重点：蹬地、摆臂的协调用力，两手着垫后的有效控制。

保护与帮助：保护者半跪立于学生的侧面。当其腾空时，一手托其腹部，一手托其腿部，顺势前送，以帮助其缓冲落地及向前翻滚。

易犯错误及其原因：屈肘缓冲与低头含胸不协调，做团身滚翻时收小腿不及时，造成腿打面部的情况。

三、头手倒立及其变化

动作过程：由蹲撑开始，以前额上部与两手成等边三角形撑垫，颈部紧张，然后两腿相并，蹬伸提臀；当臀部接近垂直部位时打开，并伸髋关节成倒立，如图 16-3 所示。

图 16-3 头手倒立

变化：头手倒立前也可采取单腿蹬伸提臀或分腿慢起提臀的方法。当完成头手倒立后做推手低头向前滚翻成蹲撑。

重点：提臀到位，打开髋关节不应过猛，向回“挤”髋，双手与前额用力保持平衡。

保护与帮助：保护者立于学生侧前方，两手扶其小腿帮助立稳。

易犯错误及其原因：头手位置不正确，提臀不到位，头颈不够紧张，造成倒立不稳。

四、肩肘倒立经单肩后滚翻至单腿跪撑

动作过程：以直腿坐开始，两臂于体侧撑垫，后倒成屈身折叠，而后两臂屈肘，两手撑于腰背部，展髋，两腿并拢上举，脚尖绷直，成肩肘倒立姿势。左腿伸向后上方（以经右肩滚翻为例），右腿向后伸直，脚背着垫，头向左偏，右臂侧伸，左手推垫经右肩滚翻；接着屈右膝并成跪撑，两手撑垫抬头挺胸，成右单腿跪撑平衡，如图 16-4 所示。

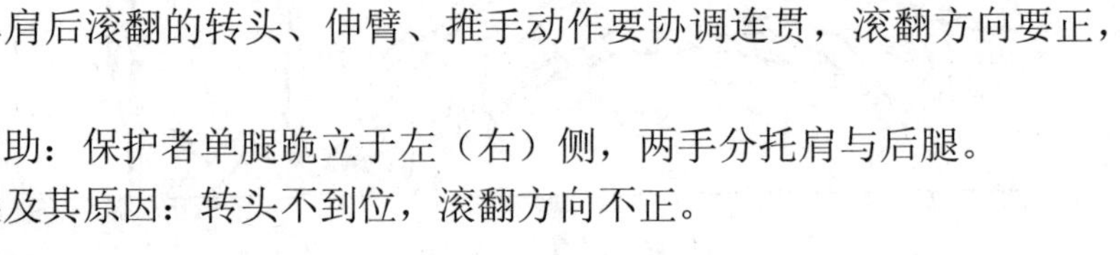

图 16-4 肩肘倒立经单肩后滚翻至单腿跪撑

重点：单肩后滚翻的转头、伸臂、推手动作要协调连贯，滚翻方向要正，后举腿应始终保持高举。

保护与帮助：保护者单腿跪立于左（右）侧，两手分托肩与后腿。

易犯错误及其原因：转头不到位，滚翻方向不正。

五、侧手翻

动作过程：身体侧立（以向左为例），左腿侧举，两臂侧平举，头左转；上体向左侧屈，

左脚落地脚尖向右，接着右腿向侧上方摆起，左手指稍向上左后方撑地，左脚用力蹬地；然后右手撑地成分腿倒立的姿势，紧接着左、右手依次推地，右、左脚依次着地，上体随势侧抬起成分腿站立（右脚靠拢左脚成直立），如图 16-5 所示。

图 16-5　侧手翻

重点：左腿蹬地后须分腿倒立，髋关节不可弯曲，腿的蹬摆与手的撑顶要协调。

保护与帮助：保护者立于学生的背后，两手交叉扶其腰部，随其动作身体侧移腰势提拔，帮助侧翻。

易犯错误及其原因：摆腿方向不正确，有屈髋或塌腰现象；分腿倒立时顶肩不够，造成侧翻不直，手脚触地点不在一条线上。

六、头手翻

动作过程：身体直立，两臂上举，上体迅速前屈，两手向前撑地，两腿稍蹬地；用两手和头的前上额撑垫（头、手成三角形），经短暂的屈体则成头、手倒立。当身体重心超过支撑垂直面时，两腿猛力向前上方伸髋，同时两手用力向后推垫，使身体腾起；空中抬头，挺胸，保持向后屈体，直至落地成站立姿势，如图 16-6 所示。

图 16-6　头手翻

重点：头手位置准确，伸髋推手要迅速、协调、有力。

保护与帮助：保护者以单膝跪地立于学生前侧，一手托其肩部，另一手托其腰部帮助其前翻。

易犯错误及其原因：屈体移臂不够，伸髋过早或过迟，臂力不足，推手无力，造成落地不稳或屈髋屈膝。

第三节　单杠

单杠是器械体操项目之一，主要由上法、下法、摆动、屈伸、绕环、转体、换握等动作以身体绕杠的形式完成。经常进行单杠练习，能发展上肢、肩带及腹背肌力量和身体的柔韧性、协调性，提高脑前庭分析器官的机能，培养勇敢顽强的毅力和品质。

一、引体向上

动作过程：跳起双手正握杠，与肩同宽，身体呈直臂悬垂后，用力屈臂上拉，引体至下颌过杠成屈臂悬垂，而后两臂慢慢放还原成直臂悬垂。引体时，不可借助蹬腿和急振的力量。

练习方法：在杠上做屈臂悬垂及有助力的引体向上练习。

二、单脚蹬地翻上成正撑

动作过程（以右脚蹬地为例）：右脚向前一步蹬地，左腿经前向后上方用力摆起，右脚蹬地后迅速摆起与左脚并拢；同时倒肩屈臂引体，使腹部贴杠翻转；当上体翻至杠水平面时，制动双腿，翻腕，抬头，挺胸，成正撑姿势，如图 16-7 所示。

图 16-7　单脚蹬地翻上成正撑

重点：积极蹬摆，及时并腿，腹部贴杠快。

练习方法：做练习蹬地摆腿和连续动作练习。

易犯错误及其原因：

（1）摆腿方向不对。

（2）倒肩时肘关节紧张度不够，关节屈度增大。

（3）动作临近结束时，双腿制动不及时，致使双腿摆过杠面而造成落杠。

三、骑撑后倒挂膝上（以挂右膝为例）

动作过程：右腿骑撑，直臂撑杠，身体重心后移，左腿稍后摆，右腿屈膝挂杠；上体后倒挂膝悬垂前摆，左腿由后伸直前摆至前上方制动。当身体回摆至臀部过杠下垂直部位时，左腿加速后摆；同时两臂和右腿用力快速压杠，急振上体，扣腕右腿前伸成骑撑，如图 16-8 所示。

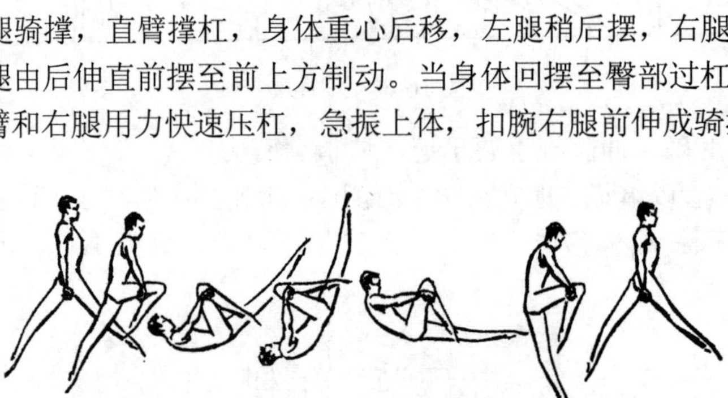

图 16-8　骑撑后倒挂膝上

重点：身体重心后移和左腿后举要充分，当身体回摆到杠下垂直部位时，摆动腿用力下压，并及时两臂用力压杠。

保护与帮助：保护者站在杠前左侧方。学生后倒时，一手托其肩部，另一手托其臀部前送。当学生做挂膝上时，一手托其背部，另一手压拨其大腿，帮助挂上成骑撑。

易犯错误及其原因：左腿弯曲后摆或后摆不充分，致使上杠动量不足而过早地运用膀臂力量。

四、骑撑后腿摆越转体 180°成正撑

动作过程（以右腿骑撑为例）：右手反握，距身体一拳左右；左手臂顶杠，重心移至右臂；左手松杠，上体积极向右后倒体，展髋；左腿后举，同时以右臂为轴向右转体 180°，身体左侧尽量伸展，转体时以上体带动左腿摆越过杠，然后左手正握杠成正撑，如图 16-9 所示。

图 16-9 骑撑后腿摆越转体 180°成正撑

重点：上体敢于侧后倒，紧靠支撑臂；转体时臂部不能掉杠，应在同一水平面上转动。

保护与帮助：保护者站在学生前面，以右手握其右脚，顺势帮助转体。

易犯错误及其原因：转体时失去重心而落杠。

五、起撑前回环

动作过程（以右腿在前为例）：骑撑，两手成反握，直臂顶肩撑杠前腿上举，重心前移，右腿迅速向前跨出，上体前倒，左大腿贴杠，当上体回环至杠后水平部位时，右腿向前下积极压杠，左腿后摆，两臂伸直压杠，挺胸抬头，翻腕制动腿成骑撑，如图 16-10 所示。

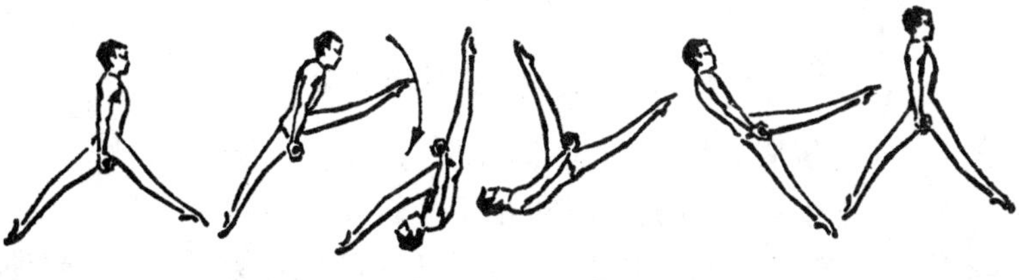

图 16-10 起撑前回环

重点：重心前移，前腿远跨，同时挺胸，跨摆协调及两腿制动。

保护与帮助：保护者立于杠后左侧，左手从杠下翻握学生手腕帮助回环。当回环上体过杠后，右手托背，左手扶腿。

易犯错误及其原因：心里害怕，重心在回环前没上提前移，右腿压杠不积极。

六、支撑后回环

动作过程：以正撑开始，两腿先前摆，肩稍前倾，接着后摆，直臂顶肩撑杠，身体稍前

倾，使身体后摆高于肩水平；接着身体下落腹部贴近杠时，迅速踢腿倒肩，两腿前摆，直体回环；当腿回环至杠前水平部位时，立即制动两腿，猛抬上体，抬头翻腕，挺胸成正撑，如图 16-11 所示。

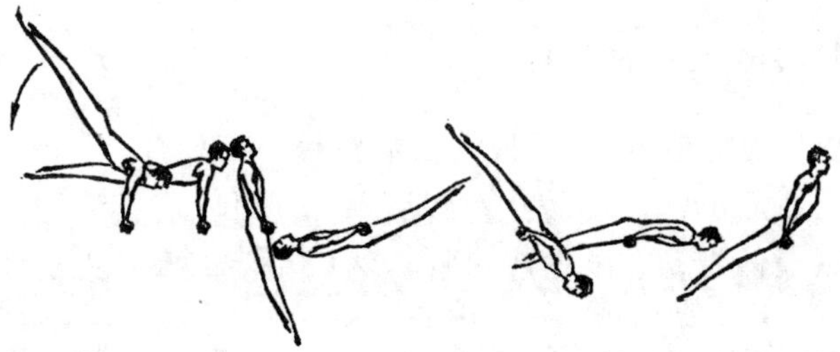

图 16-11　支撑后回环

重点：积极倒体，回环时腹部不能离杠，直体回环。

保护与帮助：保护者立于杠前侧方，一手由杠下翻握学生手腕部位，另一手当其后倒时托臀部帮助腹部贴杠。当回环过杠下垂直部位时，一手扶腿帮助制动，另一手托腹帮助抬上体。

易犯错误及其原因：支撑后摆不高，倒肩慢，腹部没贴杠，翻腕、抬头、挺胸不及时。

七、骑撑单腿摆越转体 90°下

动作过程（以右腿在前骑撑为例）：右手稍离右腿反握杠，左手推杠，上体向右侧倒，身体重心移在右臂上；同时右腿压杠，两腿向左侧摆起，以右臂为轴，用头和肩带动身体向右转体 90°；同时挺身展髋，两腿并拢挺身跳下，如图 16-12 所示。

图 16-12　骑撑单腿摆越转体 90°下

重点：主动推杠，向右倒肩，以头和上体带动下肢挺身转体。

保护与帮助：保护者立于杠前右侧方，防止学生转体时脱杠。

易犯错误及其原因：下杠无挺身动作，主要是因为左腿摆越力量不足，致使摆越高度不够。

第四节　双杠

双杠是器械体操中的一个项目，动作丰富多彩，它是以支撑为主，动力性动作和静力性动作相结合的运动。通过悬垂、摆动、摆越、屈伸、倒立、转体、空翻、回环和静止等动作，使人体不断改变形态。可单个动作进行，也可编成整套动作练习。通过双杠练习，能够发展上肢、躯干和肩带肌肉群的力量与柔韧性，提高身体的灵敏性和协调能力，培养勇敢、果断和勇于克服困难的精神。

一、分腿坐前进

动作过程：面对杠端站立。手从内握杠，杠端跳起支撑，两腿顺势向前举，当超过杠面后迅速分腿成直体分腿坐；上体前移，两手顺势于体前稍远处用力撑杠，同时两腿伸直压杠后并腿进杠，接着做支撑前摆成分腿坐杠，如图 16-13 所示。

图 16-13 分腿坐前进

重点：行进时要借两腿压杠的力量提高重心，同时挺身向前倒体，使两腿顺势后摆，便于并腿进杠。

保护与帮助：保护者立于学生侧前方，学生换握后，可一手握其上臂，一手托膝帮助并腿入杠，前摆托其臀部帮助成分腿坐。

易犯错误及其原因：无直腿、压杠动作，缺乏滑杠后摆动，行进中两手换握位置时身体过近，无挺身前倒动作。

二、分腿坐前滚翻成分腿坐

动作过程：由分腿坐开始，两手在体前大腿处撑杠，肘稍内夹，上体前倒，顺势低头提臀屈臂；当肩触杠时，两肘外张，以肩或上臂撑杠，并腿前滚翻。当臀部前移过垂直部位时，两手迅速向前换握杠；臀部接近杠面时，两腿分开压杠，两臂用力撑杠抬上体成分腿坐，如图 16-14 所示。

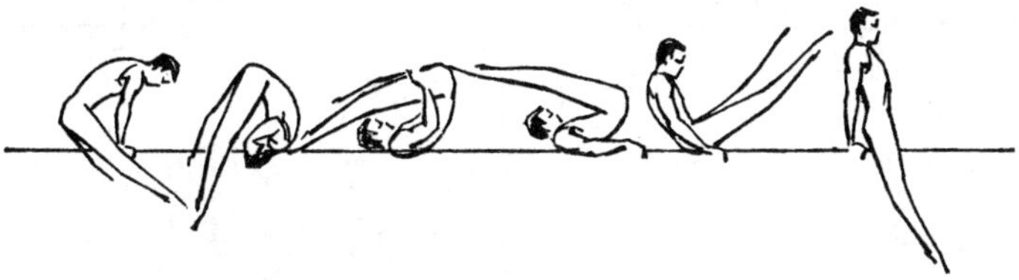

图 16-14 分腿坐前滚翻成分腿坐

重点：向前倒体时，两臂用力撑杠同时提臀，换手要及时。

保护与帮助：保护者立于学生侧方，一手托其腿，另一手由杠下托其肩，帮助提臀屈体。当臀部移至垂直部位时，两手迅速换至杠下托其背部。

易犯错误及其原因：两手握点离大腿过远，向前倒体时提臀不及时，向前换手慢，屈膝堕臀。

三、分腿坐慢起肩倒立

动作过程：由分腿坐开始，两手于腿前握杠，上体前倒位，屈臂提臀；屈体，两肩于两手前 20～30 厘米处顶杠，两肘向外展开。当臀部提至垂直部位时，伸展髋关节，两腿匀速由两侧上举并拢，抬头紧腰，身体充分伸直成肩倒立，如图 16-15 所示。

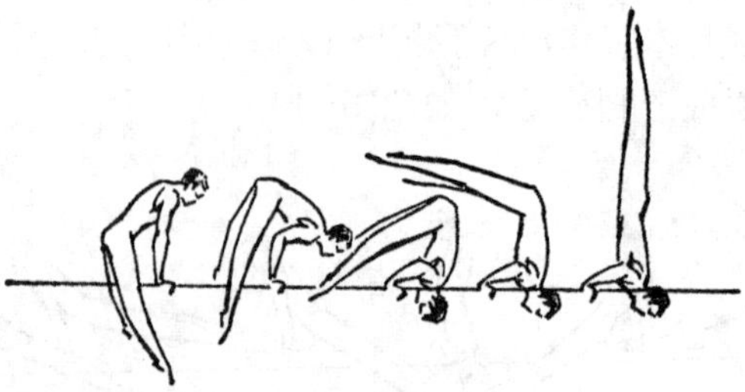

图 16-15　分腿坐慢起肩倒立

重点：倒体、撑杠与提臀密切配合，重心控制要稳。

保护与帮助：保护者立于学生体侧，一手从杠下托肩，另一手托腿，帮助其完成动作。

易犯错误及其原因：倒立不稳，主要是肩手距离太近，腰腹肌弱，立腰不够，肩打开得不够，支撑面小，重心控制不稳，髋关节打开过快，抬头不够。

四、挂臂屈伸上

动作过程：由挂臂摆动开始，当身体前摆接近杠面时，收腹屈髋成屈体挂臂撑；紧接着利用收直屈体的反弹力，两腿迅速向前上方伸出，送髋展体，立即制动双腿；同时两臂用力压杠，上体急振起成支撑，如图 16-16 所示。

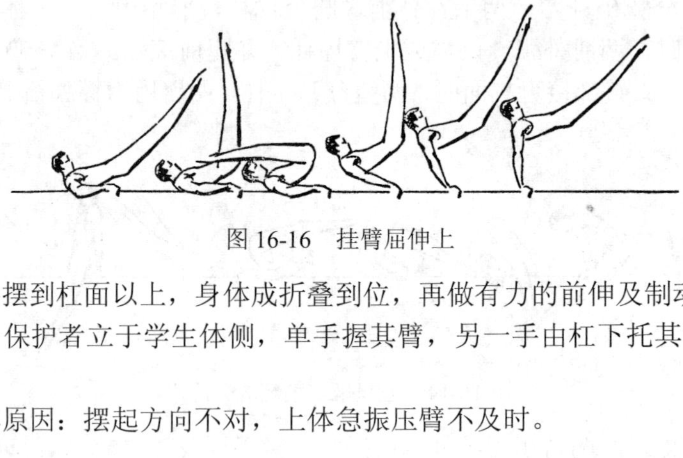

图 16-16　挂臂屈伸上

重点：臀部要摆到杠面以上，身体成折叠到位，再做有力的前伸及制动动作。

保护与帮助：保护者立于学生体侧，单手握其臂，另一手由杠下托其背部，帮助上杠成支撑。

易犯错误及其原因：摆起方向不对，上体急振压臂不及时。

五、支撑前摆下及变化

动作过程：由支撑后摆开始，身体前摆过杠下垂直部位后，迅速向前上方摆腿，同时身体向左移动。当身体摆出杠外最高点时，向前下展体挺髋，两手用力推杠，异侧手于下杠前侧换握杠，挺身落下，如图 16-17 所示。

变化：①支撑前摆，当身体高于肩的水平部位时，移向杠外，两脚并拢做前伸内旋，同时向内转髋 90°下；下杠时两手依次推杠，落地时可单手扶杠。②上述动作熟练后按同样的动作顺序做向内转体 180°下，以靠近杠的手扶杠落地。

图 16-17　支撑前摆下及变化

重点：向前上方摆腿时要同时移重心。做向内转体下法时，伸腿迅速，注重以脚尖带动转髋。

保护与帮助：保护者立于学生落地侧，左手握其左上臂，右手从杠上托送其背或臀部帮助前摆下。

易犯错误及其原因：推手无力，移重心不积极，转体迟，速度慢，落地不缓冲，摆动幅度不够，以致落地不到位。

第五节　支撑跳跃

支撑跳跃是现代竞技体操中男女所共有的项目。整个动作由助跑、上板、踏跳、第一腾空、推手、第二腾空和落地等部分构成。要求学生在腾空时做出不同形式的动作，其中有效的踏跳、推手和第二腾空时动作高、飘、远、美及稳定的落地是整个动作质量的关键环节。因此，对人的体能素质要求极高。它对增强人体各器官的功能，发展速度、爆发力、弹跳力、协调性、灵活性及空间平衡能力都有良好的作用，对增强下肢和肩带肌肉的力量有显著效果。同时，它对培养学生勇敢顽强的意志品质，掌握超越障碍的本领都起到积极的作用。

一、分腿腾越山羊（横箱）

动作过程：有节奏地快速助跑，积极上踏板，用前脚掌踏跳（单跳双落），身体向前上方腾起，两臂积极前伸，空中紧腰，髋关节伸展，两手向前下方顶肩推手，稍提臀，分腿；推离时，肩不超过支点，并立即制动腿，上体向后上方急振，抬上体，两臂斜上举，展髋挺身落地，如图 16-18 所示。

图 16-18　分腿腾越山羊

重点：踏跳有力，推手积极，并制动双腿。

保护与帮助：保护者立于落地点侧面。学生落地时，一手扶其上臂帮助提拉，另一手扶其腹部托送。

易犯错误及其原因：

（1）上踏板时屈膝过大，有踩板现象，造成第一腾空低。

（2）顶肩推手过迟，第二腾空无挺身屈体动作。

二、分腿腾越纵马（纵箱）

动作过程：同山羊分腿腾越，但助跑的速度、上板、踏跳和推手都较积极有力。第一腾空时两臂主动前伸，两手撑点于马或箱的前三分之一处，积极快推，空中紧腰，保持挺身姿势，如图 16-19 所示。

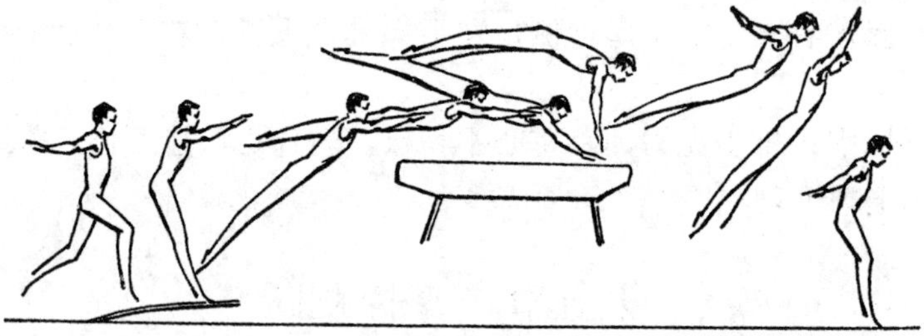

图 16-19 分腿腾越纵马

练习方法：可从低跳马（箱或山羊）短距离腾越，逐步过渡到高跳马（箱）及拉大腾越距离的练习，直到完整练习。

重点：纵马（箱）分腿腾越动作和练习中的保护与帮助，和分腿腾越山羊基本相同，可参照进行。

易犯错误及其原因：踏跳力量弱，两手触马不到位，尤其是心里害怕，往往成为正确完成腾越动作的障碍。

三、纵箱前滚翻

动作过程：助跑 3～5 步，双腿踏跳，两手撑箱近端的位置，提臀、收腹、含胸、低头，用头的后上部在手前接触箱面，依次以肩、背、臀着箱。当臀部翻过垂直部位后，立即展腹挺身落地，如图 16-20 所示。

图 16-20 纵箱前滚翻

重点：提臀、收腹与低头要协调连贯。

保护与帮助：保护者立于箱侧，一手扶其上臂，另一手托腿，帮助提臀。

易犯错误及其原因：

（1）心里胆怯，提臀不高，不能完成动作。

（2）滚翻时不是双肩着箱，方向性差，中途落箱。

第六节　体操的练习方法

一、保护与练习

（一）自我保护的几种方法

（1）根据实际情况，利用惯性顺势采取屈臂、团身、滚翻、下蹲等方法，减缓冲击地面的力量，避免头部直接触地。如在跳马落地后前冲过大，站立不稳，应顺势做团身前滚翻。

（2）根据客观情况，及时改变动作的性质和身体姿势，避免直接摔倒。如做技巧向前翻腾动作力量不足时，及时采取屈腿缩髋或分腿的姿势，以获得合理的保护性落地姿势。

（3）做动作出现手滑、护掌断裂、器械故障等意外情况时，应立即停止练习。

（4）采用紧握器械的方法。如做单杠、双杠等练习，由于力量不足或发生错误时，应立即含胸、收腹、扣腕、紧握器械，延缓身体下落的速度，争取足够的能做出自我保护动作的时间。

（二）体操运动练习的原则和要求

（1）体操对人体的力量、速度、柔韧、耐力等素质的要求较高，因此练习时应注重全面发展身体，提高整体的素质。

（2）练习时应遵循从实际出发、循序渐进、由易到难的原则，由在有人保护下练习到独立完成，由单个动作到成套动作，不断巩固提高。不能不切实际，急于求成。

（3）树立安全意识，练习前应充分进行准备活动，对场地器材、器械、服装、护具进行认真的检查。练习的负担量不能过重。练习后要进行放松整理活动。保护者要集中思想，认真负责，方法正确，助力适当，注意保护易伤部位。

（4）体操专项身体素质练习，要注意动力性动作与静力性动作练习结合进行，并以动力性为主。在进行力量、柔韧性和弹跳力练习时，应注意强调动作的速度训练。

二、提高身体素质的练习

（一）推撑力量练习

（1）俯卧撑。两臂伸直撑地，手指向前，肩部充分顶开，身体及头颈保持挺直姿势；屈臂时，两肘自然向后靠近体侧，胸部接近地面，然后快速发力推起至两臂伸直到原位，也可做快速推手击掌后再速还原位。

（2）双杠支撑摆动。低双杠上支撑，摆动幅度由小逐渐加大。可连续做，并逐渐增加每组的摆动次数。

（3）双杠两臂屈伸。由支撑姿势屈臂下落至屈臂撑，肘高于肩，接着快速用力推直两臂成支撑，连续做，次数及组数逐渐增加。

（4）有人扶持的俯撑爬行。学生俯撑，教练或扶持者握其脚踝，学生稍含胸顶肩，身体伸直，然后移重心向前爬行。

（5）靠手倒立及反靠手倒立，如图 16-21 所示。

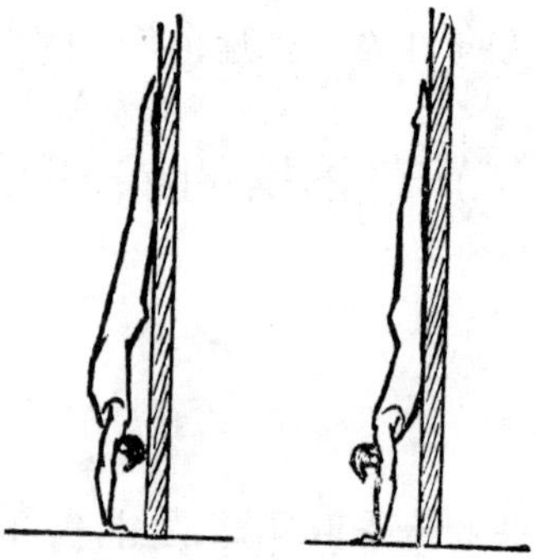

图 16-21 侧立

（6）卧举。平躺在卧推架或体操凳上，进行卧推杠铃练习，杠铃落下接近胸部，然后发力迅速推起至两臂伸直，反复做。

（二）悬垂拉引力量练习

（1）单杠引体向上练习。

（2）爬杆和爬绳。①手脚并用法爬杆、爬绳；②两手交替握杆绳法爬杆、爬绳。

（3）小杠铃和哑铃的练习。①分腿站立体前屈，上体与地面平行，两手略比肩宽，握小杠铃，上提至胸前，然后放下，反复做；②分腿站立，两手反握小杠铃或哑铃，两臂下垂，然后屈肘把杠铃提至胸前，反复做。

（三）腰腹力量练习

（1）仰卧起坐。仰卧在垫子上，两腿伸直或屈膝，两臂前举或抱于头后，上体迅速前屈到手扶脚背或头触及胫骨前部（屈膝时可用肘触及膝部），也可在斜板上固定双脚踝做上述练习。

（2）仰卧举腿。仰卧于垫上，当腿举至垂直部位时，另一人把腿向下推。

（3）仰卧两头起。仰卧于垫上，两臂后举，随之立即收腹举腿，同时抬起上体，手在臀部的垂直上方与脚背相触，然后积极还原，重复进行。

（4）俯卧在横马上，两手握肋木，两腿伸直向后上方摆起（腿部可加重物）。

（四）弹跳力量练习

（1）原地双脚连续跳。也可模拟跳马起跳动作，两臂由下向上摆，起跳后梗头，稍含胸。

（2）原地双脚连续纵跳。也可在腾空时做团身动作，使大腿靠近胸部，上体保持正直，接着迅速伸展落地，连续做。

（3）单脚连续跳及双脚或单脚轮流换脚的跳绳，应多进行双脚起跳、摇绳两次的双摇跳。

（4）立定跳远练习。

（5）原地双脚起跳上低跳箱，跳上时两腿伸直，然后立即跳下，连续跳。

（五）柔韧练习

1. 肩部柔韧练习

（1）压肩带，分腿站立，体前屈，两手扶同髋高的肋木，搭肋架或两人互相搭肩，挺胸低头或抬头，上体向下振压，也可由同伴加助力压肩，使肩带充分拉开。

（2）背对肋木站立，两臂上举，两手握肋木，抬头挺胸向前使肩拉开。

（3）单杠悬垂，收腹举腿，两腿从双臂间穿过，落下后成悬垂，利用身体的重量拉肩。

2. 腰部柔韧练习

（1）甩腰。学生一手握把杆，一臂上举，做体前屈和体后屈的甩腰动作。

（2）仰卧起桥。由仰卧于垫子开始，两手翻掌于肩后撑垫，推起胸腹，两臂、两腿伸直，拉开肩成桥。

（3）腿伸直并拢站立，前屈时上体与腿贴紧，两臂在两腿后抱拢，静止不动，保持一定时间。

3. 腿部柔韧练习

（1）正压腿。将一条腿正放在同髋高或更高的肋木上，上体前屈。

（2）侧压腿。背部要挺直，稍收腹，上体尽量侧屈，不能前倾或后仰。

（3）后压腿。支撑腿伸直或弯曲，后压腿时肩要正，挺胸挺腹后仰。

（4）踢腿。正踢腿，侧踢腿，后踢腿。

（5）控腿。向前拄蹲，向侧控腿，向后控腿。

（6）劈腿。前后劈腿及左右劈腿。

除上述各项素质练习外，速度素质（如跑的速度、完成动作的速度、翻转和转体动作的速度及承受大强度练习的耐久力等素质）也是不可缺少的。因此，也应注意加强这一方面的训练。

作业与思考：

1. 支撑平衡关键在哪里？
2. 头手翻运用了哪些力学原理？
3. 分腿腾越为什么要推手顶肩？
4. 学会技巧、单杠、双杠、支撑跳跃规定的动作。

第十七章　游戏

本章学习目标：

- 了解游戏活动意义
- 掌握组织游戏的方法，提高运动能力

一、游戏活动的简介

游戏起源于原始社会中生产力发展和教育的需要，有着悠久的历史。随着人类社会的不断进化，也在不断演变和进化。

游戏是随着时代的演进而翻新的。随着中外文化、教育的交流，国内外的许多民间游戏也得以相互传播。好的游戏，总会世代相传而不衰。进入20世纪80年代，随着我国体育事业的发展，游戏作为体育的重要手段之一，得到了广泛的传播。如今，不少公园、少年宫、俱乐部、儿童活动中心等文化娱乐场所又出现了各种电子游戏，如电动玩具、飞船、飞车、模拟器等，表明当代信息社会科学技术的新发展。所以说，在一定程度上，游戏也是社会进步和人类社会生活方式的反映。今后随着社会的不断发展，将会创造出更多、更好、更新颖的游戏。

二、游戏活动的健身效果

在游戏中我们能摆脱现实生活中的忧愁和烦恼，在带有一定情节性的身体活动中使身心得到发展。培养人们活泼愉快、开朗合群的个性和团结互助、勇敢顽强、机智果断等心理品质，使人们的身心得到健康发展。游戏具有竞赛的因素并有一定的情节，这就增加了它的趣味性和吸引力。

游戏可以根据身体条件和增进健康的需要来确定活动的强度、时间和内容，选择有利于健康的环境进行活动。因此，在增进身体健康、增强体质方面，游戏的作用是体力劳动所不能代替的。

三、游戏活动的组织与教法

（一）发展速度游戏

1. 奔过“独木桥”

游戏目的：发展奔跑能力，提高准确性，培养学生的勇敢精神。

游戏准备：画两条相距10米的平行线，一条为起跑线，另一条为终点线。在起跑线和终点线之间，分别画两条相距30厘米宽的平行线，象征“独木桥”。

游戏方法：将游戏者分成人数相等的两队，成纵队站在起跑线后。各队排头对准独木桥站立，如图17-1所示。

听到老师发令后，排头迅速奔跑过“独木桥”，跑过终点线返回，击第二人的手掌。第二人开始跑，按同样方法进行，以此类推。速度快而又未掉下“桥”的游戏者得1分，以累积分多的队为胜。

游戏规则：

（1）后面的人击掌后再跑，但击掌前不能踩线。

（2）过“独木桥”时，掉下桥者扣 1 分，踩线者即为掉下桥。

2. 闯三关

游戏目的：培养学生灵巧果断及目测能力。

游戏准备：三根 3～5 米的长绳。

游戏方法：游戏者每两人一组，成两路纵队站立，选出三对摇绳者，保持一定间隔，按同一节奏摇绳，如图 17-2 所示。

图 17-1 奔过“独木桥”

图 17-2 闯三关

老师发出“开始”的信号后，两人手拉手跑过三根摇动的长绳，顺利通过三关者为胜。碰绳者与摇绳人互换。

游戏规则：摇绳人不得任意变换摇绳的速度。

3. “长江—黄河”游戏

游戏目的：锻炼反应速度，提高奔跑能力。

游戏准备：画三条间距 10 米的平行线，中间一条为中线。

游戏方法：把游戏者分成人数相等的两队，面对面站在中线的两边，一队起名叫“长江”，另一队叫“黄河”，各队记住自己的队名，如图 17-3 所示。

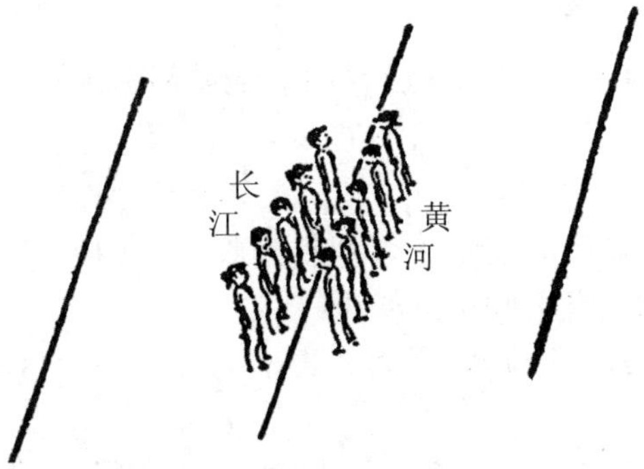

图 17-3 “长江—黄河”游戏

当老师发出“黄河”的口令时，“黄河”队马上转身往自己的场地跑，“长江”队立刻追击，如在限制线内追上者得 1 分。做若干遍后，游戏结束，以累积分多的队为胜。

游戏规则：追赶时不得追出限制线。

教学建议：做此游戏必须做好准备活动，要求注意力集中，游戏者之间要两臂间隔，两人面对，相距一步。或在场地中间画两条相隔一步的线，为两队的间隔。

4. 多拉快跑

游戏目的：提高学生的奔跑能力，培养热爱劳动和集体主义精神。

游戏准备：实心球 6 个。画两条相距 15～20 米的平行线，一条为起跑线，另一条为终点线，在终点线前各画一个圆圈。

游戏方法：把游戏者分成人数相等的两队，成纵队分别站在起跑线后，各排头手持三个实心球做好准备，如图 17-4 所示。

老师发令后，排头迅速跑到终点将球放进圆圈内，然后返回起跑线，击第二人的手掌，第二人再跑到终点把实心球抱回，交给第三人，按同样方法依次做下去，最后以速度快的队为胜。

游戏规则：

（1）持球跑时，如实心球掉到地上，应拾起继续跑。

（2）接球人不准越线。

5. 穿城门

游戏目的：提升速度，提高反应能力，培养学生齐心协力的集体主义精神。

游戏准备：画两条相距 10 米的平行线。

游戏方法：将游戏者分成人数相等的两队，成纵队站在起跑线后，各队选出两人分别到起跑线前 10 米处，两人内侧手相拉举，搭成一个城门，面对本队游戏者，如图 17-5 所示。

图 17-4　多拉快跑

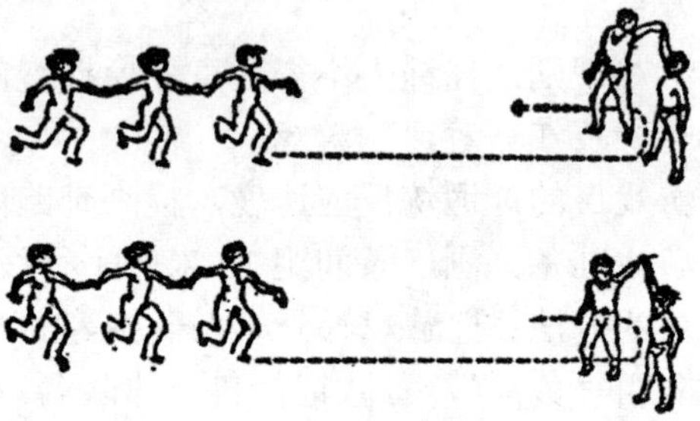

图 17-5　穿城门

老师发令后，各队迅速拉手前跑穿过城门，绕城门左侧再返回起跑线后，以最后一人过线为准，先跑完的队为胜。

游戏规则：

（1）游戏者必须成一路纵队前跑，否则判失败。

（2）游戏进行时，游戏者之间不准松手。

（3）城门不准随便移动，否则判本队失败。

6. 绕人追击

游戏目的：提高跑步速度，培养学生团结互助的精神。

游戏准备：选择一块平坦的场地。

游戏方法：游戏者手拉手围成一个圆圈，面向圆心站好。老师指定两个追击游戏者在圈外间隔 2～3 米站好，前面为逃者，后面为追者，如图 17-6 所示。

游戏规则：

（1）追者和逃者必须从站立者的臂下逐个绕过，违者判失败。

（2）站立者不得任意放下手臂缩小圆圈。

7. 夹球接力

游戏目的：提升速度，锻炼身体的协调能力。

游戏准备：排球两个，在一块平坦的场地上画两条相距 10 米的平行线。

游戏方法：把游戏者分成人数相等的两队，每队分甲、乙两组，对面成纵队站立在两条平行线后，每队甲组排头把排球夹在大腿内侧，如图 17-7 所示。

图 17-6　绕人追击

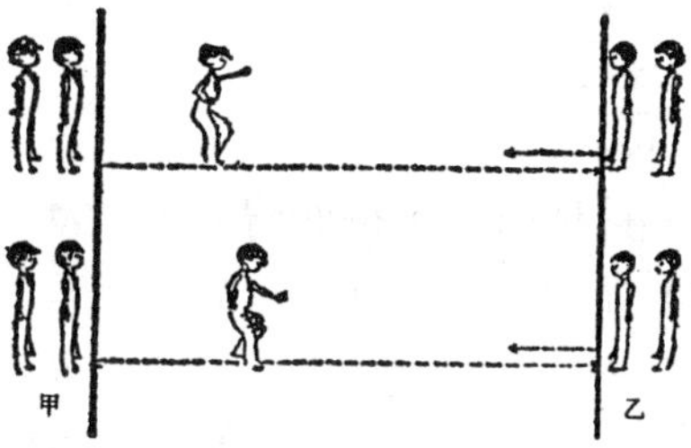

图 17-7　夹球接力

老师发令后，夹球者向前跑至终点，把球交给乙组排头，再站到乙组排尾。乙组排头按同样方法进行游戏，以此类推。最后以速度决定胜负。

游戏规则：

（1）夹球跑的途中，如果球掉下，应把球拾起来，在掉球的地方夹好球，才允许继续向前跑。

（2）球掉到地上不允许用脚踢，否则判失败。

（3）交接球时，接球人不得踩起跑线，否则判失败。

8. 拾、放球投篮接力

游戏目的：提高运球速度，提高上篮技术。

游戏准备：篮球场一个，篮球两个。

老师发令后，排头跑到中线，拾起球，快速运球投篮，投中后按原路线运球至中线，把球放回原处，再跑回端线击第二人的手掌，第二人按同样方法进行，如图 17-8 所示。全队做完，以速度快的队为胜。

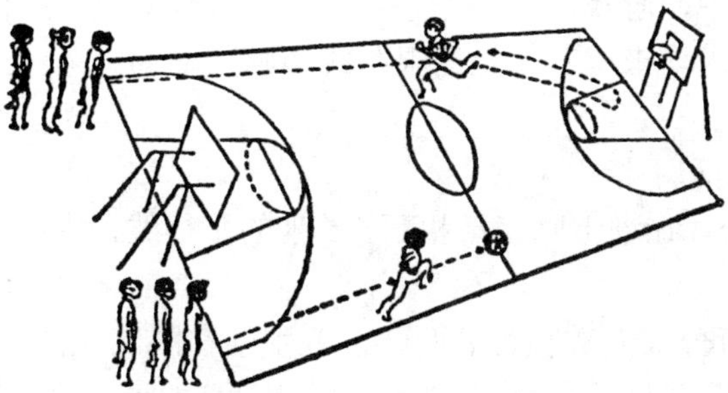

图 17-8　拾、放球投篮接力

游戏规则：

（1）前一个游戏者跑回端线后必须击第二人的手掌，第二人才能起跑。

（2）投篮时必须投中才能返回。

（二）发展力量的游戏

1. 夺球

游戏目的：发展手指和手臂力量。

游戏准备：篮球若干个。

游戏方法：游戏者两人一组，面对面站立，每组一球。准备姿势：一人左右持球，另一人上下持球两臂伸直，如图 17-9 所示。

听到老师口令后，两人同时用力，将球拉向己方，得球者，得 1 分。比赛进行若干次后，得分多者获胜。

游戏规则：

（1）持球时，不得妨碍对方做动作。

（2）夺球时，必须在听到口令后，方可用力。

2. 搂腰拔河

游戏目的：发展力量素质，培养集体主义精神。

游戏准备：接力棒一根。在平坦的场地上画三条相距 1 米的平行线，边上的两条为限制线，中间一条为中线。

游戏方法：将游戏者分成人数相等的两队，成纵队相对站在中线的后面。老师拿一接力棒置于垂直于中线的位置，两个排头用双手握住接力棒，后面的人用双手搂住前一个人的腰，如图 17-10 所示。

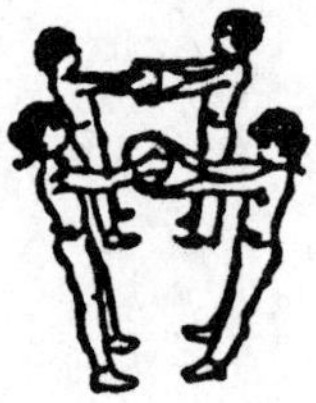

图 17-9 夺球

图 17-10 搂腰拔河

老师发令后，各队用力向后拉，在规定的时间内，哪队将对方拉过限制线，哪队为胜。

游戏规则：

（1）在拔河的过程中，游戏者不能松手，哪队脱节或摔倒，哪队即视为失败。

（2）如在规定时间内均未将对方拉过限制线，则判平局。

3. 顶球

游戏目的：发展头颈和手指力量。

游戏准备：足球 5 个。在场上画三条相距 1.5 米的平行线，中间一条为中线，边上两条为限制线。

游戏方法：把游戏者分成人数相等的两队，分别站在限制线外，每队出 5 名游戏者，面对面站在中线两侧，分别把足球顶于前额部位，并用两手扶住，如图 17-11 所示。

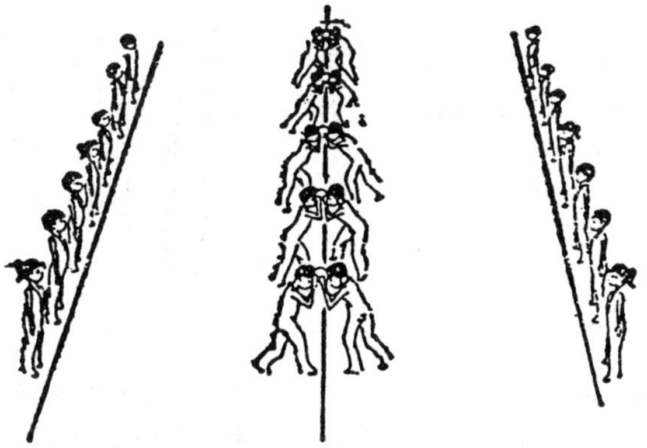

图 17-11 顶球

教师发令后，各自用力顶对方，在规定时间内把对方顶到限制线者，得 1 分。然后换另外 5 对进行游戏，以此类推。最后以得分多的队为胜。

游戏规则：

（1）如规定时间已到，双方不分胜负时，从双方停留的位置决定胜负，背离中线距离远者为胜。

（2）不允许踢人、推人和拉人。

教学建议：做此游戏前，颈部做好准备活动。

4. 摇船过河

游戏目的：发展腿部力量和腹肌力量。

游戏准备：小旗两面，在平坦的场地上画两条相距 8 米的平行线，一条为起点线，另一条为终点线，在终点线处各插一面小旗。

游戏方法：把游戏者分成人数相等的两队，每队两人一组，面对小旗，成纵队站在起点线后，各队第一组，两人面对，双手搭在对方的肩上，各坐在对方双脚的脚背上做好准备，如图 17-12 所示。

老师发令后，第一组从起点线开始，两人同时用力提拉对方，靠两腿屈伸使身体重心向前移动，如摇船动作，摇过终点线的小旗返回。第一组摇回起点线后，第二组马上进行，直到每队摇船过河结束，以速度快的队获胜。

游戏规则：

（1）游戏时，途中两人松手或臀部未坐在对方的脚背上，必须重新搭好继续摇船过河。

（2）第一组摇回起跑线后，第二组才能起动，否则判本队失败。

教学建议：此游戏可采用计时排列名次。男、女要分开进行。

5. 两人蹲跳

游戏目的：发展下肢力量，提高身体的协调能力。

游戏准备：小旗 4 面；在地上画两条相距 8～10 米的平行线，一条为起点线，另一条为终点线；在终点线上等距插四面小旗。

游戏方法：把游戏者分成人数相等的四队，成纵队站在起跑线后。各队每两人为一组。各队第一组游戏者背对背挽臂蹲在起跑线后，做好准备，如图 17-13 所示。

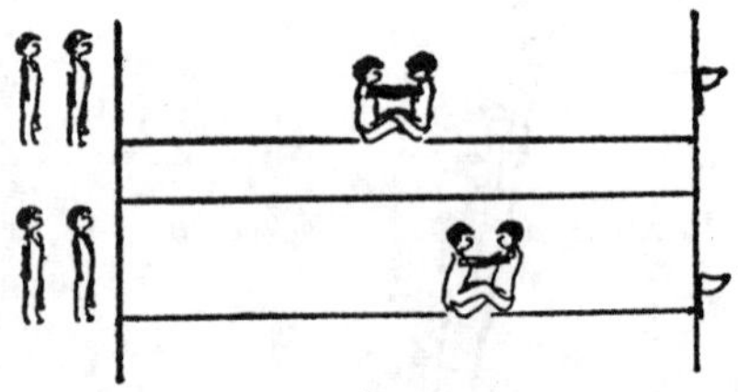

图 17-12　摇船过河

图 17-13　两人蹲跳

老师发令后，第一组游戏者迅速向终点蹲着蹦跳，跳过终点绕小旗返回。第一组必须跳过起跑线后，第二组游戏者方可起动，按同样方法进行游戏，以此类推。先做完的队为胜。

游戏规则：

（1）每组在蹲跳的过程中，挽臂不能分开，如分开必须原地挽好后再跳。

（2）第一组游戏者跳过起跑线后，第二组游戏者才能起动，否则判本队失败。

教学建议：分组时，男、女要分开做。

6. “火车”赛跑

游戏目的：发展游戏者的腿部力量和动作的协调性。

游戏准备：在平坦的场地上画两条相距 10～15 米平行线，一条为起点线，另一条为终点线。

游戏方法：将游戏者分成人数相等的两队，成纵队站在起点线后。第二个游戏者把左（右）脚伸给第一个游戏者，左（右）手握住第三个游戏者伸来的脚，右（左）手搭在前一个人的肩上。以此类推。排头不伸脚，排尾不握脚，似一列“火车”状，如图 17-14 所示。

教师发令后，各队按照一个节奏向前跳动，车头可以走步。车头先到终点线的队为胜。

游戏规则：游戏时，“火车”如脱节，必须在原地接好，才能前进。

教学建议：此游戏应根据学生身体训练情况来确定跳跃的距离。

7. 织布机

游戏目的：发展下肢力量，培养学生的快速协调能力。

游戏准备：以有课桌的教室为游戏场地。

游戏方法：游戏者两人一组，分成若干组。分别站在课桌之间，两人面对站立，手拉手，一人全蹲，另一人站立，如图 17-15 所示。

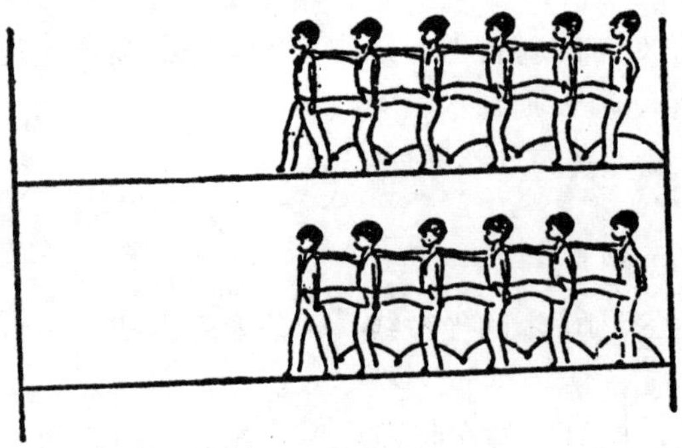

图 17-14　“火车”赛跑

图 17-15　织布机

老师发令后，蹲者迅速站立，站立者迅速下蹲，形成一蹲一起有节奏的起伏。在规定时间内，哪一组蹲起的次数多，哪一组为优胜。

游戏规则。

（1）游戏时，两人必须是一蹲一起，一蹲一起算一次。

（2）要求全蹲，下蹲后不得提脚后跟。

（3）不要碰、撞课桌。

8. 打龙尾

游戏目的：提高学生投球与接球技术，培养学生集体配合能力，以及机智、灵活与判断能力。

游戏准备：排球一个；在场地上画一个直径为 16 米的圆圈。

游戏方法：将游戏者分成人数相等的甲、乙两队，甲队站在圆圈内成一路纵队，双手接住前面游戏者的腰部，成一条“龙”。乙队的游戏者站在圈外，其中一队员手持排球，如图 17-16 所示。

老师发令后，操球者打圈内的龙尾下肢，球触到龙尾下肢算击中，被击中者退到圈外，然后再打新的龙尾。如球停在圈内，必须拿到圈外打龙尾。击中后逐个退下，在规定时间内甲、乙两队交换。游戏结束，以击中人数多的队为胜。

游戏规则：

（1）圈外的游戏者投掷时，只准打龙尾的下肢，打其他部位无效。

（2）如龙断，断处后面的一人退出圈外。

（3）有意打对方头部者，取消游戏资格。

（三）发展耐力的游戏

1. 推小车

游戏目的：发展上肢力量和耐力，提高身体的协调性，培养团结友爱的精神。

游戏准备：在场地上画 A、B 两条相距 10～15 米的直线。

游戏方法：把游戏者分成人数相等并为偶数的甲、乙两队，各队以“1、2”形式报数，两人一组分前后站在 A 线后。各队第一组数 1 者两手撑地，数 2 者将数 1 者两腿抬起扶住放于体侧，如图 17-17 所示。

图 17-16　打龙尾

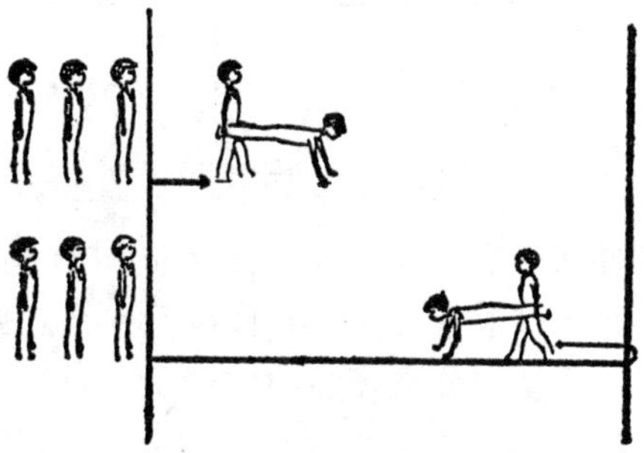

图 17-17　推小车

老师发令后，数 1 者双手交替支撑前进，数 2 者在后面将数 1 者推到 B 线，两人交换。数 1 者再以同样方法把数 2 者从 B 线推到 A 线。然后站到本队排尾，先到者得 1 分。各队第二组的游戏者听到老师口令后再照此方法进行游戏，以此类推。游戏停止，以各队积分多少决定胜负。

游戏规则：支撑前进的游戏者，两手必须超过各自规定的线后，才能与对方交换。

2. 千脚虫赛跑

游戏目的：提高速度耐力，提高身体的协调性，培养学生的集体主义精神。

游戏准备：在地上画两条相距 5～10 米的平行线，一条为起点线，另一条为终点线，在终点线上拉开距离插两面小旗。

游戏方法：将游戏者分成人数相等的两队，对准小旗成纵队分别站立在起跑线后。各队排头两手撑地，其他游戏者体前屈，用左手握住前一个人的左踝关节，右手撑地做好预备姿势，如图 17-18 所示。

老师发令后，各队迅速向前爬行，爬到终点绕过小旗返回起点。以各队排尾爬过起点线为标准，哪队先回到起点就算哪队胜利。

游戏规则：

（1）在爬行中左手不得放开。

（2）爬行中，同队后面的游戏者不得超越前面的游戏者。

3. 三人五足接力

游戏目的：发展下肢力量，培养学生同心协力的精神。

游戏准备：画两条相距 20～25 米的平行线，一条为起跑线，终点线上拉开一定距离插两面小旗。

游戏方法：将游戏者分成人数相等的两队，每队按三人一组，成三路纵队，面对小旗，站立在起跑线后。各队第一组游戏者左右两人内侧手相握，中间的人将左膝搭在两侧人相握的手上，两臂搭在两侧人的肩上，做好起跑准备，如图 17-19 所示。

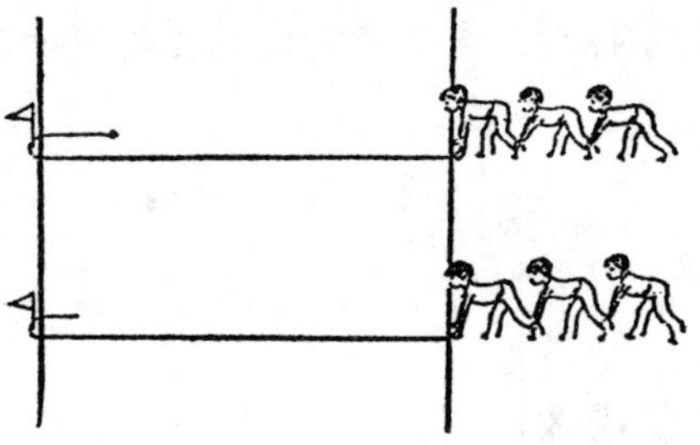

图 17-18　千脚虫赛跑

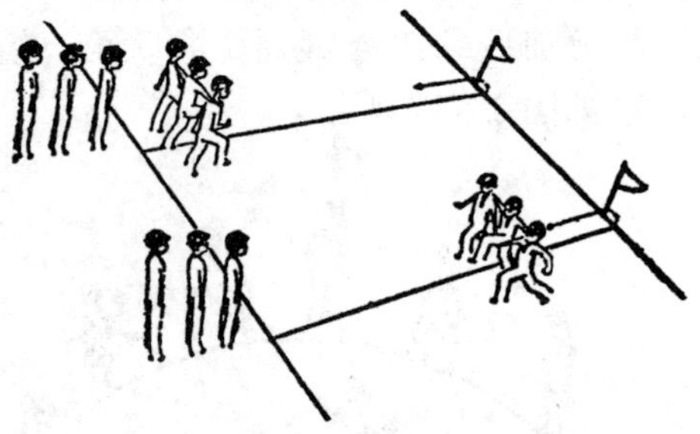

图 17-19　三人五足接力

老师发令后，第一组的三人同时行动，两侧的人跑，中间的人单足跳，至终点绕小旗返回，先到者得 1 分。第二组游戏者听到老师的口令后，按同样方法进行游戏，以此类推。游戏结束后以各队积分数多少决定胜负。

游戏规则：

（1）到达终点必须绕过小旗才能返回。

（2）两侧人互握的手不能松开，如松开必须握好再跑。

（3）中间的人必须单足跳。

教学建议：此游戏在进行时，男、女生应分开做。

4. 双杠追逐

游戏目的：提高动作的协调性和支撑摆越过障碍的能力，培养学生勇敢、果断的意志品质。

游戏准备：双杠一副，在双杠下铺上垫子。

游戏方法：把游戏者分成人数相等的两队，成横队分别站在双杠两侧，两队排头站在杠的两端做好准备，如图 17-20 所示。

听到老师发出“开始”的口令后，两排头马上跳上双杠做支撑摆腿向右侧跳下，再跑到另一端做同样动作，两人按逆时针方向绕杠互相追逐，三圈内追上对方者得 1 分，否则为平局。再换另外两个游戏者照此方法进行，以此类推。游戏结束后，以得分多的队为胜。

游戏规则：

（1）必须按逆时针方向追逐。

（2）追者拍到前者身体任何部位，都可得分。

5. 捕鱼忙

游戏目的：使动作迅速、反应灵敏，提高耐久力，培养学生互相合作的精神。

游戏准备：在一块平坦的场地上，画一定的范围做“河”。

游戏方法：在游戏者中间选出 2～4 人做“鱼网”（手拉手），其他游戏者做“鱼群”，如图 17-21 所示。

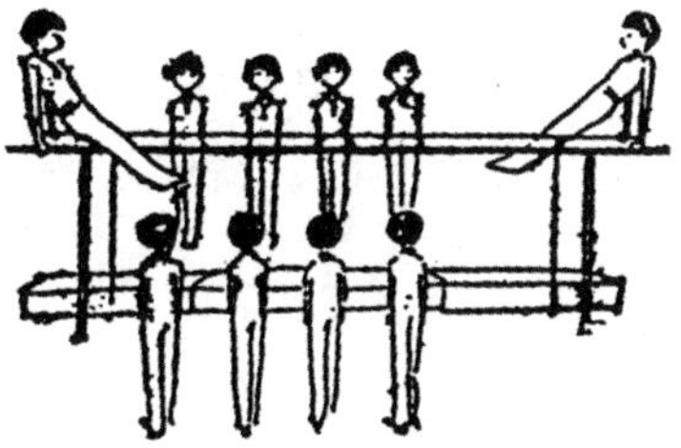

图 17-20 双杠追逐

图 17-21 捕鱼忙

老师发令后，鱼群和鱼网自由流动，鱼网把鱼围在中间算网住。被网住的鱼就加入网的行列再去网其他的鱼，直到将鱼捕完为止。

游戏规则：

（1）鱼群和鱼网只能在河中自由活动。

（2）鱼可以冲破网逃跑（从臂下穿过）。

教学建议：此游戏可以用定时的方法进行，在规定的时间内以捕鱼量来决定胜负。

6. 运球接力赛

游戏目的：增强手臂力量，提高手腕、手指的灵活性和身体的协调性。

游戏准备：篮球两个，篮球场一块。在球场的中线两边各画一个直径约为 1 米的圆。

游戏方法：将游戏者分成人数相等的两队，在篮球场同一端线后成纵队面对球场站好，各队第一人手持一个篮球，如图 17-22 所示。

老师发令后各排头运球至中线圆圈处，把球放在圈内，快速跑到限制区做三次俯卧撑，然后再跑回中线处拿起球，运球回队，把球递给第二人，自己则站在排尾。第二人接球后按同样方法进行游戏。以此类推。以速度快的队为胜。

游戏规则：

（1）在中线圆圈放球时，球必须放稳，如球滚出圆外还要重新放。

（2）必须做正确的俯卧撑，否则判犯规。

（3）接球时，不能踩线。

7. 传球射门

游戏目的：提高速度耐力，锻炼快速传球的能力，培养学生互相配合的意识。

游戏准备：篮球一个，篮球场一个，以球场两端的篮球架为球门。

游戏方法：把游戏者分成人数相等的两队，每队选一名守门员，如图 17-23 所示。

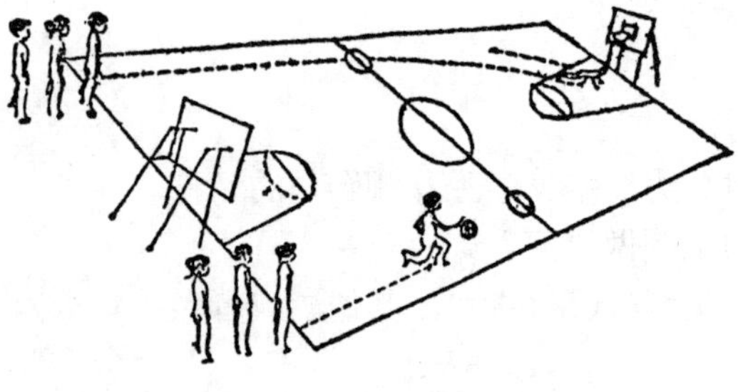

图 17-22 运动接力赛

图 17-23 传球射门

游戏开始，在中圈跳球，获得球的队以各种方式向前推进，并用传球方法射门。守门员设法阻挡对方射来的球，进球得 1 分。另一队在对方进攻时积极抢断，得球后马上组织反攻。在规定时间内得分多的队胜。

游戏规则：

（1）游戏中只能传球，不能运球和抱球跑。

（2）守门员可以在本方限制区内活动，其他队员不得进入此区。

（3）守门员可用身体的各部分挡球。

教学建议：做此游戏前，学生必须具备篮球运动的基本常识和基本技术。

8. 足球新玩

游戏目的：提高耐力素质，提高足球射门的准确性，培养集体主义精神。

游戏准备：足球一个，画一块长 30 米、宽 15 米的场地，以场地的任一端线作为起跑线，场地中央竖两根柱子，两柱之间绑一条绳子，作为球门。

游戏方法：将游戏者分成人数相等的甲、乙两队，甲队成纵队站在起跑线后，乙队分散在场内，如图 17-24 所示。

游戏开始，甲队第一人将球踢进场内后迅速跑向终点，脚踏线后返回。乙队队员则将场内的球直接踢入或经过传球后踢入球门。如果球在甲队踢球队员跑回之前射门两次（一次正面射门，另一次从反面射门），算得 1 分，如果球射不进门则甲队得 1 分。第二人照此方法游戏，等甲队队员逐个跑完后，再和乙队互相交换，游戏继续进行，最后以得分多的队为胜。

游戏规则：

（1）踢球者必须将球踢在场内才有效。

（2）踢球者必须跑到终点踩线后再返回。

（3）射门者必须从正面和反面两次进球，才得分。

教学建议：所竖的球门高度要因人而异，球门柱必须稳定，以避免伤害事故的发生。

（四）发展灵敏的游戏

1. 冲出包围圈

游戏目的：提高学生快速跑和应变的能力，培养克服困难的精神。

游戏准备：选择一块平坦的场地，游戏者手拉手在场地上围成一个大圆圈，从游戏者中选出 2 人站在圈内，如图 17-25 所示。

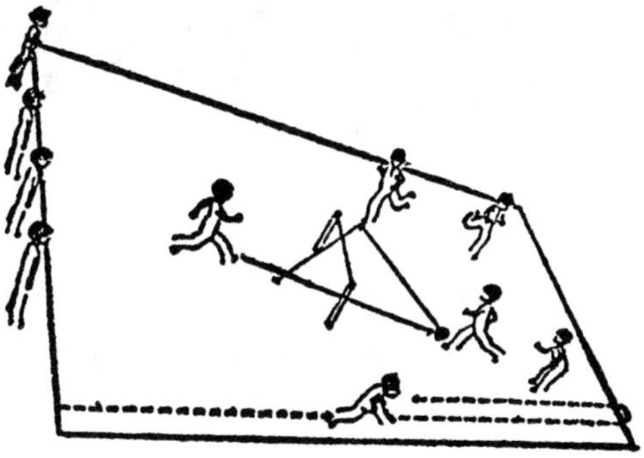

图 17-24　足球新玩

图 17-25　冲出包围

游戏方法：老师发令后，圈内的游戏者尽力寻找机会向圈外冲，围圈者则尽力不让其冲出（双方都可以任意移动）。在规定的时间内能冲到圈外者为胜。第二次再换 2 人进圈，游戏继续进行。

游戏规则：

（1）圈内游戏者向外冲时可以从围者两臂下穿过，但不得推人、拉人。

（2）在游戏进行中，所有游戏者不得用下肢踢挡对方。

2. 丛林追捕

游戏目的：提高反应、判断能力，培养学生协同一致的精神。

游戏准备：平坦的场地一块。

游戏方法：将游戏者按相等的人数分成若干横排站立，两人之间前后排之间距离为两臂，每排游戏者两臂侧平举成为丛林横道。另选两名游戏者拉开 1 米的距离站于丛林横道之间，其中一人为追捕者，另一人为被追捕者，如图 17-26 所示。

老师发出向左（右）转的口令后，全体游戏者同时转体 90°，随之改变横道的方向。追捕者或被追捕者应立即从改变了的丛林横道中奔跑追捕。老师指挥学生随时变换队形，使跑者不断变换跑的方向，在一定时间内停止游戏。

游戏规则：不论是追捕者还是被追捕者，均不得从手臂下钻过。

教学建议：此游戏在准备活动时进行。

3. 扶棒

游戏目的：提高动作的灵敏性，发展反应速度。

游戏准备：体操棒一根，在场地上画一个圆。

游戏方法；全体游戏者站在圆圈上面对圆心，从排头依次报数，每人记住自己的号数，选出一人站在圆心扶住体操棒，如图 17-27 所示。

图 17-26　丛林追捕

图 17-27　扶棒

游戏开始，扶棒人呼出一个游戏者的号数后，马上松开扶棒的手，被呼号的人应立即跑去扶棒，与原来扶棒的人交换位置，再按同样方法继续进行。每次轮换中没扶住棒的游戏者为失败。

游戏规则：

（1）扶棒人离棒时应把手轻轻放开，不得故意推、拉棒。

（2）所呼的号数必须是本队有的号数。

教学建议：

（1）此游戏可分若干组做。

（2）可用体操术语或球名代替数字，丰富游戏内容。

4. 独臂战

游戏目的：锻炼学生的灵敏性，提高单腿支撑的能力。

游戏准备：选择一块平坦的场地。

游戏方法：将全体游戏者分成实力相当的若干组，每组两人，面对面右腿站立，左腿后屈抬起，左手握住左踝关节，双方的右手相互握紧做好准备，如图 17-28 所示。

老师发令后，双方互握的手同时用力，用推、拉等方法迫使对方身体失去平衡。左脚落地者扣 1 分，游戏再继续进行，游戏结束时以扣分少者为胜。

游戏规则：

（1）只能用手推、拉，不得用身体的其他部位去撞击对方，否则判失败，扣 1 分。

（2）不得任意松开互握的手，有意松手者扣 1 分。

5. 夜间搜索

游戏目的：提高学生的反应能力，培养学生的准确判断力。

游戏准备：手帕若干块，在地上画若干个直径为 3 米的圆圈。

游戏方法：游戏者 4 人一组，其中 2 人用手帕将眼睛蒙上站在圈内，另两人站在圈外，如图 17-29 所示。

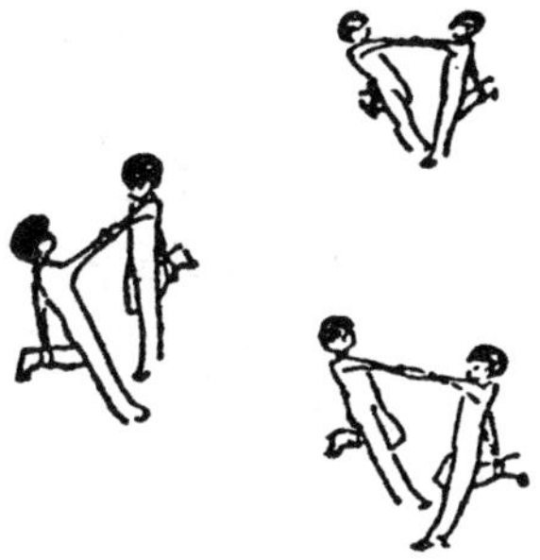

图 17-28　独臂战

图 17-29　夜间搜索

老师发令后，圆内游戏者用手去搜索对方，在规定的时间内，抓住对方者得 1 分。然后圈内外人交换，按同样方法进行游戏，照此循环进行。游戏结束，积分多者为胜。

游戏规则：

（1）圈内游戏者在互相追逐时，不得出圈，如出圈经提示后须立即返回圈内。

（2）游戏者可以用手抓住对方身体任何部位，但不能用脚踢。

（3）不准任何人提供搜索方向，否则判失败。

教学建议：为了提高学生兴趣，可以随时增加圈内追逐的人数。

6. 钓鱼

游戏目的：提高学生快速奔跑的能力和身体的灵巧性。

游戏准备：小皮球两个，分别装在网兜内，各系上一条 2.5 米长的松紧带，画一个直径为 6 米的圆圈。

游戏方法：选出两名游戏者持球站在圆外当作钓鱼者，其他游戏者分散在圆内当作鱼，如图 17-30 所示。

图 17-30　钓鱼

老师发令后，鱼在圆内自由活动，圆外的钓鱼者将系有松紧带的球触及圆内的鱼，凡被触到的鱼都要自觉退到圈外，然后钓鱼者继续用球去触及其他的鱼。在规定的时间内另换两人为钓鱼者，游戏继续进行。

游戏规则：

（1）钓鱼者必须拉住松紧带，如果松紧带脱手，球触及到鱼则无效。

（2）圆内的鱼不允许跑到圆外，否则判失败。

7. 快接高抛球

游戏目的：提高学生动作的灵敏性，培养果断精神。

游戏准备：排球若干个。在场地上画若干个直径为 2 米的大圆圈，在每个大圆中画一个直径为 1 米的小圆圈。

游戏方法：将游戏者分成 7 人一组，各组游戏者在大圆圈外站好，然后按 1～7 报数，每人所报的号数作为自己的代号。各组选出一名游戏者持球站在小圆圈内，如图 17-31 所示。

图 17-31 快接高抛球

游戏开始，持球者用力向上抛球，同时高喊一个号数，如叫“3 号”，3 号游戏者听见喊声迅速跑向圈内接球。抛球者则向圈外的 3 号位跑去。如 3 号游戏者未接住球则扣 1 分，并在小圈内重新抛球。如 3 号游戏者在球落地前将球接住，应立即用球去触及抛球者，触中则抛球者扣 1 分，3 号游戏者得 1 分，并在小圆中抛球喊号。游戏继续进行。

游戏规则：

（1）抛球者必须站在圆心垂直向上抛球，对于抛球的高度应高于头 1 米以上。

（2）抛球、喊号必须同时进行。

（3）被喊号者只接住了球，而未触到抛球者，不得分，在小圆中喊号。

8. 跳绳传球

游戏目的：提高学生的反应能力和动作的协调性。

游戏准备：篮球两个，5～6 米的长绳两根。

游戏方法：将游戏者分成人数相等的两队，各队两人为一组。各队选出两人摇长绳，如图 17-32 所示。

图 17-32 跳绳传球

教师发令后，各队第一组手持篮球跳绳，每跳动两次完成相互传接球一次，即一接一传。两人一共完成 n 次传接球后另换第二组的游戏者，按以上方法进行游戏。如果能连续不断地完成传接球，则可得 1 分，如跳绳过程中，中断了传球，则应另换别的组。各组依次进行游戏，以得分多者为胜。

游戏规则：

（1）单、双脚跳绳均可以。

（2）接球以后应立即传出，不可停顿。

作业与思考：

1．你喜欢和学会了哪些体育游戏？

2．你是否能够创编体育游戏？创编的体育游戏是否适用于体育活动？

第十八章　体育竞赛

本章学习目标：

- 了解体育竞赛的特点
- 认识体育竞赛组织方法
- 掌握一些竞赛编排方法

第一节　体育竞赛的意义和特点

一、体育竞赛的意义

体育竞赛是各种体育运动项目比赛的总称。体育竞赛是以体育运动项目或某些身体活动为内容，在裁判员主持下，按照统一的规则组织与实施运动员（队）之间的体力、技艺、心理和智力等多方面的综合较量。

体育竞赛随着社会的进步得以更加广泛的开展。积极开展体育运动竞赛工作，对促进广大群众参与体育活动，推动群众性体育活动的开展，发掘和培养体育人才，提高运动技能水平，激发民族的爱国热情，振奋精神，激扬斗志，陶冶情操，培养责任感等都具有极大的作用。

二、体育竞赛的特点

运动竞赛是竞技体育的核心，没有体育竞赛也就没有竞技体育的存在。其强烈的竞争性特点主要体现在体育竞赛之中，体现在竞赛与胜负、竞赛与规则、竞赛与观众、竞赛与训练等紧密的相互关系之中。体育竞赛使竞技体育通过竞赛的根本途径和手段，在参加者都努力争取胜利而顽强拼搏的情况下，去最大限度地激发参赛者生理、心理、智力等方面的潜力，攀登运动的技术高峰，以创造优异运动成绩为主要目的。体育运动竞赛以运动训练、竞赛规则（含裁判工作）和观众为三大支柱，并由运动员（主体）、教练员、裁判员和观众，共同实现奥林匹克“更快、更高、更强”的远大目标。

第二节　体育竞赛的种类

体育竞赛的分类方法较多，可按运动竞赛任务的不同分为综合性竞赛和单项竞赛两类。

一、综合性竞赛

综合性运动会包括若干个运动项目的比赛，如全国运动会、亚洲运动会、奥林匹克运动会。这种竞赛设置的项目多，规模大，组织工作复杂，投入人力、物力和财力较多。

二、单项竞赛

单项竞赛是指单纯地进行某一项目的比赛，一般可分为以下几种：

（一）对抗赛

对抗赛是由实力相近的两个以上单位联合组织经协商按同等条件参加的比赛。如几个班级或几个学校联合组织的比赛。其特点是规模较小，便于利用课余时间或节假日进行，以交流经验、切磋技艺、取长补短、共同提高为目的。

（二）锦标赛（杯赛）

锦标赛是指为了争夺预定的某种锦标、奖杯而进行的单项比赛。目的是检查、总结某一运动项目开展情况和教学训练经验，确定名次，促使该项运动不断发展，如世界篮球锦标赛等。

（三）友谊赛、邀请赛

友谊赛、邀请赛和对抗赛相似，主要是以交流经验、共同提高和促进友谊团结为目的。各种访问比赛一般都属友谊类。

（四）选拔赛

选拔赛是为了发现和挑选运动员，准备选拔参加高一级比赛或补充代表队而举行的比赛，如学校新生篮球选拔赛等。

（五）表演赛

表演赛是为了宣传体育运动和扩大影响或对所要开展的某一运动项目作技术介绍而举行的比赛。参加重大比赛后的汇报表演，为庆祝、纪念、慰问等活动举行的比赛都属此类。表演赛注重技、战术的充分发挥，一般不计名次，是一种带有示范性、娱乐性的比赛。

（六）测验赛

测验赛是为了达到一定的标准，或了解运动员成绩的提高情况而组织的比赛，如锻炼标准、身体素质、运动基本技术测验比赛等。组织测验赛一般可不计名次，但必须按竞赛规则和测验要求进行，并记录测验成绩。

（七）等级赛

等级赛是按运动员的不同技术水平或运动队不同等级分别举行的比赛。如田径、游泳、球类项目的等级联赛等，其主要目的是鼓励和促进运动员提高运动水平，争取升级。

（八）及格赛

及格赛一般是因参加人数过多，在有可能影响正式比赛正常进行时，预先举行的比赛。达到预定成绩（或名次）标准者，方可参加正式比赛。这种比赛的主要目的是淘汰一定数量的参赛者，如田径、跳高的及格赛等。

第三节 体育竞赛的组织

一、体育竞赛的组织工作程序

体育竞赛的组织工作一般可分为准备、实施、结束三个阶段。体育竞赛组织工作应按规模、级别、水平竞赛的实际情况而提出不同的要求。

体育竞赛的组织工作包括确定竞赛主办单位、发放竞赛通知、制定竞赛规程、组织报名、编排竞赛程序表、召集领队会议、进行裁判员学习培训、组织竞赛等程序。

准备阶段所制定的体育竞赛规程是组织竞赛工作的依据，其内容包括竞赛的名称、目的、宗旨；竞赛的时间与地点；参赛办法（含分组、各队人数及运动员资格的规定等）；竞赛办法（含竞赛采用的办法和确定名次的办法等）、竞赛规则（含采用的规则以及特定的规则）、奖励办法；报名日期与报名方法；对参赛单位的要求和注意事项等。

体育竞赛能否达到预想目的和要求，与竞赛规程、裁判工作、场地器材条件等有着密切的联系。规程的制定、裁判的裁决和场地器材条件都将直接影响比赛的成果。

二、体育竞赛的竞赛规程原则

（一）周密完善、可行性原则

体育竞赛规程的周密完善是保证比赛顺利进行，达到预想目的的前提。体育竞赛规程应体现该次比赛的宗旨，因此，一切关于规程的规定，都必须与该次比赛的宗旨保持一致。涉及比赛的有关具体问题应在规程中作出明确规定，以防遗漏。同时，还应注意规程各条文之间的协调性与衔接性。对于所下发的规程应有具体的原则性，除特殊情况外，一般不应对已制定的规程进行补充或调整。所谓体育竞赛的可行性，一般应考虑目标实现的条件和竞赛条件（参赛和承办单位的条件、场地器材设施和竞赛经费的条件等）。

（二）机会均等、公平竞争原则

体育竞赛必须遵循“机会均等，公平竞争”的原则，否则就有失竞赛的公允性。体育运动竞赛机会均等、公平竞争的原则是竞赛较量胜与负的最基本的准则，也是最重要的职业道德准则。其充分体现出对竞赛对手的尊重，对参赛优秀运动员运动才能的公认。因此，如果体育运动竞赛失去其公正性，就失去了竞赛的可比性，最终将失去体育竞赛的意义。在体育竞赛中机会均等、公平竞争的原则应具体体现在体育竞赛规则和规程的各个方面，如参赛资格、参赛的办法，预决、复决、赛次录取办法，裁判执行规则尺度，以及竞赛编排等。

三、体育竞赛的裁判工作

裁判员的组织管理是做好一项体育竞赛裁判工作的前提。裁判员既是体育竞赛的组织者，又是赛场的执法者。比赛能否体现公平竞争的原则，关键在于裁判是否能够做到公正裁决。体育竞赛规程与规则是比赛的法则，也要通过裁判去执行。因此，裁判工作是体育竞赛的关键性岗位，组织任何一项体育竞赛都必须重视裁判工作。

比赛准备阶段应根据该次竞赛的规模、级别、水平的情况而配备裁判员，并组织赛前裁判员的学习和实习，主要是进行裁判员的思想教育和技术教育，使之进一步掌握竞赛规程有关条文规定，正确理解规则精神，研究和统一裁判尺度，分析该次比赛有关情况和在比赛进程中可能出现的问题等。

比赛的实施阶段主要是强调“严肃认真，公正准确”，防止种种弊端，并及时处理体育运动竞赛进程中所出现的一些问题。

四、体育运动竞赛的场地、器材条件

无论何种体育运动项目的竞赛都要凭借体育场地、器材进行。因此，体育场地、器材是运动竞赛的必备条件。体育场地、器材的重要性主要表现在以下几个方面：

第一，体育场地、器材关系到运动比赛成绩是否有效，所创纪录能否得到承认。如果使用的体育场地、器材不符合竞赛规则的要求，则比赛的成绩就不能得到认可，并可能引发体育比赛的纠纷。

第二，体育场地、器材关系到参赛运动员运动技术水平能否正常发挥。符合竞赛规则的良好体育场地、器材有利于参赛运动员创造最佳成绩，发挥最好水平。

第三，标准的良好体育运动器材关系到运动员的比赛安全。如果使用不符合要求的场地、器材，则容易造成体育比赛的伤害事故。

第四节　体育竞赛的方法

体育竞赛的方法是指按一定的形式和顺序，组织参赛单位或个人进行比赛。一般常用的方法有淘汰制、循环制、混合制等。比赛方法的采用应根据该次竞赛的要求、项目特点、参加队数（人数）、比赛期限、场地设备条件和竞赛经费等实际情况进行考虑和选择。

一、淘汰法

淘汰法又称为淘汰制，是通过比赛逐步淘汰成绩差的（失败者），胜者进入下一轮比赛，最后决出优胜者。采用这种方法有两种情况：一是按一定的顺序让参赛者分组获得成绩，通过及格赛、预赛、复赛、决赛等淘汰成绩或名次较差者，比出优胜者。多为田径、游泳项目采用。二是球类和其他对抗性比赛项目，两队（人）按照赛前安排的淘汰表进行比赛，胜者进入下一轮，直到最后两队（人）决出优胜者。淘汰法能减少比赛场次，节省比赛时间，可使更多的队（人）参加比赛。但对于球类和一些对抗项目来说所产生名次不够合理，运动员学习和锻炼的机会少。淘汰法分为单淘汰法、双淘汰法和设立种子制三种，这里主要介绍单淘汰和双淘汰的编排法。

单淘汰的比赛场数可采用下面公式计算：

场数=参赛队（人）数–1

如 8 队参加，则单淘汰的比赛场数为(8–1)场。比赛轮次数的计算方法如下：

轮次=选用号码位置数对 2 的乘方数

由 8 队参加，8 个号码位置即为 2^3，比赛轮数为 3 轮，如图 18-1 所示。

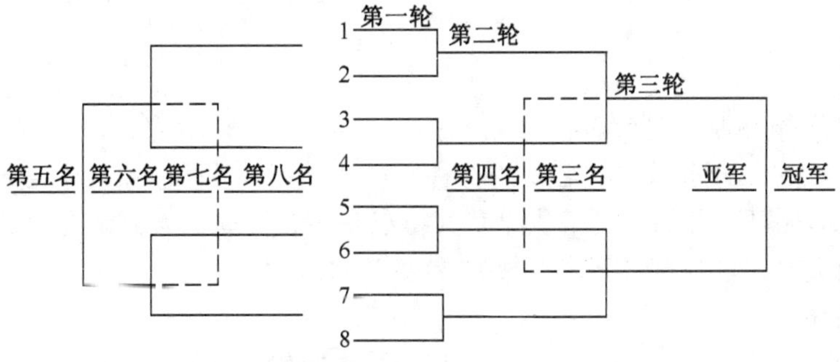

图 18-1　单淘汰法

在图 18-1 中单淘汰第 3 轮（决赛）产生冠亚军。如果需要排定其他各队名次，则可采取加赛的方法，直到排出所有的名次，如图 18-1 中虚线部分所示。如参赛队（人）数不是 4、8、16、32 等 2 的乘方数时，则可根据参赛队数，选择最接近的较大的 2 的乘方数作为号码位置数，使第二轮比赛的队数正好是 2 的乘方数。如 6 队参加比赛，则可将 2^3 作为号码位置数。此时就会有轮空的队。轮空队只能放在第一轮。轮空数计算公式如下：

轮空数=选用号码位置数–参赛队数

轮空位置应均匀地分布在各个区或组内。为避免种子在开始时相遇，应优先轮空。如 6 队参加比赛号码位置数为 $2^3=8$（图 18-1）。设 1、8 为种子，则轮空数是 8–6=2，应分别安插在 2 和 7 的位置上，使种子 1 和 8 在第一轮比赛中轮空，直接进入第二轮的比赛。

采用双淘汰法可弥补单淘汰法的不足，这种赛制给初次失败者增加了一次比赛机会，它所产生的冠、亚军亦比单淘汰法更为合理。双淘汰比赛秩序的编排方法基本上与单淘汰相同，如图 18-2 所示，只是将比赛分成上、下两个半区，凡失败一次的队都排到下半区继续进行比赛，再失败一场即被淘汰，胜者继续与上一轮失败者进行比赛，最后只失败一次的队还可以参加决赛。如果前几轮的全胜队在最后一轮比赛中失败，则参加冠亚军决赛的两个队都只失败一次，需再加赛一场决出冠亚军。

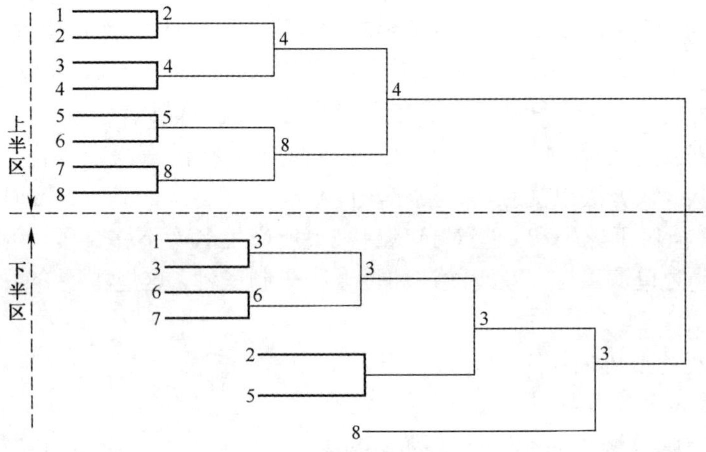

图 18-2 双淘汰法

双淘汰的比赛场数可采用下面公式计算：

场数=[参赛队（人）数–1] + [参赛队（人）数–2]

二、循环法

循环法又称为循环制，是参赛队（人）按一定的顺序与其他队（人）逐一相遇比赛，最后按各队胜负场数的积分多少排列名次的一种比赛方法，在对抗性项目中常采用此种方法。其可分为单循环、双循环、分组循环等类型。其特点是各参赛队（人）比赛的机会较多，有利于互相学习、共同提高，能比较准确地反映出参赛者的运动技术水平，产生的名次较客观。

（一）单循环

单循环比赛的轮数，如果参赛队（人）是偶数，则轮数=队（人）数–1。如果是奇数，则轮数=队（人）数。

比赛场数计算公式如下：

场数=队数×(队数–1)/2

例如有 6 个队参加比赛，则比赛总场数=6×(6–1)/2=15。

单循环竞赛程序的编排方法通常采用固定轮转法。这种比赛方法是从第二轮以后 0 或 1 号位固定不变，其他号数按逆时针方向轮转一个位置。若参赛队为奇数时，一律须以 0 补充占位。与 0 相逢的队为轮空队。

1. 定 1 逆转法

定 1 逆转法见表 18-1。

表 18-1 定 1 逆转法

程序 轮次 类别	第一轮	第二轮	第三轮	第四轮	第五轮
6 队参加比赛	1—6 2—5 3—4	1—5 6—4 2—3	1—4 5—3 6—2	1—3 4—2 5—6	1—2 3—6 4—5
5 队参加比赛	1—0 2—5 3—4	1—5 0—4 2—3	1—4 5—3 0—2	1—3 4—2 5—0	1—2 3—0 4—5

2. 定 0 逆转法

定 0 逆转法见表 18-2，是指参赛队是奇数时，将 0 号的位置固定在左上角不动，其余各号数按逆时针方向轮转一个位置。

表 18-2 定 0 逆转法

程序 轮次 类别	第一轮	第二轮	第三轮	第四轮	第五轮
5 队参加比赛	0—1 5—2 4—3	0—2 1—3 5—4	0—3 2—4 1—5	0—4 3—5 2—1	0—5 4—1 3—2

3. 贝格尔氏编排法

贝格尔氏编排法见表 18-3。

表 18-3 贝格尔氏编排法

第一轮	第二轮	第三轮	第四轮	第五轮	第六轮	第七轮
1—8	8—5	2—8	8—6	3—8	8—7	4—8
2—7	6—4	3—1	7—5	4—2	1—6	5—3
3—6	7—3	4—7	1—4	5—1	2—5	8—2
4—5	1—2	5—6	2—3	6—7	3—4	7—1

各队的序号须抽签确定，并将队名填入比赛轮次表中，然后结合比赛日期、时间、场地再排出竞赛日程表，见表 18-4。

表 18-4　篮球竞赛日程表

轮次	竞赛队	时间	场地	裁判
第一轮	×××队—×××队	×月×日×时	1 号	×××
	×××队—×××队	×月×日×时	2 号	×××
	×××队—×××队	×月×日×时	3 号	×××

（二）双循环

双循环是在参赛队（人）数较少，时间充裕，为参赛者增加比赛机会时采用。编排方法与单循环相同，只是各队间要比赛两次，比赛轮次和场数都比单循环多一倍。

（三）分组循环

分组循环是在参赛队（人）数较多，竞赛时间有限时采用。此法是比赛中常用的方法。

三、体育竞赛项目成绩与名次的确定

（一）篮球

胜一场得 2 分，负一场得 1 分，弃权为 0 分，积分高者名次列前。

（1）如出现两个队积分相等，则以这两个队之间比赛的成绩来确定名次。

（2）如两个以上的队积分相等，再次排列中应考虑积分相等队之间的比赛成绩。

如再次排列后仍相等，则只考虑仍相等队之间的比赛成绩的得失分率，并以此来确定名次。如仍相等，则用这些队在组内所有比赛成绩的得失分率大小来确定名次。如果得失分率再相等，则用得分总数来确定名次。得失分率计算公式如下：

得失分率=总得分/总失分

（二）排球

胜一场得 2 分，负一场得 1 分，积分高者名次列前。如两队或两队以上积分相等，则以下列办法决定名次：

{A（胜局总数）/B（负局总数）}=C（值）

C 值高者名次列前。如 C 值仍然相等，则采用：

{X（总得分数）/Y（总失分数）}=Z（值）

Z 值高者名次列前。

（三）足球

胜一场得 3 分，平一场得 1 分，负一场得 0 分，积分高者名次列前。如两队或两队以上积分相等，则以这几个队在同一个循环全部比赛中的净胜球数多者名次列前。如仍相等，则按其在同一循环全部比赛中的进球总数多者名次列前。

（四）羽毛球、乒乓球

先按胜负场数决定名次，获胜次数多者名次列前。如两队或两队以上获胜次数相同，则以其相互之间比赛的胜者名次列前。如再相等，则按其次数胜负比率大者名次列前。如仍不能决定名次，则按场数胜负比率（胜负比率=胜/负）大者名次列前，如还不能排出名次，则按计算局数以至分数的胜负比率高者名次列前。

第五节　国际国内大型体育竞赛

一、奥林匹克运动会

奥林匹克运动会（简称奥运会），是由国际奥林匹克委员会举办的声望最高、最庄严、最隆重的国际体育盛会，也是世界最大规模、最有影响、水平最高的综合性运动会，每 4 年举行一届。

奥林匹克运动会起源于古希腊的奥林匹亚竞技。这是希腊人民的伟大创举，也是人类文明与进步的巨大文化源泉。公元前 776 年，在人民渴望和平、自由生活的要求下，古希腊伊利斯国王、斯巴达国王和比萨国王签订了“神圣休战”的协定，并决定在奥林匹亚“宙斯神”庙前举办祭祀活动和第一届古代奥林匹克运动会。从公元前 776 年第一届古代奥运会开始到公元 394 年共举行了 293 届。每届奥运会都在能容纳 5 万观众的奥林匹亚运动场举行，并同时举办文艺汇演。古奥运会最初只有短跑（192.72 米）一项比赛，后来又逐渐增加长跑、跳远、标枪、铁饼、角力、五项全能（赛跑、跳远、标枪、铁饼和角力）、拳击、赛马和赛车等运动项目的比赛。公元 394 年，罗马帝国征服了希腊，罗马皇帝狄奥多西一世禁止一切异教活动，废止了奥运会。公元 436 年，狄奥多西二世又下令烧毁奥林匹亚的大部分建筑物，致使奥运会中断一千多年。

随着近代体育兴起，1888 年被誉为“现代奥林匹克之父”的法国社会活动家、历史学家、教育家皮埃尔·德·顾拜旦提出恢复奥运会的建议，得到许多国家和地区的赞同，于 1894 年在巴黎举行的国际体育会议上一致通过恢复奥运会的提议，并正式成立了国际奥林匹克委员会（简称“国际奥委会”）。于 1896 年在希腊首都雅典举行了第一届现代奥林匹克运动会。从 1896 年到 2016 年共举行了 31 届。

历届夏季奥运会概况见表 18-5。

表 18-5　历届夏季奥运会概况

届数	举行时间	举行地点	参加国家和地区数	运动员数	运动项目	单项数
1	1896	雅典（希腊）	18	311	8	43
2	1900	巴黎（法国）	22	1300	9	56
3	1904	圣路易（美国）	12	625	9	73
4	1908	伦敦（英国）	22	1934	23	109
5	1912	斯德哥尔摩（瑞典）	28	2547	16	107
6	1916	柏林（德国）	因第一次世界大战而中断			
7	1920	安特卫普（比利时）	29	2607	22	158
8	1924	巴黎（法国）	44	3092	19	31
9	1928	阿姆斯特丹（荷兰）	46	3014	16	122
10	1932	洛杉矶（美国）	37	1048	17	126

续表

届数	举行时间	举行地点	参加国家和地区数	运动员数	运动项目	单项数
11	1936	柏林（德国）	49	4066	21	144
12	1940	东京（日本）、赫尔辛基（芬兰）	因第二次世界大战而中断			
13	1944	伦敦（英国）	因第二次世界大战而中断			
14	1948	伦敦（英国）	59	4099	18	136
15	1952	赫尔辛基（芬兰）	69	4925	19	149
16	1956	墨尔本（澳大利亚）	17	3184	19	151
17	1960	罗马（意大利）	84	5348	19	150
18	1964	东京（日本）	94	5140	21	163
19	1968	墨西哥城（墨西哥）	112	5531	19	172
19	1972	慕尼黑（联邦德国）	121	7147	21	196
21	1976	蒙特利尔（加拿大）	88	6189	21	198
22	1980	莫斯科（苏联）	81	5872	21	193
23	1984	洛杉矶（美国）	140	7960	22	221
24	1988	汉城（韩国）	160	9572	23	227
25	1992	巴塞罗那（西班牙）	172	11684	25	257
26	1996	亚特兰大（美国）	107	11000	26	271
27	2000	悉尼（澳大利亚）	199	10651	28	300
28	2004	雅典（希腊）	192	10500	28	301
29	2008	北京（中国）	195	11526	28	302
30	2012	伦敦（英国）	205	10568	26	302
31	2016	里约热内卢（巴西）	205	11303	28	306

现代奥林匹克运动会有冬、夏之分。夏季奥运会赛程规定不得超过 16 天，冬季奥运会不得超过 12 天。如因故不能举行，届数仍照算。如第六届、第十二届和第十三届均因世界大战而未举行。

目前夏季奥运会有 28 个运动项目的比赛，包括田径、游泳（含跳水、花样游泳、水球）、体操（含艺术体操）、足球、篮球、排球、曲棍球、举重、自行车、摔跤、柔道、射击、射箭、击剑、皮划艇、赛艇、帆船、马术、拳击、手球、现代五项、乒乓球、网球、垒球、棒球和羽毛球等。

冬季奥运会开始于 1908 年的第四届奥运会，从 1924 年在法国夏蒙尼举行的第八届奥林匹亚德国际体育周的冰上运动会，作为第一届冬季奥运会，到 2018 年止已举行了 23 届。

历届冬季奥运会概况见表 18-6。

表 18-6　历届冬季奥运会概况

届数	举行时间	举行地点	参加国家和地区数	运动员数	运动项目	单项数
1	1924	夏蒙尼（法国）	16	293	5	14
2	1928	圣莫里茨（瑞士）	25	491	5	13
3	1932	普莱西德湖（美国）	17	307	5	14
4	1936	加米施-帕腾基兴（德国）	28	756	5	17
5	1948	圣莫里茨（瑞士）	28	713	5	22
6	1952	奥斯陆（挪威）	30	732	5	22
7	1956	科蒂纳丹佩佐（意大利）	33	924	5	24
8	1960	斯阔古（美国）	31	665	5	27
9	1964	因斯而鲁克（奥地利）	36	1111	7	34
10	1968	格勒诺布尔（法国）	37	1158	7	35
11	1972	札幌（日本）	35	1012	7	35
12	1976	因斯而鲁克（奥地利）	37	1368	8	37
13	1980	普莱西德湖（美国）	37	1283	8	38
14	1984	萨拉热窝（南斯拉夫）	49	1590	10	39
15	1988	卡尔加里（意大利）	57	1700	10	47
16	1992	阿尔贝维尔（法国）	64	2190	12	57
17	1994	利勒哈默尔（挪威）	67	1988	12	61
18	1998	长野（日本）	72	3400	14	72
19	2002	盐湖城（美国）	77	2531	15	78
20	2006	都灵（意大利）	80	2633	15	84
21	2010	温哥华（加拿大）	85	约 5500（含官员）	15	86
22	2014	索契（俄罗斯）	88	2873	15	98
23	2018	平昌（韩国）	92	2922	15	102

国际奥委会决定，从第十七届开始冬季奥运会比夏季奥运会提前两年举行。

冬季奥运会主要的比赛项目有冬季两项（滑雪、射击）、滑雪（高山滑雪、越野滑雪、跳台滑雪、自由式滑雪）、冰球、滑冰（速度滑冰、花样滑冰、短道速滑）、雪橇（有舵雪橇、无舵雪橇）和冰上舞蹈等。

奥林匹克的旗帜为长方形，白底，无边，中央由左至右有蓝、黄、黑、绿、红几种颜色，上三下二的五个相互套连圆环，代表着世界五大洲，即蓝色（欧洲）、黄色（亚洲）、黑色（非洲）、绿色（大洋洲）、红色（美洲），象征着五大洲人民的团结，全世界的运动员以公正、坦率的比赛和友好的精神在奥运会上相聚在一起。

奥林匹克的宗旨：团结、和平、友谊，促进运动员的身体和精神的发展，增进运动员之间的相互了解和友谊，建立一个更加美好、和平的世界。

奥林匹克的格言是“更快、更高、更强”，它是顾拜旦的密友狄东于1895年提出的，1913年得到国际奥委会正式批准。

奥林匹克的理想：奥运会所重不在获胜，唯在参加则更有意义。

中国在1922年就与国际奥委会建立了联系，并派队参加了第十、十一、十四届奥运会，因竞技水平低，都没有取得好成绩，在预赛中全部被淘汰。1984年7月第一次派出350多人的体育代表团参加在美国洛杉矶举行的第二十三届夏季奥运会。中国健儿实现了金牌“零”的突破，一举获得金牌15枚、银牌8枚、铜牌9枚的优异成绩。1992年在西班牙巴塞罗那举行的第二十五届夏季奥运会上，我国体育健儿获得金牌16枚、银牌22枝、铜牌16枚，奖牌总数达54枚，金牌和奖牌总数均居世界第4位，同时打破游泳两项世界纪录。第二十六届亚特兰大奥运会，我国派出495人的体育代表团，参加了26个大项中22个项目的比赛，取得金牌16枚、银牌22枚、铜牌12枚，并创4项举重世界纪录，金牌数和奖牌数均名列世界第4位，实现了预定目标。2000年在悉尼举行的第二十七届夏季奥运会上，我国体育健将获得金牌28枚，奖牌总数跃居世界第3位。2004年雅典举行的第二十八届夏季奥运会上，我国体育健将获得金牌32枚，奖牌总数跃居世界第2位。2008年在北京举行的第二十九届夏季奥运会上，我国体育健将获得金牌51枚，奖牌总数跃居世界第1位。

二、亚洲运动会

亚洲运动会（简称“亚运会”）是由亚洲运动联合会主办的亚洲地区最大的综合性运动会。每4年举行一届，但与奥林匹克运动会相间举行。

亚洲运动会的前身是远东运动会和西亚运动会。远东运动会从1913年到1934年共举行了10次。西亚运动会在1934年举行过1次，由于日本帝国主义发动侵略战争，第二次世界大战爆发而中止。第一届亚洲运动会原定1949年2月在印度新德里举行，后来因故延至1951年举行，到2018年为止已举行过18届。

亚洲运动会的比赛项目大多数为奥运会比赛项目，不像奥运会有严格的规定。每届除一些广为开展的项目，如田径、游泳、篮球、排球、足球等必须列入外，东道国可根据自身条件和运动技术水平并得亚运会联合会批准后适当增减项目。1990年在我国举行的第十一届亚运会就增设了武术这一具有民族特色而又在亚洲开展较为广泛的项目。亚洲运动会赛程规定不得超过16天。

亚洲运动会的宗旨：通过体育运动的公平比赛，帮助亚洲青年提高身体素质和道德品质，促进他们之间的友谊。

中国曾派队参加了第一届亚运会，后因种种原因一度中断与亚运会联合会的关系。从1974年第七届亚运会开始，中国体育代表团参加了以后的各届比赛。1990年，中国北京成功地承办了第十一届亚运会。我国运动员共夺取奖牌341枚（占奖牌总数的35%），其中金牌183枚（占金牌总数的59%）、银牌107枚、铜牌51枚，同时打破自行车场地女子1000米计时赛世界纪录，30次创亚洲纪录，96次创亚运会纪录。第十二届广岛亚运会，我国运动员参加了31个项目的比赛，夺取金牌137枚、银牌92枚、铜牌62枚。从第九届亚运会起中国以绝对优势连续5届蝉联亚洲冠军宝座，成为名副其实的亚洲体育强国。

历届亚运会概况见表 18-7。

表 18-7 历届亚运会概况

届数	举行时间	举行地点	参加国家和地区数	运动员数	运动项目	金牌总数名次		
						第一名	第二名	第三名
1	1951	新德里（印度）	11	489	6	日本	印度	伊朗
2	1954	马尼拉（菲律宾）	18	970	8	日本	菲律宾	韩国
3	1958	东京（日本）	19	1422	13	日本	菲律宾	中国台北
4	1962	雅加达（印尼）	17	1545	13	日本	印尼	菲律宾
5	1966	曼谷（泰国）	18	1945	14	日本	韩国	泰国
6	1970	曼谷（泰国）	18	1752	13	日本	韩国	泰国
7	1974	德黑兰（伊朗）	25	2363	16	日本	伊朗	中国
8	1978	曼谷（泰国）	25	2879	19	日本	中国	韩国
9	1982	新德里（印度）	33	3345	21	中国	日本	韩国
10	1986	汉城（韩国）	27	3345	25	中国	韩国	日本
11	1990	北京（中国）	37	4684	27	中国	韩国	日本
12	1994	广岛（日本）	42	6824	34	中国	日本	韩国
13	1998	曼谷（泰国）	41	9600多	36	中国	韩国	日本
14	2002	釜山（韩国）	41	6700	41	中国	韩国	日本
15	2006	多哈（卡塔尔）	45	11000	39	中国	韩国	日本
16	2010	广州（中国）	45	9704	42	中国	韩国	日本
17	2014	仁川（韩国）	45	9501	36	中国	韩国	日本
18	2018	雅加达（印度尼西亚）	45	11720	40	中国	日本	韩国

三、全国运动会

中华人民共和国运动会（简称“全运会”）是我国规模最大、运动水平最高的综合性运动会。新中国成立后的第一届全国运动会于 1959 年在北京举行，共进行了 36 个项目的比赛和 6 个项目的表演。从 1959 年到 2009 年共举行了 11 届。自 1979 年 10 月恢复我国在国际奥委会合法席位后，全国运动会作为我国最大规模的综合性运动会而固定下来，每四年举行一次，比赛项目大多为奥运会比赛项目。全国运动会是我国备战奥运会，建设世界体育强国的一项重要措施。第一届到第四届全运会都在北京举行。第五届运动会在上海举行，这是首次在北京以外的城市举办，是我国竞赛制度的一项重大改革。在上海举行的第八届全运会的大部分资金不依靠国家拨款，而是由社会集资赞助，这是我国在社会主义市场经济条件下，在改革开放过程中，注入国家体育事业更大活力的创举。第十一届全运会在山东济南举行。

四、全国大学生运动会

全国大学生运动会（简称“大运会”）由国家教委、国家体委、共青团中央、全国学联和大学生体协联合主办，第一届大学生运动会于1982年在北京举行。从1982年到2007年共举行了8届。全国大学生运动会为推动我国高校体育工作的深化改革和全面提高，发挥了积极的作用。

作业与思考：

编排9个队单循环制的比赛场次。

第十九章　体育锻炼医务监督

本章学习目标：

- 了解医务监督对体育锻炼的作用
- 认识运动中常见的运动反应现象
- 掌握预防运动损伤的方法

第一节　自我医务监督的内容

医务监督是体育保健学的重要组成部分。自我医务监督是运动者在体育活动过程中，采用简单易行的医学手段，检查和观察自身健康状态和生理反应，以判断运动的合理性。通过自我医务监督能更好地调整锻炼计划，科学地安排锻炼内容，并能及时处理运动中或运动后所产生的异常现象，这对运动疾病和运动损伤的预防，达到增强体质，增进健康，提高运动能力的预期锻炼效果具有重要作用。

自我医务监督包括自我感觉和客观检查两个方面。自我感觉主要是指通过运动后的身体反应来观察身体机能的正常和异常现象。自我感觉的内容有一般感觉、食欲、睡眠、运动心情、出汗情况等。客观检查是指对脉搏（早晨安静时、运动前后）、体重、肺活量、肌力和运动能力等的观察和测定。

一、自我感觉

（一）一般感觉

一般感觉是指每次运动时精神饱满，心情愉快，体力充沛，渴望运动；运动后身体稍有疲劳和肌肉酸累感，但通过一定的休息恢复较快。如果感觉精神不振、困倦无力、情绪易波动等，则均属异常现象。

（二）食欲

运动后能增进食欲，肠胃消化和吸收机能提高。若食欲不振、食量减少，产生消化不良，应分析其原因。

（三）睡眠

运动后产生一定程度的疲劳，需要较长的睡眠时间才能使人体运动能力得以恢复。所以运动后正常睡眠状态表现为入睡快而深，醒后感觉精力充沛。反之，如果入睡慢、多梦、易醒、失眠，醒后仍有疲劳感，则是睡眠不良。睡眠不佳者运动情绪和兴趣都会受到影响，此时若强行运动将会引起运动损伤，遇此情况必须调整锻炼方法和运动量。

（四）运动心情

运动者在运动过程中应表现为心情愉快，运动欲望较强，运动成绩良好，无不适感觉。若运动兴趣淡漠，可能是因为运动负荷太大或健康状况不佳。

（五）排汗量

运动排汗量的多少与运动量、训练水平、饮水量、气温、衣着及神经系统状态等因素有关。如果其他因素相同，不经常运动者出汗量较多，但随着本人锻炼水平的提高，排汗量将逐渐减少。如果在运动中排汗量重新增多，则可能是训练过度，应及时分析其原因。

二、客观检查指标

（一）脉搏

脉搏可代表心脏跳动频率，是反映运动者身体状况和机能水平比较灵敏的简易指标。测量脉搏时，应以早晨起床前脉搏率（称为基础脉搏率）为标准，来对照运动后脉搏率变化情况进行评定。如果进行运动一段时间后，晨搏率逐渐下降或不变，则机体反应良好；如晨搏率升高并无其他病变因素影响，则说明运动时间过长，运动量偏大；如晨搏率持续上升，并伴有疲劳感觉，则说明机体反应不良，可能是训练过度或有病，应及时检查。

（二）体重

青少年的体重是随着年龄增长而增加的。成年健康人的体重则一般保持稳定。初参加运动者，由于体内储存的脂肪和多余水分被消耗而使体重下降，但不久便可回升。若体重持续下降，应注意是否疲劳过度或患有某种消耗性疾病。一般经过一次大运动量训练后体重会暂时下降，但经过1～2天后便可恢复正常。

（三）运动能力

正确的运动训练方法与手段的采用可使运动成绩逐步提高。如果运动量不宜或处于过度疲劳状态，运动能力则明显下降。

第二节　运动中常见的生理反应

人体在运动中，由于生理平衡受到暂时性破坏，会出现某些生理反应，如肌肉酸痛、极点和第二次呼吸等，被称为“运动生理反应”。

一、肌肉酸痛

（一）肌肉酸痛产生的原因

肌肉酸痛是由于运动量过大或平时缺乏运动。因为此时运动中肌肉对负重负荷及收缩放松活动尚未完全适应，从而引起局部肌纤维及结缔组织的细微损伤，以及部分肌纤维产生痉挛。但这种局部细微损伤及肌纤维痉挛就整块肌肉而言，仍能完成运动功能，同时也存在肌肉酸痛。酸痛后经过肌肉内局部细微结构的修复，肌肉组织就会变得较之前更加强壮，再经同样运动负荷则不易再发生肌肉酸痛。

（二）肌肉酸痛的预防与消除

运动者需根据自身的体质和健康状况合理安排运动负荷，应遵循循序渐进的原则，在每次或阶段运动中运动负荷逐渐增加；锻炼时应尽量避免长时间集中练习身体某一部位，以免局部肌肉负担过重；每次运动前应充分做好准备活动，特别是应注意对即将练习时负荷重的局部肌肉的充分活动，对损伤有预防作用。运动后应及时做好放松活动，并重视进行肌肉的伸展牵拉练习，有助于预防局部肌纤维痉挛，从而避免酸痛发生。如仍然出现肌肉酸痛现象，可采用局部按摩、热敷或松节油擦抹等，以促进肌肉血液循环及代谢过程，缓解酸痛。

二、极点

（一）极点产生的原因

中长跑并达到一定程度时，经常会出现胸闷、呼吸急促、心跳加快，下肢沉重、动作失调，甚至有恶心现象，并产生终止继续跑进的想法，这种机能状态在运动生理上被称为“极点”。这是因为中长跑时能量消耗较大，特别当下肢回流血量减少，使大脑氧债积累加剧，从而使植物性神经中枢和躯体性神经中枢之间的协调性遭到暂时性破坏。

（二）极点的缓解与消失

在中长跑运动极点出现后，应凭借“贵在坚持”的顽强意志继续跑进，并适当减慢跑速，且有意识地加深呼吸，排除二氧化碳，氧供给逐步得到增加，机体的适应性使机体功能重新得到改善，从而使各种不舒适的感觉得到缓解，动作变得轻松、协调和有力，运动能力得以重新提高，这种现象在运动生理学上被称为“第二次呼吸”，其标志着人体各种机能活动进入了一种比较协调和稳定的状态。“极点”和“第二次呼吸”是中长跑运动中常见的生理现象，也是对练习者意志品质的锻炼。通过中长跑的锻炼，使机体的适应能力不断提高，这种生理反应将会逐步得到推迟和减轻。

第三节　运动疾病的预防与处理

运动性疾病一般多指因身体对运动刺激不适应或训练安排不当造成体内功能紊乱而出现的疾病、综合症或机能异常现象。体育活动中运动性疾病的发生，主要与锻炼者的身体状况、运动负荷安排、锻炼时间、环境及锻炼方式有关。

一、运动中腹痛

（一）运动中腹痛产生的原因

运动中腹痛一般多在中长跑运动时产生，由于准备活动不充分或开始时运动过于剧烈，下腔静脉压力上升，血液回流量受阻，呼吸紊乱，致使膈肌运动异常，血液淤积于肝脾两区，肝脾外膜张力增加，引起两肋间疼痛，或者运动前进食、饮水量过多，以及腹部受凉而引起胃肠痉挛等。

（二）运动中腹痛的预防与处理

预防运动中腹痛，应在进餐一小时后进行运动，并做好准备活动，运动负荷循序渐进，并注意呼吸节奏，切忌憋气。如果腹痛产生，可适当降低运动强度，减慢跑速，加深呼吸，同时用手揉按疼痛部位或弯腰跑进一段，疼痛即可缓解。腹痛严重者应停止运动，并每次口服普鲁苯辛 1 片或十滴水，或揉按内关、足三里、大肠俞等穴位，如仍不见效，应送去医院诊断治疗。

二、肌肉痉挛

（一）肌肉痉挛产生的原因

肌肉痉挛俗称抽筋，是肌肉不由自主地突然性强直收缩的表现，多因肌肉受到寒冷强烈刺激，或因情绪过于紧张，使肌肉快速连续性收缩，导致肌肉收缩与放松失调，特别在局部肌肉处于疲劳时，更易发生肌肉痉挛。

（二）肌肉痉挛的预防与处理

运动前针对易发生痉挛的肌肉（小腿腓肠肌、足屈和趾肌等）部位做好准备活动，并适当按摩，注意保暖。如已产生肌肉痉挛，应立即对痉挛部位进行强制性牵引。同时配合局部按摩，并点压委中、承山、涌泉等穴位，促使痉挛缓解。

三、运动性昏厥

（一）运动性昏厥产生的原因

运动过程中，因脑部突然供血不足，氧债不断积累并达一定程度时而发生一时性知觉丧失，这一现象称为运动性昏厥。其症状表现为面色苍白、手脚发凉、呼吸缓慢、眼前发黑、失去知觉而突然昏倒。其产生原因如下：长时间剧烈运动使下肢回流血液受阻；久蹲骤起，突然进入激烈运动状态；跑后立即停止不动；空腹运动引起低血糖。

（二）运动性昏厥的预防与处理

加强体育锻炼使体质增强；运动时运动量适宜，防止过度疲劳，不在饥饿情况下参加剧烈运动，疾跑后不要立即停下；不要久蹲骤起。若运动性昏厥产生，应立即将患者平卧，使足高于头部，并进行由小腿向大腿心脏方向推摩，同时点按人中、合谷穴位。如发生呼吸障碍，应立即进行人工呼吸。轻度患者可搀扶慢走，并进行深呼吸，即可消除症状。重症患者，经临场处理后，送医院治疗。

四、中暑

（一）中暑产生的原因

中暑是由高温环境或烈日暴晒而引起的急性疾病。特别在温度高、通风不良、头部被烈日直接照射等情况下进行体育锻炼，因体温调节功能障碍易发生中暑。

（二）中暑的预防与处理

在高温环境锻炼时，应适当减少运动量，缩短运动时间，避免烈日长时间照晒，并注意服饮低糖含盐饮料。若中暑发生时，应立即到阴凉通风处安静平卧休息，采用降温措施。解开衣领，冷敷额部，用温水抹身，并饮含盐清凉饮料或十滴水，数小时后即可恢复正常。严重患者，经临时处理后，送医院治疗。

第四节　运动损伤的预防与处理

在体育运动的过程中由机械性和物理性方面的因素所造成的机体伤害称为运动损伤。

一、运动损伤产生的原因

体育活动中造成运动损伤的原因是多方面的，可分为直接原因和诱因两种，它既与锻炼者的体育基础、体力水平有关，也与运动项目、技术难度及运动环境等外部因素有关。诱发运动损伤的原因主要有以下几种：

（1）对预防运动损伤的重要性和可能性认识不足，缺乏运动安全观念、思想麻痹大意是造成运动损伤的主要因素。

（2）运动前缺乏准备活动，或准备活动不正确。

（3）运动负荷安排不合理，不遵守循序渐进等锻炼原则，或局部负担量过大，超过运动者生理承受力，或运动时间过长等。

（4）运动技术水平低，动作不熟练，盲目追求高难度动作。

（5）运动情绪低下，身体机能状况不佳，勉强参加运动。

（6）运动技术上的错误，或自我保护能力差，更缺乏对易伤部位的保护。

（7）运动过程中缺乏经验，思想过分紧张，产生恐惧心理，判断犹豫或动作粗野，违反规则。

（8）运动环境不当，场地设备不完善，运动器材、运动服装不符合要求，或光线暗淡。

二、运动损伤的预防

参加体育运动的目的是锻炼身体，增强体质，促进身心健康，而运动损伤的发生将会使锻炼者身心受到损害。因此，防患于未然特别重要。锻炼者应采取相应的运动损伤预防措施，尽量杜绝运动损伤，从而使体育锻炼健康安全而富有成效。

（1）坚持预防为主，增强运动安全意识，总结经验教训，杜绝麻痹大意。

（2）严格遵守体育锻炼原则，改进运动方法，遵循运动规律。

（3）准备活动充分，并具有针对性，加强保护与帮助，提高自我保护能力，如摔倒时，立即屈肘、低头、团身滚动；由高处跳下时，用前脚掌着地屈膝缓冲等，特别加强对可能发生运动损伤的环节和易伤部位的防患措施。

（4）注意锻炼的科学性，加强身体的全面锻炼，防止局部运动器官负担过重，提高机体对运动的适应能力。

（5）加强体育道德的修养，在比赛中严格执行比赛规则。

（6）加强自我身体锻炼的医务监督，调节机体，使之处于良好的运动状态。

（7）创造安全的锻炼环境，重视运动器材、场地设备的安全检查维修和卫生要求，运动者的服装、鞋子符合规范要求。

三、常见运动损伤的处理

（一）开放性软组织损伤

开放性软组织损伤有擦伤、刺伤和撕裂伤等类型，这些损伤的共同点是均有创口和出血。

擦伤是身体表面与粗糙物相互摩擦后造成开裂出血或组织液渗出的皮肤组织损伤。撕裂伤是激烈运动时突然受到强烈撞击所造成的皮肤和软组织撕裂损伤。撕裂伤有开放伤和闭合伤两种，一般以头、面部撕裂为多见。刺伤是由细长尖锐器物刺入人体内所致。其处理方法如下：

处理轻度擦伤，应进行表面消毒，以防伤口感染。处理严重的擦伤、刺伤和撕裂伤，均需清洗伤口，用抗菌药物治疗；伤口大者还需及时进行缝合、包扎；对有可能受感染的伤口，应注射破伤风抗毒血清。

（二）闭合性软组织损伤

闭合性软组织损伤分为挫伤、肌肉拉伤和关节、韧带扭伤等类型。

挫伤是由于打击、挤压、碰撞、摔跌等钝力直撞作用于人体，使局部软组织受损。肌肉拉伤是在外力直接和间接作用下，使肌肉过度主动收缩或被动拉长所致。关节、韧带损伤是因动作不慎，如蹩扭、捻转、挤压等使关节发生超常范围活动，造成韧带、肌腱、关节囊损伤。踝关节扭伤最为常见，多数由于跳起落地时身体失去平衡使踝关节过度内翻或外翻，场地不平或动作不协调。另外，肩关节、髌骨、腰部关节的损伤在运动中最为常见。其处理方法如下：

（1）减少或停止受伤肢体的局部活动，或做局部固定。

（2）止血，防血肿。闭合性软组织损伤发生后，均有内出血发生，应立即止血，以防止形成血肿。一般采用冷敷、抬高伤肢、加压包扎等方法。

（3）活血祛淤、消肿止痛。在闭合性软组织损伤 24～48 小时后，进行轻度推拿、按摩和热敷、理疗，可起到活血祛淤、消肿止痛的作用。

（4）加强功能锻炼。防止损伤组织的粘连与萎缩，促进损伤软组织的愈合，保证活动功能的恢复。

（三）骨折

骨骼的完整性和连接性损坏称为骨折。骨折是运动中身体某部位在直接或间接的暴力打击时发生的一种严重运动损伤。以四肢长骨骨折为多见。在运动中摔倒用手掌撑地，足球运动中小腿被踢，均可发生骨折。断骨没有刺出皮肤，称为闭合性骨折；反之则称为开放性骨折。其处理方法如下：

（1）止痛抗休克。骨折发生后，若疼痛剧烈，发生休克症状应先抗休克。将受伤者平卧，头部略放低，以增加头部供血量，可立即点按人中、合谷穴位，并同时施行口对口人工呼吸或胸外心脏按摩。

（2）伤口处理。如伤口出血应先施行止血、包扎，但不得使骨折肢体发生位移。

（3）固定制动。用夹板、木板、木棍、竹片等其他代用品固定伤肢，切不可随意复位，以免加重损伤，并立即安全护送至医院治疗。

（四）关节脱位

在体育运动中，因受外力作用，使关节失去正常的连接关系称为关节脱位。关节脱位又可分为完全性脱位和半脱位（或称错位）两种。关节脱位一般会同时引起关节囊撕裂和关节周围的韧带肌腱及其附着组织的损伤。受伤后脱位关节疼痛、肿胀，活动功能丧失。严重者有时可能会使血管、神经受损，或伴有骨折。其处理方法如下：

关节脱位发生后，首先进行止痛抗休克，然后再固定脱位关节。如果不具备整复技术，则不可随意做整复手术，以免增加患者的痛苦。应在做简易处理后迅速护送到医院进行整复。

（五）脑震荡

脑震荡是头部受到外力打击时，脑神经细胞和神经纤维普遍受到强烈的外力震动后所引起的意识和机能暂时性障碍。脑震荡发生时即出现神志昏迷、意志丧失，一般持续几秒钟、几分钟到半小时后即可自愈。昏迷时间越长，伤情越严重。其处理方法如下：

一旦出现脑震荡致伤后，应立即使患者平卧，不可摇动、牵扯、随便移动位置，同时做头部冷敷，身体盖衣物保暖，对昏迷者可施行点压人中、合谷等穴位使其苏醒。呼吸障碍者，可施行人工呼吸，并立即送医院进行诊治。

第五节　现场急救的技术方法

一、现场急救的意义和原则

现场急救是对突然严重损伤者进行及时、正确的临时性紧急处理。通过现场急救可为挽救患者生命，减轻患者痛苦，减少并发症和感染，并为转送医院进行进一步治疗创造有利条件。进行现场急救是一项技术性、判断性很强的工作，必须遵循沉着冷静、分秒必争、及时挽救、判断准确、技术正确等原则。

二、现场急救的技术方法

现场急救有止血法、人工呼吸法和搬运法等。

（一）止血法

（1）冷敷法：常用于急性闭合性软组织扭伤，如用冷水冲洗或用冷毛巾敷于伤处，有条件者可使用氯化烷喷射。

（2）抬高伤肢法：把出血肢体抬高超过心脏水平，以降低出血部位的血压，减少出血。

（3）压迫法：对一般较少的出血，在出血部位用手指腹直接进行压迫，使血管闭塞，出血停止；对一些较大的动脉出血，可指压出血部位的上端相应动脉血管，以切断血流渠道。常用指压法如下：面动脉位于颌角前 1.5 厘米处；股动脉位于腹股沟中点处，用掌根压迫，止下肢出血；肱动脉位于臂内侧中部，中三指向肱骨体方向压迫，止前臂出血；胫前（后）动脉，用两手拇指分别同时按压内踝跟腱之间和足背皱纹点略靠内侧部位，止足部出血。

（二）人工呼吸法

（1）口对口人工呼吸。首先清除口腔异物（溺水急救进行倒水），松开衣领、裤带和胸腹部衣服，将患者仰卧，头部后仰，托起下颌，捏住鼻孔，掌根轻压环状软骨，使其压迫食管以防空气进入胃内。然后急救者深吸一口气，两口相对，将大口气吹入患者口中，吹气时间应短，吹气后立即将捏鼻的手松开，如此反复进行。成人吹气频率为 16～18 次/分钟，儿童为 20～24 次/分钟，直至患者恢复自主呼吸为止。

（2）心脏胸外挤压法。首先将患者仰卧，急救者双手重叠，用掌根置于患者胸骨下半部，肘关节伸直，借助自身体重和肩臂部力量，适度用力下压，将胸壁下压 3～4 厘米为度，随即松手，胸壁将自然弹回。如此反复进行。成人为 60～80 次/分钟，儿童用单手挤压即可，为 90～100 次/分钟，直至恢复自主心脏跳动为止。

必要时可以将口对口呼吸法和心脏胸外挤压法同时进行。两名急救者之间应密切配合，以 1:4 的频率进行。

作业与思考：

1．简述医务监督对体育锻炼的作用。

2．应如何预防运动损伤？